Lehr- und Handbücher zu Controlling, Informationsmanagement und Wirtschaftsinformatik

Herausgegeben von
Universitätsprofessor Dr. Joachim Fischer

Bisher erschienene Werke:

Fischer, Informationswirtschaft: Anwendungsmanagement
Fischer, Kosten- und Leistungsrechnung, Band II:
Plankostenrechnung, 8. Auflage

Informationswirtschaft: Anwendungsmanagement

Von
Univ.-Prof. Dr. Joachim Fischer

03/93

R. Oldenbourg Verlag München Wien

Die Deutsche Bibliothek - CIP-Einheitsaufnahme

Fischer, Joachim:
Informationswirtschaft: Anwendungsmanagement / von Joachim
Fischer. – München ; Wien : Oldenbourg, 1999
   (Lehr- und Handbücher zu Controlling, Informationsmanagement und
   Wirtschaftsinformatik)
   ISBN 3-486-25078-7

© 1999 R. Oldenbourg Verlag
Rosenheimer Straße 145, D-81671 München
Telefon: (089) 45051-0, Internet: http://www.oldenbourg.de

Gedruckt auf säure- und chlorfreiem Papier
Druck: Grafik + Druck, München
Bindung: R. Oldenbourg Graphische Betriebe GmbH, München

ISBN 3-486-25078-7

Vorwort

Informationswirtschaft ist eine Aufgabe in den Wirtschaftswissenschaften, die sich mit dem unterschiedlichen Informationsbedürfnissen der handelnden Personen inner- und außerhalb des Unternehmens und einem entsprechenden Angebot beschäftigt. Da diese Aufgabe in jedem Teilbereich des Unternehmens von der Beschaffung über die Produktion bis zum Vertrieb zu lösen ist, handelt es sich um eine Querschnittsaufgabe. Die Wirtschaftsinformatik realisiert für die Unternehmensbereiche Software- und Hardwaresysteme, mit deren Hilfe die Automatisierung informationsverarbeitender Aufgaben möglich ist; diese bezeichnet man allgemein als „Anwendungssysteme". Mit deren Entwicklung und Produktion und den dazu notwendigen Handlungen der führenden Personen („Management") beschäftigt sich dieses Buch, daher habe ich es „Informationswirtschaft: Anwendungsmanagement" genannt. Es werden betriebswirtschaftliche, nicht jedoch auf Technik- und Büroaufgaben orientierte Systeme in Unternehmen betrachtet.

Die Wirtschaftsinformatik befindet sich zur Zeit in Deutschland in einem Boom, der nicht nur aus den Innovationen der Informations- und Kommunikationstechnologien und den aktuellen Aufgaben der Unternehmen (Jahr 2000, Euro) folgt, sondern auch aus dem für viele überraschenden Erfolg deutscher Wirtschaftsinformatik - Produkte auf dem Weltmarkt. Dieser Boom ist sehr positiv für die Berufsaussichten unserer Studenten, birgt jedoch die Gefahr in sich, dass die Forschung unter der Lehraufgabe leidet. Daher ist dieses Buch bewusst so konzipiert, dass es neben gesichertem Wissen auch eine Forschermeinung enthält, die aus einer Reihe von Unternehmensprojekten resultiert. Insbesondere Teil 5 ist so gedacht.

Wer sich heutzutage mit Wirtschaftsinformatik beschäftigt, hat mit deren Zwiespalt zwischen „hastiger Dynamik und langem Atem" zu leben und kämpft damit „die Spreu vom Weizen" zu trennen, um in der Flut von Trends, Schlagworten und Produktnamen die überdauernden Innovationen zu finden und daraus Leitlinien für seine Investitionen, seine Forschung oder Lehre abzuleiten. Er kann froh sein, wenn ihm dabei Kollegen und Mitarbeiter helfen.

Dies war bei mir der Fall. Von den vielen seien erwähnt: Mein Kollege Prof. Dr. Werner Herold, der oft mein „wissenschaftlicher Sparringspartner" war und meine (Ex-) Mitarbeiter: Prof. Dr. Uwe Kern, der mich häufig aus dem „Elfenbeinturm" herausgeholt hat; Dipl.-Kfm. Bastian Schmidt-Faber, der erste Impulse gab; Dipl.-Wirt. Ing. Klaus-B.

Hauschulte, der das Skript viele Jahre betreute und Dipl. -Wirt. Inform. Thomas Steffen, der mich mit seiner konstruktiven Kritik zur Überarbeitung des Teils 5 bewegte.

Technische Hilfe gaben Generationen von studentischen Hilfskräften von Kai Grönke bis Dirk Bömelburg (auch sie inzwischen längst diplomiert und in „Lohn und Brot") und (last not least) meine Sekretärin Frau Elfie Hüther, die meine handschriftlichen, sicher oft schwer zu lesenden Korrekturen in das Manuskript eingefügt hat sowie in der etwas hektischen Endphase meine Mitarbeiter Dipl. - Kfm. Ralf Hluchy und Dipl. - Wirt. Inform. Jörn Hoos.

All den erwähnten und unerwähnten Mitstreitern danke ich ganz herzlich. Trotz dieser Hilfe bin ich natürlich für den eingeschlagenen Weg im angesprochenen Zwiespalt allein verantwortlich. Für konstruktive Kritik und Verbesserungsvorschläge bin ich jederzeit dankbar.

Joachim Fischer

Inhaltsverzeichnis

VORWORT III

ABBILDUNGSVERZEICHNIS VIII

1 WIRTSCHAFTSINFORMATIK IM WANDEL 1

2 GRUNDLAGEN BETRIEBSWIRTSCHAFTLICHER INFORMATIONSSYSTEME 9

2.1 KOMPONENTEN BETRIEBLICHER INFORMATIONSSYSTEME 9
   2.1.1 Überblick 9
   2.1.2 Ziele und Aufgaben *11*
      2.1.2.1 Ziele 11
      2.1.2.2 Aufgaben...13
   2.1.3 Ressourcen und Informationstechnologie *21*
      2.1.3.1 Mainframe-Technologie..25
      2.1.3.2 Midrange-Technologie..28
      2.1.3.3 Client-Server-Technologie..30
      2.1.3.4 Parallelrechner - Technologie...37
      2.1.3.5 Netzgestütztes Computing...40
   2.1.4 Organisation und Benutzer *44*
      2.1.4.1 Organisation...44
         2.1.4.1.1 Aufbauorganisation...45
         2.1.4.1.2 Ablauforganisation..48
      2.1.4.2 Benutzer..50
2.2 INFORMATIONSSYSTEM - ARCHITEKTUREN 53
   2.2.1 Anliegen *53*
   2.2.2 Dimensionen: Geschäft, Organisation, Fachlich und Technik *55*
   2.2.3 Sichten: Daten, Kommunikation und Funktion *61*
      2.2.3.1 Datensicht 62
      2.2.3.2 Funktionssicht...63
      2.2.3.3 Kommunikationssicht..64
   2.2.4 Schienen: Entwicklung und Produktion..*66*
      2.2.4.1 Entwicklung..66
         2.2.4.1.1 Projektmanagement 66
         2.2.4.1.2 Qualitätsmanagement...67
      2.2.4.2 Produktion 71
      2.2.4.3 Synthese..73
   2.2.5 Verbindung in Informationssystem-Architekturen...*76*
   2.2.6 Struktur - versus objektorientierte Architekturen *77*
      2.2.6.1 Strukturorientierte Architekturen..78
      2.2.6.2 Objektorientierte Architekturen..80

3 INTEGRATION BETRIEBLICHER ANWENDUNGSSYSTEME **86**

3.1 KENNZEICHEN..86
   3.1.1 Integrationsmerkmale *86*
   3.1.2 Integrationsziele *88*
   3.1.3 Integrationsdimensionen *89*
   3.1.4 Integrationsprinzipien *90*
3.2 UNTERNEHMENSINTERNE INTEGRATION..93
   3.2.1 Vertikale Integration (Informationsebenen) *94*
      3.2.1.1 Kennzeichen..94
      3.2.1.2 Vertikale Systemtypen...95
         3.2.1.2.1 Administrationssysteme..97
         3.2.1.2.2 Dispositionssysteme 98
         3.2.1.2.3 Management - Informationssysteme (MIS)............................99
         3.2.1.2.4 Planungssysteme...104
      3.2.1.3 Vertikale Entwicklungsentscheidungen..107
         3.2.1.3.1 Aggregationsentscheidung..107
         3.2.1.3.2 Methodenentscheidung...109
         3.2.1.3.3 Strukturierungsentscheidung..110
         3.2.1.3.4 Selektionsentscheidung..113

3.2.2 Zeitliche Integration (Informationssichten) *115*
   3.2.2.1 Kennzeichen.. 115
   3.2.2.2 Zeitliche Entwicklungsentscheidungen 116
      3.2.2.2.1 Zeitlicher Horizont.. 116
      3.2.2.2.2 Zeitbezug... 118
      3.2.2.2.3 Zeitliche Kopplung 119
      3.2.2.2.4 Zeitgranularität... 119
3.2.3 Horizontale Integration (Informationsflüsse) *120*
   3.2.3.1 Kennzeichen.. 120
   3.2.3.2 Horizontale Entwicklungsentscheidungen 121
      3.2.3.2.1 Parallele Vorgänge im Leistungs- und im Informationsfluss 121
      3.2.3.2.2 Synchrone Erfassung von Mengen und Werten.. 125
      3.2.3.2.3 Parallele Betrachtung von Objekten und Operatoren 126
      3.2.3.2.4 Erfassung der gesamten Vorgangskette 129
   3.2.3.3 Horizontale Systemtypen 131
      3.2.3.3.1 Leistungsdurchführung 134
      3.2.3.3.2 Leistungsgestaltung.. 143
      3.2.3.3.3 Leistungsabrechnung 148
3.3 UNTERNEHMENSÜBERGREIFENDE INTEGRATION... 152
3.3.1 Kennzeichen *152*
   3.3.1.1 Integrationsziele.. 153
   3.3.1.2 Integrationstechnologien... 159
   3.3.1.3 Integrationsgrade 161
   3.3.1.4 Integrationsfelder.. 162
   3.3.1.5 Integrationsorganisation.. 164
3.3.2 Entwicklungsentscheidungen *165*
   3.3.2.1 Initialisierungsentscheidung.. 165
   3.3.2.2 Vorgehen... 168
   3.3.2.3 Unternehmensübergreifende Entwicklungsentscheidungen 170
      3.3.2.3.1 Nachrichtenaustauschformate 170
      3.3.2.3.2 Kommunikationsnummerierung 172
      3.3.2.3.3 Stammdaten.. 173
      3.3.2.3.4 Koordinationsprozeduren.. 173
      3.3.2.3.5 Netz- und Dienstfunktionen 174
   3.3.2.4 Unternehmensinterne Entwicklungsentscheidungen 176

4 REALISIERUNGSENTSCHEIDUNGEN BEI BETRIEBLICHEN ANWENDUNGSARCHITEKTUREN180

4.1 ENGINEERING UND RE-ENGINEERING.. 180
4.1.1 Kennzeichen *180*
4.1.2 Bewertung *184*
4.2 INTEGRATIONSGRAD.. 185
4.2.1 Kennzeichen *185*
4.2.2 Freiheitsgrade *187*
4.3 VERTEILUNGSGRAD.. 190
4.3.1 Kennzeichen *190*
4.3.2 Bewertung *192*
4.4 STANDARDISIERUNGSGRAD 194
4.4.1 Kennzeichen *194*
4.4.2 Bewertung *199*
4.4.3 Freiheitsgrade *201*
4.5 METHODISCHE UNTERSTÜTZUNG... 202
4.5.1 Kennzeichen *202*
4.5.2 Prinzipien *203*
4.5.3 Vorgehensmodelle (Methoden) *208*
   4.5.3.1 Kennzeichen.. 208
   4.5.3.2 Teilmodelle... 208
   4.5.3.3 Gesamtmodelle.. 216
   4.5.3.4 Vorgehensmodelle für Standardsoftware.. 219
4.5.4 Verfahren *223*
   4.5.4.1 Materiell orientierte Verfahren 225
   4.5.4.2 Formal - orientierte Verfahren 230
4.5.5 Werkzeuge *234*

5 ARCHITEKTUR-ENTWURF IM HARVEY - RAHMEN **239**

5.1 GRUNDLAGEN.. 239
5.2 GESCHÄFTLICHE DIMENSION 248

5.2.1 Datensicht......249
    5.2.1.1 Aufgaben......249
    5.2.1.2 Entwurfsschritte......249
5.2.2 Funktionssicht......252
    5.2.2.1 Aufgaben......252
    5.2.2.2 Entwurfsschritte......253
5.2.3 Kommunikationssicht......265
    5.2.3.1 Aufgaben......265
    5.2.3.2 Entwurfsschritte......266
5.3 ORGANISATORISCHE DIMENSION......271
5.3.1 Datensicht......271
    5.3.1.1 Aufgaben......271
    5.3.1.2 Entwurfsschritte......272
5.3.2 Funktionssicht......282
    5.3.2.1 Aufgaben......282
    5.3.2.2 Entwurfsschritte......283
5.3.3 Kommunikationssicht......291
    5.3.3.1 Aufgaben......291
    5.3.3.2 Entwurfsschritte......292
5.4 FACHLICHE DIMENSION......299
5.4.1 Datensicht......301
    5.4.1.1 Aufgaben......301
    5.4.1.2 Entwurfsschritte......301
5.4.2 Funktionssicht......315
    5.4.2.1 Aufgaben......315
    5.4.2.2 Entwurfsschritte......317
5.4.3 Kommunikationssicht......326
    5.4.3.1 Aufgaben......326
    5.4.3.2 Entwurfsschritte......327
5.5 TECHNISCHE DIMENSION......332
5.5.1 Datensicht......332
    5.5.1.1 Aufgaben......332
    5.5.1.2 Entwurfsschritte......333
5.5.2 Funktionssicht......339
    5.5.2.1 Aufgaben......339
    5.5.2.2 Entwurfsschritte......340
5.5.3 Kommunikationssicht......357
    5.5.3.1 Aufgaben......357
    5.5.3.2 Entwurfsschritte......357
5.6 ZUSAMMENFASSUNG......363

LITERATURVERZEICHNIS......365

STICHWORTVERZEICHNIS......380

Abbildungsverzeichnis

Abbildung 2.1.1-1: Leistungs-, Finanz- und Steuerungsprozesse einer Unternehmung........................9
Abbildung 2.1.1-2: Benutzer-, Aufgaben- und Sachmittelsystem........................10
Abbildung 2.1.2-1: Informations-Intensitäts-Matrix nach Porter / Millar (1985) mit Beispielen........................12
Abbildung 2.1.2-2: Formalziele und Ansatzpunkte für betriebliche Informationssysteme........................12
Abbildung 2.1.2-3: Ansatzpunkte für Informationssysteme........................13
Abbildung 2.1.2-4: Zeit und Aufwand, um mit DV Nutzen zu erzielen (Strassmann (1988))........................14
Abbildung 2.1.2-5: Sachaufgaben von Informationssystemen im Steuerungsprozess........................15
Abbildung 2.1.2-6: Technische, Büro - und betriebswirtschaftliche Informationssysteme im Leistungsfluss (Scheer (1992) S. 2)........................16
Abbildung 2.1.2-7: Beispiele für technische Informationssysteme........................17
Abbildung 2.1.2-8: Betriebswirtschaftliche Systeme eines Industrieunternehmens........................18
Abbildung 2.1.2-9: Softwarekategorien von Büro-Informationssystemen........................19
Abbildung 2.1.2-10: Strategische Aufgaben von Informationssystemen (mit Beispielen)........................20
Abbildung 2.1.2-11: Anforderungen an Daten, Funktionen und Kommunikation aus Prozessen........................21
Abbildung 2.1.3-12:Informationstechnologie nach Bereichen und Ebenen mit Beispielen........................22
Abbildung 2.1.3-1: Informationstechnologie versus Informationsökonomie........................22
Abbildung 2.1.3-2: Nutzen-/Kostenwirkungen von Informationssystemen im Unternehmen........................23
Abbildung 2.1.3-3: Make or Buy in den Phasen des DV-Einsatzes (Picot (1993))........................24
Abbildung 2.1.3-4: Vor- und Nachteile von Standardsoftware........................25
Abbildung 2.1.3-5: Mainframe Serien........................26
Abbildung 2.1.3-6: Komponenten eines Mainframe-Systems (exemplarisch)........................27
Abbildung 2.1.3-7: Komponenten des Systems R/2 der SAP........................27
Abbildung 2.1.3-8: Vor- und Nachteile einer Mainframe-Architektur........................28
Abbildung 2.1.3-9: Midrange-Architekturen mit proprietärem oder UNIX-Betriebssystem........................29
Abbildung 2.1.3-10: Standardsoftware für Midrange-Systeme (Beispiele)........................29
Abbildung 2.1.3-11: Vor- und Nachteile der Midrange-Technologie........................30
Abbildung 2.1.3-12: Aufgabenverteilung in Client-Server-Modellen (Computer Associates)........................31
Abbildung 2.1.3-13: Drei-Schichten-Client-Server-Architektur (Beispiel SAP R/3)........................32
Abbildung 2.1.3-14: Client-Server-Architektur des Systems SAP R/3........................33
Abbildung 2.1.3-15: Middleware - Konzepte verschiedener Anbieter........................34
Abbildung 2.1.3-16: Aufbau des Systems R/3 des SAP (schematisch)........................35
Abbildung 2.1.3-17: Vor- und Nachteile von Client-Server-Modellen........................36
Abbildung 2.1.3-18: Parallele Rechnerstrukturen (vereinfacht)........................38
Abbildung 2.1.3-19: Aufbau eines speichergekoppelten Systems........................39
Abbildung 2.1.3-20: Architektur angebotener Parallelrechner........................40
Abbildung 2.1.3-21: Vor-/ Nachteile von Parallelrechnern........................40
Abbildung 2.1.3-22: Entwicklungsstufen des netzgestützten Computing........................41
Abbildung 2.1.3-23: Komponenten von INTRANET - Konzepten........................42
Abbildung 2.1.3-24: Client-Server vs. Workflow-Modell........................43
Abbildung 2.1.3-25: Workflow-Komponentenmodell, angelehnt an den Vorschlag der „Workflow Management Coalition"........................43
Abbildung 2.1.3-26: Vor- und Nachteile des netzgestützten Computing........................44
Abbildung 2.1.4-1: Beispiele für Formen von Aufbauorganisationen........................45
Abbildung 2.1.4-2: Zentralisierung / Dezentralisierung von Durchführung und Steuerung und die Rolle von Informationssystemen........................46
Abbildung 2.1.4-3: Organisatorische Einheiten des Rechnungswesen in SAP R/3........................47
Abbildung 2.1.4-4: Rechnungswesen- und Logistik - Organisationsstruktur eines Automobilzulieferers in SAP R/3........................48
Abbildung 2.1.4-5: Differenzierung von Formen der Ablauforganisation........................49
Abbildung 2.1.4-6: Komponenten des Benutzersystems (Streitz (1988), S.8)........................50
Abbildung 2.1.4-7: Dimensionen des Benutzerverhaltens (Bodendorf (1992), S. 238)........................51
Abbildung 2.1.4-8: Generelle Benutzeranforderungen........................51
Abbildung 2.1.4-9: Anforderungen der Benutzer an ihre DV-Umgebung (Beispiele)........................52
Abbildung 2.1.4-10: Benutzeraktivität und -einstellung........................52
Abbildung 2.2.1-1: Vor- und Nachteile des traditionellen Vorgehens bei der Entwicklung betrieblicher Systeme........................54
Abbildung 2.2.1-2: Vor- und Nachteile des Architektur-Modells........................55
Abbildung 2.2.2-1: System-Architektur nach Zachman (1987)........................56
Abbildung 2.2.2-2: Dimensionen zur Strukturierung einer Systemarchitektur........................58
Abbildung 2.2.2-3: Beteiligte und Frequenz bei einer Informationssystem-Architektur........................59
Abbildung 2.2.2-4: Dimensionen und Sichten einer Informationssystemarchitektur........................60
Abbildung 2.2.3-1: Sichten eines Informationssystems (Zachman (1987); Sowa / Zachman (1992))........................61

Abbildung 2.2.3-2: Gründe für datengetriebene Systementwicklung 62
Abbildung 2.2.3-3: Kommunikation und Interaktion. 65
Abbildung 2.2.3-4: Aufgaben der Kommunikationsmodellierung 65
Abbildung 2.2.4-5:Strategie-, projekt- und architekturorientierte Auswahlplanung 67
Abbildung 2.2.4-6: Qualitätseigenschaften eines Informationssystems (Balzert (1988)) 69
Abbildung 2.2.4-7: Maßnahmen der Qualitätsplanung 69
Abbildung 2.2.4-8: Traditionelle Qualitätssicherung versus Total Quality Management 70
Abbildung 2.2.4-9: Normen der ISO 9000 - Familie 71
Abbildung 2.2.4-10: Produktionsaufgaben. 72
Abbildung 2.2.4-11: Sichten und Dimensionen der Produktionsaufgabe 73
Abbildung 2.2.4-12: Maßnahmen der Einführungs- und Nutzungsunterstützung 74
Abbildung 2.2.4-13: Beteiligte Mitarbeitergruppen in den Phasen eines Informationssystems 74
Abbildung 2.2.5-1: Ebenen und Sichten einer Informationssystem-Architektur 77
Abbildung 2.2.6-1: Beispiele struktureller und objektorientierter Architekturen 78
Abbildung 2.2.6-2: Information System Architecture (Sowa / Zachman (1992)) mit Beschreibungsformen 79
Abbildung 2.2.6-3: Strukturell orientierte ARIS - Architektur (Scheer (1991)) 80
Abbildung 2.2.6-4: Elemente des objektorientierten Paradigmas. 81
Abbildung 2.2.6-5: Schritte des Objektorientierten Designs (Stahlknecht /Appelfeller (1992), S. 249ff) 82
Abbildung 2.2.6-6: Qualitätssicherung über Objekte (Gryezan, J./ Züllighoven, H. (1992), S. 270) 83
Abbildung 2.2.6-7: Vorgehensmodell des SOM Ansatzes (Ferstl/ Sinz (1993), S.7) 84
*Abbildung 2.2.6-8: Eigenschaften objektorientierter IS-Entwicklung (Sinz (1991), Stahlknecht/ Appelfeller (1992))*85
Abbildung 3.1.1-1: Merkmale der Integration (Ferstl / Sinz (1993)) 86
Abbildung 3.1.1-2: Formen der Integration (Mertens/Holzner (1991)). 87
Abbildung 3.1.1-3: Integrationsrichtungen 88
Abbildung 3.1.2-1: Effektivitätsziele der Integration 89
Abbildung 3.1.2-2: Effizienzziele der Integration. 89
Abbildung 3.1.3-1: Integrationsdimensionen betrieblicher Teilsysteme 90
Abbildung 3.1.4-1: Kennzeichen und Vorteile der Daten- und Prozessintegration 91
Abbildung 3.1.4-2: Vor- und Nachteile von Formen der Datenintegration 92
Abbildung 3.1.4-3: Formen der Prozessintegration mit Vor- und Nachteilen 93
Abbildung 3.1.4-4: Ausprägungen unternehmensinterner Integrationsreichweite 93
Abbildung 3.2.1-1: Managementebenen und Informationssysteme. 94
Abbildung 3.2.1-2: Informationsebenen der vertikalen Integration. 95
Abbildung 3.2.1-3: Vertikale Informationsebenen und Technologieauswirkungen 96
Abbildung 3.2.1-4: Abrechnungs- und Buchungssysteme (Wedekind (1993), S. 23) 97
Abbildung 3.2.1-5: Zusammenhänge zwischen Mengen und Wertsystemen 98
Abbildung 3.2.1-6: Arten von Management-Informationssystemen (Mertens / Griese (1991), S. 3) 99
Abbildung 3.2.1-7: Typen von Management-Informationssystemen nach Adressaten 100
Abbildung 3.2.1-8: Führungsaufgabe und -verhalten als Einflussfaktoren eines MIS 100
Abbildung 3.2.1-9: Mehrdimensionale Auswertungshierarchien 101
Abbildung 3.2.1-10: Anforderungen an MIS (Huber (1989), S.10ff) 102
Abbildung 3.2.1-11: Beispiel für eine Analysekette. 103
Abbildung 3.2.1-12: MIS-Generationen (Mertens / Griese (1991), S. 3) 103
Abbildung 3.2.1-13: Typologie der Planungssysteme (Mertens /Griese (1991), S.3) 104
Abbildung 3.2.1-14: Komponenten eines Planungssystems (Zwicker (1988), S. 90) 105
Abbildung 3.2.1-15: Generationen von Planungssystemen. 106
Abbildung 3.2.1-16: Entwicklungsentscheidungen der vertikalen Integration 107
Abbildung 3.2.1-17: Aggregationsentscheidung bei der Systementwicklung. 108
Abbildung 3.2.1-18: Methodenentscheidung bei der Systementwicklung. 109
Abbildung 3.2.1-19: Leistungs-, Geld- und Informationsfluss 111
Abbildung 3.2.1-20: Grundsätzlicher Ablauf bei der Identifizierung der Erfolgsfaktoren 111
Abbildung 3.2.1-21: Ableitung der Steuerungsgrößen aus Erfolgsfaktoren für Sportplatzbelag-Hersteller...........112
Abbildung 3.2.1-22: Strukturierungsentscheidung bei der vertikalen Integration. 113
Abbildung 3.2.1-23: Morphologischer Kasten zur Selektionsentscheidung 113
Abbildung 3.2.1-24: Morphologischer Kasten für Toleranzschwellen (Kraemer (1993)) 114
Abbildung 3.2.1-25: Selektionsentscheidung bei der Systementwicklung. 114
Abbildung 3.2.2-1: Anforderungen der zeitlichen Integration 115
Abbildung 3.2.2-2: Beispiele für Änderungen im Zeitablauf. 116
Abbildung 3.2.2-3: Notwendigkeit für Strukturtransformationen 116
Abbildung 3.2.2-4: Zeitliche Systemtypen 117
Abbildung 3.2.2-5: Plan-, Prognose- und Ist-Daten 118
Abbildung 3.2.2-6: Zeitlich gereiht und zeitlich rollierend Reihung und Rollierung 119
Abbildung 3.2.2-7: Formen zeitlicher Kopplung. 119

Abbildung 3.2.2-8: Typologie der zeitlichen Struktur *120*
Abbildung 3.2.3-1: Horizontale Prozesskette im Leistungsfluss *121*
Abbildung 3.2.3-2: Vorgänge des Güter- und Informationsflusses (Scheer (1991)) *121*
Abbildung 3.2.3-3: Verkettung von Vorgängen über Ereignisse (Bsp. Auspuffreparatur) *122*
Abbildung 3.2.3-4: Beziehungen zwischen Ereignissen und Funktionen (Keller / Meinhardt (1994), S. 13) *123*
Abbildung 3.2.3-5: Beispiele für Ereignisverknüpfungen von Informations- und Güterfluss *124*
Abbildung 3.2.3-6: Zeitliche Typen der Parallelität von Güter- und Informationsfluss *124*
Abbildung 3.2.3-7: Beispiel für Prozessplanung, -begleitung und -dokumentation *125*
Abbildung 3.2.3-8: Synchrones Erfassen von Mengen- und Wertoperationen *126*
Abbildung 3.2.3-9: Parallele Betrachtung von Operatoren und Objekten *127*
Abbildung 3.2.3-10: Operator- und Objektkette im Güter- und Informationsfluss *128*
Abbildung 3.2.3-11: Fernwirkungen in Wertschöpfungsketten *130*
*Abbildung 3.2.3-12: Standardsoftwaremodule für Vor-, Leistungs-, Nachleistungsprozesse in der Automobilindu-
strie* *130*
Abbildung 3.2.3-13: Systemtypen im Überblick *132*
Abbildung 3.2.3-14: Typologiegestützte Auswahl- und Anpassungsprozesse *133*
Abbildung 3.2.3-15: Typologie eines Unternehmens (Angaben für Beispielunternehmen schraffiert) *134*
Abbildung 3.2.3-16: Beispiele für Vertriebssysteme *135*
Abbildung 3.2.3-17: Typologie der Vertriebsstruktur *136*
Abbildung 3.2.3-18: Beispiele für Logistiksysteme *137*
Abbildung 3.2.3-19: Typologie der Logistik *138*
Abbildung 3.2.3-20: Beispiele für Fertigungssysteme *139*
Abbildung 3.2.3-21: Typologie der Fertigung (vgl. Schäfer, E. (1978); Jost, W. (1993)) *140*
Abbildung 3.2.3-22: Typologie der Beschaffung *141*
Abbildung 3.2.3-23: Beispiele für Beschaffungssysteme *142*
Abbildung 3.2.3-24: Beispiele für Personalsysteme *142*
Abbildung 3.2.3-25: Typologie der Personalstruktur *143*
Abbildung 3.2.3-26: Typologie von Forschung & Entwicklung *144*
Abbildung 3.2.3-27: Beispiele für Forschungs- und Entwicklungssysteme *145*
Abbildung 3.2.3-28: Beispiele für Investitionssysteme *145*
Abbildung 3.2.3-29: Typologie der Investitionen *146*
Abbildung 3.2.3-30: Beispiele für Finanzierungssyseme *147*
Abbildung 3.2.3-31: Typologie Finanzierung *147*
Abbildung 3.2.3-32: Typologie des externen Rechnungswesens *148*
Abbildung 3.2.3-33: Beispielsysteme des externen Rechnungswesens *149*
Abbildung 3.2.3-34: Typologie der Leistungs- und Kostenrechnungssysteme *150*
Abbildung 3.2.3-35: Beispiele für Leistungs- und Kostenrechnungssysteme *151*
Abbildung 3.3.1-1: Unternehmensübergreifendes Informationsgeflecht (Oppelt (1992), S.69) ... *152*
Abbildung 3.3.1-2: Formen des Electronic Commerce *153*
Abbildung 3.3.1-3: Ziele der unternehmensübergreifenden Integration *154*
Abbildung 3.3.1-4: EDI verkürzt die Vorgangsketten (Scheer (1987)) *154*
Abbildung 3.3.1-5: Integration von Geschäftsprozessen und Informationsflüssen *155*
Abbildung 3.3.1-6: EDI-gestützte Marktforschungsformen im Handel (Olbrich (1992)) *155*
Abbildung 3.3.1-7: Informationsdrehscheibe Handel *156*
Abbildung 3.3.1-8: Warenwirtschaft und EDI im Handel *156*
Abbildung 3.3.1-9: Fakturierung mit und ohne EDI *157*
Abbildung 3.3.1-10: Neue Geschäftsfelder durch unternehmensübergreifende Integration *158*
Abbildung 3.3.1-11: Effizienz- und Effektivitätseffekte unternehmensübergreifender Integration ... *158*
Abbildung 3.3.1-12: Typen zwischenbetrieblicher Informationssysteme *160*
Abbildung 3.3.1-13: Formen unternehmensübergreifender Integration (Schumann (1990)) *162*
Abbildung 3.3.1-14: Felder der unternehmensübergreifenden Integration (mit Beispielen) *163*
Abbildung 3.3.1-15: Strukturierungsgrad zwischenbetrieblicher Kommunikation *163*
Abbildung 3.3.1-16: ZBI-Organisationsformen *165*
Abbildung 3.3.2-17: Typologie der zwischenbetrieblichen Integration *179*
Abbildung 4.1.1-1: Re-Engineering als Mittelweg zwischen Alt- und Neu-Systemen *180*
Abbildung 4.1.1-2: Ebenen des Re-Engineering (Steinbauer (1990)) *181*
Abbildung 4.1.1-3: Ebenen des Re-Engineering (Hirschleber (1990), S. 6f) *182*
Abbildung 4.1.1-4: Modularisierung im Zuge des Reverse Engineering *183*
Abbildung 4.1.1-5: Re-Design von Daten und Programmen (exemplarisch) *184*
Abbildung 4.1.2-6: Nutzen-/ Kostenvergleich für eine Altsystem - Ausmusterung *184*
Abbildung 4.1.2-7: Vor- /Nachteile des Re-Engineering *185*
Abbildung 4.2.1-1: Vor- und Nachteile integrierter Anwendungssysteme *186*
Abbildung 4.2.2-2 : Portfolio der Integration *187*

Abbildung 4.2.2-3: Abstufung der Integrationsgrade..188
Abbildung 4.2.2-4: Vereinfachungsmöglichkeiten bei den Integrationsdimensionen.................189
Abbildung 4.2.2-5: Abhängigkeiten und deren Vermeidung bei IIS.....................................189
Abbildung 4.3.1-1: Verhältnis von Verteilung und Integration..191
Abbildung 4.3.1-2: Hierarchisch tiefe Verteilung eines betrieblichen Informationssystems.........192
Abbildung 4.3.2-3: Gründe für die Verteilung..193
Abbildung 4.3.2-4: Vor- und Nachteile der Verteilung..194
Abbildung 4.4.1-1: Dimensionen der Standardisierung...195
Abbildung 4.4.1-2: Standardisierungsgrad der Elemente betrieblicher Anwendungssysteme.............196
Abbildung 4.4.1-3: Spezifizierungsstufen eines Informationssystems (Beha/Huy (1990))..............196
Abbildung 4.4.1-4: Plattform-Konzept (Kolland,M./ Mehner,T./ Kuhn,J. (1993), S.24)................197
Abbildung 4.4.1-5: Marktbezug von Objekten und Phasen von betrieblichen Informationssystemen......198
Abbildung 4.4.1-6: Varianten des Marktbezugs von DV-Leistungen.....................................199
Abbildung 4.4.2-7: Einflussgrößen der Standardisierung..199
Abbildung 4.4.2-8: Vor- und Nachteile der Standardisierung...200
Abbildung 4.5.1-1: Fachaufgabe, Prinzipien und Methoden mit Beispielen.............................202
Abbildung 4.5.2-2: Prinzipien zur Systemstruktur..204
Abbildung 4.5.2-3: Vor- und Nachteile von Prinzipien zur Systemstruktur............................205
Abbildung 4.5.2-4: Fälle der Teilsystembildung (Spitta (1989), S. 120).............................205
Abbildung 4.5.2-5: Prinzipien zur Funktionalität..206
Abbildung 4.5.2-6: Aspekte der Dokumentation (Balzert (1988), S. 49f.).............................207
Abbildung 4.5.2-7: Vor- und Nachteile der Prinzipien zur Systemfunktionalität......................207
Abbildung 4.5.3-8.: Phasen-Modell der Systementwicklung...209
Abbildung 4.5.3-9: Alternative Phasen-Modelle (Hildebrandt (1990), S. 581).........................210
Abbildung 4.5.5-10: Dimensionen, Sichten und Schienen der HARVEY- Architektur......................239
Abbildung 4.5.5-11: Entwurfselemente der HARVEY - Architektur......................................241
Abbildung 4.5.5-12: Eigenschaften und Verhalten eines Klienten und Objektes (exemplarisch)........242
Abbildung 4.5.5-13: Zyklen des AMOR-Vorgehensmodells im Rahmen des HARVEY - Ansatzes...............246
Abbildung 4.5.5-14: Phasen des Prototyping nach dem AMOR - Vorgehensmodell.........................247
Abbildung 4.5.5-15: Merkmale der geschäftlichen Dimension..248
Abbildung 5.2.1-1: Markt - Leistungs - Zusammenhang (Scheer (1990))................................250
Abbildung 5.2.1-2: Geschäftliche Informationsklassen (mit Beispielen)..............................250
Abbildung 5.2.1-3: Informationsklassen für einen Prozess am Beispiel...............................251
Abbildung 5.2.2-1: Begriffe der geschäftlichen Dimensionen...253
Abbildung 5.2.2-2: Strategische Ziele und Kraft (illustriert an PKW - Herstellern).................254
Abbildung 5.2.2-3: Denkbare Erfolgsfaktoren für Hersteller kundenangepasster Standardartikel......255
Abbildung. 5.2.2-4: Ableitung von Steuerungsgrößen aus Erfolgsfaktoren nach der Critical Success Factor Methode (Beispiel: Hersteller kundenangepasster Standardartikel)...............................256
Abbildung 5.2.2-5: Generalisierung von Geschäftsobjekten und -prozessen und deren Eigenschaften...257
Abbildung 5.2.2-6: Erfolgsfaktoren bei Geschäftsobjekten, -klienten und -vorgängen.................258
Abbildung: 5.2.2-7: Komponenten der Wertkette (Porter (1989))......................................259
Abbildung 5.2.2-8: Notwendige Informationssysteme für identifizierte Geschäftsprozesse (Beispiel: Badmöbelhersteller - nach geschäftlicher Notwendigkeit getönt).......................................264
Abbildung 5.2.3-1: Informationsfluss und Warenfluss (am Beispiel der Sanitärbranche)...............266
Abbildung 5.2.3-2: Informationsfelder und Phasen der psychischen Kommunikationswirkung.............267
Abbildung 5.2.3-3: Geschäftsklienten und Kommunikationserfordernisse (Beispiel: Badmöbelhersteller)...268
Abbildung 5.2.3-4: Interaktionsdiagramm für die Kommunikation in der geschäftlichen Dimension......270
Abbildung 5.2.3-5: Merkmale der organisatorischen Dimension..271
Abbildung 5.3.1-1: Organisations-Klienten mit ihren Rollen...273
Abbildung 5.3.1-2: Typisierung von Informationselementen für Organisationsklienten (Beispiel: Maschinenkostenstelle)..273
Abbildung 5.3.1-3: Abhängiges und unabhängiges Informationsobjekt mit Informationselementen.......274
Abbildung 5.3.1-4: Datenelemente für Prozesse von Organisationsklienten (Beispiel: Bauprojekt)....275
Abbildung 5.3.1-5: Sprachliche Präzisierung als Schritt der organisatorischen Datenmodellierung (Ortner / Rössner / Söllner (1990))...277
Abbildung 5.3.1-6: Informationselementtypen für Entwurfselemente (mit Beispielen).................278
Abbildung 5.3.1-7: Betriebswirtschaftliche Kategorien von Informationselementen mit Beispielen....279
Abbildung 5.3.1-8: Organisatorische Differenzierung von Beziehungstypen............................280
Abbildung 5.3.1-9: Attributübergabe in der Prozesskette..281
Abbildung 5.3.1-10: Rollen von Objekten und Prozessen..281
Abbildung 5.3.2-1: Organisatorische Prinzipien...282
Abbildung 5.3.2-2: Begriffe der organisatorischen Dimension..283
Abbildung 5.3.2-3: Kriterien der Prozessanalyse (Kosiol (1969), Sp. 203 ff)........................284

Abbildung 5.3.2-4: Beispiel einer hierarchischen Prozessstruktur 284
Abbildung 5.3.2-5: Automatisierungsgrad maschineller Ressourcen 285
Abbildung 5.3.2-6: Einflussfaktoren der Funktionsstruktur 286
Abbildung 5.3.2-7: Prozess- und Funktionsstruktur 286
Abbildung 5.3.2-8: Verhältnis von Prozess- und Funktionsstrukturierung 287
Abbildung 5.3.2-9: Funktionsmatrix 287
Abbildung 5.3.2-10: Event-Condition-Action-Modell in der organisatorischen Prozessmodellierung 288
Abbildung 5.3.2-11: Fallunterscheidungen bei der Prozessgestaltung 289
Abbildung 5.3.2-12: Breiten- und Tiefenentscheidung bei einer Prozesskette 290
Abbildung 5.3.3-1: Organisatorische Aspekte der Kommunikation (Traunmüller (1992)) 291
Abbildung 5.3.3-2: Kommunikationsdomänen „Konstruktion Möbel" nach Rang, Phase und Ausführung 293
Abbildung 5.3.3-3: Kommunikationsdomänen und deren Merkmale 294
Abbildung 5.3.3-4: Interaktionsdiagramm eines phasenorientierten Konstruktionsablaufes eines 294
Abbildung 5.3.3-5: Zusammenhang zwischen Kommunikationsaufgaben und organisatorischen Prinzipien 295
Abbildung 5.3.3-6: Kommunikation bei alten und neuen Zulieferstrukturen in der Automobilindustrie 296
Abbildung 5.3.3-7: Notwendige und hinreichende Elemente des Informationsflusses (Beispiel: PKW - Kauf und
       Lieferung an einen Privatkunden) 297
Abbildung 5.3.3-8: Informationskanäle zwischen Organisationsklienten 298
Abbildung 5.3.3-9: Medien und ihre Eignung für bestimmte Inhalte 298
Abbildung 5.3.3-10: Merkmale der fachlichen Dimension 300
Abbildung 5.4.1-1: Operatoren und deren Ursprung (Auswahl) 303
Abbildung 5.4.1-2: Automatisierungsgrad von exemplarischen Fachklienten (Ferstl / Sinz (1993)) 304
Abbildung 5.4.1-3: Aufgaben von Methoden und von Problem-Typen anhand der Methodenkenntnis 304
Abbildung 5.4.1-4: Abhängiges und unabhängiges Fachobjekt für ein Forschungs - IS 306
Abbildung 5.4.1-5: Begriffliche Präzision für ein Attribut am Beispiel 307
Abbildung 5.4.1-6: Formale Typisierung von Attributen 308
Abbildung 5.4.1-7: Kardinalität und Existenzabhängigkeit bei Beziehungstypen 310
Abbildung 5.4.1-8: Logische Datenmodelle in den Dimensionen Objekte, Operatoren und Strukturen 311
Abbildung 5.4.1-9: Aufgaben von Datenbankoperatoren 312
Abbildung 5.4.1-10: Integritätsbedingungen mit Beispielen 313
Abbildung 5.4.1-11: Vergleich physischer, logischer und semantischer Datenstrukturmodelle 314
Abbildung 5.4.1-12: Konzeptionelles und externes Schema (Ortner/Söllner (1989)) 315
Abbildung 5.4.2-1: Elemente einer Event-Condition-Action-Kette (Herbst/Knolmayer (1996)) 316
Abbildung 5.4.2-2: Begriffskonventionen für die Aufbaustruktur auf der fachlichen Ebene 317
Abbildung 5.4.2-3: Kriterien für Elementarfunktionen (Held (1991),S. 63) 318
Abbildung 5.4.2-4: Prozessbaum "Auftragserfassung" 318
Abbildung 5.4.2-5: Anforderungen von Fachprozessen und Leistungsfähigkeit von Klienten 319
Abbildung 5.4.2-6: Begriffe: Prozesse, Funktionen und Vorgänge 320
Abbildung 5.4.2-7: Vorgänge im Güter- und Informationsflusses (Scheer (1991)) 320
Abbildung 5.4.2-8: Begriffe der fachlichen Ablaufstruktur 321
Abbildung 5.4.2-9: Verknüpfungen von Ereignissen und Funktionen (Keller / Meinhardt (1994)) 322
Abbildung 5.4.2-10: Verkettung von Vorgängen über Ereignisse 323
Abbildung 5.4.2-11: Vorgangskettentabelle (Scheer (1990b)) 323
Abbildung 5.4.2-12: Vorgangsobjekte bei Leistungen und Werten 324
Abbildung 5.4.2-13: Störungen des sachlogischen Abschlusses von Geschäftsvorfällen 325
Abbildung 5.4.2-14: Prozessmodellierungswerkzeuge (Beispiele) 325
Abbildung 5.4.2-15: Beispiele für Ereignisverknüpfungen von Informations- und Güterfluss 326
Abbildung 5.4.3-1: Kommunikationssysteme abhängig vom Definitionsgrad von Informationsobjekten und Klienten
       (Bonin (1992), S. 592) 328
Abbildung 5.4.3-2: Kommunikationsstrukturen aus fachlicher Sicht 328
Abbildung 5.4.3-3: Nachrichtenformate EDIFACT, ODA und STEP im Vergleich 329
Abbildung 5.4.3-4: Aufgaben des Übertragungsmanagements 330
Abbildung 5.4.3-5: Aufgaben des Koordinationsmanagements 331
Abbildung 5.4.3-6: Durchgängigkeit von Kommunikationsflüssen (Kaufmann (1993), S. 50) 331
Abbildung 5.4.3-7: Merkmale der technischen Dimension 332
Abbildung 5.5.1-1: Möglichkeiten der Datenbankanbindung aus dem INTERNET 334
Abbildung 5.5.1-2: Alternative Vorgehensweisen der Datenstrukturoptimierung 335
Abbildung 5.5.1-3: Schichtenmodell eines Datenbanksystems (Martin (1988), S. 155) 337
Abbildung 5.5.1-4: Entwicklungswerkzeuge für Auswertungen in relationalen Datenbanken 338
Abbildung 5.5.1-5 Technische Aufgaben der Datenbank - Implementierung 339
Abbildung 5.5.2-1: Strukturierungsgrad der fachlichen Aufgabe und Systemkonzept (Lehmann (1980)) 341
Abbildung 5.5.2-2 : Beispiele für Transaktionssysteme 342
Abbildung 5.5.2-3: Transaktions- und datenorientierte Systeme (Muksch/ Holthuis/ Reiser (1996), S.422) 342

Abbildung 5.5.2-4: Optimierungs- und Simulationssysteme im Vergleich *343*
Abbildung 5.5.2-5: Grundsätzliche Entwicklungsansätze der künstlichen Intelligenz *344*
Abbildung 5.5.2-6: Ziele von wissensbasierten Systemen *345*
Abbildung 5.5.2-7: Elemente eines Expertensystems (Scheer (1987) S.52) *345*
Abbildung 5.5.2-8: Typen von Expertensystemen (Mertens/ Borkowski/ Geis (1990)) *346*
Abbildung 5.5.2-9: Vor-/ Nachteile von Expertensystemen *346*
Abbildung 5.5.2-10: Struktur eines Neuronalen Netzes (Loistl / Schmidtmaier / Füser (1992)) ... *347*
Abbildung 5.5.2-11: Anwendungserfahrungen mit Neuronalen Netzen (Steiner / Wittkemper (1993)) *348*
Abbildung 5.5.2-12: Technische Aufbaustrukturen im Vergleich *349*
Abbildung 5.5.2-13: Charakteristia von Componentware und Frameworks *349*
Abbildung 5.5.2-14: Werkzeuge für die Realisierung von Informationssystemtypen *351*
Abbildung 5.5.2-15: Personelle Einflussfaktoren auf die Aufbaustruktur *352*
Abbildung 5.5.2-16: Beispiele für Programmiersprachen der 4.Generation *353*
Abbildung 5.5.2-17: Typen objektorientierter Programmiersprachen *354*
Abbildung 5.5.2-18: Elemente objektorientierter Programmiersprachen *355*
Abbildung 5.5.2-19: Vorteile von mobilitätsorientierten Programmiersprachen *355*
Abbildung 5.5.2-20: Typen von Hypermedia-Systemen (Bogaschewsky (1992)) *356*
Abbildung 5.5.3-1: Typen innerbetrieblicher Netze (Hegering(1993)) *358*
Abbildung 5.5.3-2: Funktionen von WAN und VAN *359*
Abbildung 5.5.3-4: Vor - und Nachteile des INTERNETS *360*
Abbildung 5.5.3-5: Aufgaben von innerbetrieblichen Kommunikationssystemen *361*
Abbildung 5.5.3-7: Workflow-System schematisch (Erdl/ Petri/ Schönecker (1992)) *362*
Abbildung 5.5.3-8: Nutzer- und unternehmensorientierte zwischenbetriebliche Kommunikationssysteme *363*

1   Wirtschaftsinformatik im Wandel

Die Einstellungen zum Datenverarbeitungseinsatz im Unternehmen sind unter Mitarbeitern und Management vielfältig. Sie reichen von der Annahme, dass Datenverarbeitung neben dem Alkohol und dem anderen Geschlecht der schnellste (wenn auch nicht der schönste) Weg sei, ein Unternehmen zu ruinieren bis hin zur blinden Computergläubigkeit, nach der die DV das Management ersetzen kann.

Wie fast immer enthalten solche extremen Auffassungen einen wahren Kern. Auf der einen Seite haben DV-Anbieter und DV-gläubige Ratgeber schon viele Unternehmen mit unrealistischen Versprechungen über die durch DV erzielbaren Vorteile in sehr teure Investitionen getrieben, die aufgrund fehlerhafter Technik oder mangelnder Berücksichtigung organisatorischer und personeller Voraussetzungen sich als „DV-Ruinen" erwiesen. Auf der anderen Seite sind heute viele Branchen (etwa Banken, Fluggesellschaften oder auch die Automobilindustrie) ohne DV-Einsatz nicht mehr geschäftsfähig.

Die Zeiten, in denen die Datenverarbeitung in Rechenzentren organisiert und das DV-Wissen nur Experten zugänglich war, sind vorbei. Die Datenverarbeitung hat sich mit der Verbreitung des PC demokratisiert; im Gegensatz zu den Zeiten aggressiver Vorbehalte in den 60- und 70er Jahren haben heute weite Teile der Bevölkerung DV - Wissen und ein durchaus realistisches Bild von den Möglichkeiten. Zur Zeit befinden wir uns in einer weiteren Entwicklungsstufe, dem Übergang von der persönlichen zur global vernetzten Informationsverarbeitung („World Wide Web"). Die damit verbundenen Auswirkungen auf die Organisationsstrukturen in Industrie, Banken und Handel aber auch das Zusammenleben werden grundlegend sein; sind heute aber nur zu ahnen.

Es ist zu erwarten, dass der mit dem Siegeszug des PC begonnene Einzug der elektronischen Datenverarbeitung sich in allen Lebensbereichen in den nächsten zwei Jahrzehnten verstärken wird. In diesem Sinne ist die DV und deren betriebliche Anwendung eine Schlüsseltechnologie der 90er-Jahre.

Schlüssel-technologien	mit Wirtschaftsinformatik verbunden	außerhalb der Wirtschaftsinformatik
bis 2000	• CIM inkl. Robotik • Sprach-, Bild- und Mustererkennung • Expertensysteme • Telekommunikation • Bürokommunikation	• Mess- und Analyseverfahren (Sensorik) • Biotechnologie • Umweltsanierungstechnologie • Laseranwendungen • Verbundwerkstoffe
von 2000 bis 2010	• Breitband-Telekommunikation • Optische Datenverarbeitung	• Energiespeichertechnologien • Supraleiter • Gentechnologie • Nachwachsende Rohstoffe • Krebstherapien • Photovoltaik
nach 2010	• Molekularelektronik	• Kernfusion • Wasserstofftechnologie • Klimabeeinflussung

Abbildung 1-1: Schlüsseltechnologien in den nächsten 20 Jahren nach Einschätzung des BATELLE Instituts (Kabierschke (1988))

Die DV-Einführung in den Unternehmen durchläuft bis heute in der Regel vier Entwicklungsstadien. In der ersten, rechnungswesenorientierten Stufe **Accounting Era** entstanden Systeme, um die Massendatenverarbeitung zu rationalisieren. In der anschließenden **Operational Era** werden DV-Systeme für Geschäftsabläufe aufgestellt; beispielsweise wird die gesamte Auftragskette bis zur Fakturierung oder die Logistikkette abgebildet. In dieser Phase befinden sich noch die meisten Großunternehmen.

In der **Information Era** verfügt ein Unternehmen über funktionierende Systeme für die dominierenden Geschäftsabläufe. Es bemüht sich jetzt, diese in einer unternehmensweiten System- und Datenarchitektur zu strukturieren, um diese Infrastruktur dann für endnutzerorientierte Lösungen nutzen zu können. In dieser Phase reduziert sich die Rolle der DV-Abteilung auf die Sicherung der DV-Infrastruktur; fachspezifische Anwendungen werden unter der Regie der jeweiligen Fachabteilungen realisiert. Nur wenige Unternehmen haben diese Phase bereits erreicht.

In der **Wired Society** wird die unternehmensinterne DV schließlich integrierter Bestandteil einer übergreifenden Informations- und Kommunikationsumwelt. Strukturierte Geschäftsabläufe sind unternehmensübergreifend mit elektronischem Datenaustausch realisiert, das Unternehmen wickelt unstrukturierte Geschäftskommunikation weltweit über elektronische Medien ab. Zur Zeit zeichnet sich ab, dass das INTERNET eine Basis dafür wird.

Entwicklungsstufe	Kennzeichen	Beispiele
Accounting Era	• traditionelle Systemstrukturen • unveränderte Organisation • neue Informationstechnologie	Buchhaltungssysteme
Operational Era	• neuartige Systemstrukturen • unveränderte Organisation • erprobte Informationstechnologie	Produktionsplanungssysteme
Information Era	• erprobte Systemstrukturen • neuartige Organisation • erprobte Informationstechnologie	Groupware-Systeme
Wired Society	• neuartige Systemstrukturen • neuartige Organisation • neuartige Informationstechnologie	Electronic Data Interchange (EDI) INTERNET / INTRANET

Abbildung 1-2: Entwicklungsstufen betriebswirtschaftlicher DV-Systeme (Rockart (1988))

Diese Stufenbetrachtung zeigt auch die Hemmnisse, die ein Unternehmen überwinden muss, um von einer Stufe zur nächsten zu kommen oder gar eine Stufe überspringen will. In der *ersten Stufe* wird die Konzeption traditioneller Abrechnungs- und Berichtssysteme in die DV übernommen. Die Probleme liegen in dieser Phase in der Wahl passender DV-Systeme und in der "Abprogrammierung manueller Abläufe". Dabei erwirbt das Unternehmen know-how in der DV-Technologie. In der *zweiten Stufe* nutzt das Unternehmen diese Kenntnisse, um neuartige Informationssysteme aufzubauen. Diese Systeme nutzen zwar die Erfahrungen aus manuellen Abläufen, verwenden jedoch die elektronischen Speicher-, Kommunikations- und Verarbeitungskapazitäten, um methodisch grundlegend verbesserte Ansätze zu realisieren. Meistens werden dazu Erfahrungen von DV-Anbietern und Beratern genutzt. In der *dritten Stufe* wird die Informationstechnologie zum integralen und unverzichtbaren Bestandteil der Unternehmensorganisation. DV-Systeme unterstützen die Verarbeitungs-, Kommunikations- und Dokumentationskapazitäten an jedem Arbeitsplatz; jeder Mitarbeiter verfügt über einen direkten und persönlichen Zugang zur DV. In der *vierten Stufe* überschreitet der DV-Einsatz die Unternehmensgrenzen. Zunächst wird dazu der elektronische Datenaustausch (EDI) zwischen den Unternehmen etabliert, ohne dass die Struktur traditioneller Geschäftsabläufe grundsätzlich verändert wird. In einer weiteren Zwischenstufe einigen sich die Unternehmen darauf, die Informationsbeziehungen vom Güter-/ Leistungsaustausch zu trennen und zusätzliche Daten (z. B. für Marktforschungs- und Controlling-Zwecke) auszutauschen. In einer letzten, heute absehbaren Stufe integrieren die Unternehmen ihre Informationssysteme zu einer unternehmensübergreifenden Informationsarchitektur (IOS = Inter-Organizational Systems).

In den folgenden Jahren wird sich der DV-Einsatz technologisch und organisatorisch erheblich wandeln: Organisatorisch wird die DV den Übergang von einer traditionell bürokratisch-zentralisierten Führung zu einer visionären, auf globalen Informationen beruhenden Führung von schlanken dezentralisierten Unternehmen unterstützen. Flachere Hierarchien aus sich eigenverantwortlich steuernden und weltweit verteilten Einheiten sind mit einer dezentralisierten DV-Technologie zu vernetzen, die von gut ausgebildeten, positiv zur DV eingestellten Mitarbeitern häufig neben der Hauptaufgabe zu bedienen ist (Rüttler (1991), S.12).

Die DV in den Unternehmen wird sich weiterhin verstärkt auf die Globalisierung der Beschaffungs- und Absatzmärkte einstellen müssen (Benjamin (1993), S.78); das heißt, es sind sprachliche, kulturelle und technische Grenzen zu überwinden.

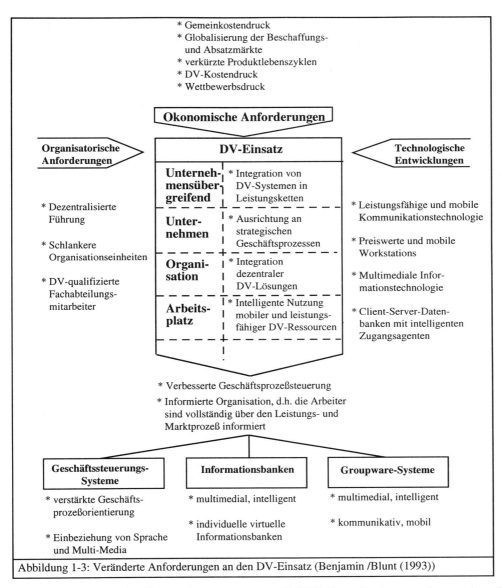

* Gemeinkostendruck
* Globalisierung der Beschaffungs-
  und Absatzmärkte
* verkürzte Produktlebenszyklen
* DV-Kostendruck
* Wettbewerbsdruck

Ökonomische Anforderungen

Organisatorische Anforderungen

DV-Einsatz

Technologische Entwicklungen

Unternehmensübergreifend · * Integration von DV-Systemen in Leistungsketten

Unternehmen · * Ausrichtung an strategischen Geschäftsprozessen

Organisation · * Integration dezentraler DV-Lösungen

Arbeitsplatz · * Intelligente Nutzung mobiler und leistungsfähiger DV-Ressourcen

* Dezentralisierte Führung

* Schlankere Organisationseinheiten

* DV-qualifizierte Fachabteilungsmitarbeiter

* Leistungsfähige und mobile Kommunikationstechnologie

* Preiswerte und mobile Workstations

* Multimediale Informationstechnologie

* Client-Server-Datenbanken mit intelligenten Zugangsagenten

* Verbesserte Geschäftsprozeßsteuerung
* Informierte Organisation, d.h. die Arbeiter sind vollständig über den Leistungs- und Marktprozeß informiert

Geschäftssteuerungs-Systeme

* verstärkte Geschäftsprozeßorientierung

* Einbeziehung von Sprache und Multi-Media

Informationsbanken

* multimedial, intelligent

* individuelle virtuelle Informationsbanken

Groupware-Systeme

* multimedial, intelligent

* kommunikativ, mobil

Abbildung 1-3: Veränderte Anforderungen an den DV-Einsatz (Benjamin /Blunt (1993))

Grundsätzlich wird der Begründungszwang für die DV-Organisation zunehmen, dass die Investitionen in die Informationstechnologie die Effizienz des Unternehmens steigern. Schon heute geben Unternehmen 3-5% ihres Umsatzes für die Datenverarbeitung aus; mehr als in vielen Branchen beispielsweise für Forschung und Entwicklung von neuen Produkten oder Produktionsverfahren investiert wird. Zunehmend gerät das DV-Paradoxon in das Bewusstsein des Managements, „das Paradoxon, dass ausgerechnet jene Sektoren, Branchen und Unternehmen mit besonders hohen Investitionen in die Informationstechnik rückläufige oder stagnierende Produktivitätsentwicklungen aufweisen und dass insgesamt von einer empirischen Evidenz für Produktivitätssteigerungen durch die Informationstechnik keine Rede sein kann" (Ortmann (1991), S. 997, Bailey / Gordon (1988), Strassmann (1988) - Gegenthese Brynjolffson (1993)).

	von Wirtschaftsinformatik zu verantworten	nicht von Wirtschaftsinformatik zu verantworten
Marktsicht	• Informationsinvestitionen entziehen Produkt-/ Verfahrensinvestitionen die Mittel	• veränderte Marktanteile anstelle höheren Gesamtvolumens
	• Informationsinvestitionen gewinnen keine neuen Kunden	• gesättigte Märkte
	• Informationsinvestitionen generieren keine neuen Produkte	• steigende Technologiehürden für Produkt-/Verfahrensinnovationen
Organisationssicht	• innerbetriebliche Adaptionskosten	
	• irrelevanter Wissenszuwachs der Mitarbeiter	
	• höhere Arbeitsqualität der Mitarbeiter, aber keine Produktivitätssteigerung	

Abbildung 1-4: Mögliche Ursachen für Produktivitäts-Paradoxon

Die DV brachte Anfang der 60er und 70er Jahre große Rationalisierungsvorteile (und Personalkostenersparnisse) durch die Automatisierung manueller Massenvorgänge (etwa im Bereich der Buchhaltung oder der Fakturierung). Die vielen Ansätze der DV haben in den letzten Jahrzehnten nicht den erhofften Erfolg erbracht, während andere Entwicklungen von der DV-Organisation der Unternehmen zunächst skeptisch bis ablehnend behandelt wurden, bis sie sich dann unter dem Druck der Nutzer oder des Managements durchsetzten. Zur ersten Gruppe gehören zentralistisch ausgerichtete Produktionsplanungssysteme, zur zweiten Gruppe sicher PC/Workstations mit graphischen Benutzeroberflächen.

Studien des Massachusetts Institute of Technology Management zeigen, dass die Ursachen für den mangelnden Erfolg komplexer Informationstechnologie in den Unternehmen weniger in deren Unzulänglichkeiten, sondern vielmehr im Unvermögen der Manager lagen, den damit verbundenen organisatorischen Wandel zu bewältigen und die sich bietenden Möglichkeiten am Markt zu realisieren (Benjamin / Blunt (1993), S. 82).

Die Wirtschaftsinformatik wird sich auf diese Tatsache einzustellen haben und neben technologischen Konzepten und Lösungen auch Konzepte des Management von organisatorischem Wandel (change management) anbieten müssen, die es erlauben, Technologie und Organisation sowie geschäftlichen Wandel in Einklang zu bringen (Wohland (1997)).

In der Folge der Diskussion um „business process reengineering" (Hammer / Champy (1993)) entstanden dafür einige Ansätze. Diese Diskussion führte zu einer Renaissance der Ablauforganisation, die als zentraler Faktor für die Einführung von betriebswirtschaftlicher Standardsoftware (z. B. SAP R/3, BAAN IV) oder für die Gestaltung von Informationssystemen (z. B. als Workflowsysteme) propagiert wird. Die Anstrengung, durch Prozessverbesserung die kontinuierliche Anpassung der Organisation auf den Kunden und dessen Nutzen zu unterstützen, wurde jedoch schon bald von dem kommerziellen Streben verkürzt, fertige Produkte (z. B. Prozessmodellierer) in Form von Soft- und Hardware zu verkaufen, deren Anwendung dann die Organisation optimieren sollte. Auch die Unternehmen drängen vor dem Hintergrund aktueller DV - Aufgaben (Jahr 2000, Euro) auf schnelle Lösungen, implementieren Standardsoftware und nutzen selten die Chance, parallel dazu ihre Geschäfts- und Organisationsprozesse zu verbessern.

Gewissermaßen befindet sich die Wirtschaftsinformatik in dem gleichen Zwiespalt wie die Medizin: Soll sie dem Drängen der Anbieter und Nachfrager nachgeben und bestätigen, dass ertragreiches und gesundes Leben heutzutage auch durch die Einnahme von kaufbarer „Medizin" möglich sei? Oder soll sie sich dem Drängen der Nutzer nach schnell wirksamen Standardlösungen verweigern und die wissenschaftliche Erkenntnis propagieren, dass wirklicher Wandel einen „langen Atem" benötigt; wohl wissend, dass die meisten eben diesen nicht aufbringen werden?

Dort wie hier wird die Entscheidung dadurch erschwert, dass die Interessen von Industrie- und Wissenschaftsvertretern miteinander verquickt sind. Dies führt auf beiden Seiten zu einem kontinuierlichen Innovationsdruck und vermeidet die verengte „Schreib- und Ladentischperspektive beim Praktiker" und den „Rückzug der Wissenschaftler in den Elfenbeinturm". Andererseits birgt es die Gefahr in sich, dass die technologische Dynamik das Bemühen um einen Einklang geschäftlicher, organisatorischer und technischer Lösungen nicht nur in den Unternehmen und Hochschulen, sondern auch in den Köpfen der Studenten verdrängt.

Der Wandel der Wirtschaftsinformatik schlägt sich auch in deren Bezeichnungen nieder. Um 1970 hieß das entsprechende Fach „Organisation und Datenverarbeitung", dann „Betriebswirtschaftliche Datenverarbeitung". Dabei werden in diesem Buch nur betriebswirtschaftliche, nicht jedoch auf Technik- und Büroaufgaben orientierte Systeme in Unternehmen betrachtet. Informationswirtschaft ist eine Aufgabe in den Wirtschaftswissenschaften, die sich mit den unterschiedlichen Informationsbedürfnissen der handelnden Personen inner- und außerhalb des Unternehmens, deren artikuliertem Informationsbedarf und einem entsprechenden Informationsangebot beschäftigt (Heinen / Dietl (1990)). Da diese Aufgabe in jedem Teilbereich des Unternehmens von der Beschaffung über die Produktion bis zum Vertrieb zu lösen ist, handelt es sich um eine Querschnittsaufgabe (Krcmar (1997), S. 51). Die Wirtschaftsinformatik realisiert für die Bereiche Software- und Hardwaresysteme, mit deren Hilfe die Automatisierung informationsverarbeitender Aufgaben möglich ist (Ferstl / Sinz (1997), S. 7); diese bezeichnet man allgemein als „Anwendungssysteme" (Stahlknecht / Hasenkamp (1997), Seibt (1997a)). Mit deren Entwicklung und Produktion (Seibt (1997b)) und den dazu notwendigen Handlungen der führenden Personen („Management" - Heinrich / Burgholzer (1990), S. 5) beschäftigt sich dieses Buch, daher habe ich es „Informationswirtschaft: Anwendungsmanagement" betitelt.

2 Grundlagen betriebswirtschaftlicher Informationssysteme

2.1 Komponenten betrieblicher Informationssysteme

2.1.1 Überblick

Betriebe produzieren Güter und Dienstleistungen und verkaufen diese. Betriebliche Informationssysteme unterstützen den Menschen dabei, diesen Prozess zu planen, zu steuern und zu kontrollieren sowie dessen Ergebnisse zu dokumentieren (z. B. Höhe des Umsatzes oder den erzielten Gewinn). Solche Systeme existieren seit Jahrtausenden (z. B. die Buchhaltung, die Kostenrechnung). Die elektronischen Informations- und Kommunikationstechnologien bieten jedoch heute umwälzende Möglichkeiten, viele Daten schnell zu verarbeiten, zu speichern und über große Entfernungen zu transportieren und damit das Zusammenwirken von Menschen neu zu organisieren.

Betriebswirtschaftlich kann ein Unternehmen aus drei Sichten betrachtet werden:

- im Produktionsprozess werden Produkte (Güter, Dienstleistungen) beschafft, entwickelt, hergestellt und verkauft,
- im Finanzprozess werden Geldmittel eingenommen und investiert,
- im Steuerungsprozess plant das Management die Prozesse der Unternehmung und wird über deren Erfolg unterrichtet.

Der Informationsfluss existiert als drittes Element neben dem Güter- und Geldfluss. Informationen sind ein Wirtschaftsgut, mit dem ähnlich effektiv und effizient umzugehen

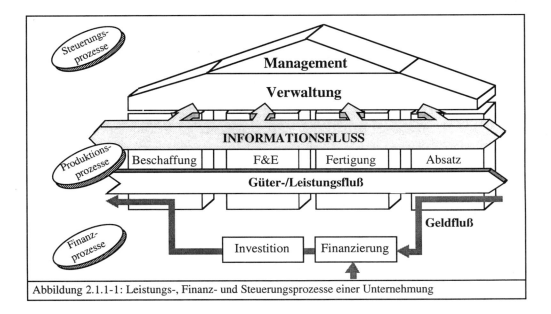

Abbildung 2.1.1-1: Leistungs-, Finanz- und Steuerungsprozesse einer Unternehmung

ist, wie mit dem Geld und Betriebsmitteln, Werkstoffen sowie Arbeit
Informationssysteme sollen für bestimmte Aufgaben Informationen sammeln, auswerten
und den handelnden Personen zuleiten. Die Systeme sind eingebettet in das Organisationssystem der Unternehmung und sollen deren Mitarbeiter unterstützen. Im Güter- und
Geldfluss arbeiten Unternehmen mit anderen Wirtschaftseinheiten in Kunden- und Liefe-
rantenbeziehungen zusammen, mit denen ebenfalls Informationen ausgetauscht werden.
Die Systeme bestehen aus Informationstechnologie, Informationsbeständen und Verarbeitungsvorschriften. Zwar stützen sich immer Systeme auf die elektronische Datenverarbeitung (EDV), doch existieren nach wie vor Systeme (z. B. in Forschung und Entwicklung, im Absatz), bei denen die EDV keine wesentliche Rolle spielt. DV-Systeme
sind bisher auf gut strukturierte Daten und programmierbare Operationen beschränkt und
nur begrenzt geeignet, das Top-Management zu unterstützen (Pohle (1990)).

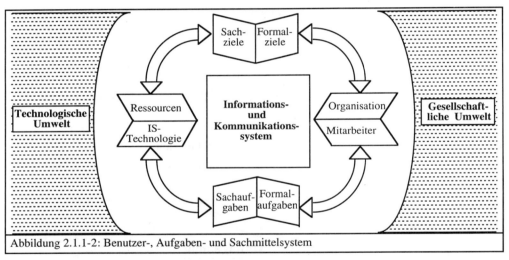

Abbildung 2.1.1-2: Benutzer-, Aufgaben- und Sachmittelsystem

Betriebliche Informationssysteme werden von drei Komponenten beeinflusst (Grochla /
Meller (1974), S. 27 ff.):

(1) Von den Zielen des Betriebes und daraus abzuleitenden Aufgaben für die Informati-
    onssysteme,

(2) von der Organisation des Betriebes und den Mitarbeitern als Benutzer der Informa-
    tionssysteme,

(3) von den bereitstehenden Ressourcen und den verfügbaren Informationstechnologien.

Die Umwelt setzt wesentliche Randbedingungen für die Gestalt und die Realisierbarkeit
von Informationssystemen. Die technologische Umwelt charakterisiert die heute und in
absehbarer Zeit verfügbaren Technologien, die entweder für Informationssysteme ein-

setzbar sind oder neue Anforderungen an die Informationsverarbeitung und Kommunikation stellen. Die gesellschaftliche Umwelt beschreibt die vielfältigen rechtlichen, sozialen und politischen Einflüsse, denen sich ein Unternehmen bei der Verfolgung seiner Ziele und dem Einsatz bestimmter Ressourcen gegenübersieht. Hierzu gehören gesellschaftliche Einstellungen (z. B. Technikfeindlichkeit, Zukunftsangst), spezielle DV-bezogene Meinungen (z. B. zur Gefährlichkeit von Bildschirmarbeit) oder auch rechtliche Vorschriften (z. B. zur Arbeitnehmermitbestimmung, zur Ergonomie am Arbeitsplatz, zur Datensicherheit).

2.1.2 Ziele und Aufgaben

2.1.2.1 Ziele

In und mit Unternehmen wollen Menschen Einkommen erzielen und setzen dazu Vermögen (Arbeit, Wissen, Geld, Sachen) und Zeit ein (Schneider, D. (1990), S. 19 ff.). Informationssysteme können helfen, das erzielte Einkommen zu steigern oder den Einsatz an Zeit und Vermögen zu senken. Nach **Formalzielen** wie „Shareholder Value" (Realisierbares Einkommen für Gesellschafter), „Gewinn" (Vermögenssteigerung des Unternehmens) wird ausgewählt, welche Größen in Informationsprozessen zu berichten sind und nach welchen Vorschriften sich die handelnden Menschen richten.

In **Sachzielen** werden die Art, Menge und Zeitpunkte der auf dem Markt abzusetzenden Leistungen festgelegt. Neben den Produkten wird damit auch die Struktur der Produktionsprozesse beschrieben, nach denen im Unternehmen gestrebt wird. Daraus ergibt sich die Struktur der Informationssysteme, d. h. diese sind abhängig davon zu gestalten,

- welche Produkte ein Unternehmen (z. B. Investitionsgüter wie Maschinen, Gebrauchsgüter wie Fernsehgeräte, Verbrauchsgüter wie Lebensmittel oder Dienstleistungen wie Versicherungsschutz) herstellt und verkauft und welche Informationen Kunden für die Auswahl und Nutzung des Produktes benötigen,

- wie der Produktions-, der Finanz- und der Steuerungsprozess technisch und organisatorisch gestaltet sind (z. B. ob die Produkte einzeln, in Serien oder in Massen hergestellt werden; ob die Fertigung in Werkstätten oder auf dem Fließband erfolgt; ob das Unternehmen eigenständig ist oder zu einem Konzern gehört) und welche Informationen in den einzelnen Prozessen benötigt werden.

		Informationsgehalt des Produktes		
		niedrig	mittel	hoch
Informationsgehalt des Produktionsprozesses	niedrig	Steinbruch	Steakhouse	Tresorherstellung
	mittel	Schokoladen-herstellung	Fahrradher-stellung	PC-Herstellung
	hoch	Ölraffinerie	Arzneimittel-Produktion	Flugzeugbau

Abbildung 2.1.2-1: Informations-Intensitäts-Matrix nach Porter / Millar (1985) mit Beispielen

Durch Formal- und Sachziele wird der Aktionsraum festgelegt, der für Informationssysteme besteht, um die Unternehmensziele zu unterstützen. Grundsätzlich können neue Leistungen entwickelt oder bestehende verbessert werden; Prozesse durch veränderten Ressourceneinsatz effizienter oder beschleunigt werden. Die Wirkungen auf die Formalziele schlagen sich in verbesserter Rentabilität oder reduziertem Risiko nieder.

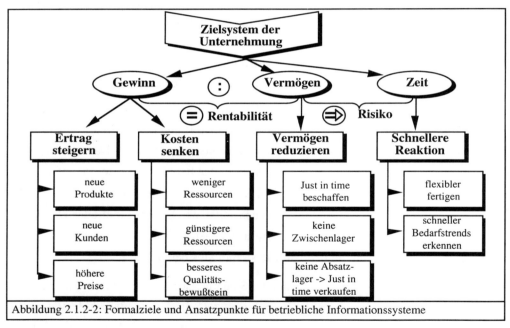

Abbildung 2.1.2-2: Formalziele und Ansatzpunkte für betriebliche Informationssysteme

Bisherige Untersuchungen zeigen das „DV-Paradoxon", nach dem höhere DV-Investitionen nicht unbedingt zu Rentabilitäts- und Risikovorteilen führen. Daher wird in der Wirtschaftsinformatik danach gestrebt, die Wirkung von Informationssystemen auf die betrieblichen Ziele stärker zu beachten.

Die Brücke zwischen den Formal- und Sachzielen bildet die **Strategie** des Unternehmens. Eine Strategie besteht aus der Mission vor dem Hintergrund der strategischen Umwelt und der Ausgangslage des Unternehmens. Die Mission beschreibt das Tätigkeitsfeld hinsichtlich Produkten, Kunden sowie Regionen und verbindet dieses mit grundsätzlichen Aussagen über den einzuschlagenden strategischen Weg; z. B. ob ein Unternehmen bei Produkten, Märkten oder Kunden expandieren oder vor- bzw. nachgelagerte Leistungsstufen integrieren will (Hax / Majluf (1985), S. 16 ff.).

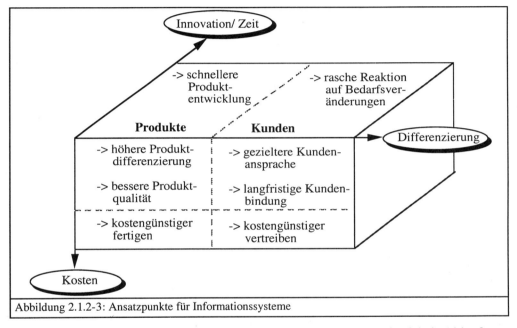

Abbildung 2.1.2-3: Ansatzpunkte für Informationssysteme

Viele Informationssysteme unterstützen Unternehmen nur allgemein dabei, Abläufe rationeller und schneller zu gestalten, ohne auf bestimmte Strategien ausgerichtet zu sein (Heinrich / Burgholzer (1990), S. 62). Eine zweite Gruppe von Informationssystemen beschleunigt Steuerungsprozesse und verbessert Prognosen mit dem Anliegen, der Unternehmung Zeit für strategische Reaktionen zu verschaffen. Eine dritte Gruppe von Systemen wird genutzt, um die Unternehmensumwelt selbst zu formen: Es werden innovative Leistungen bereitgestellt, alte Leistungen differenzierter oder kostengünstiger angeboten, die Kommunikation mit Kunden oder Lieferanten inhaltlich oder zeitlich verbessert.

2.1.2.2 Aufgaben
Die Aufgabe der Informationssysteme ergibt sich aus den Formal- und Sachzielen des Unternehmens.

Formalaufgaben von Informationssystemen sind z. B. Kosten bzw. Aufwendungen zu senken, Erlöse bzw. Erträge zu steigern oder den Einsatz an Vermögen oder Zeiten zu reduzieren. Kostensenkungen können direkt, nachweisbar und meist auch kurzfristig durch den Ersatz oder bessere Ausnutzung von Produktionsfaktoren durch Informationssysteme (z. B. Arbeit durch DV, Werkstoffausnutzung) erreicht werden. Schwieriger und nur über längere Zeiträume sind Erlössteigerungen und Leistungsverbesserungen, z. B. verkürzte Lieferzeiten, verbesserte Produktqualitäten zu erzielen, meist lassen sich diese Wirkungen nur indirekt auf die Informationssysteme und auf eine Reihe weiterer (organisatorischer und personeller) Maßnahmen zurückführen. Nur sehr langfristig sind strategische Wirkungen wie Wettbewerbsvorteile zu Kunden und Lieferanten erzielbar (Strassmann (1988)).

	Nutzen →			
	Direkt	**Indirekt**	**Ableitbar**	
Schwierigkeiten ↑			Strategisches Überleben	
		Risiko-reduzierung	Wettbewerbs-vorteile	Zeitbedarf
	Umsatz-steigerung	Leistungs-steigerung	Prozeß Redesign	unter 1 Jh. ☐
	Kosten-verschiebung	Kosten-vermeidung		unter 5 Jh. ☐
				unter 10 Jh. ☐
	Kosten-reduzierung			über 10 Jh. ▨

Abbildung 2.1.2-4: Zeit und Aufwand, um mit DV Nutzen zu erzielen (Strassmann (1988))

Die **Sachaufgaben** von Informationssystemen ergeben sich aus der Struktur des im Steuerungsprozess zu begleitenden Leistungsflusses und des Geldflusses. Informationssysteme können durch Erfassungs-, Berechnungs-, Vergleichs- sowie Speicherungs- und Kommunikationsoperationen helfen, die Mengen, Zeiten und Werte im Prozess zu steuern.

Der Steuerungsprozess und der ihn versorgende Informationsfluss wird in Unternehmen immer wichtiger (Kosiol (1969), S. 169), da sowohl im Geld- als auch im Leistungsfluss

- die unternehmensinterne und -externe Arbeitsteilung zunimmt und daher der Koordinationsbedarf steigt,

- die Komplexität und Dynamik der erforderlichen Aktivitäten und der eingesetzten Ressourcen steigt,

- die Verknüpfung zwischen Haushalten und Unternehmen wächst,

- die staatlichen Einflüsse über Gesetze, Verordnungen etc. zunehmen und damit einhergehend die Administrations- und Dokumentationserfordernisse der betrieblichen Aktivitäten.

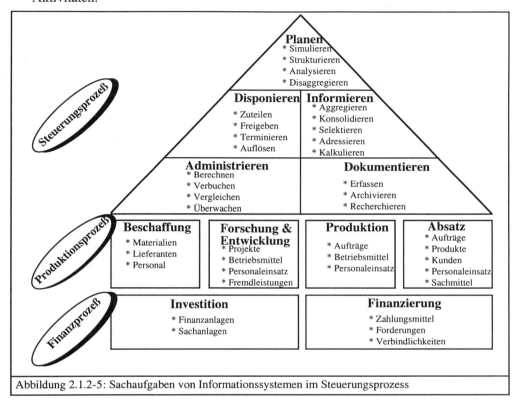

Abbildung 2.1.2-5: Sachaufgaben von Informationssystemen im Steuerungsprozess

Hinsichtlich der zu erfüllenden Sachaufgaben lassen sich Informationssysteme in drei Felder einteilen:

- Systeme, die den Produktionsprozess technisch vorbereiten, steuern und sichern (**technische Informationssysteme**); z. B. Werkzeugmaschinen oder Lagersysteme steuern;

- Systeme zur betriebswirtschaftlichen Abrechnung, Steuerung und Planung des Werteflusses (**betriebswirtschaftliche Informationssysteme**); z. B. Lohnbuchhaltung oder Produktionsplanung;

- Systeme zur Automatisierung von Büroaufgaben (**Büro-Informationssysteme**); z. B. Textverarbeitung, Dokumentations-, Archivierungs- oder „Electronic Mail" - Systeme.

Die Elemente dieser Systeme lassen sich für ein Industrieunternehmen in einem W - Modell nach dem Wertschöpfungsfluss ordnen (ähnlich Scheer (1990c)). Anzustreben ist ein integrierter Datenbestand für die drei Systemtypen (vgl. Kapitel 3).

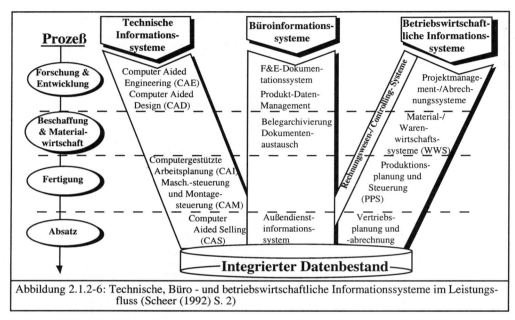

Abbildung 2.1.2-6: Technische, Büro - und betriebswirtschaftliche Informationssysteme im Leistungsfluss (Scheer (1992) S. 2)

Technische Informationssysteme begleiten den Produktionsprozess von der Entwicklung des Produktes über die Einrichtung der erforderlichen Produktionsverfahren bis hin zur Durchführung der Fertigung und Logistik. Technische Systeme detaillieren Daten von Produkten (Maße, Formen, Material) oder Fertigungsverfahren (Maschinen, Werkzeuge, Arbeitsschritte) und steuern die Schritte des Leistungs-/Güterflusses nach Mengen und Zeiten.

Betriebswirtschaftliche Informationssysteme erfassen die Mengen und Werte des Güter-/ Leistungsflusses und des resultierenden Geldflusses. Sie bestehen aus Systemen für die administrative Abwicklung der Güter- und Geldflüsse sowie aus Informations- und Steuerungssystemen für die Managementebenen (vom Außendienst über den Vertrieb bis hin zur Geschäftsleitung). Die operativen Systeme für die Geschäftsabwicklung werden als ERP-Systeme (Enterprise Ressource Planing) oder in Deutschland (sehr verkürzt) als PPS (Produktionsplanungssysteme) bezeichnet. Die Informationssysteme werden als MIS (Management Informations Systeme) oder Data warehouse betitelt. Es wird angestrebt, betriebswirtschaftliche und technische Informationssysteme miteinander zu verbinden, z. B. werden Kostenrechnungs- und Produktionsplanungssysteme mit techni-

schen Systemen gekoppelt, um die Daten und Prozesse beider Sichten des Produkti-
onsprozesses zu integrieren (Computer Integrated Manufacturing - CIM).

Funktionsbe-reich	Aufgabe	Technische Informationssys-teme
Forschung & Entwicklung	• Struktur und Gestaltung eines Pro-duktes	• Computer Aided Engineering (CAE)
	• Technische Zeichnung eines Pro-duktes	• Computer Aided Design (CAD)
Fertigung	• Erstellen eines Arbeitsplanes für ein Werkstück	• Computer Aided Planning (CAP)
	• Software-Steuerung der Bearbei-tungsoperationen eines Betriebs-mittels	• Betriebsmittel-Programmierung (NC-Programmierung)
	• Qualität der Werkstücke prüfen	• Computer Aided Quality As-surance (CAQ)
	• Software-Steuerung des Zusam-menwirkens von Bearbeitungs-/ Transportmitteln	• Prozessleitsysteme • Computer Aided Manufacturing (CAM)
	• Erfassen der Bearbeitungszustände von Werkstücken und Betriebs-mitteln	• Betriebsdatenerfassung (BDE)

Abbildung 2.1.2-7: Beispiele für technische Informationssysteme

Das folgende Bild zeigt die Systeme eines forschungsintensiven Industrieunternehmens
mit über fünf Milliarden Umsatz. Dessen Informationssysteme entstanden in den letzten
zwanzig Jahren, neben neueren Systemen existieren noch Altsysteme aus den 70er Jahren. Die Administrationssysteme rechnen die Bereiche Verkauf, Fertigung, Beschaffung
und Personal sowie den wichtigen Entwicklungsbereich ab. Für die Steuerung des Ge-
schäftes wird das Rechnungswesen genutzt, ergänzt um die Vertriebssysteme für die
weltweiten Märkte. Das Unternehmen ist in Produktsparten gegliedert und stellt für deren
Management eine Ergebnisrechnung auf, die Umsätze und Kosten differenziert ausweist.
Da Forschung und Entwicklung für die Zukunft des Unternehmens entscheidend sind,
werden deren Projektergebnisse kontinuierlich dem Spartenmanagement berichtet. Das
Vorstandsberichtswesen konzentriert sich auf Controlling- (u. a. Bilanz und Gewinn-
und Verlustrechnung) sowie Finanz-Daten.

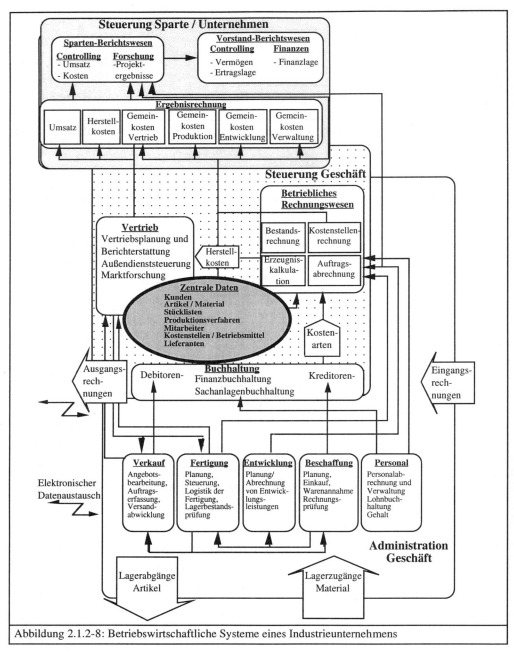

Abbildung 2.1.2-8: Betriebswirtschaftliche Systeme eines Industrieunternehmens

Bei den **Büroinformationssystemen** gibt es zwei Typen: Zum einen existieren Systeme, die formulargebundene Produktionsvorgänge (z. B. in Banken, Versicherungen und Behörden) unterstützen. Neben den Texteditoren gehören in diese Kategorie Systeme zur gesteuerten Vorgangsbearbeitung, die Dokumente entsprechend der Arbeitsfolge von Sachbearbeiter zu Sachbearbeiter leiten (*Workflow Management Systeme*). Diese Systeme verfügen über Editoren zur Vorgangsbeschreibung, über Datenbanken zur Vorgangsablage, sowie über Kommunikationskomponenten zur Vorgangsweiterleitung und -verteilung. Zum anderen begleiten Dokumente in Papier- oder Dateiform den Wertschöpfungsfluss und sind daher effizient zu speichern und wiederzufinden (*Dokumenten-Management-Systeme*). Diese Systeme basieren entweder auf der Imaging - Technologie oder auf Datenbanken, die Dokumente digital abspeichern. Deren Aufgabe ist es, Dokumente mittels Deskriptoren zu beschreiben und über lange Zeiträume (> 20 Jahre) aus großen Dokumentenbeständen wiederzufinden.

Bürotätigkeit	Software-Kategorie	Produktbeispiele (Anbieter)
Texte bearbeiten	• Textverarbeitung	• WINWORD (Microsoft) • WORDPRO (Lotus) • WORDPERFECT (Wordperfect)
Texte ablegen und recherchieren	• Dokumenten-Management-Systeme	• FILENET (Filenet) • IMAGEPLUS (IBM) • ARCIS (SNI)
Vorgänge bearbeiten	• Workflow Computing	• WORKPARTY (SNI)
	• Workgroup Computing	• NOTES (Lotus) • EXCHANGE (Microsoft)
Kommunizieren	• Electronic Mail	• MS-Mail (Microsoft) • cc:MAIL (Lotus)
Abbildung 2.1.2-9: Softwarekategorien von Büro-Informationssystemen		

Groupware- oder *Workgroup Computing-Systeme* unterstützen Arbeitsgruppen flexibel bei ihren Arbeits- und Kommunikationsaufgaben. Die Systeme ermöglichen es, in Arbeitsgruppen komplexe Dokumente (aus Texten, Grafiken, Bildern) zu erstellen, diese über Verweise mit beliebigen anderen Dokumenten zu verbinden und flexibel auszutauschen.

Betriebliche Informationssysteme haben die **strategische Aufgabe**, die Wertschöpfung innerhalb der Leistungskette zu unterstützen. Dazu wird gefordert,

• alle Abläufe am Ergebnis des Wertschöpfungsprozesses auszurichten (Prozessorientierung);

- nicht -wertschöpfungsrelevante Prozesse konsequent zu vermeiden (Lean Production);

- Produkte und Prozesse vollständig im Hinblick auf den Kundennutzen zu optimieren (total customer orientation). Der Wert eines Unternehmens ist weder am Anlagen- noch am Technologie-Vermögen zu messen, sondern allein daran, ob Produkte gewinnbringend vermarktet werden (customer value);

- die Prozesse zeitoptimal zu gestalten (time optimized processes) und Pufferbestände und -zeiten zu vermeiden (just-in-time);

- die Produktqualität im Hinblick auf den Kundennutzen zu optimieren (Total Quality Management);

- die Qualifikation der Mitarbeiter konsequent zu steigern und zur Verbesserung betrieblicher Abläufe zu nutzen (kontinuierlicher Verbesserungsprozess).

Porter unterscheidet die Differenzierung gegenüber der Konkurrenz, die Fokussierung auf bestimmte Produkte, Kunden oder Regionen, sowie das Streben nach marktweiter Kostenführerschaft (Porter (1980)).

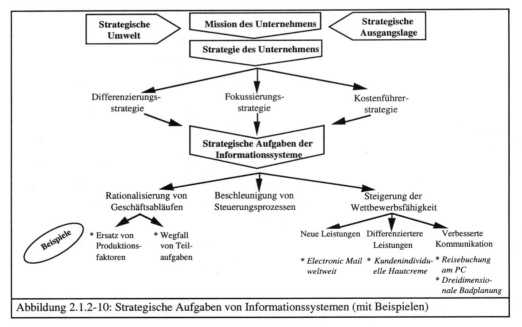

Abbildung 2.1.2-10: Strategische Aufgaben von Informationssystemen (mit Beispielen)

Aus den strategischen Informationssystemaufgaben für die Geschäftsprozesse folgen die **operativen Aufgaben** für die Geschäftsvorgänge des Unternehmens, um dessen Geldflüsse sowie Leistungsflüsse zu planen, zu steuern und zu dokumentieren. Deren Anforderungen an Daten, Funktionen und Kommunikationskomponenten unterscheiden sich. Für die Geschäftsvorgänge des Geldflusses existieren einheitliche Strukturen und z. T. gesetzliche Anforderungen an Informationssysteme (z. B. für Rechnungswesensysteme). Der Leistungsfluss ist demgegenüber unternehmensspezifisch gestaltet; einheitliche Strukturen und normierte Anforderungen fehlen.

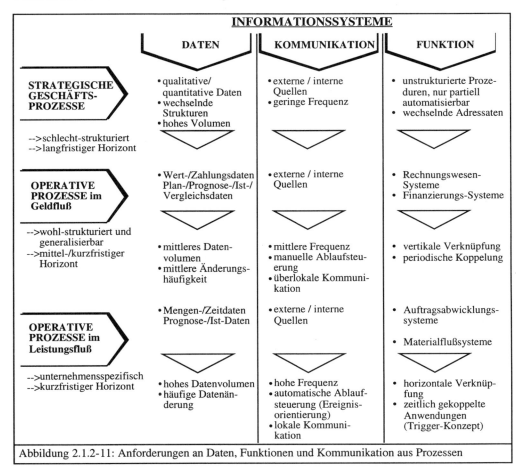

Abbildung 2.1.2-11: Anforderungen an Daten, Funktionen und Kommunikation aus Prozessen

2.1.3 Ressourcen und Informationstechnologie

Zu den finanziellen, sachlichen und personellen Ressourcen gehören die Mitarbeiter, die maschinelle Ausstattung (einschließlich der Informationstechnik) und die räumlichen Gegebenheiten. Informationstechnologie im DV-Sinne sind die Hard- und Software für Verarbeitungs-, Speicherungs- und Kommunikationsprozesse und im weiteren Sinne auch elektronische Medien (z. B. Video), Kommunikationstechnologien (z. B. Mobilfunk) oder klassische Instrumente (z. B. Formulare, Karteien).

Informationstechnologie lässt sich nach den Aufgabenbereichen und nach Ebenen eintei-len, ohne dass diese Einteilung bei real existierenden Komponenten immer in der reinen Form wiederzufinden ist.

	Speicherung	**Kommunikation**	**Verarbeitung**	**Peripherie**
Anwendungs-ebene	• Externe Daten-banken • Data Ware-house	• Mailing & Groupware • Electronic Data nterchange (EDI)	• Legacy Systeme (Buchhaltung, Personal) • CAD-Systeme	• Office Sys-teme
Entwicklungs-ebene	Datenmanage-mentsystem	Netzwerktopolo-gien	Programmiersys-teme	
Basissoftware	Betriebssystem			
	Datenverwaltung	Transportproto-kolle	Aufgaben- & Pro-zessverwaltung	Transaktions-monitore
Hardware	Speicher	Verkabelung Netztopologien	Prozessoren Motherboards	Drucker Scanner

Abbildung 2.1.3-12:Informationstechnologie nach Bereichen und Ebenen mit Beispielen

Die verfügbare **Informationstechnologie** setzt die Randbedingungen dafür, wie das Aufgabensystem in ein Informationssystem umgesetzt werden kann. Die damit verbun-denen *Investitionsausgaben* und *Betriebskosten* legen fest, ob sich der Einsatz einer be-stimmten Technik wirtschaftlich lohnt und welche Sachmittel - Lösung am günstigsten ist. Es sind somit zwei Arten von Entscheidungen zu treffen:

(1) die Informationstechnologie-Entscheidung, welche Hard- und Softwaretechnik für die Speicherung, die Datenverarbeitung und Kommunikation verwendet werden soll,

(2) die Informationsökonomie-Entscheidung, welche Aufgaben durch die Informations-technologie in welcher Intensität abgedeckt werden sollen.

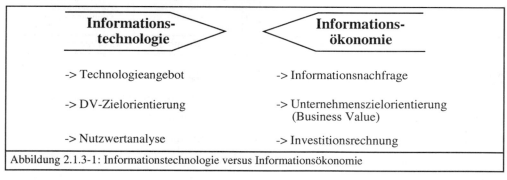

Abbildung 2.1.3-1: Informationstechnologie versus Informationsökonomie

Die Entscheidung zur **Informationsökonomie** befasst sich mit den Fragen, in welchen Organisationsbereichen für welche Aufgaben, welche Informationssysteme eingesetzt werden sollen, um den höchsten Beitrag zum Unternehmensziel (Business Value) zu erreichen. Dabei sind die Informationssysteme auszuwählen (Auswahlentscheidung) und deren Ersatz durch neuere zu planen (Ersatz-, oft auch Migrationsentscheidung genannt).

	Unternehmensinterne Wirkung	**Unternehmensexterne Wirkung**
Nutzen-wirkung	• Einsparungen bei Personal- und Sachausgaben • verringerte Kosten für Roh-, Hilfs- und Betriebsstoffe • verringerte Investitionsausgaben (Maschinen, Lager)	• Erlöserhöhungen • Einsparungen bei Transaktionskosten
Kosten-wirkung	• IS-Investitionsausgaben • IS-Betriebskosten • Reorganisationskosten • IS-Schulungskosten	• Kommunikationskosten (Netze, Dienste)

Abbildung 2.1.3-2: Nutzen-/Kostenwirkungen von Informationssystemen im Unternehmen

Organisationsintern sind die wirtschaftlichen Systemwirkungen auf das Gesamtunternehmen, auf Geschäftsfunktionen oder -bereiche zu analysieren. In Investitionsrechnungen sind zu vergleichen

- die Anschaffungsausgaben für die Technologie (Hard-/ Software) der Informationssysteme,

- die Betriebskosten für die Technologie bestehend aus Sachmittel- und Personalkosten,

- die Organisationskosten für die Einführung und den Einsatz der Informationssysteme.

Die organisatorischen Einführungskosten einer Software verhalten sich zu den Anschaffungskosten für Hard- und Software etwa wie 5 : 1 (Scheer (1994), S. 4). Ähnliches gilt auch für die benötigte Zeit; die Technologie lässt sich in der Regel in Monaten einführen, die organisatorische Einführung dauert oft Jahre.

Organisationsexterne Wirkungen von Informationssystemen können betreffen:

- Umsatzerlöse, z. B. aufgrund einer regionalen Ausdehnung des Absatzgebietes, eines Mehrabsatzes durch mehr Kunden durch verbesserte Beratung,

- Transaktionskosten, z. B. aufgrund verringerter Interaktionsvorgänge mit Lieferanten bzw. Kunden, gesenkter Kommunikationszeiten oder preiswerterer Verbindungen.

Make or Buy von Ressourcen und Technologie: Die Märkte für die Technologie, die organisatorische Einführung oder auch die Leistung von IS sind sehr leistungsfähig. Es existiert ein sehr breites, kaum mehr überschaubares Angebot an Technologie und Experten. Üblicherweise werden Hardware-Komponenten heute fremd bezogen. Auch bei Software ist der Fremdbezug inzwischen zeit- und kosteneffizienter: Standardsoftware existiert für fast alle Aufgaben in zunehmender Qualität; spezialisierte Unternehmen bieten die Entwicklung maßgeschneiderter Systeme an. Allerdings wird oft vergessen, dass der Einsatz von Standardsoftware nur die Entwicklung, nicht aber die vorgelagerten Konzeptionsarbeiten auslagert. Verfügen Unternehmen nicht über eigenes Personal für diese Arbeiten, sind sie auf externe Berater angewiesen. Da die Entwicklungskapazität häufig nur für begrenzte Zeit und oft spezielles Know-how benötigt wird, ist eine Fremdentwicklung meist effizienter als eigene Kapazitäten, sofern diese nicht anderweitig auszulasten sind. Viele Unternehmen wollen zumindest die Kapazitäten für wettbewerbsrelevante Systeme im eigenen Haus behalten. Entscheidet man sich für den Fremdbezug der Konzeptions- und Entwicklungsphase, ist man üblicherweise auch für die technische und organisatorische Implementierung auf fremde Ressourcen angewiesen. Oft werden Leistungen nicht einfach gekauft, sondern es werden langfristige (vertragliche oder finanzielle) Verbindungen mit Lieferanten aufgebaut.

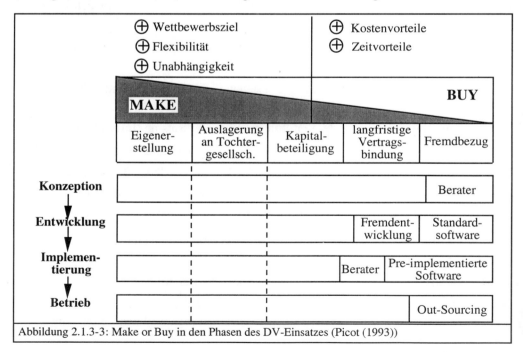

Abbildung 2.1.3-3: Make or Buy in den Phasen des DV-Einsatzes (Picot (1993))

Standardsoftware ist speziell bei IS verbreitet, deren Struktur nicht vom Unternehmenstyp abhängig ist. Fast alle Unternehmen haben eine Finanzbuchhaltung mit ähnlichen Datenstrukturen (z. B. Konten) und Verarbeitungsfunktionen (z. B. Buchungsregeln); nur Daten- (z. B. Kontenbezeichnungen) und Verarbeitungselemente (z. B. Buchungssätze) sind unternehmens- oder branchenspezifisch (z. B. Industrie- versus Bankbuchführung). Individuelle Software ist häufig für Produktionsprozesse notwendig, da die Funktionen (z. B. der Maschinenbelegung) und Datenstrukturen (z. B. Fertigungsauftrag) von den Gegebenheiten in der Produktion, den hergestellten Produkten, den zu beliefernden Kunden etc. abhängen. Auch dafür existiert Standardsoftware, die für Betriebsstrukturen konfigurierbar ist. Diese erspart zwar Programmier-, erfordert aber umfangreiche Anpassungsarbeiten. Da Softwareanbieter dazu neigen, betriebliche Eigenarten und den Konfigurationsaufwand zu unterschätzen, gilt es vor dem Kauf, die Fachanforderungen genau zu beschreiben, um Fehlinvestitionen zu vermeiden.

Vorteile		Nachteile	
Ressourcen-ersparnis	• Realisierbarkeit komplexer Anwendungen auch bei unzureichender Personalausstattung • bei Wartung	• keine spezifische Informationssysteme • fehlende Übereinstimmung mit Fachanforderungen kann erhebliche Anpassungen erfordern	**Innovation**
Know-how-Erwerb	• von organisatorischem und DV-Wissen	• vom Anbieter	**Abhängigkeit**
Beschleuni-gung	• schneller als Eigenentwicklung	• da meist deutlich mehr Hardwareleistung benötigt	**Hardware-belastung**
Reifegrad	• Daten- und Betriebssicherheit intensiv erprobt (bei renommierten Herstellern)	• u.U. hoch; Systeme nur schwer durchschaubar	**Anpassungs-aufwand**
Weiterent-wicklung	• hinsichtlich betriebswirtschaftlicher Konzepte und Technologie	• zu anderen Informationssystemen und Datenbanken	**Schnittstellenprobleme**

Abbildung 2.1.3-4: Vor- und Nachteile von Standardsoftware

2.1.3.1 Mainframe-Technologie

Seit den Zeiten der IBM /360 und /370 -Serien ist der Mainframe die klassische und immer noch verbreiteste Hardware-Plattform für betriebliche Anwendungen. Bei Mainframe-Rechnern handelt es sich um zentrale Mehrplatzsysteme mit multitaskingfähigem Betriebssystem und oft mehreren Prozessoren, die mit Hilfe von Transaktionsmonitoren (OLTP = Online Transaction Processing) den Dialog mit den Terminals steuern.

Hersteller	Hardware-Serien	Betriebssystem	Kommunikationssystem
IBM	3090, ES 9000	MVS / OS390	SNA
Siemens SNI	H 60, H 90, H 120	BS 2000	SINET
Digital Equipment (DEC)	VAX	VMS	DECNET

Abbildung 2.1.3-5: Mainframe Serien

Der *Transaktionsmonitor* stellt die zentrale Rechnerleistung im Multitasking-Betrieb gleichzeitig mehreren, dezentralen Anwendern zur Verfügung. Der Monitor hat fünf Komponenten:

(1) Das *Transaktionsmanagement,* das Geschäftsvorfälle gesichert abwickelt. Kann eine Transaktion nicht beendet werden, werden sie und alle betroffenen Ressourcen zurückgesetzt und der Vorgang wird erneut gestartet.

(2) Das *Anwendungsmanagement*, das die vielen Anwendungen verwaltet und durch Parallelverarbeitung das Anwortzeitverhalten optimiert.

(3) Das *Prozessmanagement*, das parallel mehrere Transaktionen der gleichen Anwendung zu ressourcenschonenden Prozessen zusammenfasst.

(4) Das *Dialogmanagement*, das die Kommunikation mit nahen und fernen Anwendern und Anwendungen steuert, die Warteschlange der Transaktionen verwaltet und die Terminals steuert.

(5) Das *Datenmanagement*, das die Interaktionen der Transaktionen mit der Datenbasis (Dateien oder Datenbanken) steuert.

Transaktionsmonitore wie CICS (Customer Information Control System - IBM), UTM (Universeller Transaktions-Monitor - Siemens) oder ACMS (Application Control and Management System - DEC) können neben Terminals auch PC oder Workstations anbinden.

Mainframe-Rechner sind auf proprietäre, betriebssichere und erprobte Kommunikationssysteme optimiert, die mehrere tausend Endgeräte mit mehreren Dutzend Zentraleinheiten verbinden können. Bei IBM existiert seit 1974 die „Systems Network Architecture" (SNA), für DEC-Systeme DNA etc.

Systeme	Stapelsysteme	Dialogsysteme Eigenentwicklung	Dialogsysteme Standard (SAP)
Basis-/ Hilfsfunktionen		Predict	SAP-Basissystem
Programmier-sprache	Cobol	Natural	Assembler, ABAP
Transaktions-monitor		UTM	DCAM
Daten-haltung	ISAM	ADABAS/ ORACLE	
Betriebs-system	BS 2000		
Hardware	SIEMENS H90 I2, Datenübertragungsrechner, Endgeräte		
Vernetzung	ETHERNET mit Protokoll TCP/IP		SINET
Terminals	Terminals	PC	

Abbildung 2.1.3-6: Komponenten eines Mainframe-Systems (exemplarisch)

Für die Mainframe-Technik existiert ein breites Angebot an *Standard - Software* speziell für betriebswirtschaftliche Informationssysteme. Marktführer in Europa ist der deutsche Anbieter SAP, dessen System R/2 (Release 5.0 aktuell) über 2000 Installationen aufweist und bei über 80% der 100 größten deutschen Unternehmen mindestens mit einer Komponente eingesetzt wird.

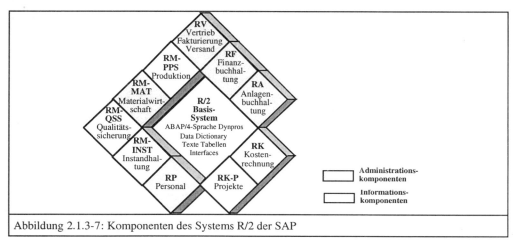

Abbildung 2.1.3-7: Komponenten des Systems R/2 der SAP

Die *Vorteile* der Mainframe-Technologie liegen neben den Transaktionsmonitoren vor allem in der großen Betriebssicherheit und in der Ausrichtung auf betriebliche und überbetriebliche Kommunikationsvorgänge. Die *Nachteile* bestehen vor allem in der Abhängigkeit von den Anbietern, die sich ihre Produkte oft teuer bezahlen lassen.

Vorteile		Nachteile	
Hohe Betriebs-sicherheit	• mehrere unabhängige Prozessoren	• proprietäre Betriebssysteme und Anwendungssoftware	**Herstellerbindung**
Hohe Speicherleistung	• extrem großer Arbeitsspeicher (>20 Gigabyte)	• proprietäre und teure Peripheriegeräte	
Hohe Kommunikationseignung	• mehrere hundert I/O-Kanäle • spezielle Kommunikationsarchitekturen • mehrere tausend Terminals • leistungsfähige Transaktionsmonitore	• kleine Serien mit speziellen proprietären Prozessoren	**Hohe Anschaffungskosten**
Eignung für Massendaten	• mehrere hundert Gigabyte Peripheriespeicher	• bedingen 24 Std.-Betrieb mit Batch-Orientierung • eigene DV-Organisation mit hauptamtlichen Mitarbeitern notwendig	**Hohe Betriebskosten**
Hohe MIP Produktivität	• arbeitsteilige Nutzung vorhandener MIP • Nutzung der Rechenleistung für Produktion, nicht für Präsentation		
Abbildung 2.1.3-8: Vor- und Nachteile einer Mainframe-Architektur			

2.1.3.2 Midrange-Technologie

Als „Midrange" werden Systeme mit mittlerer Rechenleistung und hoher Betriebssicherheit bezeichnet, die mit ihren Kanälen > 50 Terminals betreiben können. Die Rechner sind für administrative Anwendungen optimiert und auf die Vernetzung mit Mainframes und PC eingerichtet. Zur Zeit konkurrieren Maschinen mit herstellereigenem, proprietären Betriebssystem mit UNIX-Maschinen. Es existieren unterschiedliche UNIX - Derivate, die sich u. a. hinsichtlich der Betriebs- und Datensicherheit sowie im Datenschutz unterscheiden. Der Anwender kann bei UNIX auf ein breites Software- und Peripherieangebot zurückgreifen.

mit proprietärem Betriebssystem	mit UNIX - Derivaten als Betriebssystem
HP 3000 (MPE/IX)	DEC VAX 3000 Serie
IBM AS 400 Serie (OS 400)	DEC ALPHA
DEC VAX 4000 / 6000 Serie (VMS)	HP 9000 (HP-UX)
SNI Quattro (Niros)	IBM RS 6000 (AIX)
	SNI MX (SINIX)
Abbildung 2.1.3-9: Midrange-Architekturen mit proprietärem oder UNIX-Betriebssystem	

Da Midrange-Systeme in mittelständischen Unternehmen dominieren, ist ein breites Angebot leistungsfähiger Standardsoftware entscheidend für die Verbreitung der Systeme. Nixdorf (COMET - Software) hat neben IBM (AS 400) diesen Markt viele Jahre lang beherrscht; doch hat deren Software nicht die Leistungsfähigkeit und den Integrationsgrad des dominierenden Anbieters SAP. Daneben existieren eine Reihe kleinerer Anbieter (u. a. RATIOPLAN). Neben SAP (für IBM AS/400) bieten eine Reihe US-amerikanischer Hersteller Software für Midrange - Systeme an. Meist stammen diese aus der AS/400 - Welt, werden zunehmend aber auch für UNIX und WINDOWS NT - Welten angeboten.

	SSA BCDS	Computer Associates	JBA System 21	J.D. Edwards System 21	Peoplesoft
Betriebssystem	Unix/AS400	AS 400	Unix/AS400	Unix/AS400	Unix/AS400
Datenhaltung		DB/2			
RW	ja	ja	ja	ja	ja
PPS	ja	ja		ja	
Personal	nein		ja		ja
Internetfähig-keit	ja			ja	
Abbildung 2.1.3-10: Standardsoftware für Midrange-Systeme (Beispiele)					

Midrange-Systeme bieten mittelständischen Unternehmen die Möglichkeit, die Vorteile von Mainframe-Systemen zu nutzen, ohne deren Nachteile in Kauf zu nehmen. Speziell proprietäre Systeme (IBM AS/400, DEC VAX) arbeiten mit den Mainframes der Hersteller reibungslos zusammen. Daher werden Midrange-Rechner häufig auf Werks- oder Tochtergesellschaftsebene eingesetzt, während auf Unternehmensebene Mainframes verwendet werden.

Midrange-Rechner laufen in nicht klimatisierten normalen Räumen und benötigen keine speziellen DV-Operatoren. Für Midrange-Systeme werden Transaktionsmonitore angeboten, deren Leistung für betriebliche Aufgaben an die der Mainframes heranreicht.

Vorteile		Nachteile	
Hohe Betriebs-sicherheit	• entspricht der von Mainframes	• Proprietäre Betriebs-systeme • Proprietäre Peri-pheriegeräte	**Herstellerbindung**
Kompatibilität zu Mainframes	• daher gut als Werks- oder Tochtergesell-schaftsrechner ein-setzbar	• Reichhaltiges Ange-bot, jedoch z. T. veraltete Konzepte	**Standardsoftware**
Hohe Kommu-nikations-eignung	• Busarchitektur erlaubt mehrere hundert Termi-nals • leistungsfähige Trans-aktionsmonitore		
Tragbare Be-triebskosten	• Keine DV-Organisation mit hauptamtlichen Mitarbeitern notwendig • keine klimatisierten Räume erforderlich		
Abbildung 2.1.3-11: Vor- und Nachteile der Midrange-Technologie			

2.1.3.3 Client-Server-Technologie

Bei einer Client-Server-Technologie wird ein Kooperationsmodell zwischen Dienste-nachfragern (clients) und Diensteanbietern (server) unterstützt. Die *Clients* fragen be-stimmte DV-Prozesse nach, die von *Servern* auf Anfrage angeboten werden; für die Dau-er der Kooperation besteht zwischen beiden eine Auftragsbeziehung. Clients und Server sind Softwarekomponenten, die auf Basis heterogener Hardware und Netze agieren. Sind immer die gleichen Komponenten Anbieter, so spricht man auch von dezidierten Servern (*dedicated server*). Ist es möglich, dass Server zu Clients werden und umgekehrt, so spricht man von nicht dezidierten Servern (*non dedicated server*). Die Server können zentral oder verteilt (distributed server) angeordnet sein. Server können Aufgaben der Datenhaltung (database Server) oder der Anwendungen (application Server) übernehmen.

„Client-Server" ist ein Sammelbegriff, dessen Typen danach zu unterscheiden sind, in-wieweit die Präsentation, die Applikation und / oder die Datenhaltung verteilt und für den Benutzer transparent (unmerklich) realisiert wird.

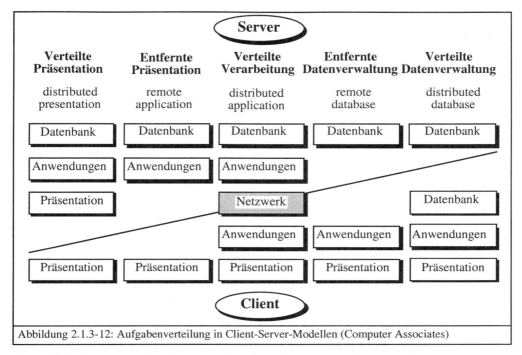

Abbildung 2.1.3-12: Aufgabenverteilung in Client-Server-Modellen (Computer Associates)

Beim *Modell der verteilten Präsentation* übernehmen die Clients per Programm-zu-Programm-Kommunikation Daten vom Server und stellen diese selbständig dar. Daneben übernehmen die Server Präsentationsaufgaben für nicht-intelligente Terminals.

Beim *Modell der entfernten Präsentation* läuft die Präsentation ausschließlich auf den (dann notwendigerweise intelligenten) Clients ab; der Server wird vollkommen von der Maskensteuerung entlastet. Dieses Modell bietet sich für die Anbindung von Mainframes an, deren Ausgabe lässt sich in der graphischen Oberfläche moderner Workstation-Programme aufbereiten.

Beim *Modell der verteilten Verarbeitung* sind die Funktionen einer Anwendung auf verschiedene Rechner verteilt. Dabei kann das Anwendungsprogramm des Clients auf dem Server eine Programmroutine aufrufen, die Ergebnisse werden dann zurückgeliefert (ähnlich dem Aufruf eines Unterprogramms), oder es erfolgt eine direkte Programm-Programmkommunikation zwischen Server und Client.

Beim *Modell der entfernten Datenverwaltung* werden die Anwendungsprogramme vollständig auf die Clients verlagert, während die Daten vom Server zugeliefert werden (Trennung von Daten- und Funktionsbereich). Die Daten werden transparent (d. h. logisch einheitlich) auf mehreren Rechnern abgespeichert.

Beim *Modell der verteilten Datenverwaltung* werden Daten sowohl lokal als auch ent-
fernt gespeichert. Die Daten sollten transparent verteilt werden, also logisch wie eine ein-
zige Datenbank aussehen. Clients und Server teilen sich die Datenhaltung.

Clients und Server sind in einem *Schichtenmodell* gestuft. Häufig wird in eine Daten-
haltungsschicht (*data base layer*), eine Anwendungsschicht (application layer) und in eine Nutzerschicht (*user interaction layer*) unterteilt (z. B. bei SAP R/3).

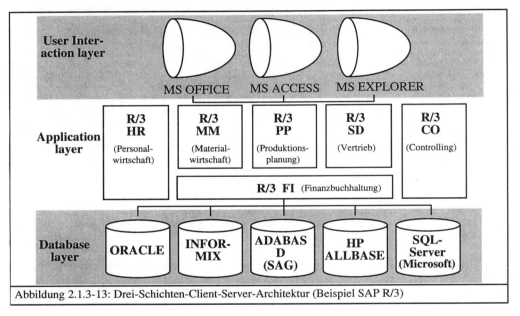

Abbildung 2.1.3-13: Drei-Schichten-Client-Server-Architektur (Beispiel SAP R/3)

Die *Nutzerschicht* präsentiert die Anwendungsergebnisse auf graphischen Benutzeroberflächen, die auf leistungsstarken Client-Workstations ablaufen. Die *Anwendungsschicht*
umfasst die fachlichen Programme mit dem Transaktionsschema, der Verarbeitung der
Daten sowie die Datenbankabfragen. Die *Datenschicht* besteht aus einer oder mehreren
Datenbanken. Anwendungs- und Datenschicht können auf getrennten Rechnern ablaufen.
Ergänzend werden spezielle Prozesse als Kommunikationsserver (z. B. für E-Mail, EDI
und FAX), als Sicherheitsserver (z. B. für Authentisierungs- und Security-Prozeduren)
und als Peripherie-Server (z. B. für Druckaufgaben) realisiert. Verbunden werden die
Schichten durch Netzwerke mit einer u. U. eigenständigen Steuerungslogik. Die Güte
eines Client-Server-Systems zeigt sich nicht an der Verteilung der Präsentation, sondern
an der von Anwendungen und Daten.

Server-Hardware	SUN SPARC	IBM RS 6000	HP 9000	DEC VAX	SNI MX	INTEL PENTIUM
Datenbank-Server-Betriebssystem	SOLARIS	AIX	UNIX 9.0	UNIX	SINIX	WINDOWS NT
Application-Server Betriebssystem	UNIX				WINDOWS NT	
Server-Datenbanken	ORACLE	DB2/ 6000	HP ALLBASE	INFOR-MIX	ADABAS D	SQL-Server
Transaktions-Monitor	IMS-DC	CICS	SAP Dispatcher	Comm. Manager		UTM
Programmier-sprache	ABAP / 4					
Client-Hardware	PC / INTEL-Basis			Work-station	VAX	MAC
Client-Betriebssystem	DOS	WIN-DOWS-NT	OS/2	UNIX oder Derivate		System 7.5
Client-Oberfläche	WIN-DOWS	NT	Presen-tation Manager	OSF/ Motiv	X-Windows	Desktop

Abbildung 2.1.3-14: Client-Server-Architektur des Systems SAP R/3

Client-Server-Systeme benötigen Softwarekomponenten, die das Zusammenwirken der Schichten in einer heterogenen Netz- und Betriebssystem-Welt ermöglichen. Diese Softwarekomponenten werden als „application enabler", „middleware" oder (unscharf) als „Application Programming Interfaces" (API) bezeichnet. Sie umfassen

- Komponenten für den Zugriff auf entfernte und heterogene Datenbanken (database layer),

- Komponenten für die nachrichtenorientierte Inter-Prozesskommunikation zwischen DV-Ressourcen (communication layer),

- Komponenten für die Transaktionssteuerung zwischen verteilten DV-Ressourcen (management layer).

An *Middleware* Komponenten wird von verschiedenen Standardisierungsgruppen und Anbietern intensiv inhaltlich und politisch gearbeitet, da die Kompatibilität zur Middleware in Zukunft über den Erfolg von „offenen" Client-Server-Komponenten entscheidet. Zur Zeit konkurrieren traditionell - nachrichtenorientierte (z. B. von der OSF-Gruppe) mit objektorientierten Ansätzen (z. B. von der OMG - Gruppe). Zum Teil ist die Middleware auch Bestandteil einer betriebswirtschaftlichen Standardsoftware (z. B. SAP R/3-Dispatcher).

		Objekt-austausch	Daten-bank-zugriff	Interpro-gramm-kommu-nikation	Interpro-zesskom-munika-tion	Transak-tions-steuerung
An-bieter	**Middleware**	Austausch von hetero-genen, ver-teilten Ob-jekten	Zugriff auf heterogene relationale Datenban-ken	Kommuni-kation zwi-schen unab-hängigen Programme n	Spezifikation von Proze-duraufrufen	
ISO-OSI			RDA (Remote Database Access)	CPI-C (Common Program-ming Inter-face for Communi-cation)		TP (Trans-action Pro-cessing)
OSF -DCE (Open Software Founda-tion)	DCE (Distributed Computing Environ-ment)		DFS (Distributed File Sy-stem)	APPC (Advanced Peer to Peer Communi-cation)	RPC (Remote Procedure Calls)	IDL (Interface Definition Language)
OMG (Object Manage-ment Group)	CORBA (Common Object Re-quest Broker Architec-ture)	OPENDOC	Datastore CLI	IDL (Interface Definition Language)	IIOP (Internet In-ter-ORB Protocol)	ORB (Object Request Broker)
IBM (mit Novell und Borland)				IDAPI (In-dependent Database Application Program-ming Inter-face) DRDA (Di-stributed Relational Database Architec-ture)	CICS - DPL (Distributed Program-ming Link)	CICS - API (Applica-tion Pro-gramming Interface)
Micro-soft	ACTIVE X/DCOM (Distributed Common Object Mo-del)	DOLE (Distributed Object Lin-king and Embedding)	ODBC (Open Data Base Con-nection)	MS -IDL (Interface Definition Language)	MS-RPC (Remote Procedure Call)	MAPI (Messaging API)

Abbildung 2.1.3-15: Middleware - Konzepte verschiedener Anbieter

Um betriebswirtschaftliche Standardsoftware in einer Client - Server Architektur verteilt zu realisieren, sind hohe Anforderungen an die Zuverlässigkeit und Betriebssicherheit aller Hard- und Softwarekomponenten zu erfüllen. Dazu wird das System neben der Daten-, Anwendungs- und Präsentationskomponente um eine Basiskomponente erweitert,

- die als Meta-Komponente den Änderungsstand der Komponenten dokumentiert,
- die als Repository den Stand des Datenmodells hält,
- die Programmierwerkzeuge für Systemerweiterungen vorhält.

Ein Client-Server-System sollte bei einem betrieblichen Einsatz um einen *Transaktionsmonitor* ergänzt werden, der parallele Transaktionen überwacht und steuert, die die gleichen Ressourcen (Datenbanken, Kanäle, I/O-Einheiten) beanspruchen. Im OLTP (Online Transaction Processing) benutzen die Prozesse Transaktionen, denen für eine bestimmte Zeit spezifische Daten und Applikationen exklusiv zugeordnet sind, um konkurrierende Änderungen und Inkonsistenzen zu vermeiden. Im einzelnen verfügt ein OLTP-Monitor -> über Sperrmechanismen, -> über Rücksetzmechanismen für unvollständige Transaktionen, sowie -> über Funktionen, um Daten in einem konsistenten Zustand wiederherzustellen.

Fortgeschrittene Datenbank-Server verfügen (z. B. ORACLE , INFORMIX, SYBASE) über OTLP-Routinen. Doch sind separate Transaktionsmonitore effizienter und ermöglichen das Handling heterogener Datenschichten (Beispielprodukte CICS/ 6000 (IBM), Encina (TRANSARC), Tuxedo).

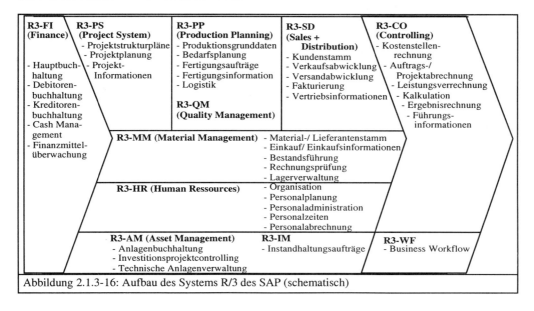

Abbildung 2.1.3-16: Aufbau des Systems R/3 des SAP (schematisch)

Vorreiter für *betriebswirtschaftliche Standardsoftware* für eine Client-Server-Architektur ist der deutsche Anbieter SAP mit dem hoch integrierten System R/3. Ein weiteres, effizientes System offeriert der niederländische Anbieter BAAN (System IV).

Vorteile	durch	Nachteile	durch
Geringere Investitionskosten	• Preisgünstige Workstations • Preisgünstige Systemsoftware	• Störanfällige dezentrale Komponenten und Vernetzung • Hoher Betreuungsaufwand	**Geringere Betriebssicherheit**
Verbesserter Benutzerkomfort	• Graphische Benutzeroberflächen • Endnutzersysteme	• Fehlende Standards durch Eigenentwicklungen ersetzen • Hohe Komplexität verteilter Anwendungen • Unzureichende Wartungswerkzeuge	**Lange Implementierungszeiten**
Systemstabilität	• Mehrfach vorhandene Systemkomponenten ersetzen sich gegenseitig	• Teure Netzinfrastruktur • Redundante Peripherie (externe Speicher)	**Infrastrukturkosten**
Flexibilität	• System auf neue Aufgaben • durch Zuschalten von Server anpassbar	• Häufigere Updates • Dezentrale Nutzerbetreuung notwendig	**Betriebskosten**
Elastizität	• Rechenleistung modular anpassbar (Skalierbarkeit) und lokal konfigurierbar • Aufwendigere Applika-tionen realisierbar, keine Anwenderkonkurrenz	• Gefahr, dass organisatorische Unabhängigkeit zu nicht einheitlichen DV-Sy-stemen führt	**Uneinheitlichkeit**
Unabhängigkeit	• Lokale Unabhängigkeit der Rechnerleistung	• Arbeitsteilige Nutzung schwierig • Präsentation statt Produktion	**Geringe MIP Produktivität**
Verbilligte Systementwicklung	• auf preisgünstigen Workstations • mit leistungsfähigen „TURBO"-Werkzeugen		

Abbildung 2.1.3-17: Vor- und Nachteile von Client-Server-Modellen

Die *Vorteile* von Client-Server-Systemen liegen in deren Modularität, in der Anwendernähe und im Nutzerkomfort (z. B. durch graphische Benutzeroberflächen). Die Client-Server-Technologie bietet mehr Rechenleistung für ´s Geld; auch die bisher als Engpass angesehenen Transaktionsleistungen von Workstations erreichen inzwischen das Niveau von Mainframes. Allerdings zeigen Erfahrungen in der Praxis, dass die Hardwarekosten durch Einsatz preisgünstiger Workstations nicht unmittelbar sinken. Zum einen sind die

DV-Leistungen von Workstations und Mainframes nicht vergleichbar (Mainframe-MIP > Workstation-MIP), zum anderen benötigen die Arbeitsplätze mehr Rechnerleistung (z. B. für grafische Benutzungsoberflächen). Auch wird nur ein Bruchteil der Rechner-kapazitäten genutzt, so lange nicht in nicht-dezidierten Architekturen zur Zeit freie Kapazitäten mittels einer Lastverteilung angesteuert werden (load balancing) oder von vornherein Ressourcen geteilt werden (ressource sharing).

Preisvorteile haben Workstations bisher bei der Anschaffung und der Wartung der Systemsoftware; allerdings sinken die Preise der Mainframes und die Nutzungsdauer von PC-/ WS -Komponenten ist relativ gering. Client-Server-Systeme verlieren ihren Kostenvorteil bei einer hohen Zahl von Arbeitsplätzen, bei > 4000 Plätzen ist ein Mainframe günstiger. Zur Zeit sind Client-Server-Systeme im Vergleich zu Mainframes weniger betriebssicher und benötigen eine umfangreiche Benutzerunterstützung. (Knolmayer (1993), S.30).

Client-Server-Anwendungen sind nicht aus dem Stand zu realisieren, als realistisch werden Zeiträume von ca. 10 Jahren angesehen. Eine Übergangsstrategie wird in einem ersten Schritt den Mainframe-Rechner weiterhin als Server nutzen und mit einer leistungsfähigen Kommunikations-Infrastruktur zunächst die dezentralen PC/WS anbinden. Der Zentralrechner wächst nicht mehr und es wird Know-how in dezentralen Anwendungen aufgebaut (Bauer (1992), S. 36). In einem zweiten Schritt werden die Applikationen verteilt und auf eine Datenbank hin modifiziert. In einem dritten Schritt wird schließlich der Mainframe-Server durch dezentrale Server ergänzt und schließlich ersetzt.

2.1.3.4 Parallelrechner - Technologie

Hierbei werden mehrere gleichartige Rechnersysteme gekoppelt. Die herkömmlichen von Neumann-Rechner, in der ein Zentralprozessor nacheinander (sequentiell) die DV-Prozesse durchführt und dadurch einen Engpass bildet, werden durch eine Architektur abgelöst, in der mehrere Prozessoren parallel die anstehenden Aufgaben bearbeiten. Ziel ist es, Rechner hoher Leistungsfähigkeit aus preisgünstigen und effizienten Mikroprozessoren zusammenzusetzen.

Parallele Rechnersysteme existieren

(1) mit loser Kopplung der Prozessoren (netzgekoppelte Systeme),

(2) mit enger Kopplung als speichergekoppelte Systeme (SMP = Shared Memory Processors),

(3) als prozessorgekoppelte Systeme (DMP = Distributed Memory Processors).

Netzgekoppelte Systeme verbinden mehrere Zentraleinheiten mit jeweils eigenen Betriebssystemen über schnelle Netze. Man spricht von lose gekoppelten Rechnersystemen, da sie unabhängig in verschiedenen Konstellationen zusammenarbeiten können. In diese Kategorie gehören vernetzte Workstations (Cluster), bei denen die Leistung aller freien Rechner genutzt wird. Die Kopplung vorhandener Workstations ist aus Kostengründen interessant, allerdings sind für effiziente Cluster Hochleistungsnetze erforderlich.

Bei **eng gekoppelten Rechnersystemen** existiert eine Zentraleinheit mit einem Betriebssystem, die gleichzeitig

- eine Aufgabe mit mehreren Daten (*S*ingle *I*nstruction, *M*ultiple *D*ata = SIMD) durchführen kann oder

- mehrere Aufgaben mit verschiedenen Daten (*M*ultiple *I*nstruction, *M*ultiple *D*ata = MIMD) bewältigt.

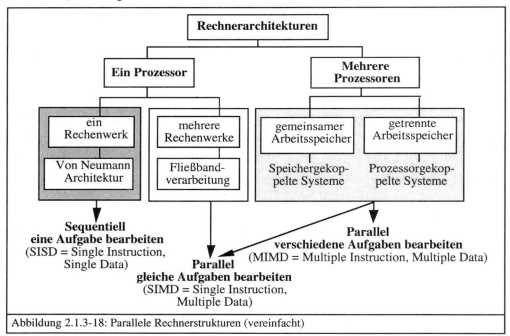

Abbildung 2.1.3-18: Parallele Rechnerstrukturen (vereinfacht)

SIMD-Rechner verarbeiten parallel mehrere Datenströme gleicher Struktur nach einem Programm; beispielsweise wird bei der Addition von zwei Matrizen mit n Zeilen und m Spalten (n*m)-mal die gleiche Operation mit verschiedenen Daten durchgeführt. Solche Aufgaben existieren im naturwissenschaftlichen Bereich, z. B. um Messreihen auszuwerten oder Fertigungssysteme zu simulieren aber auch bei Datenbankzugriffen. Rechner mit einem Prozessor ordnen einem Steuerwerk mehrere (spezialisierte) Rechenwerke zu.

Sie eignen sich z. B. für die Berechnung von Vektoren, das heißt von Datenreihen mit fester Länge (daher *Vektorrechner*). Jeder Befehl kann sich auf viele, gleich strukturierte Datenströme beziehen, die dann fließbandartig in den Rechenwerken verarbeitet werden. Vektorrechner sind nur bei parallelisierbaren Algorithmen effizient; neben mathematischen Aufgaben z. B. für die Auflösung von Bildern in Matrizen.

In *MIMD-Rechnern* bearbeiten die Prozessoren unabhängig voneinander die Programme; es handelt sich um eine echte Parallelverarbeitung. Die Prozessoren stimmen sich nur dann gegenseitig ab, wenn sie gemeinsame Daten benötigen. Bei *speichergekoppelten Systemen* teilen sich die Prozessoren einen Hauptspeicher (shared memory systems), der nicht physisch, sondern nur als virtuelle Einheit vorhanden sein kann (virtual shared memory system). Bei der NUMA - Architektur (Non Unified Memory Access) haben die Prozessoren Speicherbereiche, auf die sie über eine Art lokalen Bus schneller zugreifen können als auf andere. Speichergekoppelte Rechner verfügen über eine begrenzte Zahl leistungsstarker Prozessoren (üblich sind 8 - 64 Prozessoren), da Zugriffskonflikte auf den gemeinsamen Hauptspeicher die Zahl begrenzen. Heutige Superrechner basieren auf dieser Architektur (Beispiele CRAY 6400, CONVEX C3, SNI RM1000), da die Prozessoren entweder konventionelle (für die keine parallele Algorithmen existieren) oder parallel ausführbare Prozesse bearbeiten können. Damit eignen sie sich auch für kommerzielle Datenbankmanagementsysteme.

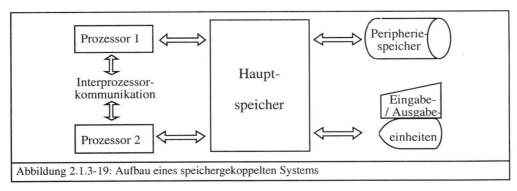

Abbildung 2.1.3-19: Aufbau eines speichergekoppelten Systems

Bei *prozessorgekoppelten Systemen* verfügen die Prozessoren über unabhängige, lokale Arbeitsspeicher und koordinieren die parallelen Prozesse durch Austausch von Nachrichten über Kommunikationskanäle (message passing). Diese Systeme sind durch Hinzuschalten von Prozessoren einfach zu erweitern; Engpässe können sich durch die verfügbaren Kommunikationskanäle und die Koordination der Prozessoren ergeben. Es sind Programme mit parallelen Algorithmen erforderlich, die die spezielle Prozessorkopplung berücksichtigen. Der Koordinations- und der Kommunikationsaufwand senkt die für Anwendungen nutzbare Leistung (Beispielrechner: INTEL Paragon (< 4.096 Prozessoren); IBM SP2).

Kopplung	als Shared Memory System	als Distributed Memory System
von Prozessoren	• CRAY 6400	• IBM SP2 • INTEL Paragon • Thinking Machine CM% • Parsytec Power GC
von enggekoppelten SMP Komponenten		• AT&T 3600 / 3700 • IBM PTS

Abbildung 2.1.3-20: Architektur angebotener Parallelrechner

In einigen Rechnern werden enggekoppelte Shared-Memory-Systeme als Prozessoren in einer DMP -Architektur verwendet, um die Vorteile der SMP und der DMP-Struktur zu verbinden (Beispielrechner AT&T 3600 / 3700, IBM PTS).

Parallele Hardware-Architekturen sind effizient bei Aufgaben, für die parallele Algorithmen verfügbar sind oder bei Zugriffen auf große Datenbanken (Data Warehouse).

Vorteile		Nachteile	
Hohe Rechnerleistung	• ermöglicht neue Anwendungsfelder (z. B. Decision Support)	• in bestehende DV-Architektur schwierig (Inselsysteme)	**Integration**
Schnelle Datenbankzugriffe	• verwalten große Datenbestände (Data Warehouses)	• bei Hardware, Betriebssystemen und Programmen	**Proprietäre Systemarchitekturen**
		• erfordert spezielle Software	**Software**
		• durch proprietäre Architektur und Softwareentwicklung hoch	**Investitionsund Betriebskosten**

Abbildung 2.1.3-21: Vor-/ Nachteile von Parallelrechnern

2.1.3.5 Netzgestütztes Computing

Bei dieser Technologie werden heterogene Rechner durch schnelle Netze zu einer logischen Einheit miteinander verbunden. Theoretisch bildet das Netz selbst den Kern des Systems und sollte über eigene Steuerungsfunktionalität verfügen, um die richtigen Anwendungen zur richtigen Zeit anzusprechen (Applikations- oder Workflowsteuerung).

Zur Zeit existieren die Komponenten für ein Netzcomputing erst in Ansätzen. Verschiedene Gremien arbeiten daran, Standards für die erforderlichen Workflowkomponenten, Applikationsobjekte und Datenbankzugriffe zu erarbeiten, um auf der Basis einer unternehmensweiten Vernetzung die Kooperation von Rechnern zu unterstützen.

Stufe	Erläuterung	Schritte
1. Stufe: Unternehmensweite Netze (enterprise wide web)	• Einrichtung einer offenen Infrastruktur zur internen Kommunikation	1. Alle Mitarbeiter und Rechner an die offene Infrastruktur anschließen, 2. Organisationsweite Daten per Server publizieren 3. Adressenmanagement zentralisieren
2. Stufe: Kooperationsinfrastruktur (collaboration environment)	• Einrichtung einer Infrastruktur, die Teams als Mail- und Groupware Ersatz nutzen können	1. Einrichtung organisationsweiter Verzeichnisse 2. Einrichtung von Datenbankservern als Arbeitsteams - Infrastruktur 3. Etablierung eines Workgroup -Systems
3. Stufe: Applikationsinfrastruktur (application environment)	• Einrichtung einer organisationsweiten Arbeitswelt aus Workflow - Steuerung, Datenbanken und Directories sowie problemspezifischen Applikationen	1. Implementierung einer Workflowsteuerung mit ergänzenden Applikationen 2. Applikationen auf Basis mobiler Codes ersetzen traditionelle Anwendungssysteme 3. Die gesamten Peripheriegeräte werden durch das INTRANET-Netzwerkmanagement verwaltet

Abbildung 2.1.3-22: Entwicklungsstufen des netzgestützten Computing

Ein erster Schritt ist die Nutzung der INTERNET - Infrastruktur und Entwicklungswerkzeuge für unternehmensinterne Anwendungen mit erweiterten Grundfunktionen, die unter dem Begriff INTRANET diskutiert wird.

IBM („San Francisco") und SNI („Community") arbeiten an Entwicklungs- und Applikationsrahmen (frameworks), die das Zusammenwirken von Anwendungsobjekten im Netz unterstützen.

	Komponenten	Aufgaben
Infra-struktur	**Verzeichnisse (Directories)**	• Identifizieren von Endgeräten und Teilnehmern nach Adressen und Aufgabenbereichen organisationsweit und unternehmensübergreifend
	Anwendungs-server	• Gemeinsame Applikationskomponenten (componentware) • Objektbibliotheken • Workflow - Steuerung
	Datenserver	• Gemeinsame Daten, Nachrichten für Nutzer hinterlegen • Replikation von Datenbeständen
	Gemeinsame Infrastruktur	• Netzweite und unternehmensübergreifende Infrastruktur an Peripheriegeräten (Drucker, Fax etc) • Sicherheitsinfrastruktur
	Netzwerkma-nagement	• Zentralisierte Verwaltung und Aktualisierung der Netzwerkkomponenten (Endgeräte, Nutzer) • Zentralisiertes Management der Applikationskomponenten (Workflow, Anwendungsobjekte) • Applikations- bzw. Workflowsteuerung
	Anwendungs-management	• Programmierwerkzeuge für mobilen Code • Zentralisiertes Management der Entwicklungskomponenten (Verfahren, Werkzeuge, Objekte)
Nutzer	**Kommunika-tion**	• E-Mail-Systeme • Workflow-Steuerung zur Kooperation von Aufgabenträgern
	Publishing	• von Datenobjekten (z. B. Dokumenten, Grafiken) • von Applikationsobjekten (Algorithmen)
	Navigation	• Suche nach Daten, Applikationsobjekten und Kooperationspartnern
	Applikations-zugriff	• Datenbank - Zugriffe • Zugriff auf Applikationsobjekte

Abbildung 2.1.3-23: Komponenten von INTRANET - Konzepten

Bei der konventionellen Softwarearchitektur ist die Steuerungslogik fest mit der Funktionslogik verbunden. Im Client - Server - Schichtenmodell existiert neben der zentralisierten Datenhaltungs- und Anwendungsschicht eine dezentralisierte Benutzerschicht. Im *Workflow - Komponentenmodell* wird die Steuerungslogik von der Funktionslogik getrennt. Die Steuerungsabläufe werden in einer „Workflow Engine" zusammengefasst, die den Ablauf der Vorgänge koordiniert und dokumentiert. Sie übernimmt es, die zu bearbeitenden Objekte vom Client eines Arbeitsplatzes zu dem des nächsten weiterzureichen. Dazu benötigt jedes Objekt eine detaillierte Ablaufbeschreibung. Auf den Clients der Arbeitsplätze stehen Funktionskomponenten bereit, um die Objekte zu bearbeiten.

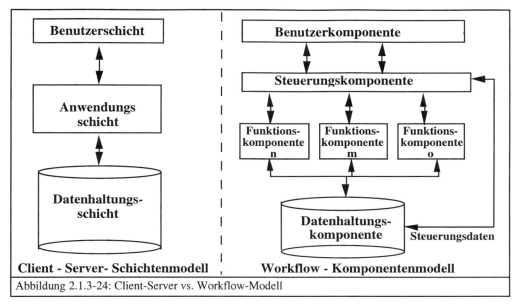

Abbildung 2.1.3-24: Client-Server vs. Workflow-Modell

Das Workflow - Komponentenmodell setzt an den vorgelagerten Schritten der Modellierung der organisatorischen und fachlichen Struktur an. Es nutzt dazu sowohl Komponenten zur Funktions-, als auch zur Kommunikationsmodellierung.

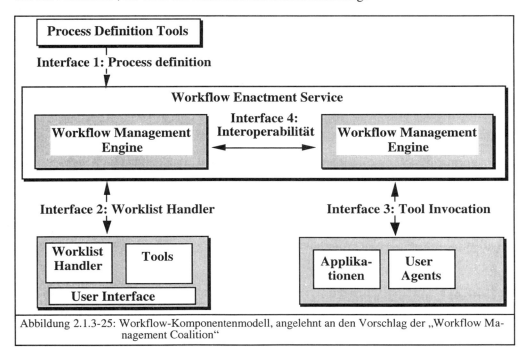

Abbildung 2.1.3-25: Workflow-Komponentenmodell, angelehnt an den Vorschlag der „Workflow Management Coalition"

Zur Zeit befindet sich das netzgestützte Computing noch am Anfang seiner allerdings rasant schnellen Entwicklung.

Vorteile		Nachteile	
Heterogene Rechnerwelten nutzbar	• TCP / IP - Standard • Objektkommunikation über Standards (CORBA) • Einheitliche Programmierstandards und -sprachen (JAVA)	• durch Netzwerke beschränkt	**Eingeschränkte Betriebssicherheit**
Verteilte Programme	• Programme unterschiedlicher Anbieter (componentware) • Steuerung durch Workflow	• Leistung der Netze beschränkt • Leistung der Componentware z. Z. nur für einfache Aufgaben	**Performance**

Abbildung 2.1.3-26: Vor- und Nachteile des netzgestützten Computing

2.1.4 Organisation und Benutzer

2.1.4.1 Organisation

Im Organisationssystem wird die Gesamtaufgabe in Teilaufgaben zerlegt (*Aufgaben-analyse*) und dann bestimmten Aufgabenträgern (Menschen, Sachmitteln) als Aktions-einheiten zugeordnet (*Aufgabensynthese*). Die resultierenden Aktions- oder Organisa-tionseinheiten werden in einer Leitungsstruktur zur *Aufbauorganisation* des Unterneh-mens gegliedert (Kosiol (1969), S. 59 ff.). Das räumliche, logische und zeitliche Zusam-menwirken der Aufgabenträger, um die Gesamtaufgabe zu erfüllen, wird in einer *Ab-lauforganisation* nach entsprechenden Aspekten festgelegt.

Die Informationssysteme sollen drei Organisationsebenen unterstützen: *Unternehmens-übergreifend* sollen die Aufgabenträger mit denen anderer Unternehmen elektronisch kommunizieren können; *organisationsintern* sind betriebswirtschaftliche, technische und Büro - Informationssysteme zu realisieren; *am Arbeitsplatz* sind Informations- und Kom-munikationssysteme für die Mitarbeiter aufzubauen.

Dabei sind die räumliche Verteilung der Organisationseinheiten, deren Arbeitsteilung und die Zykluszeit des Leistungsprozesses wichtig für die Informationssysteme. Die räumliche Verteilung bestimmt, über welche Entfernungen Kommunikationsprozesse zu unterstützen sind. Die Arbeitsteilung beschreibt, welchen Aufgabenumfang die Systeme in jeder Organisationseinheit unterstützen sollen. Die Zykluszeit bestimmt die Länge der

Datenspeicherung und die notwendige zeitliche Stabilität der Systeme. Zeitlich lange Leistungsprozesse (z. B. im PKW -Bau vom Entwicklungs- bis Produktionsbeginn 5-8 Jahre, dann 8 Jahre Produktion und anschließend ca. 16 Jahre Ersatzteilverfügbarkeit) erfordern es, Datenbestände für lange Zeit zu speichern, bereitzustellen und durch Informationssysteme auswerten zu können.

2.1.4.1.1 Aufbauorganisation

In der Aufbauorganisation werden die Teilaufgaben (als Elemente des Aufgabensystems) nach bestimmten Kriterien zusammengefasst (Aufgabensynthese) und diese Aufgaben Menschen oder Maschinen als Aufgabenträger (Elemente des Organisationssystems) zugeordnet. Es entstehen „Stellen" als Kombination von Aufgabenträger und Aufgaben.

Unterschieden werden leitende und ausführende Teilaufgaben. Werden die Leitungsaufgaben in „Instanzen" zusammengefasst, entstehen hierarchisch gegliederte Organisationsformen. Ein weiteres Merkmal der Aufbauorganisation sind die zulässigen Kommunikationsbeziehungen: Werden diese an die Leitungsbeziehungen geknüpft, so spricht man vom Liniensystem; werden diese hingegen an die Aufgaben gekoppelt, vom Funktionssystem.

Aufgabensynthese		**Beispieleinheiten**
nach Funktionen (Verrichtungen)	**Funktionalgliederung**	• Rechnungswesen • Vertrieb • Beschaffung
nach Objekten	**Objektgliederung**	• Manager Produkt A, B, C
nach Funktionen für ein Objekt	**Matrixgliederung**	• Vertrieb Produkt A, B, C usw. • Fertigung Produkt A, B, C usw.

Abbildung 2.1.4-1: Beispiele für Formen von Aufbauorganisationen

Die *organisatorischen Strukturen* legen fest, in welcher Differenzierung Daten erfasst und verarbeitet sowie welche Organisations- und Führungsebenen durch Auswertungen unterstützt werden sollen. Die Organisationsstruktur

- in (rechtlich selbständige) *Mutter- und Tochterunternehmen* determiniert, welche Buchungseinheiten (Mandanten, clients) zu differenzieren sind. Bekanntlich muss nach Handelsrecht jedes rechtlich selbständige Unternehmen einen eigenen Jahresabschluss aufstellen und daher in der Finanz-, Anlagen-, Material-, Personalbuchführung abgegrenzt werden. Unter Umständen sind dabei die Vorschriften verschiedener Länder zu berücksichtigen.

- in (technisch selbständige) *Betriebe* charakterisiert, welche Orte, Verfahrens- und Produkttechnologien, sowie Fertigungsorganisationsformen (z. B. Fließ-, Werkstatt-, Zentrenfertigung) durch das System zu unterstützen sind. Beispielsweise wird in der Galvanik ein anderes Fertigungssteuerungs- und Kostenrechnungssystem benötigt als in der Lackiererei, obwohl beides Oberflächenbehandlung ist.

- in (organisatorisch selbständige) *Funktionseinheiten* bestimmt, welche Managementbereiche unterschieden und nach welchen Erfolgsgrößen diese beurteilt werden. In einer Funktionalgliederung werden die Manager an funktionsspezifischen Größen gemessen: Für einen F&E-Manager ist oft die Durchlaufzeit bis zum Abschluss eines Projektes wichtiger als die aufgewendeten Kosten; ein Produktionsmanager wird demgegenüber an Kosten und Beständen gemessen, ein Vertriebsmanager am Umsatz und Gewinn. In einer Objektgliederung gelten i. d. R. übergreifende, unternehmensweit standardisierte Erfolgsgrößen, um die Geschäftseinheiten miteinander vergleichen zu können.

Die *Arbeitsteilung* bei Durchführungs- und Steuerungsaufgaben legt fest, welche unterstützenden Tätigkeiten Informationssysteme zu leisten haben. Dezentralisation geht einher mit einer Betonung von Koordinations- und Kommunikationsaufgaben; Zentralisierung betont Controlling und Abrechnungsprozeduren.

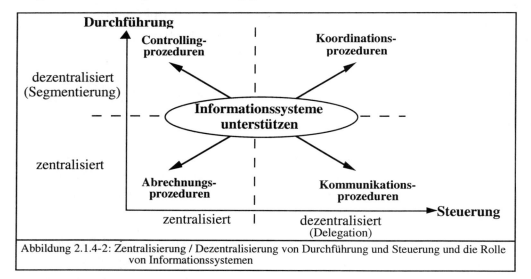

Abbildung 2.1.4-2: Zentralisierung / Dezentralisierung von Durchführung und Steuerung und die Rolle von Informationssystemen

Standardsoftware unterscheidet sich weniger gravierend in ihren fachlichen als in ihren organisatorischen Möglichkeiten, die Strukturen eines Unternehmens abzubilden.

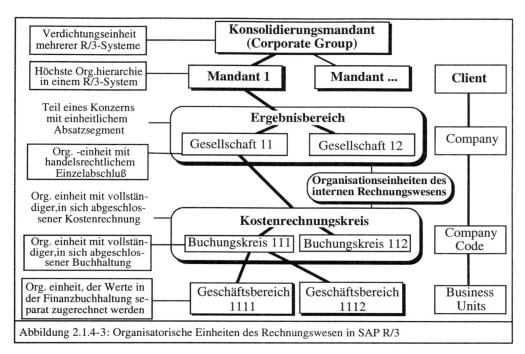

Abbildung 2.1.4-3: Organisatorische Einheiten des Rechnungswesen in SAP R/3

Beispielsweise kann SAP R/3 die Organisationsstruktur bezogen auf das Rechnungswesen (und damit auf die Führungsprozesse) und die Logistik (und auf die Geschäftsprozesse) sehr differenziert und in alternativen Strukturen abbilden. Es sollte vor Implementierung des Systems genau überlegt werden, wie die Organisation eines Unternehmens heute und in absehbarer Zukunft aussehen wird, da sich der Aufbau später nur schwer ändern lässt.

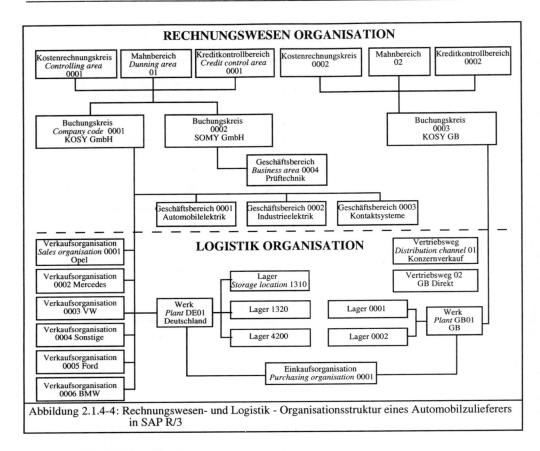

Abbildung 2.1.4-4: Rechnungswesen- und Logistik - Organisationsstruktur eines Automobilzulieferers in SAP R/3

2.1.4.1.2 Ablauforganisation

Entscheidend für die Effizienz einer Organisation ist nicht deren (statischer) Aufbau, sondern das dynamische Zusammenwirken der Elemente. Die traditionelle Ablauforganisation regelt die Beziehungen zwischen den Stellen, setzt dabei jedoch voraus, dass die Zuordnung von Teilaufgaben auf Aufgabenträger unverändert bleibt. Dies lässt sich nur solange durchhalten, wie die Aufgabeninhalte (und die Eignung der Aufgabenträger) unverändert bleiben. Ändern sich diese jedoch, wird sich die Aufgabenzuordnung anpassen müssen. Die Ablauforganisation kann nicht mehr starr über Regeln koordiniert werden, sie muss sich über gemeinsame Ziele selbst organisieren und koordinieren. Die Ablauforganisation hängt auch davon ab, wie flexibel die Aufgabenträger sind. Hoch flexible Aufgabenträger sind nicht auf bestimmte Verrichtungen spezialisiert und organisieren sich bei wechselnden Aufgabenstrukturen jeweils neu (Warnecke (1992), S. 143).

Aufgabeninhalte		
hoch dynamisch	**Dispositionsprinzip**	**Fraktales Prinzip**
• Aufgaben sind nicht starr zuordnenbar • Koordination über Ziele	= Zentralisation nach Verrichtungen, gemeinsame Ziele	= Keine Zentralisation / Spezialisierung der Aufgabenträger
kaum dynamisch	**Hierarchieprinzip**	**Gruppenprinzip**
• Aufgaben eindeutig zuordnenbar • Koordination über Regeln möglich	= Zentralisation nach Verrichtungen, Dezentralisation nach Objekten	= Zentralisation nach Objekten, Dezentralisation nach Verrichtungen
	wenig flexibel	**hoch flexibel**	**Aufgabenträger**

Abbildung 2.1.4-5: Differenzierung von Formen der Ablauforganisation

Wir unterscheiden nach der Dynamik der Aufgabeninhalte und der Flexibilität der Aufgabenträger vier Formen der Ablauforganisation:

(1) Beim *Hierarchieprinzip* werden feste Aufgabenstrukturen arbeitsteilig durch auf bestimmte Verrichtungen spezialisierte Aufgabenträger bearbeitet.

(2) Beim *Gruppenprinzip* werden feste Aufgabenstrukturen durch sich selbst organisierende, nicht auf bestimmte Verrichtungen festgelegte Aufgabenträger bearbeitet,

(3) Beim *Dispositionsprinzip* sind die Aufgabenträger auf Fähigkeiten und Verrichtungen spezialisiert und damit auf eine bestimmte Ablaufstruktur angewiesen, in deren Rahmen sie ihre Arbeiten selbständig durch gemeinsame Werte und Ziele koordinieren (Wahren (1994), S. 40 ff.),

(4) Beim *fraktalen Prinzip* sind die einzelnen Aufgabenträger selbstähnlich, d.h. sie können je nach Aufgaben dynamisch ihre bisherige Zusammenarbeit aufgeben, sich selbstorganisierend neu zusammenfinden und ihre Arbeit koordinieren (Warnecke (1992)).

Die Ablaufstruktur bestimmt das Zusammenwirken der Organisationsmitglieder und damit auch der sie unterstützenden IS. Die Dynamik der Aufgaben und Abläufe sowie die Flexibilität der Aufgabenträger legt das Leistungspotential und die Steuerungserfordernisse des Unternehmens fest. Feste und sichere Aufgaben lassen sich zeitlich takten, der Ablauf lässt sich einmal optimal festlegen und bleibt lange Zeit unverändert; ebenso dessen Informationsanforderungen. Dynamische und vielleicht unsichere Aufgaben erfordern nicht nur deren reaktionsstarke Einlastung und Verteilung auf die Aufgabenträger, sondern die Systeme müssen auch deren Informationsstand vervollständigen und Flexibilität fördern: Es sind Systeme erforderlich, die neue Datenquellen erschließen, unternehmensinterne und -externe Experten identifizieren und mit ihnen kommunizieren.

2.1.4.2 Benutzer

Das Benutzersystem fasst die Anforderungen der Nutzer an Inhalte, Zeiten und Formen der zu liefernden Informationen zusammen. Im weiteren Sinne gehören zum Benutzersystem neben menschlichen auch maschinelle Aufgabenträger, z. B. Kommunikationssysteme oder automatisierte Fertigungssysteme. Das Informationssystem soll das Benutzersystem mit Informationen versorgen. Informationen werden üblicherweise als „zweckorientiertes Wissen" definiert (Wittmann (1959)), d.h.

- ihr Wert ist abhängig vom Zweck, d.h. von der angestrebten Problemlösung,

- ihr Wert ist subjektiv und unter anderem vom Vorwissen des Benutzers abhängig.

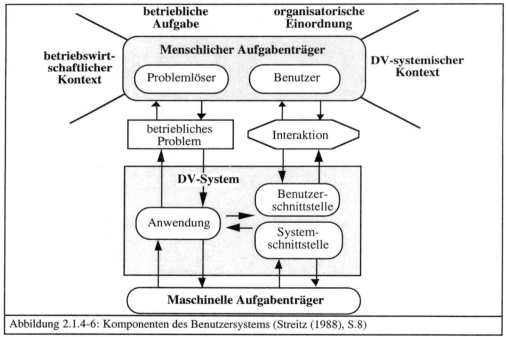

Abbildung 2.1.4-6: Komponenten des Benutzersystems (Streitz (1988), S.8)

Der Benutzer sollte daher den Informationsprozess steuern. Für bestimmte Informationen ist er bereit, erheblichen zeitlichen und monetären Aufwand zu leisten; andere Informationen sind für den Benutzer wertlos, da er das notwendige Wissen zur Interpretation nicht hat oder diese Informationen seine Ziele nicht unterstützen.

Für die Interaktion mit dem System benötigen Benutzer Schnittstellen, die auf ihre individuellen Anforderungen einstellbar sind. Dazu sind die für die Interaktionen im Arbeitsprozess wichtigen Elemente (z. B. anhand der Arbeitsanweisungen der Ablauforganisation) zu strukturieren und mit den Fähigkeiten der Aufgabenträger abzustimmen. Es sind nicht die Anforderungen einzelner Arbeitsplätze, sondern des gesamten Prozesses zu ermitteln.

Dimension	Erläuterung	Ausprägungen
Benutzerkon-ventionen	• Was ist der Nutzer am Arbeitsplatz gewöhnt? • Welche Einstellungen hat der Nutzer?	• Oberfläche / Dokumenten-struktur • Fehlerverhalten / -toleranz
Benutzer-kompetenz	• Welche Erfahrungen hat der Nutzer mit entsprechenden Systemen?	• DV-Kompetenz • Fachkompetenz
Benutzerfre-quenz	• Wie häufig wird das System genutzt?	• Nutzungsfrequenz • Nutzungslänge
Benutzerin-tentionen	• Welche Ziele verfolgt der Nutzer am Arbeitsplatz mit dem System?	• Arbeitserleichterung • Informationszugang

Abbildung 2.1.4-7: Dimensionen des Benutzerverhaltens (Bodendorf (1992), S. 238)

Generelle Benutzeranforderungen sind technisch die Zugriffszeiten und -techniken auf das Informationssystem; kognitiv ist die Lücke zwischen menschlichem Benutzer und DV-System zu überbrücken, arbeitsergonomisch sind die Dialoge benutzer- und organisationsangemessen zu gestalten. (Maaß (1993), S.192).

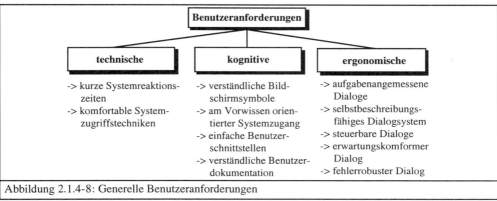

Abbildung 2.1.4-8: Generelle Benutzeranforderungen

Spezielle Benutzeranforderungen an die Nutzungsoberfläche, die Funktionalität, die Recherche- und Kommunikationsmächtigkeit eines Informationssystems ergeben sich aus den Teilaufgaben eines Aufgabenträgers und dessen individuellen Fähigkeiten. Die speziellen Eigenschaften des Arbeitsablaufes sowie der Benutzer an einem Arbeitsplatz, lassen sich in Benutzermodellen mit drei Dimensionen abbilden.

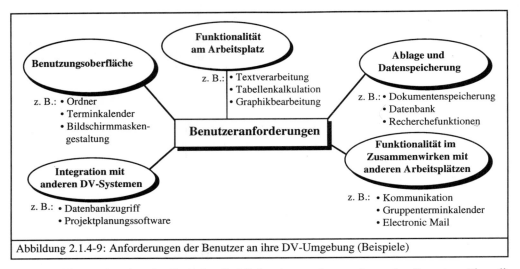

Abbildung 2.1.4-9: Anforderungen der Benutzer an ihre DV-Umgebung (Beispiele)

Die *Sachkenntnisse* beschreiben das fachliche Anwendungswissen der Benutzer über die Aufgabe. Die *DV-Kenntnisse* kennzeichnen dessen Fertigkeiten für das zu bedienende System. Das *Dialogverhalten* charakterisiert den Umgang mit dem DV-System, beispielsweise die manuellen Fertigkeiten, den Übungsgrad sowie die Präferenzen und Einstellungen des Benutzers (Mertens (1994)).

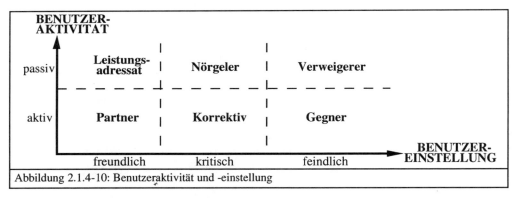

Abbildung 2.1.4-10: Benutzeraktivität und -einstellung

Die Interessenlage der Nutzergruppen wirkt entscheidend auf die Entwicklung und die Nutzung der Informationssysteme (Spitta (1989), S.150). Erwartet der Nutzer vom System Arbeitserleichterungen, verbesserte Arbeitsqualität, höheres Prestige, so wird er dem System aktiv freundlich gegenüberstehen; erwartet er Arbeitsplatzverlust und Dequalifizierung, wird er mit sachlichen und politischen Mitteln versuchen, ein Entwicklungsprojekt zu Fall zu bringen und das fertige System zu boykottieren. Das Projektmanagement sollte diese Nutzereinstellungen berücksichtigen, um Verzögerungen und Rückschläge zu vermeiden.

2.2 Informationssystem - Architekturen

2.2.1 Anliegen

Dem großen, technologischen Fortschritt auf Seiten der Hardware steht eine Stagnation auf Seiten betrieblicher Anwendungssoftware gegenüber. Softwareprojekte haben eine extrem schlechte Erfolgsquote (< 50%); weit mehr als die Hälfte aller Projekte haben nie ein verwendbares Ergebnis produziert (Bullinger/ Fähnrich/ Otterbein (1992), S. 12). Die Ursachen dafür sind vielfältig:

- Die Entwicklung betrieblicher Informationssysteme erstreckt sich in mehreren Phasen über lange Zeit (i. d. R. 2 - 8 Jahre), währenddessen wechseln betriebliche Anforderungen, organisatorische Gegebenheiten, verfügbare Technologie und eingebundene Personen,

- diese Änderungen verstärken sich im produktiven Einsatz; 60 - 80 % des Gesamtaufwands für ein System entsteht erst dann (Schumann/ Schüle/ Schumann (1994), S. 1),

- DV-Abteilung und betroffene Fachabteilungen wirken wegen organisatorischer Zielkonflikte und unterschiedlicher Denkansätze oft unproduktiv gegeneinander,

- die DV-Abteilungen denken und handeln oft zu technikzentriert und vernachlässigen das fachliche Problem zugunsten DV-technischer Funktionalität. Dies spiegelt sich auch in den eingesetzten Analyse- und Entwurfstechniken wider.

Die heutige Entwicklung betrieblicher Informationssysteme ist somit unbefriedigend: Ihr mangelt es an Integrationsfähigkeit, an Flexibilität gegenüber gewandelten Anforderungen und an langfristiger Stabilität. Die betriebswirtschaftliche Konzeption unterliegt einem anderen Innovationszyklus als die DV-Konzeption und die DV-Technologie. Betriebswirtschaftlich wirken strategische Unternehmensziele, Marktgegebenheiten und die Produkt- und Verfahrenstechnologie sowie betriebswirtschaftliche „Moden" und Erkenntnisse. DV-konzeptionell beeinflussen die verfügbaren Verfahren und die entsprechend ausgebildeten Mitarbeiter den Prozess. DV-technisch ist die Verfügbarkeit und die Wirtschaftlichkeit bestimmter Hard- und Softwaretechniken und des erforderlichen Personals zu berücksichtigen.

Um die Ebenen der Systementwicklung zeitlich und inhaltlich aufeinander abzustimmen, sollen Erfahrungen anderer Bereiche genutzt werden; man strebt nach einer System-Architektur, d.h. wörtlich nach einer „Baukunst" für Informationssysteme. Unter einer Systemarchitektur versteht man die logische Strukturierung der Zusammenhänge zwischen der Gesamtaufgabe einer Unternehmung, der resultierenden Aufbau- und Ablauforganisation und der verfügbaren DV-Technologie mit Hilfe eines Modells aus verschiedenen Abstraktionsebenen. Ziel ist es zum einen, eine gemeinsame Sprache zwischen den Auftraggebern (dem „Bauherrn"), den Nutzern (den „Bewohnern"), dem Entwerfer (dem „Architekten") und den ausführenden Technikern (den „Handwerkern") zu finden. Weiterhin soll ein zeitlich stabiler Puffer in einer DV-gerechten Sprache zwischen der schnelllebigen DV-Technologie und der strategischen Gesamtaufgabe des Unternehmens eingesetzt werden, um einerseits Geschäftsanforderungen DV-gerecht darstellen und sich auf technische Entwicklungen rasch einstellen zu können, andererseits aber eine langfristige Unternehmensstrategie nicht durch kurzfristige Technikwandlungen zu überstrahlen (Krcmar (1990), S.400).

Vorteile		**Nachteile**	
Rationalisierung	• administrativer Bereiche	• da Funktions- und Dateninseln	**Fehlende Integration,**
Verknüpfung	• der Informationsversorgung der Prozesskette	• da abhängig von bestimmten DV-Techniken	**Fehlende technische Flexibilität,**
Orientierung am operativen Problem	• zielgerichtete Lösung operativer Probleme	• an geschäftlichen Zielen der Unternehmen	**Fehlende strategische Orientierung**
DV-Funktionalität	• der Lösungen wird effizient gesichert	• bei der Systemkonzeption	**DV-Dominanz**
		• der Fachkonzeption gegenüber Technikinnovationen	**Fehlende Stabilität**
		• da viele Projekte fehlschlagen	**Fehlende Effektivität,**
		• da Sprachlücke zwischen DV und Fachabteilungen	**Fehlende Realitätssicht,**

Abbildung 2.2.1-1: Vor- und Nachteile des traditionellen Vorgehens bei der Entwicklung betrieblicher Systeme

Die Verwendung des Begriffes Architektur soll die Fähigkeit kennzeichnen, Informationssysteme in verschiedenen Abstraktionsebenen zwischen Personengruppen zu beschreiben und aus fremdbezogenen sowie eigenerstellten technischen Komponenten so zu realisieren, dass ganzheitliche, zweckmäßige und von einzelnen Herstellern unabhängige Lösungen entstehen. Dazu werden zum einen Standardbausteine definiert, die von Herstellern angeboten, fremdbezogen und beim Bau von Systemen verwendet werden können. Zum anderen werden Werkzeuge bereitgestellt, um Informationssysteme systematisch zu realisieren.

Auf Basis einer Architektur lassen sich unternehmensweit langfristig nutzbare und auf die geschäftlichen Erfordernisse ausgerichtete Informationssysteme realisieren. Um den Gefahren eines zu hohen Aufwandes für die Modellierung und einer zu starren Architektur zu begegnen, darf die Realisierung nicht als einmaliger, sondern sollte als kontinuierlicher Prozess angesehen werden.

	Vorteile	Nachteile	
Konzeptionelle Integration	• aller Informationsdimensionen (betriebswirtschaftlich, organisatorisch, DV-technisch) • von Daten-, Funktions-, Kommunikationssicht u.ä.	• für vorgelagerte Modellierung ohne direkte Produktivitätswirkung • DV - Prototypen sind erst spät einsatzbereit	**Zeit-/Kostenaufwand**
Flexibilität	• Veränderte Technologie bei stabiler konzeptioneller Architektur • Modellierte Architektur lässt sich leicht portieren	• in technischer und wirtschaftlicher Hinsicht wird u. U. erst spät geklärt	**Realisierbarkeit**
Geschäftsorientierung	• Modellierung entsprechend der kritischen Erfolgsfaktoren der Unternehmung • Optimierung von Geschäftsprozessen durch Strukturierung und Redundanzoptimierung	• Einmal entworfene Architektur wird nicht verändert, da der Aufwand gescheut wird und die Interdependenzen nicht durchschaut werden	**Interdependenzen behindern Weiterentwicklung**
Integrierte Dokumentation und Simulation	• durch Modellierung • Erprobung von Abläufen am Modell vor der Implementierung	• für arbeitsteilige Entwicklung sind teuer • und erfordern speziell geschulte Mitarbeiter	**Erforderliche Werkzeuge**
Investitionssicherheit	• Abschätzung des Mengengerüstes bei Daten, Kommunikations- und Verarbeitungsprozessen • Abschätzung kritischer Prozesse		

Abbildung 2.2.1-2: Vor- und Nachteile des Architektur-Modells

2.2.2 Dimensionen: Geschäft, Organisation, Fachlich und Technik

Die Anlässe zur Entwicklung oder Modifikation einer IS-Architektur sind vielfältig: Geschäftliche Chancen oder Risiken, organisatorische Notwendigkeiten, fachliche Defizite und technische Potentiale, sowie Menschen mit ihren Interessen und Erfahrungen wirken kontinuierlich auf eine Architektur ein und treiben diese voran. Mit einer Architektur sollen diese geschäftlichen, organisatorischen, fachlichen oder technischen Impulse aufgenommen und strukturiert in Maßnahmen der Dimensionen aufgenommen werden.

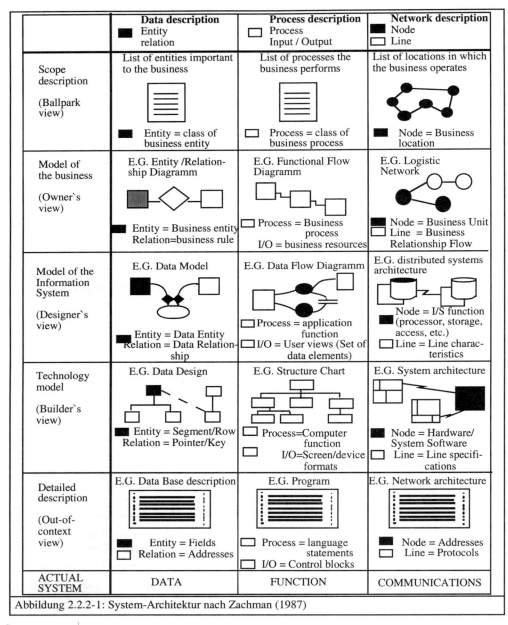

	Data description
	■ Entity
	  relation
		Process description
		☐ Process
		  Input / Output
			Network description
			■ Node
			☐ Line

Scope description (Ballpark view)	List of entities important to the business ■ Entity = class of business entity	List of processes the business performs ☐ Process = class of business process	List of locations in which the business operates ■ Node = Business location
Model of the business (Owner`s view)	E.G. Entity /Relationship Diagramm ■ Entity = Business entity Relation=business rule	E.G. Functional Flow Diagramm ☐ Process = Business process I/O = business resources	E.G. Logistic Network ■ Node = Business Unit ☐ Line = Business Relationship Flow
Model of the Information System (Designer`s view)	E.G. Data Model ■ Entity = Data Entity Relation = Data Relationship	E.G. Data Flow Diagramm ☐ Process = application function ☐ I/O = User views (Set of data elements)	E.G. distributed systems architecture ■ Node = I/S function (processor, storage, access, etc.) ☐ Line = Line characteristics
Technology model (Builder`s view)	E.G. Data Design ■ Entity = Segment/Row Relation = Pointer/Key	E.G. Structure Chart ☐ Process=Computer function ☐ I/O=Screen/device formats	E.G. System architecture ■ Node = Hardware/ System Software ☐ Line = Line specifications
Detailed description (Out-of-context view)	E.G. Data Base description ■ Entity = Fields ☐ Relation = Addresses	E.G. Program ☐ Process = language statements ☐ I/O = Control blocks	E.G. Network architecture ■ Node = Addresses ☐ Line = Protocols
ACTUAL SYSTEM	DATA	FUNCTION	COMMUNICATIONS

Abbildung 2.2.2-1: System-Architektur nach Zachman (1987)

S.79 !

Viele Probleme bei der IS-Entwicklung resultieren daraus, dass diese Ebenen von den beteiligten Personen nicht eindeutig unterschieden und nicht die jeweils angemessenen Verfahren verwendet werden.

Geschäftlich wirken die Leistungs- und Geldflüsse sowie die korrespondierenden Informationsflüsse, mit denen die Unternehmung mit externen Geschäftspartnern und internen Mitarbeitern in Beziehung steht, auf die Architektur. Die **geschäftliche Dimension** (scope description) analysiert die betrieblichen Ziele und vergleicht sie mit dem heutigen Stand. Sie enthält die Elemente des Umsystems (z. B. deren Marktpartner), die existierenden Leistungs-, Geld- und Informationsflüsse und die Sach- und Formalziele des Unternehmens. Aus der Dynamik der geschäftlichen Dimension (z. B. Kundenzentrierung) ergeben sich vielfältige Impulse für die Organisation (z. B. Prozessorganisation) und die Technik (z. B. Workflowsysteme). Anderseits resultieren insbesondere aus der Informationstechnologie (aktuell z. B. aus dem INTERNET) viele geschäftliche Veränderungen (z. B. Electronic Commerce).

In der **organisatorischen Dimension** (model of the business) werden Aufgabenstrukturen, die korrespondierenden Aufgabenträger (Mitarbeiter und Sachmittel) sowie die resultierenden Organisationseinheiten und -abläufe analysiert und mit den geschäftlichen Zielen abgeglichen. Die aufbau- und ablauforganisatorischen Strukturen eines Unternehmens (z. B. die Werkstattfertigung) stehen in enger Wechselwirkung mit dessen wirtschaftlichen und technischen Potentialen (z. B. dem Produktionsprogramm) und den DV-technischen Anforderungen. Daher bildet die Modellierung der Aufbauorganisation samt der Aufgabenträger sowie der inhaltlichen, räumlichen und zeitlichen Ablauforganisation einen wesentlichen Teil der Architektur.

Fachliche Probleme sind selten in allen Facetten klar vorgegeben. Sie zeigen sich in Symptomen (z. B. zu hohe Lagerbestände, zu lange Lieferzeiten, Fehlmengen), die oft nicht in den verursachenden Bereichen, sondern an anderer Stelle auftreten. In der **fachlichen Dimension** (model of the Information System) gilt es, das zugrundeliegende Problem zu identifizieren und exakt zu beschreiben. Mit Hilfe betriebswirtschaftlicher Erkenntnisse sollen Lösungsbereiche und -ansätze für das Problem identifiziert werden. Leider fehlen der Betriebswirtschaftslehre bisher oft „realwissenschaftliche Wenn-Dann-Aussagensysteme", die es erlauben würden, von Ursachen auf Maßnahmen zu schließen. Statt dessen werden häufig Heuristiken herangezogen, die aus dem Erfahrungswissen anderer Unternehmen oder der beteiligten Personen resultieren.

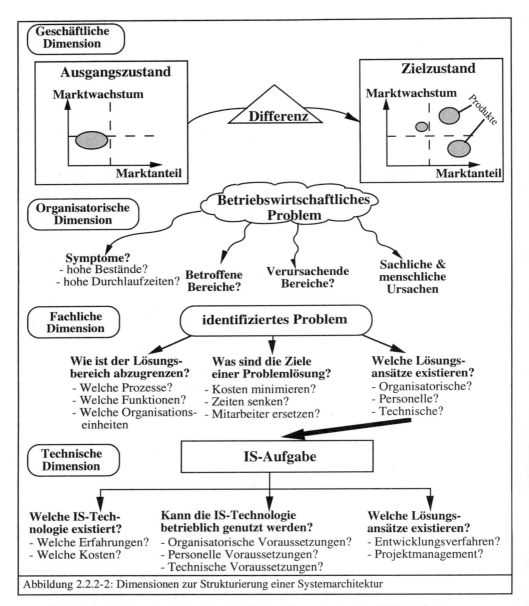

Abbildung 2.2.2-2: Dimensionen zur Strukturierung einer Systemarchitektur

Anschließend wird das betriebswirtschaftliche Konzept in eine DV-Aufgabe umgesetzt. Beispielsweise werden Datenstrukturen, Modulstrukturen und Informationsflüsse konzipiert. Das DV-Modell stellt damit eine bei der heutigen Technik sinnvolle Umsetzung des betriebswirtschaftlichen Modells dar. Es wird sich entsprechend der technischen Entwicklung häufiger verändern (ca. 3 - 5 Jahre), während das betriebswirtschaftliche

Modell für mittlere Zeiträume (ca. 3 - 10 Jahre) einen stabilen Rahmen für die Systementwicklung abgeben soll.

In der **technischen Dimension** (Technology Model) werden die im Unternehmen nutzbaren Technologien bestimmt. Diese ist dabei zum einen Hilfsmittel, zum anderen Motor der Architekturentwicklung. Neben der DV- Technologie werden auch andere Medien- (z. B. Videos, Diaprojektionen), Büro- (z. B. Telefon, Telefax, Fotokopierer) und Kommunikationstechniken (z. B. Mobilfunk) eingesetzt. Aus der Perspektive des technologischen Motors werden die Auswirkungen technischer Entwicklungen auf die fachlichen, organisatorischen und geschäftlichen Ziele, z. B. anhand von Pilotprojekten, analysiert.

Auf welcher Ebene der Architekturentwurf ansetzt, hängt von dem initiierenden Anlass für die damit verbundenen Investitionen ab. Die Strategie wird nur in größeren Abständen grundlegend überarbeitet (ca. alle 10 bis 20 Jahre), so dass die geschäftliche Dimension oft für lange Zeit im Grunde stabil bleibt, sofern nicht Umbrüche wie Fusionen, Spartenverkäufe, Werksschließungen etc. stattfinden. Im Rahmen der jährlichen Präzisierung der Strategie wird auch die geschäftliche Teilarchitektur präzisiert und entsprechende Maßnahmen priorisiert. Änderungen der Organisation aus personellen, strukturellen und wirtschaftlichen Gründen sind häufiger und bedingen in mittleren Abständen Modifikationen der organisatorischen Dimensionen.

Dimension (Frequenz)	Betriebswirtschaftlich Verantwortliche			DV- Verantwortliche	
	Top Management	Linienmanagement	Informationsmanagement	DV-System Administration	Systementwickler
Geschäftlich (> 10 Jahre)	●	○			
Organisatorisch (> 5 Jahre)	○	●	○		
Fachlich (> 3 Jahre)		○	●	●	○
Technisch (< 3 Jahre)			○	●	●

Abbildung 2.2.2-3: Beteiligte und Frequenz bei einer Informationssystem-Architektur

Die fachliche Dimension ändert sich kontinuierlich dadurch, dass Aufgaben automatisiert werden. Eng damit verbunden ist dann die Wahl der einzusetzenden DV-Technik. Auch hier streben Unternehmen nach Investitionssicherheit und Stabilität; angesichts der Dynamik auf dem DV - Markt ist die technische Architektur nach etwa 3 Jahren zu überprüfen.

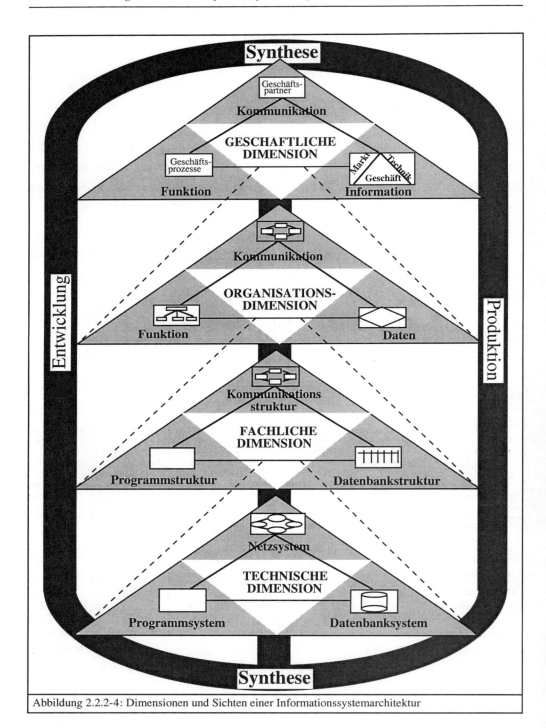

Abbildung 2.2.2-4: Dimensionen und Sichten einer Informationssystemarchitektur

2.2.3 Sichten: Daten, Kommunikation und Funktion

Betriebliche Informationssysteme bestehen technisch aus Komponenten für die Datenspeicherung, die Datenverarbeitung und die Datenübertragung. Entsprechend lassen sich drei Sichten unterscheiden:

- Datensicht (WOMIT wird gearbeitet?)

- Kommunikationssicht (WO arbeitet WER?)

- Funktionssicht (WIE wird gearbeitet?)

Die **Datensicht** umfasst die Daten, die zu sammeln, zu verarbeiten und für die Adressaten aufzubereiten sind. Die **Funktionssicht** strukturiert die Geschäftsfunktionen und -prozesse und realisiert diese in organisatorischen und technischen Prozessen. Die **Kommunikationssicht** regelt das Zusammenspiel der technisch oder lokal dezentralen Systemkomponenten.

Sicht	Daten-sicht	Kommuni-kationssicht	Funktions-sicht	Organisa-tionssicht	Zeitliche	Ziel
Frage	WOMIT wird gearbeitet?	WO wird gearbeitet?	WIE wird gearbeitet?	WER arbeitet woran?	WANN wird gearbeitet?	WARUM wird gearbeitet?
Ausrichtung	Struktur	Fluss	Verarbeitung	Aktoren Hierarchie	Prozess	
Beschreibungsform	Objekt - Beziehung Attribute	Netzwerk	Input - Prozess - Output	Bericht	Ereignis -Ergebnis -Ereignis	Ziel-Mittel-Beziehung
Analoge Beschreibungsform in der Produktion	Teilestamm & Stückliste	Ablauforganisation	Arbeitsplan	Organigramm/Stellenplan	Ablauf- & Belegungsplan	Ergebnisbeschreibung
Problemkreise	Wie sollen Daten gewonnen werden?	Wie werden Abläufe koordiniert?	Welche Verarbeitungsregeln?	Wie autonom agieren Organisationseinheiten ?	Wann beginnt bzw. endet ein Prozess?	Welche Ziele werden verfolgt?

Abbildung 2.2.3-1: Sichten eines Informationssystems (Zachman (1987); Sowa / Zachman (1992))

Neben diesen unterscheidet Zachman (1987) die organisatorische, die zeitliche und die Ziel-Sicht, aus denen ein IS betrachtet werden kann. In der Folge wird eine Architektur explizit nur aus den ersten drei Sichten betrachtet, da die anderen Aspekte implizit in den Dimensionen enthalten sind.

Es handelt sich um verschiedene, sich ergänzende Sichten, in denen ein Informationssystem betrachtet werden kann, nicht um unterschiedliche Komponenten. Ob ein bestimmtes

Element als Daten-, Funktions- oder Kommunikationselement aufgefasst wird, ist eine Deutungsfrage (Wedekind (1995), S. 524f).

Beispiel: Eine Tabelle eines Tabellenkalkulationsprogramms ist zum einen eine An-
sammlung von Daten, in ihrem Aufbau und Rechenvorschriften besitzt sie eine
Funktion zur Lösung einer Aufgabe und präsentiert sich dem Nutzer z. B. am
Bildschirm in einer bestimmten Form (Kommunikationssicht). Die gleiche Ta-
belle (die gleiche Komponente) hat also aus unterschiedlichen Sichten ver-
schiedene Eigenschaften, die bei ihrem Entwurf zu berücksichtigen sind. Oft
wird die Struktur der Tabelle häufig so geändert, dass sie für den Benutzer
übersichtlich und leicht verständlich ist; auch wenn die Rechenfunktionen einen
anderen Aufbau nahelegen würden.

2.2.3.1 Datensicht

Daten bilden den Rohstoff der elektronischen Datenverarbeitung. Da Datenbestände die Erfolgsfaktoren eines Unternehmens und dessen Wissen über Produkte, Kunden und Märkte widerspiegeln und nur schwer und zeitraubend zu gewinnen sind, bilden sie einen geschäftlichen Wert. Wettbewerbsvorteile aufgrund von besseren Daten sind strategisch, lassen sich also von der Konkurrenz erst langfristig (oft erst nach Jahrzehnten) aufholen (Beispiel: Kundendaten beim OTTO Versand und DELTA Airlines, Schadensdaten der ALLIANZ Versicherung; Bodendaten bei NOVARTIS).

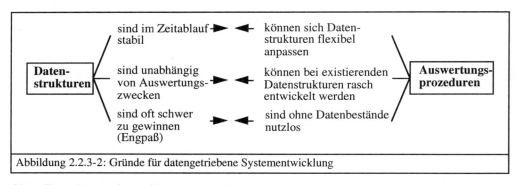

Abbildung 2.2.3-2: Gründe für datengetriebene Systementwicklung

Ohne Datenbestände verlieren ausgeklügelte DV-Systeme ihren Sinn, da der zur Daten-gewinnung notwendige Aufwand oft deren Nutzen aufzehrt (Beispiel: Stücklisten und Arbeitspläne für Produktionsplanungssysteme). Durchdachte Datenstrukturen erleichtern die Systementwicklung, da sie im Vergleich zu den Auswertungsprozeduren zeitlich re-lativ stabil sind. Die Entwicklung neuer Anwendungsprogramme bzw. die Auswahl von Standardsoftware ist relativ einfach, sobald eine einheitliche und stimmige Datenstruktur im Unternehmen existiert. Aus diesem einheitlichen und übergreifenden Unternehmens-datenmodell werden die für ein System erforderlichen spezifischen Datenelemente als *Datensichten* (Views) implementiert. Dieser Ablauf garantiert, dass die Daten für alle Systeme in einheitlicher Struktur verfügbar sind und Schnittstellenprobleme weitgehend vermieden werden.

Technisch werden zur Realisierung der Datensicht heute Datenbanksysteme verwendet. Diese werden entweder mit Hilfe spezieller Softwaresysteme (DatenBankManagement-Systeme DBMS), mit Hilfe geeigneter Betriebssysteme oder mit Hilfe spezieller Daten-bank-Rechner (häufig Parallelrechner) realisiert. Datenbanken speichern Daten unabhän-gig von den Anwendungsprogrammen sowie nach einheitlichen Strukturen ab und ver-meiden dadurch Widersprüche. *Aufgabe der Datenmodellierung* ist es,

- die für die geschäftlichen Ziele erforderlichen Informationen zu analysieren;
- aus dieser Analyse heraus ein *semantisches Datenmodell* zu konstruieren, das die für die betrieblichen Teilaufgaben notwendigen Datenelemente enthält;
- dieses Modell so zu präzisieren, dass es mit einem Datenbankmodell realisierbar ist;
- die technischen Erfordernisse der Datenmengen und Transaktionen zu analysieren.

2.2.3.2 Funktionssicht

Funktionen bilden die Verarbeitungsvorgänge ab, mit deren Hilfe der Güter- und Leis-tungsfluss durch einen Informationsfluss begleitet wird. Funktionsstrukturen bilden den organisatorischen und fachlichen Rahmen für die Abläufe im Unternehmen und deren Zuordnung auf menschliche oder maschinelle Aufgabenträger.

Die Führungsebenen eines Unternehmens sind zum einen an der Unterstützung be-stimmter Geschäftsprozesse, zum anderen an rationelleren Güter- und Informationsflüs-sen mittels der DV interessiert. *Geschäftsprozesse (business processes)* beschreiben die Wertschöpfungsaktivitäten eines Unternehmens auf dem Markt. Sie lassen sich über des-sen Leistungen am Markt identifizieren: Es werden Produkte für bestimmte Kunden her-gestellt und auf bestimmten Märkten vertrieben. In ihrem Rahmen werden Geschäftsvor-gänge als operative Aktivitäten von den Organisationseinheiten durchgeführt, um die Ge-schäfte abzuwickeln. Geschäftsprozesse überspannen das gesamte Unternehmen, oft werden davon auch andere betroffen (z. B. Vertriebs- und Entwicklungspartner). Sie dauern in der Regel mehrere Jahre, oft auch Jahrzehnte (z. B. die Entwicklung, Einfüh-rung und Vermarktung eines Arzneimittels auf dem japanischen Markt).

Fachlich sind die Verarbeitungsvorschriften zu spezifizieren, nach denen die in den Geschäftsvorgängen spezifizierten Teilaufgaben zu bearbeiten sind. Dabei sind rechtliche Regelungen (z. B. des Handelsgesetzbuches) und überbetriebliche Normen (z. B. ISO 9000) zu beachten. Die Verarbeitungsvorschriften bilden die Grundlage für deren DV-gerechte Modellierung und deren Programmierung in der Softwareentwicklung (Herold (1995), S. 28 ff.). *Aufgabe der Funktionsmodellierung* ist es,

- aus geschäftlichen Erfordernissen organisatorische und betriebswirtschaftliche Abläufe zur Verarbeitung und Erzeugung von Daten abzuleiten und in Vorschriften zu spezifizieren;

- den Teilaufgaben des Informationsflusses die geeigneten Aufgabenträger zuzuordnen;

- Aufbau- und Ablaufstrukturen zu bilden und so zu modellieren, dass sich daraus die technische Realisierung ableiten lässt,

- Funktionen in Ablaufstrukturen zwischen menschlichen und maschinellen Aufgabenträgern (u. a. DV-Programmen) zu realisieren.

2.2.3.3 Kommunikationssicht

Kommunikation bezeichnet die Datenübertragung über räumliche Entfernungen, zwischen Personen oder DV-Prozessen und das Verstehen der Nachricht.

Geschäftlich initiiert und begleitet die Kommunikation die zwischenbetrieblichen Leistungs- und Geldflüsse, in denen Unternehmen Informationen austauschen

- über ihr Leistungsangebot (z. B. Produkte) und über die Marktgegebenheiten (z. B. Kundenverhalten) *(Markt- Informationen)*,

- zur Steuerung und Abrechnung des Leistungsflusses *(Geschäftsverkehr - Informationen)*,

- über die Technologie der Produkte und deren Nutzung *(Technologie - Informationen)*.

Innerbetriebliche Kommunikation ergibt sich aus dem Grad der Arbeits- und Wissensteilung unter den Organisationseinheiten und Mitarbeitern. Ein Einzelner agiert zwar und muss seine Aktivitäten logisch - zeitlich anordnen, er muss aber für seine Aufgaben nicht mit anderen interagieren. Eine Interaktion zwischen mehreren Aufgabenträgern ist eine Form der Kommunikation; im weiteren Sinne auch die Dokumentation als Überbrückung von Zeit.

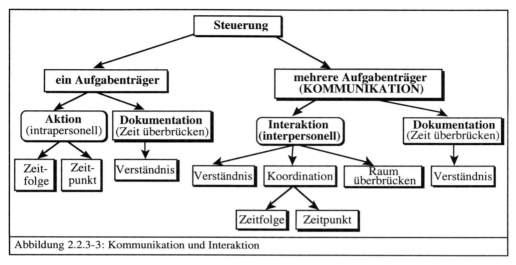

Abbildung 2.2.3-3: Kommunikation und Interaktion

Daraus lassen sich folgende *Aufgaben der Kommunikationsmodellierung* ableiten:

- *Modellierung der Übertragungsaufgaben*: Es sind Informationen zwischen menschlichen und / oder maschinellen Aufgabenträgern auszutauschen;

- *Modellierung der Interpretationsaufgaben*: Kommunikation setzt gegenseitiges Verstehen der übertragenen Nachricht bei den Aufgabenträgern voraus;

- *Modellierung der Koordinationsaufgaben*: Sollen Aufgaben arbeitsteilig erledigt werden, so muss das Zusammenwirken der Aufgabenträger logisch - zeitlich geregelt werden.

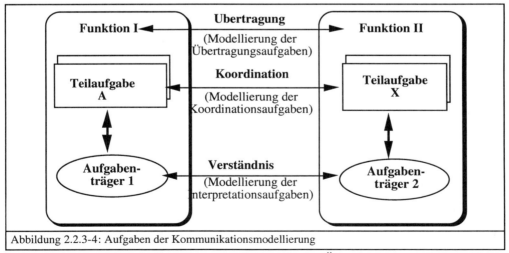

Abbildung 2.2.3-4: Aufgaben der Kommunikationsmodellierung

In der Kommunikationsmodellierung wird somit die Übertragung von Informationen zwischen und deren Interpretation durch Aufgabenträger mit dem Zweck modelliert, deren Zusammenwirken an der Gesamtaufgabe zu erfassen (Hesse et. al. (1994), S. 98). Ergebnis ist ein Kommunikationsmodell, das die Informationsflüsse zwischen den Elementen des Funktionsmodells auf der Basis des Datenmodells enthält. Da dieses Modell die Schnittstellen zu externen Systemen und die Eingaben als „Rohstoffe" bzw. Ausgaben als „Produkte" der Informationsverarbeitung beschreibt, wird oft in jeder Dimension mit der Kommunikationsmodellierung begonnen (Kaufmann (1993), S. 48 f).

2.2.4 Schienen: Entwicklung und Produktion

Informationssysteme sind geschäftliche Investitionen, die nach einer Entwicklungs- und Realisierungsphase in die Produktion gehen und dort so lange eingesetzt werden, wie dies wirtschaftlich vertretbar ist. Zumindestens in Großunternehmen werden heutzutage parallel Systeme entwickelt, andere implementiert, mit weiteren wird seit Jahren produziert und andere werden gerade abgelöst. Diese Parallelität von Entwicklung und Produktion bezeichnen wir als *Schienen einer Informationssystemarchitektur.*

2.2.4.1 Entwicklung

Um eine IS - Architektur zu realisieren, ist diese fachlich und technisch zu entwickeln, sowie organisatorisch in das Unternehmen zu integrieren. Bei der Entwicklung werden existierende Systeme im Hinblick auf ihre Elemente, Beziehungen sowie ihren Zielerfüllungsgrad analysiert, ein Konzept der Architektur aufgestellt und dieses fachlich und technisch realisiert. Dazu bedarf es strukturierter Vorgehensweisen für den Architekturentwurf, das Qualitäts- und das Projektmanagement (vgl. Kapitel 4.5).

2.2.4.1.1 Projektmanagement

Für ein Unternehmen ist die Entwicklung eines IS ein durch seine spezifischen Eigenheiten einmaliges und (angesichts des Kenntnisstandes der Mitarbeiter) komplexes Projekt dar. Daher ist es notwendig, spezifische Abläufe und Verfahren für die Auswahl der Teilprojekte *(Projektauswahlplanung)* und für deren Steuerung hinsichtlich Struktur, Termine und Ressourcen *(Projektdurchführungsplanung)* zu etablieren.

System-Architekturen werden überarbeitet aufgrund

- geschäftlicher Veränderungen (z. B. Erschliessen von Produktfeldern, Märkten);

- organisatorischer Anpassungen (z. B. Einführung einer Spartenorganisation);

- fachlicher Entwicklungen (z. B. Veränderungen der Konzernrechnungslegung);

- technischer Anlässe (z. B. Wegfall von Wartungsverträgen) oder Potentiale (z. B. INTERNET).

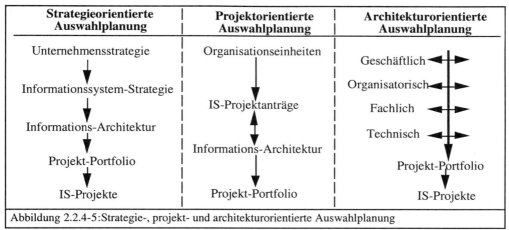

Strategieorientierte Auswahlplanung	Projektorientierte Auswahlplanung	Architekturorientierte Auswahlplanung
Unternehmensstrategie	Organisationseinheiten	Geschäftlich
Informationssystem-Strategie		Organisatorisch
	IS-Projektanträge	Fachlich
Informations-Architektur		Technisch
	Informations-Architektur	
Projekt-Portfolio		Projekt-Portfolio
IS-Projekte	Projekt-Portfolio	IS-Projekte

Abbildung 2.2.4-5:Strategie-, projekt- und architekturorientierte Auswahlplanung

Die *projektorientierte* **Projektauswahlplanung** sammelt DV-Anträge der Abteilungen, stimmt diese mit der Architektur ab und stellt dann ein Realisierungsprogramm (Projekt-Portfolio) zusammen. Die *strategieorientierte Auswahlplanung* leitet aus der Unternehmensstrategie die erforderlichen Modifikationen der Architektur und das entsprechende Realisierungsprogramm ab. Die *architekturorientierte Auswahlplanung* überprüft in der geschäftlichen, organisatorischen, fachlichen und technischen Dimension in periodischen Abständen, ob die System-Architektur noch mit den Erfordernissen übereinstimmt und entwickelt daraus Projekt - Portfolios.

Für die **Projektdurchführungsplanung** lassen sich alternative Wege wählen. Bei der *projektzentrierten Durchführung* wird die Entwicklung nach -> Funktionen (z. B. Eingabe, Verarbeitung, Ausgabe), -> Strukturen (z. B. Datenspeicherungs- , Funktions- und Kommunikationskomponenten), -> Phasen (z. B. Analyse, Konzeption, Realisierung, Implementierung) in Teilaufgaben zerlegt. Diese werden dann Aufgabenträgern zugewiesen. In einer detaillierten Planung werden die erforderlichen Zeiten und Kapazitäten der Teilaufgaben und deren gegenseitigen Abhängigkeiten ermittelt. Beim *organisationszentrierten Vorgehen* werden bestimmte Ziele den Aufgabenträgern zugewiesen, diese können weitgehend autonom über den Weg der Zielerreichung entscheiden und werden dazu zu innovativen Lösungen motiviert.

2.2.4.1.2 Qualitätsmanagement
Qualität wird in ISO 8402 definiert als „Gesamtheit von Merkmalen einer Einheit bezüglich ihrer Eignung, festgelegte und vorausgesetzte Erfordernisse zu erfüllen". Qualität ist somit nicht absolut, sondern relativ zu den Anforderungen an ein System zu verstehen.

Um die Qualität eines Systems als die Summe seiner Eigenschaften (DIN 55350, Teil 11) zu sichern, sind

- notwendige Qualitätsmerkmale des Produktes präzise in messbarer Form zu definieren und experimentell oder analytisch zu evaluieren (*produktorientierte Qualitätssicherung*);
- Verfahren zur Qualitätssicherung im Entwicklungsprozess einzusetzen (*prozessorientierte Qualitätssicherung*).

Qualitätsmanagement umfasst alle Tätigkeiten, mit denen man beim Produzenten, beim Kunden und bei Dritten (z. B. staatlichen Stellen) Vertrauen in die Qualität eines Produktes schaffen will (Kneuper/Sollmann (1995), S. 315). Es setzt sowohl beim Produkt, beim Prozess, wie auch bei den verwendeten Messverfahren an (Rombach (1993), S. 268) und besteht aus

- der *Qualitätsplanung* der Merkmale und anzuwendenden Messverfahren,
- der *Qualitätslenkung*, die Maßnahmen im Prozess und am Produkt plant, die Messungen steuert und daraus Korrekturen ableitet.

Qualitätsmerkmale eines IS sind dessen Brauchbarkeit und Wartbarkeit. Die *Brauchbarkeit* beschreibt, in welchem Maße das System die Ziele erfüllt, das heißt

- wie effektiv das System die geschäftlichen und organisatorischen Aufgaben unterstützt und welcher messbare Nutzen generiert wird (Effektivität),
- wie hoch die Wahrscheinlichkeit ist, dass das System die geforderten wirtschaftlichen Funktionen und technischen Leistungen erbringt (Zuverlässigkeit),
- wie effizient das System die zur Verfügung stehenden Ressourcen nutzt und welche Kosten es erfordert (Effizienz),
- wie komfortabel das Produkt die Nutzer bei ihren Aufgaben unterstützt.

Aus Wirtschaftsinformatik-Sicht gelten für die Brauchbarkeit wirtschaftliche statt technische Kriterien, d.h. es sind nicht Zeiten, Speicherplatzbedarf etc. eines Systems zu messen, sondern die benötigten Investitions- und Betriebskosten etc.

Die *Wartbarkeit* beschreibt die langfristige Nutzbarkeit eines IS. Dieses muss sich organisatorisch, fachlich und technisch weiterentwickeln lassen. Die *Änderbarkeit* beschreibt, mit welchem Zeit- und Kostenaufwand sich ein System auf neue Anforderungen anpassen lässt (*Anpassbarkeit*) bzw. auf neue Funktionen erweitern lässt (*Erweiterbarkeit*). Die Wartbarkeit hängt von der *Testbarkeit* und *Verständlichkeit* ab.

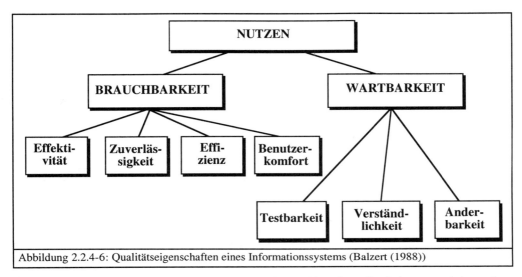

Abbildung 2.2.4-6: Qualitätseigenschaften eines Informationssystems (Balzert (1988))

Verständliche Systeme sind selbsterklärend in ihren Eingaben, Funktionen und Ausgaben und für Dritte nach einem erkennbaren Muster strukturiert. Testbare Systeme ermöglichen es, deren Komponenten mit vertretbarem Aufwand in ihrer Funktionsfähigkeit zu überprüfen (Balzert (1988), S.10ff).

Die **Qualitätsplanung** sollte auf objektiven und operationalen Maßstäben für die Qualitätsmerkmale aufbauen. Aufgrund der großen Konsequenzen von Qualitätsmängeln sollte diese möglichst frühzeitig und methodisch unterstützt erfolgen.

	Erläuterung	**Beispiele**
Konstruktive Maßnahmen	• Prinzipien, Methoden und Werkzeuge, die Qualitätseigenschaften sicherstellen	• *Programmiersprachen hoher Verbreitung sichern Portabilität* • *Einsatz von Methoden verhindern unstrukturierte Systeme*
Analytische Maßnahmen	• Vorgehensweisen zum Testen eines Systems	• *Testfälle* • *Testprozeduren*
Prozessbegleitende Maßnahmen	• Richtlinien für Qualitätsmerkmale jedes Teilprodukts	• *Dokumentationsrichtlinien*

Abbildung 2.2.4-7: Maßnahmen der Qualitätsplanung

Die traditionelle *Qualitätssicherung* ist technikzentriert und birgt die Gefahr in sich, dass organisatorische und fachliche Probleme der Nutzer vernachlässigt werden. Da sie erst am fertigen Produkt ansetzt, werden viele Fehler nicht erkannt, und Korrekturen sind zeit- und kostenaufwendig.

Traditionelle Qualitätssicherung		Total Quality Management	
Technikorientierte Produktentwicklung	• Vernachlässigung organisatorischer und fachlicher Probleme	• Schnittstelle DV/ Nutzer in fachlicher und organisatorischer Hinsicht optimieren	**Kundenorientierte Produktentwicklung**
Produktorientierte Qualitätssicherung	• Beseitigung von Systemfehlern (Symptome) • Radikale, revolutionäre Verbesserungen am Produkt oder Prozess	• Qualität in Entwicklungsprozess „einbauen" • Fehlervermeidung vor Fehlerbehebung • Inkrementelle, evolutionäre Verbesserungen	**Prozessorientiertes Qualitätsmanagement**
Qualität als Aufgabe spezieller Mitarbeiter	• Spezielle Einheiten für Prüfarbeiten • Trennung von Durchführung und Kontrolle	• Alle Abteilungen sind in das Qualitätsmanagement eingebunden • Prinzip interner Kunden-Lieferanten-Verhältnisse	**Qualität als Aufgabe aller Mitarbeiter**

Abbildung 2.2.4-8: Traditionelle Qualitätssicherung versus Total Quality Management

Ein umfassendes Qualitätsmanagement setzt schon im Entwicklungsprozess an und nutzt Prozessnormen (z. B. ISO 9000-Familie). Diese regeln (Kneuper / Sollmann (1995))

- die Aufbau- und Ablauforganisation für das Qualitätsmanagement mit eindeutigen Zuständigkeiten und Schnittstellen,

- die Durchführung von internen Audits im Qualitätsmanagement (Systemaudits) und Produktaudits,

- die Definition und Dokumentation aller wichtigen Prozesse und ihrer Ergebnisse,

- die Dokumentenlenkung, d.h. die Bekanntgabe und Änderung von verbindlichen Regelungen.

Das ISO 9000-Normenwerk beschreibt Prinzipien des Qualitätsmanagements, nicht aber einzelne Methoden oder Verfahren; Qualitätsmerkmale für Software werden in der ISO 9126 definiert. ISO 9000-3 gliedert Qualitätsmanagement - Maßnahmen in drei Gruppen:

(1) Die QM-Systemrahmen aus definierten Verantwortlichkeiten, Abläufen, Terminologien, die in einem QM - Handbuch dokumentiert werden.

(2) Das Phasenmodell für den Software - Lebenszyklus

(3) Unterstützende Tätigkeiten wie das Konfigurationsmanagement und Qualitätsmessungen.

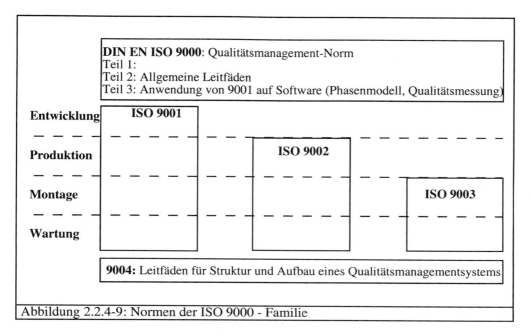

Abbildung 2.2.4-9: Normen der ISO 9000 - Familie

2.2.4.2 Produktion

Informationssysteme sollen die handelnden Personen zeitgerecht und kostengünstig mit Informationen versorgen. Deren Produktion muss dazu organisatorisch, fachlich und technisch geregelt werden. Üblicherweise werden dafür DV- Abteilungen eingerichtet. Entwicklung und Produktion sind selten komplett zeitlich hintereinander geschaltet; in aller Regel produzieren bereits einige Komponenten, andere werden gerade organisatorisch integriert und weitere Komponenten werden entwickelt. Um diese Parallelität auszudrücken, wurde der Begriff „Schienen" gewählt.

Die **Produktionsaufgaben** lassen sich in Fertigungs- und Instandhaltungsaufgaben unterteilen.

Im Rahmen der **IS-Fertigung** sind analog zur industriellen Fertigung

- die IS-Aufgaben einer Zeitperiode mit bestimmten Betriebsarten (z. B. Stapel- oder Dialogbetrieb) durchzuführen (*IS-Programmplanung*);

- die zeitliche und kapazitative Belegung der IS-Ressourcen durch die Systeme festzulegen (*IS-Ablaufplanung*).

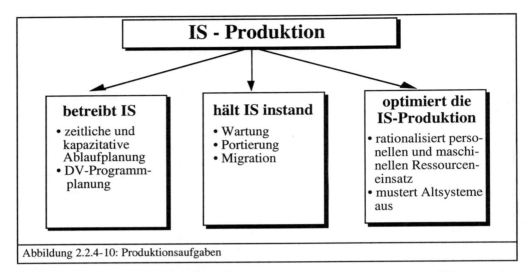

Abbildung 2.2.4-10: Produktionsaufgaben

Aufgabe der **IS-Instandhaltung** ist es, vorhandene IS durch vorbeugende Wartung oder fallweise Instandsetzung fehlerfrei zu halten und entsprechend des technischen Fortschritts auf neue Hardware oder Basissoftware anzupassen. Diese Optimierung der DV-Produktion durch *Portierung* auf aktuelle Betriebs-, Datenbank- und Kommunikationssysteme ist eine kontinuierliche Aufgabe, die mit zunehmend dezentralen und heterogenen Systemen wichtiger wird. Es gilt, Tausende von DV-Komponenten von Dutzenden von Herstellern an mehreren Orten zu betreiben, auf Wirtschaftlichkeit zu überprüfen, auszumustern oder weiterzuentwickeln.

Die Produktionsaufgaben lassen sich wiederum nach Sichten und Dimensionen einteilen. In der *Kommunikationssicht* sind die verteilten Nutzer und Systeme fachlich und technisch zu unterstützen sowie der Datenschutz für die Kommunikationswege zu sichern. Die *Datensicht* befasst sich mit der Informationsbeschaffung aus internen und -externen Quellen sowie dem Betrieb der Datenmanagementsysteme. In der *Funktionssicht* ist der effiziente Betrieb der wirtschaftlichen, technischen und Büro - IS zu sichern.

	Datensicht	**Kommunikations-sicht**	**Funktionssicht**
Organisatorische Dimension	• DV- Berichtswesen • Kosten- und Leistungsverrechnung • Beschaffung (Hardware, Software, Personal) • Nutzerunterstützung • Sicherheitsmanagement (Datenschutz)		
	• Zugriffsrechte	• Benutzerprofile	

Fachliche Dimension	• Aktualisieren der Datenstrukturen • Pflege und Aktualisieren von Datenbeständen	• Verteilte Hard-/ Softwarekonfigurationen instandhalten • Pflege von Adress- und Organisationsverzeichnissen	• Pflege von Programmstrukturen
Technische Dimension	• Zeitliche und logische DV- Fertigungsablaufplanung • Kapazitätsbelegungsplanung • Sicherungsmanagement • Fertigungssteuerung		
	• Datenbanksystem - Updates • Datensicherung (Backup)	• Netzwerkadministration (Nutzer, Berechtigungen)	• Updates von Anwendungs- und Basissoftware • Ablaufsicherung

Abbildung 2.2.4-11: Sichten und Dimensionen der Produktionsaufgabe

2.2.4.3 Synthese

Als Synthese soll die Zusammenfassung neu entwickelter und bereits produzierender Komponenten zu einem effizient funktionierenden Ganzen auf allen Ebenen verstanden werden. Es entsteht ein neues Informationssystem auf einem höheren Leistungsgrad in geschäftlicher, organisatorischer, fachlicher oder technischer Hinsicht. Objekte der Synthese sind zum einen die Nutzer und die Organisation, die mit den Eigenschaften der neuen Systemkomponenten vertraut zu machen sind, zum anderen die Kommunikations- und Informationstechnik, in die neue Komponenten einzubetten sind.

Während der Einführungsphase werden die Mitarbeiter der Fachabteilungen und der Technik durch Schulungen mit den neuen Komponenten vertraut gemacht. Um den Erfolg dieser einmaligen oder diskontinuierlichen Maßnahmen zu sichern, sind die Mitarbeiter in ihrem Arbeitsprozess mit den neuen Komponenten kontinuierlich zu unterstützen. Traditionell sollen dafür in der Entwicklung Handbücher / Systemdokumentationen erstellt werden. Allerdings werden diese aufgrund ungenügendem Komfort und Problemausrichtung nur selten genutzt. Sinnvoller sind Online - Hilfen, die den Arbeitsprozess begleiten und kontextabhängig den Nutzer unterstützen. Fortgeschrittene betriebswirtschaftliche Standardsoftware nutzt dazu Funktions- und Prozessmodelle, in der die Transaktionen des Arbeitsprozesses dem Nutzer erläutert werden. Mitarbeiter - Informationssysteme (z. B. auf INTERNET - Basis) fördern den Informationsaustausch zwischen den Nutzern (z. B. über Standorte hinweg) und der IS-Organisation. Sie können auch Begriffskataloge (Repositories) enthalten, in der die Sprachwelt der Systeme mit den im Unternehmen üblichen Begriffen abgeglichen wird.

	Einführungsunterstützung	**Nutzungsunterstützung**
Fachabteilungen und Benutzer	• Schulungen	• Handbücher • Funktions-/ Prozessmodelle • Mitarbeiter - Informationssysteme
Technik	• Schulungen	• Handbücher
Abbildung 2.2.4-12: Maßnahmen der Einführungs- und Nutzungsunterstützung		

Jedes IS erreicht aus technischen oder wirtschaftlichen Gründen irgendwann das Ende seiner Lebensdauer. Damit stellen sich die Fragen der „optimalen Nutzungsdauer", ob das System durch ein anderes ersetzt oder ersatzlos aus dem Betrieb genommen werden soll (Krcmar (1997), S. 121). Bei der **IS - Erneuerung** ist geschäftlich zu prüfen, in welchem Maße sich das Umfeld, die Ziele und die Struktur des Unternehmens seit der Entwicklung des alten Systems geändert haben, und es sind die Konsequenzen abzuleiten. Organisatorisch sind die Folgen eines abgelösten IS für die Aufbau- und Ablauforganisation sowie die Mitarbeiter zu prüfen; unter Umständen bildet das System ein so starkes organisatorisches Rückgrat, dass es nicht ohne erhebliche organisatorische und qualifizierende Maßnahmen abgelöst werden kann. Fachlich ist zu prüfen, ob die im alten System verankerten betriebswirtschaftlichen Methoden noch den Erfordernissen der heutigen Unternehmensführung entsprechen. Im Vergleich zu den anderen drei Dimensionen sind die Folgen technischer Erneuerung in der Regel moderat, da die IS - Organisation darauf eingestellt ist, die Technik kontinuierlich zu verändern.

Die IS - Entwicklung und Produktion und deren Synthese ist Aufgabe der **IS-Organisation** aus verschiedenen Mitarbeitergruppen.

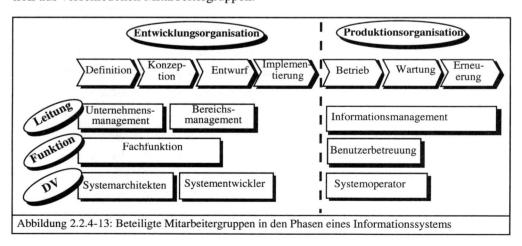

Abbildung 2.2.4-13: Beteiligte Mitarbeitergruppen in den Phasen eines Informationssystems

Es ist jeweils zu entscheiden, inwieweit die Entwicklung oder die Produktion dezentralisiert wird. Bei der klassischen Mainframe - Technik war eine DV - Abteilung zentral für die Entwicklung und Produktion aller DV-Systeme im Unternehmen zuständig. Im Zuge der Differenzierung von betriebswirtschaftlichen, technischen und Büro - Informationssystemen entstanden spezielle Abteilungen für diese drei Felder. Heutige Client - Server - Systeme erlauben es, deren organisatorische Betreuung im Unternehmen zu dezentralisieren.

Eine **zentralisierte IS - Organisation** wird meist in einer Funktionalorganisation oder bei Geschäftsbereichen gewählt, die aufgrund ihrer Markt- und Produktstrukturen weitgehend homogen sind und daher einheitliche IS-Anforderungen haben. Im *Kernbereichsmodell* existiert der IS - Bereich als eigener neben anderen Funktionsbereichen und ist von diesen unabhängig. Im *Servicebereichsmodell* ist der IS - Bereich abhängig von den Aufträgen der Funktions- oder Geschäftsbereiche. Diese definieren bis hinunter zur technischen Ebene ihre Anforderungen und können IS - Leistungen ggf. auch von anderen Anbietern beziehen. Nur bei der technischen Dimension agiert der IS - Bereich autonom. Beim *Stabmodell* ist der IS - Bereich der Geschäftsleitung als weisungsabhängige Einheit zugeordnet. Die IS-Stäbe unterstützen die jeweiligen Leitungsinstanzen bei Architekturentscheidungen auf der Geschäfts- und Organisationsebene; zur Realisierung auf der fachlichen und technischen Dimension wird oft auf externe Anbieter zurückgegriffen.

Eine **dezentralisierte IS-Organisation** wird meist bei Geschäftsbereichen gewählt, die aufgrund heterogener Produkt- und Kundenstrukturen weitgehend autonom handeln, häufig auch räumlich verteilt sind und daher unterschiedliche IS - Anforderungen haben. Beim *Matrixmodell* verfügen die Geschäfts- oder Funktionsbereiche über eigene IS-Einheiten, die durch eine zentrale IS-Einheit koordiniert werden. Dezentral wird meist die fachliche und technische Dimension realisiert, zentral die geschäftliche und organisatorische Dimension geregelt. Beim *Autarkiemodell* existieren in den Geschäfts- und Funktionsbereichen jeweils eigene IS-Einheiten, die nicht mittels einer zentralen Instanz koordiniert werden. Beim *Profitcentermodell* wird die IS - Einheit als ergebnisverantwortliche Erfolgs-/ Kostenstelle geführt; ggf. dazu auch rechtlich verselbständigt. Die IS - Einheit konkurriert nicht nur mit Drittanbietern um die Aufträge der Funktions-/ Geschäftseinheiten; sie kann auch extern als Anbieter von DV - Leistungen auftreten.

2.2.5 Verbindung in Informationssystem-Architekturen

Die Gesamtheit aller IS einer Unternehmung, die nach Sichten und Dimensionen oder ähnlichen Kriterien strukturiert wurden, wird als IS - Architektur bezeichnet (Zachman (1987); Sowa / Zachman (1992); Stecher (1993)). Verwendet wird eine einheitliche Struktur- und Methodenbasis, um die Beteiligten zu koordinieren und mit DV-gestützten Werkzeugen die Sytementwicklung zumindest teilweise zu automatisieren (Scheer (1991), S. 3).

Jede Unternehmung hat eine (wie auch immer geartete) IS-Architektur. Diese kann historisch gewachsen oder in Teilen neu zu gestalten sein. Eine neue Architektur unterscheidet sich von einer historisch gewachsenen Systemlandschaft unter anderem durch folgende Punkte (Lockemann / Dittrich (1987)):

- die Komponenten sind arbeitsteilig ausgelegt,

- die Komponenten können weitgehend isoliert auf ihre Funktionsfähigkeit geprüft werden,

- die Komponenten lassen sich einfach gegen andere Module austauschen.

Die Modularisierung der Systemarchitektur betrifft alle Ebenen. Sie sichert die notwendige Flexibilität gegenüber technologischen und wirtschaftlichen Entwicklungen, die Erweiterbarkeit entsprechend geschäftspolitischer Entwicklungen und die Betriebssicherheit des Gesamtsystems.

Zu unterscheiden sind *technologieorientierte Architekturen*, die sich mit Hard- und Basissoftwareelementen befassen (z. B. „System Application Architecture SAA" der IBM) von *anwendungsorientierten Architekturen*. In diesen wird versucht, Baupläne für IS aus betriebswirtschaftlichen Strukturen abzuleiten. Beispiele sind die CIM-OSA-Architektur eines ESPRIT-Projektes der EU, die ARIS-Architektur von Scheer oder branchenbezogene Architekturen der IBM (z. B. RAA - Retail Application Architecture, IAA - Insurance Application Architecture - Stecher (1993)). In der ersten Entwicklungsstufe anwendungsorientierter Architekturen wurden konzeptionelle Bezugsrahmen angeboten (z. B. Zachman (1987); Sowa / Zachman (1992)); in einer weiteren Stufe wurden diese methodisch (z. B. SOM von Ferstl / Sinz (1990)) oder für betriebswirtschaftliche Anwendungsbereiche konkretisiert (vgl. RAA, IAA, CIM-OSA). Zur Zeit werden in einer dritten Stufe die Entwurfsverfahren automatisiert und mit Standardsoftware verknüpft. Ein Beispiel ist die Kopplung der ARIS -Werkzeuge (IDS Prof. Scheer) mit Konfigurationswerkzeugen (SAP Analyser) für SAP R/3.

INFORMATIONSSYSTEM-ARCHITEKTUR				
		Daten	**Kommunikation**	**Funktion**
Geschäftliche Dimension	Effektivität Effizienz	Strategische und operative Datenobjekte und -attribute	Inner- und zwischenbetriebliche Informationsflüsse	Geschäftsprozesse
Organisatorische Dimension	Aufbauorganisation	Datenadministrator	Netzwerkadministrator	IS-Administrator
	Ablauforganisation	Datenpflege und Datenschutz	Kommunikationsabläufe und -rechte	Geschäftsvorgänge
	Benutzer	Informationsbedarf	Zeitpunkt und Form der Informationsbereitstellung	Verarbeitungsanforderung
Fachliche Dimension	Betriebliche Aufgabe	Grund-, Bestands-, Strukturobjekte	Kommunikationspartner, -inhalte, -strukturen, -frequenz	Verrichtungsstrukturen
	DVAufgabe	Datenmodell	Kommunikationsmodell	Vorgangsmodell
Technologische Dimension	Hardware	Speichermedien	Rechnernetze	DV-Zentraleinheit
	Software	Datenbanksysteme	Netzwerkprotokolle	Anwendungsprogramme

Abbildung 2.2.5-1: Ebenen und Sichten einer Informationssystem-Architektur

2.2.6 Struktur - versus objektorientierte Architekturen

Zur Zeit stehen sich mindestens zwei grundsätzliche Architekturparadigmen gegenüber. Im *strukturorientierten Ansatz* werden die Systemelemente aus verschiedenen Sichten (Daten-, Funktions- und Kommunikationssicht) und in Ebenen (z. B. Fach-, System-, Implementierungskonzept) betrachtet.

Der *objektorientierte Ansatz* verfolgt demgegenüber eine ganzheitliche Sichtweise. Objekte der Realität werden als Ganzheit aus Materie und Informationen sowie aus zugehörigen Operationen betrachtet, die gegenüber der Umwelt gekapselt sind. Über Interaktionen tauschen Objekte Güter und Leistungen sowie Informationen aus. Objekte mit ähnlichen Eigenschaften werden typisiert und Klassen zugeordnet. Aus Objekten und Interaktionen der betrachteten Realität werden in mehreren Analyse- und Designschritten in einer 1:1 - Logik die entsprechenden Komponenten der Informationssysteme abgeleitet.

Aufgrund der Durchgängigkeit zwischen Real- und Systemwelt und aufgrund der Kapselung zu autonomen, d. h. auch arbeitsteilig entwickelbaren Komponenten wird dem Objektansatz zur Zeit theoretisch die größere Eleganz zuerkannt. Für die Praxis ist jedoch viel bedeutender, ob

- Instrumente zur Architekturentwicklung angeboten werden,
- Referenzmodelle für bestimmte Unternehmenstypen und Branchen existieren,
- die Instrumente die Konfiguration von Standard-Anwendungssoftware unterstützen.

	Strukturelle Architekturen		**Objektorientierte Architekturen**	
Kennzeichen	• Daten-, Funktions-, Kommunikationssicht o.ä. • Fach-, System-, DV-Ebene o.ä.		*• Kapselung von Objekten • Typenbildung und Vererbung • Von Realität über System zu Programm in 1:1 Logik	
Beispiele	ARIS	IBM	SOM	OOA/D/P
Konzeption	Scheer (1991)	Zachman (1987), Sowa / Zachman (1992)	Ferstl / Sinz (1991)	diverse
Methode	Ereignisgesteuerte Prozessketten		Semantische Objektmodelle	Unified Modelling Language
Instrumente	ARIS - Toolset	AD - Cycle (1993 vertagt)		diverse CASE - Tools
Branchen - Referenzmodelle	SAP - Analyzer	für Handel (RAA), Versicherungen (IAA), Banken		
Standard-Software	SAP R/3			

Abbildung 2.2.6-1: Beispiele struktureller und objektorientierter Architekturen

2.2.6.1 Strukturorientierte Architekturen

Strukturorientierte Architekturen versuchen die logischen Prinzipien, die sich über Jahrhunderte beim Entwurf von Gebäuden und technischen Produkten herausgebildet haben, auf den Entwurf von Informationssystemen zu übertragen. Analogien werden sowohl gesucht bei den Abstraktionsebenen, die vom Konzept bis zur Realisierung zu durchlaufen sind, als auch bei den Sichten und den beteiligten Personen (Zachman (1987)). Ziel ist es, mittels Klassifikationsschemata die Komplexität von Informationssystemen zu reduzieren und die Arbeitsteilung bei deren Entwurf zu organisieren.

Views	Con-straints	Columns (Questions?)					
		Data (Where?)	Network (Where?)	Function (How?)	People (Who?)	Time (When?)	Motivation (Why?)
Scope (Planner)	Financial External	Business data	Business locations	Business processes	Orga-nization list	Signifi-cant events	Business strategy
Enterprise (Owner)	Usage Policy	Entity relation-ship dia-gram	Logistic network	Process flow dia-gram	Orga-nization chart	Master schedule	Business plan
System (Designer)	Structure Operation	Data mo-del	Distri-buted system archi-tecture	Data flow dia-gram	Human interface archi-tecture	Proces-sing structure	Know-ledge Ar-chitecture
Technology (Builder)	Technology	Data de-sign	System archi-tecture	Structure Charts	Human / techno-logy interface	Control structure	Know-ledge Desing
Compo-nents (Subcon-tractor)	Implemen-tation	Data de-finition	Network archi-tecture	Program	Security archi-tecture	Timing definition	Know-ledge De-finition

Abbildung 2.2.6-2: Information System Architecture (Sowa / Zachman (1992)) mit Beschreibungsformen

Strukturorientierte Ansätze beschreiben ihre Komponenten mit spezifischen, problem-adäquaten Verfahren (z. B. Entity - Relationship - Modellen für die Datensicht, Petri - Netzen für die Funktionssicht). Angesichts der Vielfalt der Verfahren ist zu deren Inte-gration ein Architekturrahmen notwendig, der die methodischen und inhaltlichen Schnitt-stellen zwischen den Komponenten regelt. Für den praktischen Einsatz ist ein DV-ge-stützter Instrumentenbaukasten erforderlich, der die Verfahren anbietet und der während des Entwurfsprozesses deren Schnittstellen handhabt.

Diese Methodenvielfalt in einem Integrationsrahmen sichert die Offenheit der Architek-tur gegenüber den Erfordernissen der Aufgabe sowie der Ausbildung und Vorlieben der Beteiligten, gefährdet aber die Einheitlichkeit und Geschlossenheit des Entwurfs. Offene oder verdeckte Stilbrüche sind gerade über die lange Dauer eines Architekturentwurfs nicht auszuschließen.

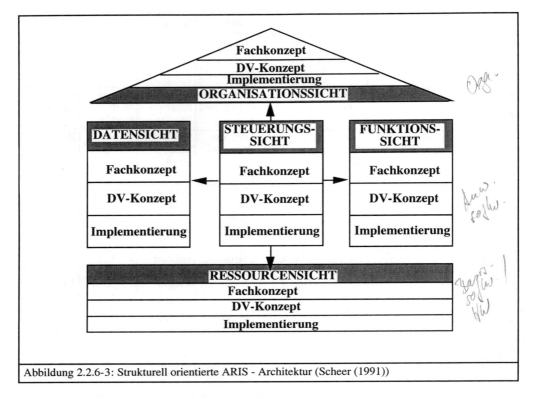

Abbildung 2.2.6-3: Strukturell orientierte ARIS - Architektur (Scheer (1991))

2.2.6.2 Objektorientierte Architekturen

Diese versuchen die Einheitlichkeit und Geschlossenheit eines Entwurfs dadurch zu gewährleisten, dass sie von Objekten der Realität und den zwischen ihnen ausgetauschten Nachrichten ausgehen sowie durchgängig eine Methode zur Definition und Beschreibung verwenden. Die Objekte werden schrittweise präzisiert und zu Objektklassen abstrahiert, um die Fülle der Realität handhaben und sie systematisch wiederverwenden zu können (Endres / Uhl (1992), S. 256). Die (extern sichtbare) Komplexität von Objekten wird dadurch gesenkt, dass deren Details hinter definierten Schnittstellen verborgen werden (Kapselung von Teilsystemen).

Coad / Yourdon schlagen ein dreistufiges Vorgehen des Architekturentwurfs vor (1991a, 1991b), Booch (1991)): In der **Objektorientierten Analyse** werden die fachlichen Anforderungen an ein System in fünf Hauptaktivitäten definiert (Sinz (1991), S. 457):

(1) Auffinden von Objekten und Klassen im Realitätsausschnitt (z. B. Personen, Maschinen oder Gebäude) (Class- & Object Layer).

(2) Identifizierung von Generalisierungs-/ Spezifizierungsstrukturen (z. B. Mitarbeiter, Kunde, Lieferant und Spediteur zu Marktpartner) und Aggregations-/ Zerlegungsstrukturen (z. B. Mitarbeiter wird aggregiert zu Abteilung) (Structure Layer).

(3) Identifikation von Teilmodellen (z. B. Personalbereich, Verkaufsbereich), die Objekte zu Obereinheiten zusammenfassen (Subject Layer).

(4) Definition von Objektattributen (z. B. Name, Abteilung, Gehaltsklasse, Geburtsdatum etc. bei Mitarbeitern) und der Beziehungen zwischen den Objekten (Attribute Layer).

(5) Definition von Methoden der Objekte und Nachrichten zwischen den Objekten (Service Layer).

Prinzip	Erläuterung
Objekte	• Die Welt besteht aus Objekten, die Merkmale (Attribute) und Fähigkeiten (Operationen) haben • Objekte haben eine Lebensdauer mit Lebensphasen, die „Geburt" und das „Sterben" gehören zu den Fähigkeiten eines Objektes • Ein Objekt kann seine Merkmale nur durch die Nutzung bestimmter Fähigkeiten verändern • Objekte führen in Bezug auf andere „Rollen" aus, die sich in deren Merkmals-Kombinationen ausdrücken
Nachrichten	• Zwischen Objekten bestehen Interaktionen z. B. in Form von Güter-, Zahlungs- oder Informationsflüssen • Informations - Interaktionen werden durch Nachrichten realisiert • Für Nachrichten legen die Objekte die Schnittstellen (= zulässige Zugriffsmethoden) und die zu übergebenden Variablen fest • Informations - Interaktionen durchlaufen mehrere Lebensphasen (z. B. Anbahnung, Vereinbarung, Durchführung, Kontrolle) • Nachrichten stellen statische Verweise oder dynamische Verbindungen dar
Identifikation	• Objekte sind von anderen eindeutig unterscheidbar, selbst wenn alle Attributwerte identisch sind
Modularisierung	• Zerlegung eines Systems in einheitlich strukturierte Teilsysteme
Datenabstraktion	• Beschreibung von Daten durch die zugehörigen Operationen
Attributkapselung	• Attribute können nur über definierte Operationen eines Objektes manipuliert werden ; ein direkter Zugriff ist nicht möglich
Klassen	• Vergleich und Verbinden von Objekten mit dem Ziel, semantisch gleichartige Objekte zu finden
Vererbung	• Subklassen besitzen alle Merkmale und Fähigkeiten der Oberklasse
Polymorphie	• Die Eigenschaft eines Objektes lässt sich bei Aufruf an eine Nachricht anpassen

Abbildung 2.2.6-4: Elemente des objektorientierten Paradigmas

Die objektorientierte Analyse orientiert sich strikt an den realen Gegenständen des Anwendungsbereiches. In dieser Phase werden einheitliche Begriffe für die Geschäftsobjekte, die Objektklassen und Geschäftsprozesse definiert und in einem Begriffskatalog verankert (Bürkle / Gryczan / Züllighoven (1992), S. 278).

Schritte	Erläuterung	Ergebnis
Objektorientierte Analyse (ooA)	• Orientierung am Realitäts und Problembereich • Definition der Anforderungen in objektorientierter Form • Auswahl eines Leitbildes der Entwicklung • Analyse der Strukturen und des Verhaltens von realen Objekten	• Klassen von Objekten mit exklusiv zugeordneten Methoden und Daten („business objects") • Geschäftliche Interaktionen zwischen den Objekten („business processes") • Struktur und Abgrenzung der geschäftlichen Branche („business domain") • Generalisierungs-/ Spezialisierungsstrukturen • Aggregations-/ Zerlegungsstrukturen
Objektorientierter Entwurf (ooD)	• Zerlegung eines Systems, so dass eine Struktur von Objekten, Klassen und Nachrichten entsteht • Orientierung am Lösungsraum • Definition von Attributen für Objekte und Nachrichten	• MenschMaschine-Kommunikationselemente (Human Interaction Component) • Steuerungselemente (Task Management Component) • Datenmanagementelemente (Data Management Component) • Problem Domain Components („Application objects")
Objektorientierte Programmierung (ooP)	• Realisierung eines Entwurfs mit einer objektorientierten Programmiersprache, mit dem Ziel, Programmbibliotheken zu nutzen, bzw. für spätere Zwecke anzulegen	• Objektorientiertes Programm („Software objects")

Abbildung 2.2.6-5: Schritte des Objektorientierten Designs (Stahlknecht /Appelfeller (1992), S. 249ff)

Im **Objektorientierten Entwurf** werden die Mensch-Maschine-Kommunikation, die Prozessabläufe, das Datenmanagement sowie das Problemumfeld mit dem Ziel betrachtet, eine möglichst DV-effiziente Objektstruktur zu generieren. Es entstehen fachliche Anwendungsobjekte (application objects). Auch in dieser Phase wird mit den fünf Schritten der Analysephase gearbeitet. Zusammen mit einheitlichen Objektklassen- und Nachrichtenstrukturen erlaubt dies einen „weichen" Übergang zwischen den Entwurfsphasen. Im objektorientierten Entwurf werden die präzisen und unpräzisen Objekte und Beziehungen des Anwendungsbereiches zu Objektklassen zusammengefasst. Begriffsdefinitionen helfen, ähnliche Objekte und Methoden zu identifizieren. Dabei ist auf die Wiederverwendbarkeit der Objekte auch außerhalb der aktuellen Aufgabe zu achten. Ziel ist eine Hierarchie von Objekten und Beziehungen, in der auf der Basis von Begriffsbeziehungen alle für die Anwendung relevanten Klassen beschrieben sind.

In die beiden Projektphasen ist ein Projektmanagement integriert, das den kontinuierlichen Dialog zwischen Entwickler und Nutzer fördert und eindeutige Qualitätskriterien setzt.

Phase	Objekte	Objektzustand	verantwortlich
Object Oriented Analysis (OOA)	Objekt- und Nachrichtentyp	vom Benutzer akzeptierte Typenbildung und semantische Beschreibung	**Prototyp-Gruppe**
	Szenarien	vom Benutzer akzeptierte Ist-Arbeitsabläufe und semantische Beschreibung	
	Leitbild	vom Benutzer akzeptiertes System-Leitbild	
	Soll-Szenarien	vom Benutzer akzeptierte Soll-Arbeitsabläufe in Objekten und nach Leitbild	
Object Oriented Design (OOD)	Systemvisionen	Erste Skizzen der Benutzeroberfläche	Werkzeugentwickler
	Systemprototyp	Prototyp stimmt mit den Soll-Szenarien überein	Prototyp-Gruppe
	Begriffskatalog	Katalog stimmt mit den Szenarien überein	

Abbildung 2.2.6-6: Qualitätssicherung über Objekte (Gryezan, J./ Züllighoven, H. (1992), S. 270)

In der **Objektorientierten Programmierung** wird das System mit einer objektorientierten Programmiersprache technisch realisiert. Dabei sind möglichst existierende Objekte wiederzuverwenden und neue Module so zu entwickeln, dass sie insgesamt oder als Anwendungsrahmen (application framework) weiter verwendet werden können. Um Objekte wiederverwenden zu können, müssen diese nach Standards entwickelt und in Bibliotheken dokumentiert sein. Die objektorientierten Entwicklungsverfahren unterscheiden sich unter anderem darin, ob sie

- die Daten-, Funktions- und Kommunikationssicht modellieren können,

- neben der statischen Struktur von Objekten auch deren dynamisches Verhalten abbilden,

- mit Werkzeugen alle drei Schritte des objektorientierten Designs unterstützen.

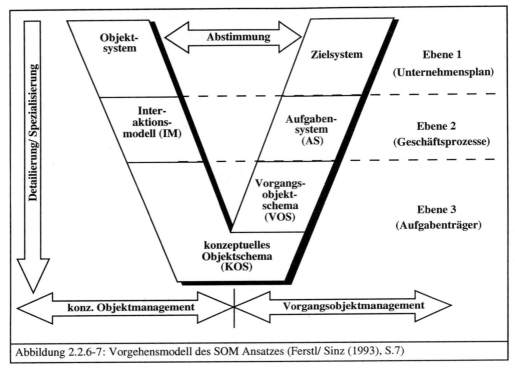

Abbildung 2.2.6-7: Vorgehensmodell des SOM Ansatzes (Ferstl/ Sinz (1993), S.7)

Einen auf kommerzielle Informationssysteme ausgerichteten Ansatz stellen Ferstl/Sinz (1993) vor. Das *Semantische Objektmodell (SOM)* wird durch ein Vorgehensmodell aus drei Ebenen beschrieben, das in zwei Stufen durchlaufen wird. In Ebene 1 soll das betriebliche Objektsystem aus Aufgabenträgern, Leistungs- bzw. Informationsfluss und dem Zielsystem aus der Aussensicht der Unternehmung beschrieben werden. In Ebene 2 soll das Objektsystem aus der Innensicht präzisiert, in einem Interaktionsmodell dynamisiert abgebildet sowie das Zielsystem in Teilaufgaben mit ereignisorientierten Abfolgen zerlegt werden. In Ebene 3 werden den Teilaufgaben die Aufgabenträger zugeordnet und die, von Systemen automatisiert zu bewältigenden Teile des Objektsystems durch konzeptuelle Objektschemata und zugehörige Vorgangsobjektschemata spezifiziert.

SOM verbindet Objekte und Ziele des Unternehmens („Unternehmensplan") mit dessen organisatorischer Struktur und Prozessen („Geschäftsprozesse") und mündet schließlich in konzeptuellen Objektmodellen (die Objekte, deren statische Beziehungen und dynamische Interaktionen beschreiben) sowie Vorgangsobjektschemata (die Ereignisse und Funktionen betrieblicher Vorgänge auf konzeptuelle Objekte abbilden). Diese Modelle lassen sich unmittelbar für die fachliche und technische Spezifikation von IS nutzen.

Ziel des objektorientierten Ansatzes ist eine Architektur, die sich an dem Realitätsausschnitt orientiert (effizientere Systemanalyse). Die Objekte der Realität sollen 1 zu 1 in Softwareobjekte abgebildet werden. Durch Klassenbildung und Vererbung sollen einheitliche Strukturen realisiert werden, um die Wiederverwendbarkeit und die Wartbarkeit der Module zu erleichtern (effizientere Systementwicklung). Daten und Funktionen werden integriert betrachtet. Ein Vorteil ist die einheitliche Strukturierung in allen Phasen, die eine Integration mit Programmiersprachen (C++, SMALLTALK) und Programmbibliotheken erlaubt. Dies setzt voraus, dass nicht nur für das konkrete System, sondern wiederverwendbare Objekte entwickelt und verwendet werden. Da diese in mehrere Systeme eingehen, sind sie umfassend zu testen und zu dokumentieren.

Vorteil	Erläuterung	Beispiele	Wirkungen
Orientierung an Realitätsstrukturen	• Die Realitätsstrukturen werden 1:1 in Objekten der Software abgebildet • erleichterte Kommunikation zwischen DV- und Fachentwicklern	• Objekte = Personen, Gebäude, Maschinen, Abteilungen • Nachrichten = Formulare	+ höhere Entwicklungsproduktivität – wenig konkrete Regeln für das Auffinden von Objekttypen und Bilden von Klassen – Schulung traditioneller Entwickler schwierig
Prinzipien zur Komplexitätsreduzierung	• Prinzipien zur Senkung der Problemkomplexität sind in die Methode eingebunden	• Abstraktion • Verkapselung • Vererbung	+ verbesserte Produktwartbarkeit
Einheitliche Strukturierung in allen Phasen, weicher Phasenübergang	• Von der Analysephase bis zur Programmierung gilt ein Denkmodell • Erleichtert den Übergang zwischen den Phasen	• Objekt-Klassen /Nachrichten • 5 - Schichtenmodell	+ leichtere Kommunikation zwischen Systemanalytiker und Programmierer – kompliziert – wenig konkrete Regeln für den Phasenübergang – Werkzeugunterstützung unbedingt erforderlich
Integration von Daten- und Funktionssicht	• Funktions- und Datenstrukturen werden integriert analysiert und in allen Phasen abgestimmt		– verringerte Programmeffizienz – Zusammenarbeit der Objekte nur unzureichend spezifizierbar
Wiederverwendbarkeit	• der Objekte für andere Anwendungssysteme		+ langfristig Kostenersparnis – setzt vorausschauende Entwicklung und Investition in Objekte voraus

Abbildung 2.2.6-8: Eigenschaften objektorientierter IS-Entwicklung (Sinz (1991), Stahlknecht/ Appelfeller (1992))

3 Integration betrieblicher Anwendungssysteme

3.1 Kennzeichen

3.1.1 Integrationsmerkmale

Unter Integration wird der Prozess verstanden, aus selbständigen Systemen niederer Ordnung ein System höherer Ordnung zu bilden, um

- ein qualitativ neuartiges Ganzes zu erreichen, bei der die Teilsysteme bestimmte ihrer latenten Möglichkeiten aktualisieren und andere unterdrücken (Klaus/Buhr (1976), S. 576)

- die negativen Auswirkungen von arbeitsteiliger und dezentraler Auslegung von Systemkomponenten zu vermeiden (Hax/Majluf (1985), S.73 ff.).

- Für Informationssysteme bedeutet Integration, dass deren Daten und Funktionen die Unternehmensaufgaben und -ebenen ganzheitlich so abdecken, dass die unternehmerischen Ziele durch das Zusammenspiel der Systeme nachhaltig besser erfüllt werden.

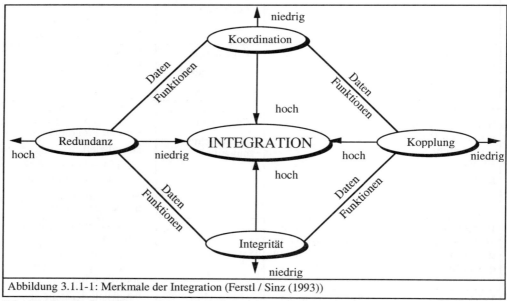

Abbildung 3.1.1-1: Merkmale der Integration (Ferstl / Sinz (1993))

Die Merkmale der Integration von Informationssystemen betreffen deren *Struktur* und deren *Verhalten* (Ferstl/Sinz (1993), S. 197) in Bezug auf Daten und Funktionen:

- *Redundanz* von Daten und Funktionen wird in den Informationssystemen so optimiert, dass diese störungsfrei mit hohem Durchsatz betrieben werden können.

- *Kopplung* der Systemkomponenten mit Hilfe von Kommunikationskanälen soll erreichen, dass alle Komponenten sich jederzeit über den Zustand aller Daten und Funktionen im System informieren können.

- *Integrität* aller Daten und Funktionen zu jedem Zeitpunkt bedingt entsprechende Verhaltensregeln, die korrekte Zustände und Zustandsübergänge in allen Systemkomponenten sichern.

- *Koordination* von Aufgaben und Aufgabenträgern durch spezielle Prozeduren sichert, dass alle Komponenten sich unabhängig von ihren konkreten technischen und fachlichen Ausprägungen zielgerecht im Sinne der Gesamtaufgabe verhalten.

Um einen ungehinderten und inhaltlich konsistenten Informationsfluss zwischen den Systemkomponenten zu entwickeln, müssen unterschiedliche Fachdisziplinen, z. B. Informatik, Betriebswirtschafts- und Organisationslehre zusammenwirken (Müller-Merbach (1992)).

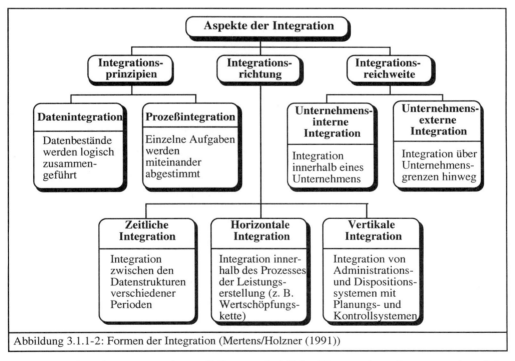

Abbildung 3.1.1-2: Formen der Integration (Mertens/Holzner (1991))

Die Integration kann entweder auf die ganzheitliche Konzeption eines neu einzuführenden Informationssystems oder auf die Wiederherstellung eines größeren Ganzen durch Umgruppierung existierender und ggf. Ergänzung durch neue Teile gerichtet sein (Biethahn (1992)).

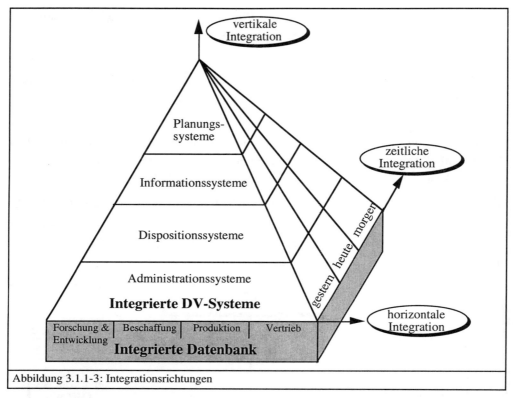

Abbildung 3.1.1-3: Integrationsrichtungen

Sind die Informationssysteme entsprechend dem Leistungsfluss miteinander gekoppelt, so dass dessen zeitliche und inhaltliche Abfolge gesteuert wird, so spricht man von *horizontaler Integration*. Die Reichweite des Leistungsflusses kann sich auf einen Betrieb beschränken, ein gesamtes Unternehmen oder übergreifend mehrere Unternehmen umfassen (Schumann (1992), S. 6).

Nutzen die verschiedenen Führungs- und Systemebenen die gleiche Datenbasis, die entweder über Schnittstellen übergeben oder als gemeinsame Datenbestände gehalten wird, so wird von *vertikaler Integration* gesprochen. Unter *zeitlicher Integration* wird verstanden, wenn alte und aktuelle Daten nach identischen Strukturen gespeichert und verarbeitet werden, so dass Zeit- und Plan-Ist-Vergleiche unverzerrt durch Strukturveränderungen möglich sind.

3.1.2 Integrationsziele

Ziel der Integration ist es letztlich, durch ganzheitliche, ungehinderte und inhaltlich konsistente Informationsflüsse die Effektivität und Effizienz der Unternehmung zu steigern. Die Informationssysteme sollen die Impulse aus der Umwelt, von den Marktpartnern und aus dem inneren Organisationsgeschehen zu einem stimmigen und umfassenden Lagebild für das Management zusammenfügen. Die Vorgänge und Objekte des Güter- und Geldflusses werden dazu vollständig und genau abgebildet.

Effektivitätsziele	Beispiele	Wirtschaftliche Auswirkungen
Informationsziel	• *Genauere und aktuellere Informationen über Märkte*	• Bessere Marktleistung / Kundenzufriedenheit • Höhere Reaktionsfähigkeit auf Wettbewerber
Ertragsziele	• *Kundengerechtere Produkte* • *Zeitgerechtere Leistungen*	• Höherer Umsatz • Bestände, Zinskosten und Abschriften senken

Abbildung 3.1.2-1: Effektivitätsziele der Integration

Effektivität bedeutet in diesem Zusammenhang, dass die Informationssysteme des Unternehmens auf dessen Märkte und Geschäftsprozesse, Organisations- und Personalstruktur abgestimmt werden, um die Rentabilität der Aktivitäten im Leistungsfluss zu steigern. Ziel der IS-Integration in und zwischen Betrieben ist dabei, Leistungen besser zu steuern oder neue betriebliche Potentiale zu erschliessen.

Effizienzziele	Beispiele	Wirtschaftliche Auswirkungen
Aufwandsziele	• *Vorgänge reduzieren* • *Vermögensbestände senken*	• Verringerte Personalkosten • Senkung von Zinsaufwendungen
Zeitziele	• *Senkung von Bearbeitungszeiten* • *Reduzierung von Leer- und Durchlaufzeiten*	• Verringerte Personalkosten • Senkung von Beständen und Zinsaufwendungen
Redundanzziele	• *Doppelte Datenbestände, Mehrfacheingaben und Medienbrüche vermeiden* • *Vermeidung von Schnittstellen*	• Verringerte DV-Kosten • Senkung von administrativen Gemeinkosten

Abbildung 3.1.2-2: Effizienzziele der Integration

Effizienz heißt, dass die Anzahl und Zeiten der Vorgänge in den Systemen reduziert, Informationen schneller und vollständiger bereitgestellt werden und dass Daten nur einmal eingegeben und gespeichert werden.

3.1.3 Integrationsdimensionen

Bei der Integration sind die vier Dimensionen betrieblicher Informationssysteme (Technologie, Funktion, Organisation, Geschäft) zu unterscheiden.

Integrationsebene	Erläuterung
Technologische Integration	• DV-Hardware und -Systeme sind gekoppelt
Fachliche Integration	• Daten und Prozesse sind horizontal und vertikal verkettet
Organisatorische Integration	• Organisatorisch getrennte Teilaufgaben werden durch DV-Systeme zusammengefasst
Geschäftliche Integration	• DV-Systeme sind stringent aus Wertschöpfungs- und Managementerfordernissen abgeleitet • DV-Systeme sind an Geschäftsprozessen, nicht an Funktionsbereichen orientiert

Abbildung 3.1.3-1: Integrationsdimensionen betrieblicher Teilsysteme

Technologische Integration zielt darauf ab, dass Informationen zwischen den Systemen unabhängig von deren Standort und technischer Auslegung ohne manuelle Eingriffe weitergeleitet und -verarbeitet werden. DV-technisch spricht man von Systemkopplung.

Fachliche Integration bedeutet, dass die für einen Geschäftsprozess notwendigen Informationen einheitlich erfasst und gespeichert werden (Datenintegration) und alle Vorgänge so gesteuert werden, dass sie reibungslos ineinander greifen (Prozessintegration).

Organisatorische Integration heisst, dass die IS auf die Aufbau- und Ablauforganisation und die Fertigkeiten und Fähigkeiten der Benutzer abgestimmt werden sollen. Durch die Planungs- und Steuerungskapazitäten der Systeme werden in der Ablauforganisation Prozessketten gestrafft, synchronisiert und unproduktive Zeiten vermieden. In der Aufbauorganisation werden flachere Managementhierarchien realisiert, da die Systeme Aufgaben unterstützen und eine Arbeitsteilung teilweise überflüssig machen.

Geschäftliche Integration meint, dass die Systeme folgerichtig aus den strategischen Erfolgsfaktoren des Unternehmens abgeleitet werden und gesamthaft alle Steuerungserfordernisse des Managements abdecken.

3.1.4 Integrationsprinzipien

Es existieren zwei Prinzipien zur Integration von Informationssystemen: Bei der Datenintegration greifen die Teilsysteme auf eine einheitliche Datenbasis zu, bei der *Prozessintegration* übergeben die Teilsysteme nach einer Steuerungslogik einander die Daten über genormte Schnittstellen. Die Steuerungslogik kann in zwei Varianten erfolgen: In der ersten übergeben die Systeme in periodischen Abständen (*Zeitsteuerung*) ihre Daten an nachgelagerte, in der zweiten wird diese Übergabe von Ereignissen abhängig gemacht (*Ereignissteuerung*). Die Systeme können in Form einer Schiebelogik (die vorgelagerte Komponente triggert die nachgelagerte) oder als Ziellogik (die nachgelagerte Komponente triggert die vorgelagerte) gekoppelt werden. Unter "triggern" (oder einem Trigger) versteht man, dass bei Auftreten eines Ereignisses unmittelbar eine definierte Aktion ausgeführt wird.

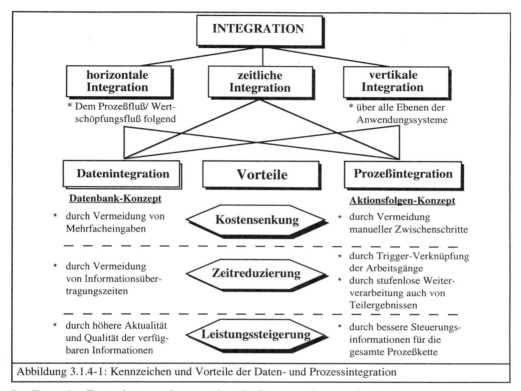

Abbildung 3.1.4-1: Kennzeichen und Vorteile der Daten- und Prozessintegration

Im Zuge der **Datenintegration** werden die Datenstrukturen der Teilsysteme in semantischer, logischer oder in physischer Hinsicht aufeinander abgestimmt. Bei der *physischen Datenintegration* greifen verschiedene IS auf gemeinsame Datenbestände, etwa auf ein Datenbanksystem, zu. Bei der redundanzfreien Speicherung wird jedes Element nur einmal gespeichert; bei der replikationsgerechten Speicherung werden die Elemente in Kopien redundant abgelegt und diese zeit- oder ereignisgesteuert miteinander abgeglichen. Die *logischen Datenintegration* verwendet ein einheitliches Datenmodell (z. B. das relationale) u. U. auf der Basis heterogener Datenbanksysteme. Dadurch können diese einfacher Daten austauschen und es kann eine einheitliche Datenbanksprache (z. B. SQL) verwendet werden. Bei der *semantischen Datenintegration* werden die Datenobjekte der Teilsysteme nach einheitlichen Kriterien strukturiert und semantisch definiert (Becker (1991), S.166, dort Datenstrukturintegration). Es entsteht ein übergreifendes semantisches Datenmodell, das in Datenlexika (Data Repositories) dokumentiert wird.

	Physische Datenintegration	**Logische Datenintegration**	**Semantische Datenintegration**
Vorteile	• Einheitliches Datenbanksystem • Datenintegrität jederzeit automatisiert herstellbar • Selektions-/ Aggregationsvorgänge datenbankintern automatisierbar • Redundanzminimierung möglich • Erleichterte (zentrale) Datenadministration	• Einheitliches logisches Datenmodell • Erleichterte Systemintegration und -entwicklung (einheitliche Instrumente, Datenbanksprache, Attributstrukturen)	• Einheitlicher semantischer Entwicklungsrahmen (Begriffskatalog, Entity Relationship Model) • Keine technischen Einschränkungen bei Wahl von Standardsoftware • Hohe Flexibilität
Nachteile	• Hohe Kommunikations- und Zugriffskosten bei zentraler Datenhaltung • geringe Flexibilität in der Systementwicklung	• Kompatibilität bei kommerziellen DBMS ist eingeschränkt • Ggf. erschwerte Integration von Standardsoftwareelementen	• Vorgelagerter Modellierungsaufwand ohne direktes Systemergebnis

Abbildung 3.1.4-2: Vor- und Nachteile von Formen der Datenintegration

In der **Prozessintegration** werden Informationsprozesse über genormte Schnittstellen miteinander verkettet. Bei der *funktionellen Prozessintegration* werden die Teilaufgaben einer Funktion oder eines Prozesses einheitlich strukturiert, aufeinander abgestimmt und technisch miteinander verkettet. Die *konzeptionelle Prozessintegration* stimmt die in den Teilaufgaben verwendeten Methoden aufeinander ab (Mertens (1991), S. 3, dort Methodenintegration). Da sich dadurch Komponenten mehrfach verwenden lassen, wird die Entwicklung erleichtert und die Systemtransparenz verbessert.

Bei der *programmtechnischen Prozessintegration* werden die verwendeten DV-Programme aufeinander abgestimmt. Dieses betrifft deren inhaltliche, logische und zeitliche Struktur; zielt aber auch darauf, Programmelemente mehrfach zu verwenden (Mertens (1991), S.3, dort Programmintegration; Becker (1992), S.1392, dort Modulintegration). Die *konvertergestützte Prozessintegration* gibt Schnittstellen vor, die von den Systemen einzuhalten sind (Becker (1991), S. 203).

Prozessintegration	Vorteile	Nachteile
Funktionell	• geschlossenes Organisations-konzept • einfachere Entwicklung	• Hoher Entwicklungsaufwand • Dokumentationsaufwand (Fern-wirkung von Änderungen)
Konzeptionell	• verbesserte Systemtransparenz; Methoden mehrfach verwend-bar • verringerter Komplexitätsgrad	• geringere Spezialisierung auf Problemstellung durch Metho-denstandardisierung
Programmtech-nisch	• verringerter Entwicklungsauf-wand: Mehrfachverwendung von Programmkomponenten	• verringerte Speicher- und Lauf-zeiteffizienz der Programme • komplexe Modulstrukturen
Konvertergestützt	• verringerter Aufwand durch standardisierte Schnittstellen	• verringerte Speicher- und Lauf-zeiteffizienz
Abbildung 3.1.4-3: Formen der Prozessintegration mit Vor- und Nachteilen		

3.2 Unternehmensinterne Integration

Unternehmen können sich aus mehreren rechtlichen (Firmen) und technischen Einheiten (Betrieben) zusammensetzen. Sie können auf verschiedenen Geschäftsfeldern tätig sein, die sich in den Absatz- und Beschaffungsmärkten, den Produktionsverfahren und damit in den Informationserfordernissen unterscheiden. Zu gestalten sind Informationssysteme, die durch einen ungehinderten und inhaltlich konsistenten Informationsfluss die Steuerung heterogener Organisationseinheiten nach einheitlichen wirtschaftlichen Kriterien unterstützen.

Reichweite	Kennzeichen	Systemkonsequenzen
Betriebsinterne Integration	• Ein Betrieb • Ein Standort	
Betriebsübergrei-fende Integration	• Mehrere Betriebe • Eine Firma • Mehrere nationale Standorte	• Räumliche Verteilung • Nationale Kommunikationssysteme
Unternehmens-interne Integrati-on	• Mehrere Firmen, d.h. Ab-rechnungskreise (Mandanten)	• Mandantenfähigkeit • Konsolidierungsprozeduren
Unternehmens-interne, multina-tionale Integration	• Mehrere Firmen in mehreren Ländern (multinationale Mandanten)	• Supranationale Kommunikationssys-teme • Währungsumrechnung • Heterogene Steuer- und Bilanzie-rungsvorschriften
Abbildung 3.1.4-4: Ausprägungen unternehmensinterner Integrationsreichweite		

3.2.1 Vertikale Integration (Informationsebenen)

3.2.1.1 Kennzeichen

In einem Unternehmen sind Informationen für verschiedene Adressaten zu erzeugen:

- Der Leistungs- und Geldfluss und die beteiligten Produktionsfaktoren sind zu verwalten und abzurechnen (administrative Ebene).

- Im Leistungs- und Geldfluss ist der Einsatz von Betriebsmitteln, Werkstoffen und menschlicher Arbeit zu disponieren (dispositive Ebene).

- Das Management ist über den Leistungs- und Geldfluss zu informieren, um diesen steuern zu können (informationsversorgende Ebene).

- Das Management ist dabei zu unterstützen, den Betrieb und dessen weitere Entwicklung gedanklich zu gestalten (planende Ebene).

Die vier Ebenen sind durch einheitliche Informationsstrukturen miteinander zu koppeln, um den Informationsstand und die resultierenden Entscheidungen der Adressaten abgestimmt zu gestalten. Diese Koppelung kann einseitig von unten nach oben, oben nach unten oder beidseitig in Form von (vermaschten) Regelkreisen erfolgen.

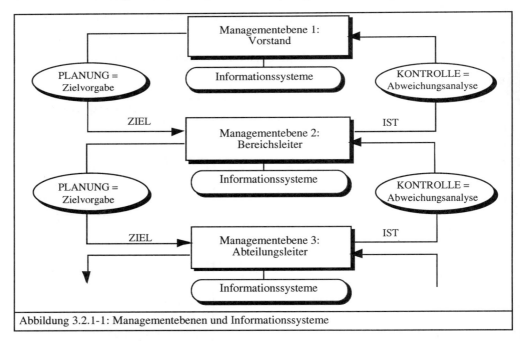

Abbildung 3.2.1-1: Managementebenen und Informationssysteme

Ziel ist es, entsprechend der Managementebenen angepasste Planungs- und Kontrollgrössen (Steuerungsgrößen) zu definieren und diese in Informationssystemen zu verankern, um die Unternehmensziele durch systemgestützte Führungsprozesse besser zu erreichen.

3.2.1.2 Vertikale Systemtypen

Entsprechend der vier Informationsebenen werden Administrations-, Dispositions-, Managementinformations- und Planungssysteme unterschieden (Mertens (1991)). Auf jeder der vier Ebenen existieren Mengen- und Wertsysteme. **Mengensysteme** erfassen die im Leistungsprozess anfallenden Mengen- (z. B. Lagerzu- und -abgänge) und Zeitverbräuche (z. B. Arbeitszeiten). Sie sind eng gekoppelt mit den technischen IS, z. B. der Betriebsdatenerfassung (BDE). In **Wertsystemen** werden die Mengen- und Zeitverbräuche mit Geldwerten bepreist, um sie betriebswirtschaftlich aggregieren zu können. Diese arbeiten nach den Regeln des Rechnungswesens.

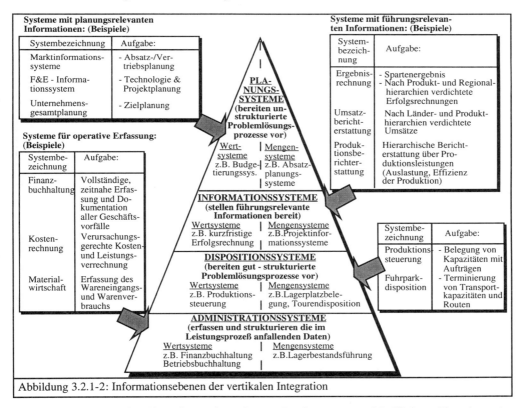

Abbildung 3.2.1-2: Informationsebenen der vertikalen Integration

Technisch werden für die Informationsebenen Rechner unterschiedlichen Charakters benötigt. Aufgrund der Fülle der zu verarbeitenden Daten, die an vielen Stellen ein- und ausgegeben werden, sind für *Administrationssysteme* Rechner mit hoher Verarbeitungs- und Kanalleistung erforderlich; traditionell werden Mainframe-Rechner verwendet. *Dispositionssysteme* sind häufig dezentralisiert; eingesetzt werden zunehmend Workstations hoher Rechenleistung. Management-Informationssysteme halten eine Fülle von Informationen aus vergangenen, aktuellen und zukünftigen Perioden vor und nutzen meist Datenbanksysteme großer Kapazität und leistungsfähiger Zugriffsmechanismen (data warehouse); angeboten werden für diesen Zweck spezielle Datenbankrechner (Fischer (1992)). *Planungssysteme* nutzen sowohl eigene Datenbanken als auch sonstige unternehmensinterne und -externe Datenquellen. Sie müssen ebenfalls leistungsfähige Zugriffsmechanismen ergänzt um weltweite Kommunikationsfähigkeiten anbieten.

Spezialsysteme (z. B. SAS) sind mächtiger (bei der Verarbeitung) und effizienter (bei Rechenzeit, Speicherplatz; letztlich Kosten), verursachen aber Schnittstellenprobleme. Die Universalanbieter (z. B. SAP) versuchen, ihre auf Administrationssysteme ausgerichtete Technik um Komponenten der höheren Ebenen zu erweitern. Schnittstellenprobleme werden reduziert, die Funktionalität und Effizienz bleibt aber hinter den Spezialisten zurück.

	Eingabe	**Speicherung**	**Verarbeitung**	**Ausgabe**
Administrationssysteme	• Massendaten, • Bei Realtime-Betrieb viele Eingabeterminals	• Massendaten in einfacher Struktur	• Gut strukturierte, einfache Berechnungsregeln, oft kein Dialogerfordernis	• Massendaten in Druckausgabe, zunehmend auch am Terminal
Dispositionssysteme	• Ausgewählte Daten für jeweilige Entscheidung	• Verwendung der Massendaten der Administrationssysteme	• Gut strukturierte, komplexe Berechnungsregeln, Dialog	• Ausgewählte Daten für die Entscheidung, i.d.R. interaktiv am Terminal
Management-Informationssysteme	• Unternehmensinterne Daten in vorstrukturierter Form	• Speicherung formatierter und nicht formatierter Datenbestände (Texte, Grafiken)	• Komplexe Prozeduren der Datenauswahl und -verdichtung, einfache Berechnungsregeln	• Aufwendig grafisch und verbal ergänzte Aufbereitung ausgewählter Datenbestände
Planungssysteme	• Unternehmensinterne und -externe Daten in flexibler Struktur		• Komplexe Berechnungsregeln; interaktive Mensch-Maschine-Kommunikation	
Abbildung 3.2.1-3: Vertikale Informationsebenen und Technologieauswirkungen				

3.2.1.2.1 Administrationssysteme

Deren Aufgabe ist es, die Massendatenverarbeitung in der Verwaltung zu rationalisieren. Administrationssysteme erfassen und verbuchen Mengen und Zeiten, rechnen z. B. die Löhne und Gehälter ab und verwalten Bestände z. B. der Materiallager.

Mengensysteme (Abrechnungssysteme) erfassen Mengen und Zeiten im Güterfluss. Beispielsweise werden im Materialwirtschaftssystem die Bestellungen und die korrespondierenden Wareneingänge erfasst. Diese werden dann an die *Wertsysteme (Buchungssysteme)* übergeben, die Buchungs- und Prüfvorgänge initiieren. Die Wertsysteme entsprechen der Haupt-/ Finanzbuchhaltung und den Nebenbuchhaltungen,

- Kreditorenbuchhaltung, in der Verbindlichkeiten gegenüber Lieferanten verbucht werden,

- Lohn- und Gehaltsbuchhaltung, in der Bruttolöhne, Steuerzahlungen und Sozialleistungen an die Mitarbeiter berechnet werden,

- Materialbuchhaltung, in der Bestände resultierend aus Zu- und Abgängen an Roh-, Hilfs- und Betriebsstoffen sowie an Halbfertig- und Fertigfabrikaten erfasst werden,

- Anlagenbuchhaltung, die die Zu- und Abgänge (einschließlich Instandhaltung) sowie Bestände an maschinellen Anlagen, Gebäuden und Geschäftsausstattung registriert,

- Debitorenbuchhaltung, in der die Lieferungen an Kunden und die resultierenden Forderungen verbucht werden.

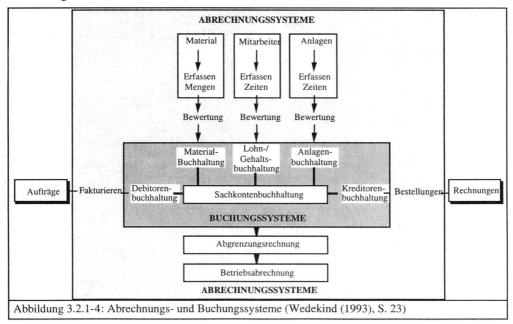

Abbildung 3.2.1-4: Abrechnungs- und Buchungssysteme (Wedekind (1993), S. 23)

Die Nebenbuchhaltungen werden meist um eine Mengenkomponente ergänzt, so dass kombinierte Wert- und Mengensysteme entstehen. Die Hauptbuchhaltung wird entsprechend der angloamerikanischen Praxis zunehmend im Einkreissystem als "General Ledger" aufgebaut, unterscheidet also nicht im Zweikreissystem zwischen Geschäfts- und Betriebsbuchhaltung.

Integrierte Buchungs- und Abrechnungssysteme erfassen synchron den Verbrauch von Ressourcen und die korrespondierenden Werte.

nach / von	Nebenbuchhaltungen				
	Kreditorenbuchhaltung	**Gehaltsbuchhaltung**	**Materialbuchhaltung**	**Anlagenbuchhaltung**	**Debitorenbuchhaltung**
Einkauf/ Materialwirtschaft	- Bestellungen - Wareneingang		- Wareneingangspositionen		
Personaldatenerfassung		- Ist-Arbeitszeiten			
Produktionsdatenerfassung		- Ist-Arbeitsleistung	- Materialverbrauch - Zugänge Halb-/Fertigfabrikate	- Laufzeiten Betriebsmittel - Instandhaltungszeiten	
Versand / Vertrieb			- Materialentnahmepositionen		- Lieferschein - Bestellung
					von / nach
Kosten/ Leistungen	- Fremdleistungen	- Fertigungslöhne	- Materialkosten	- Fertigungskosten	- Umsatzerlöse → **Kostenartenrechnung**
Aufwendungen / Erträge	- Materialeinstand	- Bruttogehälter - Abgaben - Nettogehälter	- Materialaufwendungen	- Abschreibungen - Instandhaltung	- Erlösschmälerung → **Finanzbuchhaltung**
Vermögen	- Verbindlichkeiten	- Pensionsverpflichtungen	- Material - Halbfertigwaren - Fertigwaren	- Maschinelle Anlagen - Geschäftsausstattung	- Forderungen

(Zeilenbeschriftung links: Mengensysteme)

Abbildung 3.2.1-5: Zusammenhänge zwischen Mengen und Wertsystemen

3.2.1.2.2 Dispositionssysteme

Diese bereiten menschliche Entscheidungen auf unteren und mittleren Managementebenen vor, in dem sie zum Beispiel Bestellmengen und deren Verteilung auf Lieferanten berechnen, den Versand disponieren und Liefertouren berechnen, den Verschnitt und Mischungen in der Produktion optimieren.

Dispositionssysteme greifen auf Daten aus Administrationssystemen zu und ergänzen diese um dispositive Daten. Beispielsweise verwendet ein Versanddispositionssystem die Bestandsdaten sowie die geplanten Zu- bzw. Abgänge aus den Beschaffungs- und Vertriebssystemen und ergänzt diese um Daten der Fuhrparkdisposition. Methodisch basieren Dispositionssysteme auf Verfahren des Operations Research und der Statistik. Für die Fuhrparkdisposition werden häufig Optimierungsverfahren, für die Produktionsdisposition die Simulation und heuristische Lösungsverfahren und für die Absatzdisposition statistische Prognoseverfahren verwendet. Die Methodenbasis ist für den Benutzer in aller Regel eine "Black Box", interessant ist nur die Lösungsgüte und der Zugriffs- und Auswertungskomfort. Oft wird der Sachverstand der Disponenten mit der Leistungsfähigkeit der DV gekoppelt.

3.2.1.2.3 Management - Informationssysteme (MIS)

Diese präsentieren Führungsinformationen für mittlere und höhere Managementebenen. Unternehmensinterne Daten aus Administrations- und teilweise Dispositionssystemen werden ausgewählt, verdichtet und aufbereitet.

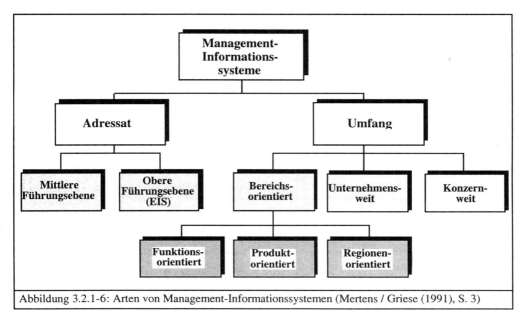

Abbildung 3.2.1-6: Arten von Management-Informationssystemen (Mertens / Griese (1991), S. 3)

Fortgeschrittene MIS nutzen ergänzend externe Informationsdatenbanken. Es existieren MIS für betriebliche Funktionsbereiche (z. B. Marketing-IS, Forschungs-IS) und für Objektbereiche (z. B. Produkt-IS, Sparten-IS, Unternehmens-IS, Konzern-IS).

Management-Informationssysteme im engeren Sinne sollen die mittleren Managementebenen mit aktuellen Informationen versorgen, die nach einheitlichen Methoden gewonnen und verdichtet werden.

	General Management	Top Management	Adressat
Informations-versorgung	Management Information System (MIS)	Executive Information System (EIS)	
Informations-analyse	Data Mining		
Entscheidungs-unterstützung	Decision Support System (DSS)	Executive Support System (ESS)	
Mächtigkeit			

Abbildung 3.2.1-7: Typen von Management-Informationssystemen nach Adressaten

In Zeiten flacher Führungshierarchien wird die Informationsbasis des mittleren Managements wichtiger. Die Anforderungen einer Führungskraft an ein MIS werden von der objektiven Führungsaufgabe und vom individuellen Führungsverhalten geprägt; daher sind MIS entsprechend konfigurierbar zu gestalten.

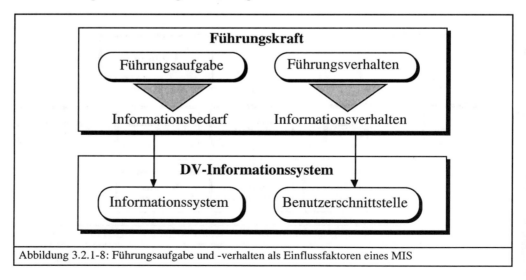

Abbildung 3.2.1-8: Führungsaufgabe und -verhalten als Einflussfaktoren eines MIS

Executive Information Systems (EIS) wenden sich an höhere Führungskräfte (bzw. deren Assistenten), sollen diese mit entscheidungsrelevanten Daten versorgen und ihre Kommunikation unterstützen (Jahnke (1993), S. 125). EIS sollen konsistent ohne Daten- und Methodenbrüche auf den MIS unterer Ebenen aufbauen, um den einheitlichen Führungsvorgang im Unternehmen zu gewährleiste. Von Anbietern werden auch "Briefing books" als EIS bezeichnet. Dies sind reine Präsentationssysteme, mit denen man Geschäftsgrafiken produzieren und präsentieren kann. Da keine Schnittstellen existieren, sind die Daten manuell (etwa in Vorstandssekretariaten) zu aktualisieren.

MIS sollen die Führungskräfte verschiedener Ebenen differenziert über das Unternehmensgeschehen unterrichten. Dazu sind

- mehrdimensionale Berichtshierarchien zu unterstützen; d. h. es ist nach mehreren sachlichen und zeitlichen Kriterien zu berichten; z. B. interessiert die Absatz- und Umsatzsituation nach Kunden, Regionen, Produkten im Plan-Ist, im Ist-Ist Vergleich etc.

- den Führungskräften konfigurierbare und flexible Berichtsformen anzubieten.

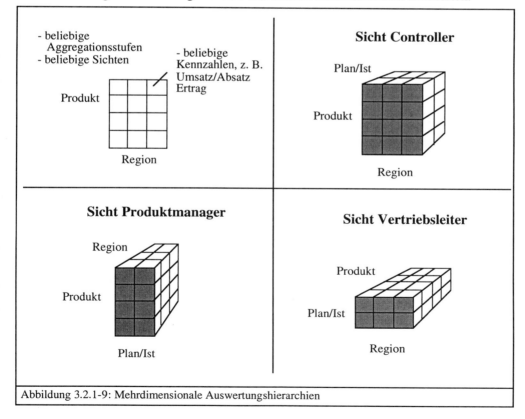

Abbildung 3.2.1-9: Mehrdimensionale Auswertungshierarchien

MIS sollten über eine Planungs- und eine Kontrollkomponente verfügen (Führungs-funktionalität). In der Planung ermittelt das Management Zielvorgaben für die unterge-ordneten Ebenen. Den Kontrollprozess unterstützen MIS durch Plan- Ist-, Zeit- und Be-triebsvergleiche und Analyseketten. Sie sollten in einer Entscheidungssituation die von Führungskräften benötigten Informationen gewinnen (Recherchefunktionalität) und ana-lysieren (Analysefunktionalität) helfen. Dazu müssen MIS über Schnittstellen zu Daten-banken und für kommerziell angebotene Informationsbanken verfügen. Existieren zu-sätzlich Prozeduren zum Generieren oder Bewerten von Handlungsalternativen, so spricht man von *Decision Support Systems (DSS)*.

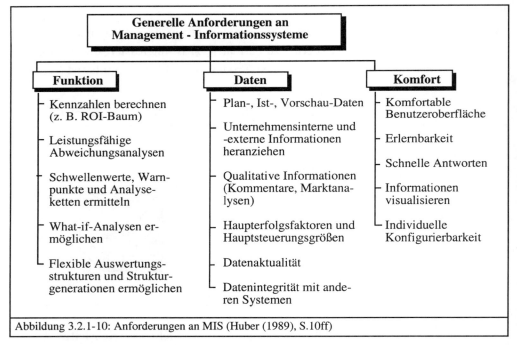

Abbildung 3.2.1-10: Anforderungen an MIS (Huber (1989), S.10ff)

Die *erste MIS - Generation* basierte auf dem traditionellen Berichtswesen; die Systeme boten in festgelegter Frequenz kennzahlenorientierte Berichte in vordefinierter Struktur an. Die führungsrelevanten Informationen wurden gewissermaßen als Nebenprodukt der Daten des Tagesgeschäfts gewonnen (Roithmayr /Walpoth (1993), S.97). In einer *zweiten MIS - Generation (Expertisesysteme)* wird die starre Berichtsstruktur durch Analyseket-ten ergänzt, die Berichtsinhalte situationsabhängig (allerdings bei fester Grundstruktur) anhand von Abweichungsanalysen („Warnpunkte") selektieren. Die Struktur wird aus den Haupterfolgsfaktoren und kritischen Steuerungsgrößen abgeleitet. Auch diese Sy-

steme bauen auf einem festen Datenbestand auf, der bedarfsunabhängig periodisch gefüllt und von dem nur ein Bruchteil jemals benötigt wird.

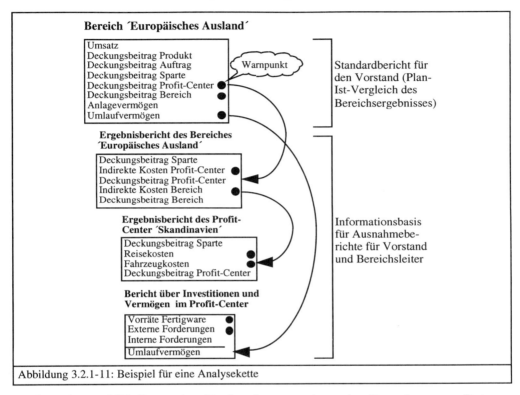

Abbildung 3.2.1-11: Beispiel für eine Analysekette

In einer *dritten MIS-Generation (Recherchesysteme)* werden Prozeduren zur Datenre-
cherche bereitgestellt; Selektionen und Aggregationen aus internen und externen Datenbanken werden erst bei Bedarf durchgeführt. *Data Mining* Ansätze wählen aus un-
verdichteten Daten mit Expertensystemen "auffällige Bezugsobjekte" aus und ordnen
diesen Ergebnisdaten zu (Hagedorn et al (1994)).

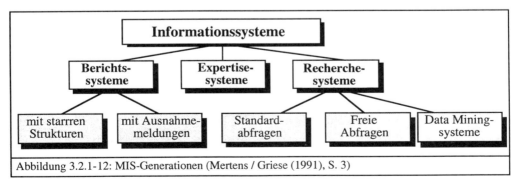

Abbildung 3.2.1-12: MIS-Generationen (Mertens / Griese (1991), S. 3)

3.2.1.2.4 Planungssysteme

Strategische und operative Planungsprozesse werden durch Systeme unterstützt, die dem Manager nicht nur die Informationsauswahl und -aufbereitung erleichtern, sondern aufbauend auch methodische Hilfen zur Auswertung der Informationen und für Entscheidungen anbieten. Ziel ist es, dem Management bei der Lösung komplexer und schlecht-strukturierter Probleme (Mertens (1991)) zu helfen, indem

- die Informationsverarbeitungskapazität gesteigert wird und man Interdepenzen oder vernetzte Einflussfaktoren berücksichtigen kann,

- Probleme durch Analyse von Zusammenhängen z. B. mit Simulationsstudien transparenter werden,

- die Informationsversorgung durch Bereitstellen der Erfahrung anderer z. B. durch wissensbasierte Systeme erhöht wird.

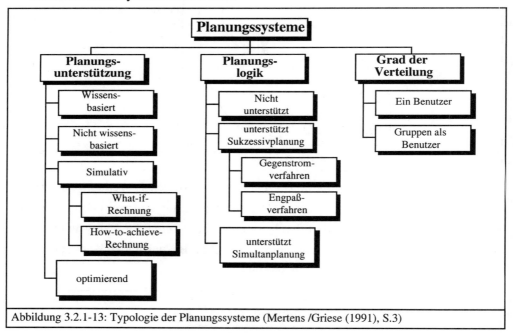

Abbildung 3.2.1-13: Typologie der Planungssysteme (Mertens /Griese (1991), S.3)

Mögliche Elemente eines Planungssystems sind:

(1) eine Metaplanungs-Komponente, die die Planungslogik des Unternehmens und das Zusammenspiel der strategischen, taktischen und operativen Planung sowie zwischen Gesamt- und Bereichsplänen abbildet,

(2) eine Datenbank-Komponente, die Recherchen in den unternehmensinternen und -externen Datenbeständen steuert,

(3) eine Modell-Komponente, die quantitative Teile der Planungslogik abbildet,

(4) eine Methoden-Komponente, die Modelle löst und ihre Ergebnisse z. B. mit statistischen Verfahren analysiert,

(5) eine Steuerungskomponente, die das Zusammenspiel der Komponenten koordiniert,

(6) Benutzerschnittstellen, die die Ergebnisse in Inhalt und Form adressatengerecht aufbereiten.

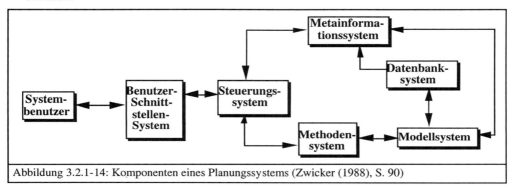

Abbildung 3.2.1-14: Komponenten eines Planungssystems (Zwicker (1988), S. 90)

Planungssysteme wurden basierend auf mathematischen Methoden in großer Zahl entwickelt, nach einer Euphorie in den siebziger Jahren jedoch kaum in der Praxis eingesetzt.

In einer *ersten Generation* wurde versucht, den gesamten Wertefluss eines Unternehmens in mathematischen Optimierungsmodellen zu erfassen, diese z. B. mit der Linearen Optimierung zu lösen und die Ergebnisse dem Management als Handlungsrahmen vorzugeben (*Totalmodelle mit Optimierungsanspruch*). Mit ihrem hohen Formalisierungsgrad und ihrer eindimensionalen Zielfunktion entsprach diese erste Generation einem mechanistischen Weltbild und verkannte das Wesen von Management und Führung (Mintzberg (1976)). Trotzdem wurden speziell in der Grundstoffindustrie eine Reihe von Modellen für die operative Planung erfolgreich eingesetzt. Für Anwendungen in anderen Bereichen fehlten damals Computer und Algorithmen entsprechender Leistung. Heute sind diese verfügbar, doch ist es bisher nicht zu einer Renaissance der Totalmodelle gekommen.

In der *zweiten Generation* wurde versucht, die Modelle nach Sachzusammenhängen zu zerlegen und mit angepassten Verfahren die Grenzen der Lösbarkeit zu überwinden (*Partialmodelle mit Optimierungsanspruch*). Da die Modelle in ihrer Struktur und in den Lösungsverfahren an den Besonderheiten der Bereiche sowie der Führungskräfte ausgerichtet sind, werden sie eher akzeptiert. In der *dritten Generation* soll Expertenwissen genutzt werden, um Manager in schlecht strukturierten Planungsprozessen zu unterstützen. Es wird Wert gelegt auf ein flexibles Antwortverhalten sowie individuelle Problemlösungsstile *(Expertensysteme)*.

Generation	1. Totalmodelle	2. Partialmodelle	3. Expertensysteme
Ziel	• Optimaler Unternehmensgesamtplan	• Optimierung von Bereichsaktivitäten	• Rationale Problemlösung
Methodenbasis	• Lineare Programmierung	• Operations Research und Simulation	• Expertensystem-Shells
Kennzeichen	• Eindimensionale Zielfunktion • Hohe mathematische Formalisierung	• Mehrdimensionale Zielfunktion • Problemangepasste Lösungsverfahren	• Mehrdimensionale Zielfunktion • Formalisierte Regelwerke
Einsatzfelder	• Erdöl / Chemie / Stahl		• Finanzanlagen
Nachteile	• keine Anbindung an Rechnungswesen • Optimierungsparadigma entspricht mechanistischem Weltbild	• Optimierung nur von Teilbereichen	• ungeeignet bei großen Problemen
Vorteile	• Gesamtsicht aller Bereiche • Simultanplanung	• Abstufung nach organisatorischen Verantwortungsbereichen	• flexible Unterstützung des Managers • lernfähig

Abbildung 3.2.1-15: Generationen von Planungssystemen

Die grundsätzlichen *Schwachpunkte heutiger Planungssysteme* liegen darin, dass sie auf Fragen beschränkt sind, die strukturell verankert sind, während das Management zunehmend mit neuartigen Fragen konfrontiert ist. Es ist theoretisch und praktisch nicht möglich, für alle denkbaren Informationsbedürfnisse Daten zu erheben und für den Tag zu speichern, an dem diese benötigt werden. Daher sollten flexible Planungssysteme geschaffen werden, die einen Basis-Datenbestand durch situativ gewonnene Informationen ergänzen, dem Management bereitstellen und in die Planungslogik des Unternehmens einspeisen. Ansätze dazu bieten externe Informationsbanken, das „World Wide Web" sowie organisationsweite Groupware- Systeme.

Ein weiterer Nachteil traditioneller Planungssysteme liegt darin, dass sie auf quantitativen Daten des Rechnungswesens basieren und qualitative Informationen zu wenig berücksichtigen. Möglichkeiten dazu bieten Messverfahren der Sozialwissenschaften (z. B. proxy attributes), Verarbeitungsregeln für unscharfe Informationen (z. B. fuzzy set theory) sowie wissensbasierten Systeme (Fischer (1989), Pohle (1990)).

Beispiel: Die Existenz eines Unternehmens hängt in hohem Maße vom Personalpotential an risikobereiten Unternehmern, verwaltenden Managern und rational-analytischen Wissenschaftlern ab. Die Personalinformationssysteme sollten somit neben den quantitativen Kenngrößen auch entsprechende Personenmerkmale halten, um die Nachwuchsplanung zu erleichtern.

3.2.1.3 Vertikale Entwicklungsentscheidungen

Die Systemschichten bauen aufeinander auf, höhere Schichten setzen die Existenz niedrigerer Schichten voraus. Die Administrationssysteme gewinnen fast alle Ist-Daten für die übergeordneten Systeme. Dieser Sachverhalt wird oft verkannt; z. B. wird ein Management-Informationssystem angestrebt, ohne dass auf der administrativen Ebene die Rechnungswesensysteme in entsprechender Detaillierung existieren.

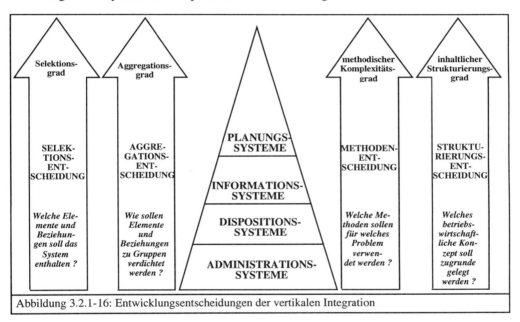

Abbildung 3.2.1-16: Entwicklungsentscheidungen der vertikalen Integration

3.2.1.3.1 Aggregationsentscheidung

Unter *Aggregation* soll die Verdichtung von Informationen, unter *Disaggregation* deren Verfeinerung nach bestimmten Strukturen verstanden werden. Ziel ist es, Informationen adressatengerecht für die Manager der verschiedenen Ebenen bereitzustellen, um sie entsprechend der Kompetenz bei der Planung und Kontrolle ihrer Ziele und Aktionen zu unterstützen. Häufige Aggregationsstrukturen sind die Produkthierarchie, die Regionalhierarchie, die Kundenhierarchie und die Organisations- oder Führungshierarchie.

In der *Konsolidierung* werden Güter- oder Geldflüsse zwischen Organisationseinheiten und Unternehmen zusammengefasst und um unterschiedliche Wertansätze (z. B. aus konzerninternen Verrechnungspreisen, Wechselkursdifferenzen) bereinigt.

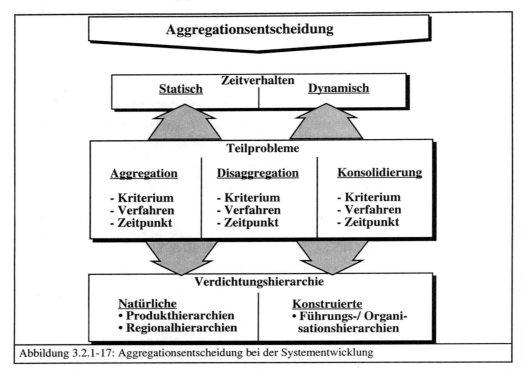

Abbildung 3.2.1-17: Aggregationsentscheidung bei der Systementwicklung

Die Aggregationsentscheidung wirft eine Reihe von Fragen auf:

(1) Es sind die Verfahren festzulegen, nach denen im Plan und Ist die Mengen und Werte zu aggregieren, zu disaggregieren und zu konsolidieren sind.

> *Beispiel: Es werden häufig verdichtete Absatz- und Umsatzzahlen geplant (z. B. Tonnen und Mio DM Süßigkeiten). Diese müssen in den Absatz der Produktgruppen, dann der Einzelprodukte und schließlich der Verpackungseinheiten disaggregiert werden, bis der zuständige Produktmanager weiß, er soll x Tonnen Gummibärchen in 100 g Tüten zum Preis von 1,- DM absetzen. Im Ist müssen dann die Absatz- und Preiszahlen strukturgleich aggregiert werden.*

(2) DV-technisch sind die Verfahren zu implementieren. Da sich die Verhältnisse zwischen den Unternehmensteilen oft erheblich unterscheiden, sind mehrere Verfahren vorzusehen.

(3) Organisatorisch sind heute und voraussichtlich in Zukunft erforderliche Verdichtungsstrukturen vorzusehen. Daraus ergeben sich Kontierungsregeln, nach denen z. B. Belege zu verbuchen sind.

Beispiel: Angesichts des Strebens nach Umweltbilanzen ist es heute sicher sinnvoll, deren Kategorien in die Mengen- und Wertsysteme einzupflegen und die Daten entsprechend zu erfassen.

3.2.1.3.2 Methodenentscheidung

Ziel ist es, Methoden einzusetzen, die die Mitarbeiter bei der Gewinnung der Informationen, deren Verarbeitung, Auswertung und schließlich deren Präsentation aufgabenadäquat unterstützen. Dazu wurden eine Reihe von Methoden entwickelt; allerdings fehlen geschlossene Konzepte, wann welche Methoden zu verwenden sind.

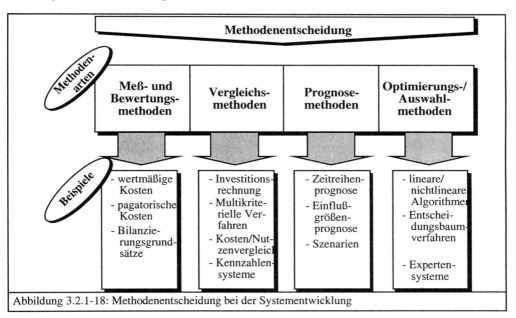

Abbildung 3.2.1-18: Methodenentscheidung bei der Systementwicklung

Um Daten strukturiert zu erfassen, werden *Messkonzepte* für Mengen und Werte sowie *Bewertungskonzepte* benötigt. In Administrationssystemen werden traditionell Methoden der Haupt- und Nebenbuchhaltungen, in Informationssystemen solche der Bilanzierung und der Kosten- und Erfolgsrechnung verwendet. Zukünftige Daten sind mit *Prognosemethoden* vorauszusagen. Auf den erfassten oder prognostizierten Daten setzen *Vergleichsmethoden* auf, um adressaten- und aufgabengerecht Alternativen zu beurteilen. Die Betriebswirtschaftslehre bietet z. B. Methoden der Investitionsrechnung und Kennzahlensysteme an. *Auswahlmethoden* erzeugen Vorschläge adäquater Alternativen; verwendbar sind z. B. Optimierungsalgorithmen, Simulationsverfahren oder heuristische Verfahren und entsprechende mathematische Modelle.

3.2.1.3.3 Strukturierungsentscheidung

Die Daten aus den administrativen Systemen müssen für die mittleren und höheren Managementebenen nach einem betriebswirtschaftlichen Konzept ausgewertet werden, das den geschäftspolitischen Zielen, den Erfordernissen des Leistungsprozesses und der Aufbau- und Führungsorganisation des Unternehmens entspricht.

Beispiel: *Forschungsintensive Unternehmen z. B. der Pharmaindustrie werden ihre Informationssysteme auf die F&E - Aktivitäten fokussieren; sind diese international disloziert, sind standortübergreifende Projektinformationssysteme zu schaffen.*

Wesentlich sind auch die Gewohnheiten der Branche, des Unternehmens und die Ausbildung der Führungskräfte.

Beispiel: *In der Chemie- und Pharmaindustrie sind viele Naturwissenschaftler (Chemiker, Mediziner, Pharmakologen) Führungskräfte, die Wert auf naturwissenschaftliche Kennzahlen (z. B. Indikationen, Nebenwirkungen etc) legen.*

Im strategischen Management werden die *Potentiale* herauszufinden versucht, die über den langfristigen wirtschaftlichen Erfolg eines Unternehmens entscheiden. Potentiale sind die Differenzierungsmerkmale, die zeigen, was das Unternehmen besser kann als andere. Sie kennzeichnen die Fähigkeiten, die es ermöglichen, spezifische Probleme für Kunden nachhaltig besser zu lösen als der Wettbewerb. Neben materiellen und personellen Potentialen bilden Informationssysteme die dritte große unternehmerische Kraft.

Die Analyse des Informationsbedarfs des Managements kann ansetzen bei stark vereinfachten Zusammenhängen zwischen Märkten und Betrieben. Die Beziehungen zwischen dem Betrieb und dem Marktpartner lassen sich auf den gegenläufigen Leistungs- und Geldfluss sowie den Informationsfluss zurückführen.

Beispiel: *Industrielle Kunden sind i. d. R. preisbewusster als private. Kunden aus der Automobilindustrie legen zudem Wert auf eine sehr exakte Logistiksteuerung (häufig Zweiweglogistik mit kundenspezifischen Behältern).*

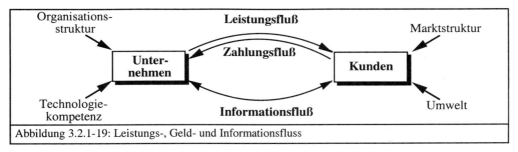

Abbildung 3.2.1-19: Leistungs-, Geld- und Informationsfluss

Bei der Strukturierung des Informationsbedarfs wird von den strategischen Unternehmenszielen ausgegangen. Nach Porter unterscheidet man drei mögliche strategische Zielrichtungen: Die Kostenführerschaft, die Differenzierung im Leistungsangebot und die Fokussierung auf bestimmte Kunden, Produkte o.ä. (Porter (1980)). Aus den strategischen Zielen werden durch eine Analyse des Unternehmensumfeldes und der eigenen Stärken und Schwächen die denkbaren Erfolgsfaktoren abgeleitet.

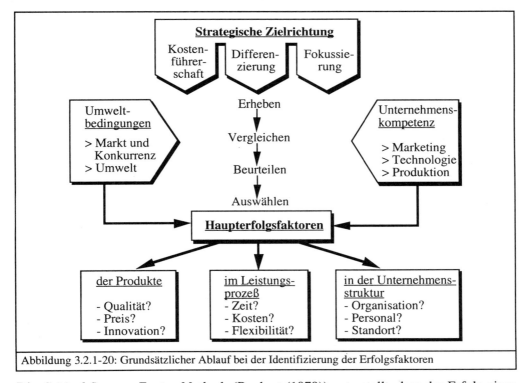

Abbildung 3.2.1-20: Grundsätzlicher Ablauf bei der Identifizierung der Erfolgsfaktoren

Die *Critical Success Factor Methode* (Rockart (1979)) unterstellt, dass der Erfolg eines Unternehmens im Wettbewerbsvergleich von einer begrenzten Anzahl kritischer Faktoren abhängig ist. Die Methode analysiert sowohl die Branchenstruktur als auch die Strategie der Unternehmung, um die Erfolgsfaktoren zu spezifizieren, die entweder heute existieren oder die von Wettbewerbern noch nicht aufgegriffen worden sind und sich als Ansatzpunkt eignen: *Konfigurationsaufgaben* betreffen Grundsatzentscheidungen hinsichtlich der Ausstattung und regionalen Verteilung der Einheiten (z. B. Fertigungsstandorte, -anlagen und das Fertigungsprogramm für stückkostenoptimale Fertigung). *Koordinationsaufgaben* stimmen die Aktivitäten in den Wertschöpfungsstufen der Unternehmung ab. Es werden folgende Schritte durchlaufen:

(1) Die Unternehmensziele sind zu analysieren und zu definieren.

(2) Daraus sind die Haupterfolgsfaktoren für Unternehmensfunktionen abzuleiten.

(3) Für die Erfolgsfaktoren sind Steuerungsaufgaben zu definieren.

	Entwicklung	Beschaffung	Produktion	Vertrieb	Übergreifend
Haupterfolgs-faktoren	1. Entwicklung von Spezialitäten (Kundennutzen) 2. Anwendungstechnik	1. Niedrige Materialkosten 2. Lieferantendiversifizierung	1. Niedrige Herstellkosten	1. Technischer Service/ Kundenbetreuung 2. Innovatives Produktimage 3. Niedriger Verkaufspreis	1. Liquiditätssicherung 2. Kapitalbindung Umlaufvermögen
Gründe	1. Commodities, Fremdbezug preiswerter 2. Technische Problemlösung vor Ort	1. Preisdruck 2. Vermeidung von Abhängigkeiten	1. Preisdruck bei Commodities (von allen Herstellern angebotene Produkte)	1. Problemlöser für Behörden & Vereine 2. Produktimage für Vereine entscheidend	1. Vorfinanzierung von Projekten mit monatelanger Bauzeit
Steuerungs-aufgaben	1. Konzentration der Entwicklungsaktivitäten auf innovative Produkte 2. Projektverfolgung	1. Optimale Beschaffungsdisposition 2. Lieferantenauswahl	1. Fertigungslosgröße 2. Verfahrensbeeinflussung in Kostenstelle	1. Kosten-/ Nutzen des technischen Service	1. Projektfinanzierung 2. Senkung von Vorräten und Forderungen
Steuerungs-größen	1. Marktinformationen 2. Projektzeiten/-kosten + Produkterfolgsrechnung	1. Beschaffungsvolumina	1. Produktionskostenabweichungen	1. Umsatz + Kosten pro Projekt	1. Finanzstatus pro Periode 2. Differenzierter Ausweis von Vorräten und Forderungen

Abbildung 3.2.1-21: Ableitung der Steuerungsgrößen aus Erfolgsfaktoren für Sportplatzbelag-Hersteller

Aus diesen Schritten ergibt sich, welche Steuerungsgrößen die IS bereitzustellen haben,

- in welcher *organisatorischen Struktur* (Führungsfunktionen und -ebenen, Kompetenzen und Qualifikationen der Führungskräfte),

- in welcher *zeitlichen Struktur* (Horizonte und Frequenz der Berichte),

- in welcher *räumlichen Struktur* (Standorte, regionale Märkte),

- in welcher *sachlichen Struktur* (Aufgaben, Kunden / Lieferanten, finanzielle und technische Randbedingungen).

Abbildung 3.2.1-22: Strukturierungsentscheidung bei der vertikalen Integration

3.2.1.3.4 Selektionsentscheidung

Es ist festzulegen, welche Informationen für welche Adressaten zu generieren und in welcher Frequenz diese bereitzustellen sind. Die Inhalte werden sinnvollerweise aus den Haupterfolgsfaktoren und -steuerungsgrössen abgeleitet.

Adressat der Information	Person	Ebene der Organisation	Mehrere Organisationsebenen	Alle Ebenen der Organisation
Adressaten	situativ definiert		vordefiniert	
Grad der Selektion	starr vorbestimmt	flexibel vorbestimmt	abweichungsgesteuert	flexibel
Selektionsstufen	einstufig	mehrstufig	flexibel	
Berichtsfrequenz	starres Intervall	flexibles Intervall	abweichungsgesteuert	
Zweck der Information	berichtend (keine Rückmeldung)	aktivierend (mit Rückmeldung)	initiierend (mit Maßnahmenrückmeldung)	

Abbildung 3.2.1-23: Morphologischer Kasten zur Selektionsentscheidung

Die Quantität und Qualität der generierbaren Informationen wird durch die Systempyramide bestimmt; höhere Ebenen können nur Daten auswählen, die in unteren gewonnen wurden. Ziel ist es, die richtige Menge an richtigen Informationen bereitzustellen, um z. B. einen "Informations-Overload" zu vermeiden, d. h. falschen Informationen im Überfluss, während benötigte fehlen. Ansätze mit „Toleranzschwellenwerten" erzeugen flexible Analyseketten, d.h. die ausgewiesenen Informationen werden davon abhängig gemacht, welche Abweichungen aufgetreten sind und welches Ausmaß diese hatten.

Toleranz-schwelle	absolut	relativ	
Toleranz-verkettung	keine	zeitliche Verkettung	sachliche Verkettung
Toleranz-referenz-objekt	ein	Kombination mehrerer Objekte	
Toleranz-frequenz	starr	flexibel vorbestimmt	flexibel durch statistische Verfahren bestimmt
Toleranz Kontext-ermittlung	keine	erfahrungs-gestützt	statistische Verfahren

Abbildung 3.2.1-24: Morphologischer Kasten für Toleranzschwellen (Kraemer (1993))

Probleme wirft die Selektion qualitativer Informationen auf. Während quantitative Daten sich durch Operationen auswählen lassen, sind Kommentare, Einschätzungen u.ä. kaum programmierbar zu selektieren.

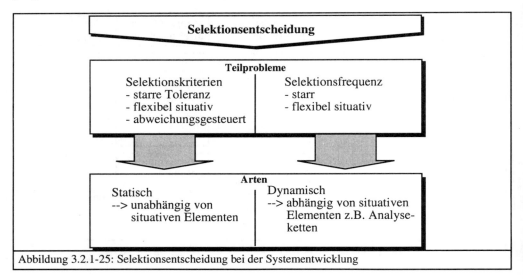

Abbildung 3.2.1-25: Selektionsentscheidung bei der Systementwicklung

3.2.2 Zeitliche Integration (Informationssichten)

3.2.2.1 Kennzeichen

Unter *zeitlicher Integration* soll zum einen die Verknüpfung von Planungs-, Prognose- und Kontrollinformationen einer Periode und zum anderen der strukturgleiche Vergleich von Informationen verschiedener Perioden verstanden werden. Durch die zeitliche Integration werden von den Systemen periodenübergreifend vergleichbare Auswertungsmethoden und -strukturen gefordert. So wäre es sinnlos, wenn Planungsinformationen nach anderen Methoden oder Strukturen ermittelt würden als Kontrollinformationen, da nur bei gleicher Bezugsbasis Regelkreise im Management möglich sind.

Art	Erläuterung	Anforderungen
Zeitliche Historien	Das System soll die Entwicklung eines Datenbestandes von seiner Initialisierung über seine Modifikationen bis heute lückenlos dokumentieren.	Zeitorientierte Datenbanken
Zeitliche Methodenintegration	Das System soll Daten verschiedener Perioden mit einem flexibel bestimmbaren Verfahren auswerten.	Methodengenerationen
Zeitliche Strukturintegration	Das System soll Daten verschiedener Perioden mit einer flexibel bestimmbaren Struktur auswerten.	Strukturgenerationen
Abbildung 3.2.2-1:	Anforderungen der zeitlichen Integration	

Beispiel: *Ein Hersteller von Erfrischungsgetränken sollte in Plan und Ist die Absatzzahlen entweder in Litern oder in Verpackungseinheiten messen (Methodenintegration). Wird eine neue Verpackungsform eingeführt oder eine alte aus dem Absatzprogramm gestrichen, sollte das Absatzberichtssystem danach für verschiedene Perioden vergleichbare Zahlen ermitteln können (Strukturintegration).*

Das Interesse an bestimmten Daten, Funktionen und Kommunikationsbeziehungen kann auf bestimmte Zeiträume beschränkt sein, weil externe (z. B. steuerliche Vorschriften, Währungsumstellungen) oder unternehmensinterne *zeitliche Ereignisse* (z. B. Akquisitionen) dies fordern. In der Folge lebt das Unternehmen in einem anderen *zeitlichen Zustand*, der sich in veränderten externen und internen Strukturen ausdrückt (*Strukturänderungen*). Um diese nachvollziehen zu können, sind verschiedene *historische Versionen* von Funktionen und Daten mit den entsprechenden DV - Systemen zu halten.

Beispiel: *Sofern ein Unternehmen seine Dokumente elektronisch im Format einer Textverarbeitung archiviert, muss es zumindestens eine einsatzfähige Version dieses Systems über 10 bis 30 Jahre vorhalten oder bei jedem Releasewechsel alle Dokumente konvertieren.*

	externe Änderungen	interne Änderungen
Ökonomisch	• veränderte Steuergesetzgebung	• veränderte Marktanforderungen
Organisatorisch	• Akquisition durch Konzern	• Organisationsstrukturen, z. B. Unterstellungsverhältnisse, Berichtswege, Zuständigkeiten • Akquisition anderer Unternehmen
Fachlich	• veränderte Kundenanforderungen	• veränderte Produktionsabläufe
Technologisch	• veränderte Kommunikationstechnologie der Kunden	• verwendete Software • verwendete Speichertechnologie

Abbildung 3.2.2-2: Beispiele für Änderungen im Zeitablauf

Das Problem liegt nicht nur darin, ältere Versionen der Funktionen und Daten eines Informationssystems wegen der Überprüfbarkeit (z. B. Steuer- und Wirtschaftsprüfungen) rekonstruieren zu können, sondern wegen der zeitlichen Vergleichbarkeit ältere Versionen auf heutige Strukturen bzw. heutige Versionen auf ältere Strukturen zu transformieren. Infolgedessen dürfen ältere Versionen weder in ihrem Inhalt noch in ihrer Struktur verändert werden.

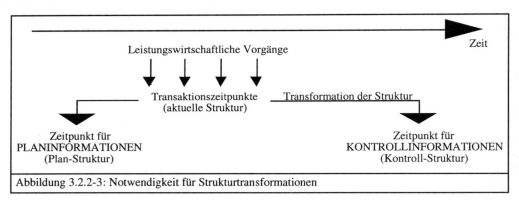

Abbildung 3.2.2-3: Notwendigkeit für Strukturtransformationen

3.2.2.2 Zeitliche Entwicklungsentscheidungen
In zeitlicher Hinsicht unterscheiden sich die betriebswirtschaftlichen Informationssysteme im Horizont, in der Kopplung, im Zeitbezug und im Zeitmaßstab.

3.2.2.2.1 Zeitlicher Horizont
Nach dem zeitlichen Horizont sind strategische, taktische und operative IS zu unterscheiden. *Strategische Systeme* sind über lange Zeiträume ausgelegt (> 5 Jahre), haben aber zum Teil explizit keine Teilperioden. Es wird das Unternehmen als Gesamtes eingebettet in sein ökonomisches, technologisches und soziopolitisches Umsystem betrachtet. Zukünftige Entwicklungen mit einem ausreichenden zeitlichen Vorlauf werden prognosti-

ziert, um die Unternehmung gegen negative Folgen zu immunisieren, resultierende Chancen auszunutzen (Reaktion) und die antizipierten Entwicklungen durch Aktionen zu beeinflussen. Märkte, Produkte und Technologien werden aus einer Makrosicht mit Indikatoren abgebildet, die Organisation wird nur grob differenziert (z. B. Gesellschaften).

In *taktischen Systemen* werden Zeiträume von ein bis fünf Jahren betrachtet, in der Regel mit Jahres - Teilperioden. Es werden die Ergebnisse der strategischen Systeme in monetär bewertete Informationsgrößen für einzelne Organisationsbereiche umgesetzt. Verwendet werden Rechnungswesen-Systeme; in Controlling-Prozeduren werden die geplanten Ziele, Maßnahmen und Randbedingungen mit den realisierten Größen abgestimmt.

Operative Systeme werden auf kleinere Zeiträume, z. B. Monate innerhalb eines Jahres ausgelegt. Sie werden genutzt, um die Vorgaben der taktischen Systeme umzusetzen. Für die Verantwortungsbereiche (z. B. Kostenstellen) werden detailliert Mengen-, Zeit- und Wertgrößen der beanspruchten Ressourcen / Kostenstellen und der ausgelösten Aufträge / Kostenträger erhoben und berichtet.

Systemtypen	Kennzeichen	Informationsdimensionen
Strategisch	• Planungshorizont > 5 Jahre • Gesamtsicht des Unternehmens und seines Umsystems; geringe organisatorische Differenzierung • Informationsobjekte gering differenziert • Instrumentell messbare Informationsgrößen	• Märkte • Produktfelder • F&E Aktivitäten • Kapazitätsinvestitionen • Finanzmittel
Taktisch	• Planungshorizont > 1 Jahr • Unternehmensgesamtsicht; hohe organisatorische Differenzierung • Informationsobjekte mittel differenziert • Abgeleitet messbare Informationsgrößen (häufig Rechnungswesengrößen)	• Absatz / Umsatz von Produkten • F&E Projekte • Produktionskapazitäten
Operativ	• Planungshorizont < 1 Jahr • Sicht einzelner Verantwortungsbereiche; hohe organisatorische Differenzierung • Informationsobjekte hoch differenziert • Fundamental messbare Informationsgrößen	• Belegung einzelner Ressourcen / Kostenstellen • Mengen einzelner Aufträge, Kosten und Erlösarten

Abbildung 3.2.2-4: Zeitliche Systemtypen

Für eine zeitlichen Integration wird gefordert, dass die strategischen, taktischen und operativen Informationssysteme trotz unterschiedlicher Planungshorizonte miteinander verknüpft sind: Die Objekte und Größen der strategischen werden im Rahmen der taktischen Systeme verfeinert; im Rückfluss aktualisieren diese die längerfristige Sicht.

3.2.2.2.2 Zeitbezug

Zeiten können sich entweder auf die Vergangenheit, die Gegenwart oder die Zukunft beziehen. Zukunftszeiten lassen sich unterteilen in Prognose- und Planungszeiten. *Planungszeiten* sind die Zeiten, für die Aktionen von den verantwortlichen Mitarbeitern gedanklich antizipiert werden, während *Prognosezeiten* die Zeiten sind, für die Wirkungen von Aktionen abgeschätzt werden. Nur *Gegenwarts- und Vergangenheitszeiten* sind im strengen Sinne empirische Zeiten. Zukunftsorientierte Zeiten werden in Planungs-, Prognose- und Informationssystemen verwendet, Gegenwarts- und Vergangenheitszeiten in Abrechnungs- sowie in Buchungssystemen. Oft ist durch eine längere Berichtsperiode (z. B. Monat, Quartal oder Jahr) die Grenze zwischen Gegenwart und Vergangenheit unscharf.

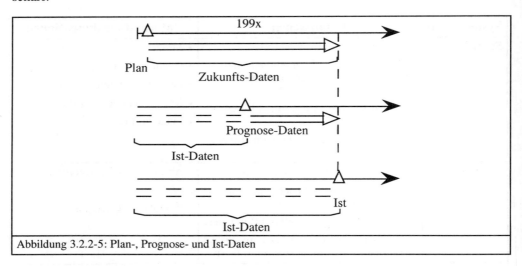

Abbildung 3.2.2-5: Plan-, Prognose- und Ist-Daten

Die Attribute eines Datenobjektes können damit vom Zeittyp Plan, Prognose oder Ist sein. Für jeden dieser Zeittypen sind unterschiedliche Zeitperioden zu unterscheiden.

Die zeitlichen Bezüge sind besonders dann zu beachten, wenn Systeme mit zeitlicher Reihung mit solchen mit rollierender Zeit verbunden werden. Während die ersten nacheinander Perioden konstanter Länge betrachten, schreiben Systeme mit rollierender Zeit einen Zeitraum konstanter Länge fort. Controlling- und Rechnungswesensysteme verwenden die zeitliche Reihung, während Logistik- und Produktionsplanungssysteme häufig zeitlich rollierend ausgelegt sind.

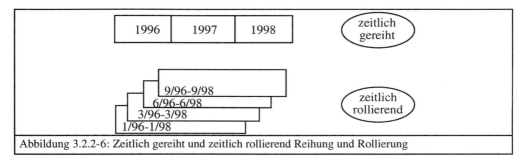

Abbildung 3.2.2-6: Zeitlich gereiht und zeitlich rollierend Reihung und Rollierung

3.2.2.2.3 Zeitliche Kopplung

Weiterhin unterscheiden sich die Systeme in der zeitlichen Kopplung von Periodendaten und von Planungs-, Prognose, Gegenwarts- und Vergangenheitsdaten. Bei statischen Systemen sind die Daten der einzelnen Perioden unabhängig von denen der Vorperioden, bei dynamischen Systemen sind die Daten der einzelnen Perioden funktional miteinander gekoppelt. *Feedforward - Regelkreise* koppeln Prognose- mit Planungs - Daten, *Feedbackward - Regelkreise* koppeln Planungs- mit Ist - Daten, um die Unternehmensführung zu unterstützen.

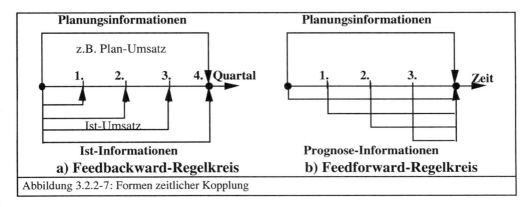

Abbildung 3.2.2-7: Formen zeitlicher Kopplung

3.2.2.2.4 Zeitgranularität

Der Zeitmaßstab einer Größe lässt sich auf zwei Komponenten zurückführen: (1) Die Länge der Zeitperiode und (2) den Zeitpunkt der Messung der Größe. Die notwendige Feinheit des Zeitmaßstabs ist aufgabenabhängig: So sind die Auszahlungen eines Geldautomaten sekundengenau zu erfassen; bei den Arbeitszeiten der Mitarbeiter mögen Zehnminutenintervalle ausreichen; für die Verzinsung von Kontoständen Tage, während für Kosten Monate genügen können.

Zeitbezug	Vergangenheit		Ist	Prognose	Plan
Zeittypen	allgemeine * Jahr, Monat, Tag		unternehmensspezifische *Fabrikkalender * Geschäftsjahr		
Zeitkopplung	Feed forward		Feed backward		
Zeitsicht	statisch		dynamisch		
Zeithorizont	strategisch		taktisch	operativ	
Perioden- anordnung	Reihung		Überlappung (rollierend)		
Zeitgranu- larität	Tage	Wochen	Monate	Jahre	

Abbildung 3.2.2-8: Typologie der zeitlichen Struktur

3.2.3 Horizontale Integration (Informationsflüsse)

3.2.3.1 Kennzeichen

Integrierte Informationssysteme sollen den Güter- und Geldfluss des Unternehmens in seinen Elementen und Abläufen vollständig und zeitaktuell abbilden, so dass

- die Leistungen für den Markt erhoben, bewertet und gesteuert werden können (Marktbezug),

- der Beschaffungs-, Produktions- und Absatzprozess in jeder Phase mengen- und wertmäßig geplant und dokumentiert werden kann (Prozessbezug),

- die verantwortlichen Organisationseinheiten gesteuert werden können (Management-bezug).

Ziele der horizontalen Integration sind

- Vorgangsketten durch Datenintegration effizient zu verwalten (z. B. keine Mehrfach-erfassungen, Redundanzen) und zeitlich zu straffen (z. B. Durchlaufzeiten in Ferti-gung),

- Vorgänge inhaltlich und zeitlich durch Prozessintegration zu synchronisieren, um den Abstimmbedarf und die Sicherheitsreserven (z. B. Pufferlager in der Fertigung) zu reduzieren und die Produktivität zu erhöhen,

- die Mengen- und Zeitverbräuche sowie die korrespondierenden Kosten des Güter-flusses nach einheitlichen Kriterien zu erfassen, um die Transparenz und (in der Fol-ge) die Wirtschaftlichkeit der Prozesse zu erhöhen.

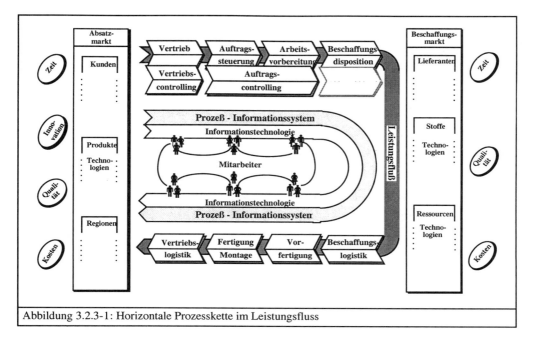

Abbildung 3.2.3-1: Horizontale Prozesskette im Leistungsfluss

3.2.3.2 Horizontale Entwicklungsentscheidungen

3.2.3.2.1 Parallele Vorgänge im Leistungs- und im Informationsfluss

Der Leistungsfluss lässt sich in Vorgänge unterteilen (Scheer (1991)); jeder *Vorgang* beginnt mit einem (Start-) Ereignis und endet mit einem (Ergebnis-) Ereignis und enthält mindestens eine Aktion. Aktionen beschreiben die zeitliche (Speicherung, Lagerung), sachliche (Verarbeitung) oder räumliche (Transport) Transformation von Gütern bzw. Leistungen.

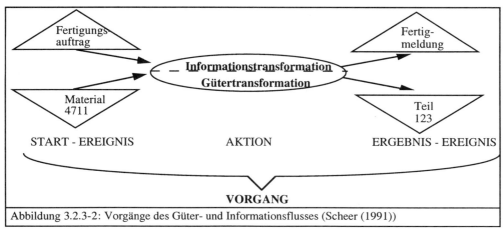

Abbildung 3.2.3-2: Vorgänge des Güter- und Informationsflusses (Scheer (1991))

Parallel zu den *Vorgängen des Leistungsflusses* verlaufen die *Vorgänge des Informationsflusses*, die ebenfalls mit einem Ereignis beginnen und enden. Die Vorgänge im Informationsfluss sind zweigeteilt: Zum einen existieren Informationsvorgänge in den DV-Systemen des Unternehmens, zum zweiten besteht ein Belegfluss aus Dokumenten (z. B. Briefe, Formulare).

Anzustreben ist, beide Elemente in einer *integrierten Vorgangsbearbeitung* miteinander zu verbinden, in dem z. B. Papierdokumente in Dokumentenmanagementsystemen abgelegt werden. Mehrere Vorgänge lassen sich zu *Vorgangsketten* verketten, das ERGEBNIS - Ereignis eines vorgelagerten Vorgangs ist das START - Ereignis eines nachgelagerten Vorgangs.

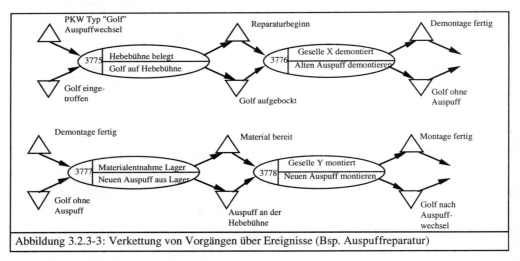

Abbildung 3.2.3-3: Verkettung von Vorgängen über Ereignisse (Bsp. Auspuffreparatur)

Ereignisse lösen Aktionen aus (auslösende Ereignisse) oder werden von diesen erzeugt (erzeugte Ereignisse). Zwischen Aktionen und Ereignissen können verschiedene logische Beziehungen auftreten: -> Ein Ereignis löst mehrere Aktionen aus, -> mehrere Ereignisse lösen zusammen oder alternativ eine Aktion aus, -> eine Aktion löst mehrere Ereignisse aus,-> mehrere Aktionen lösen zusammen oder alternativ ein Ereignis aus.

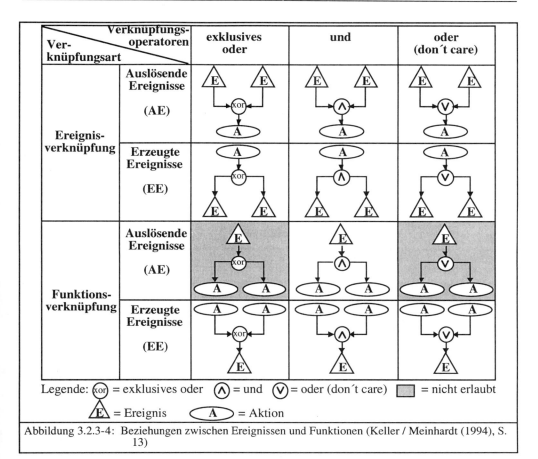

Verknüpfungs-art \ Verknüpfungs-operatoren		exklusives oder	und	oder (don´t care)
Ereignis-verknüpfung	**Auslösende Ereignisse (AE)**			
	Erzeugte Ereignisse (EE)			
Funktions-verknüpfung	**Auslösende Ereignisse (AE)**			
	Erzeugte Ereignisse (EE)			

Legende: (xor) = exklusives oder (∧) = und (∨) = oder (don´t care) ▨ = nicht erlaubt

E = Ereignis   A = Aktion

Abbildung 3.2.3-4: Beziehungen zwischen Ereignissen und Funktionen (Keller / Meinhardt (1994), S. 13)

Das IS stellt ein Modell des Leistungsflusses dar. Im Idealfall sollte dieses Modell diesen strukturgleich ("isomorph") abbilden; dies wird oft wegen des Aufwandes z. B. in der Betriebsdatenerfassung nicht zu erreichen sein. Man wird in der Regel des Leistungsfluss strukturärmer ("homomorph") abbilden, das heisst mehrere Vorgänge dort werden zu einem Vorgang im Informationsfluss zusammengefasst. Allerdings sollten die Strukturen im Leistungs- und im Informationsfluss parallel verlaufen, das heißt, das Startereignis (bzw. das Ergebnis-Ereignis) eines oder mehrerer Vorgänge des Leistungsflusses entspricht einem Start-Ereignis des Informationsflusses. Welche Vorgänge des Leistungs-flusses zusammengefasst werden, ergibt sich u. a. daraus, an welchen Stellen dieser (z. B. durch Datenerfassungsgeräte) sinnvoll beobachtbar ist. Dort wo Datenträger (Warenbegleitscheine etc.) erzeugt werden oder der Leistungsfluss rechtliche Grenzen überschreitet, ist auf jeden Fall eine strikte Parallelität von Ereignissen und Funktionen in beiden Flüssen herzustellen.

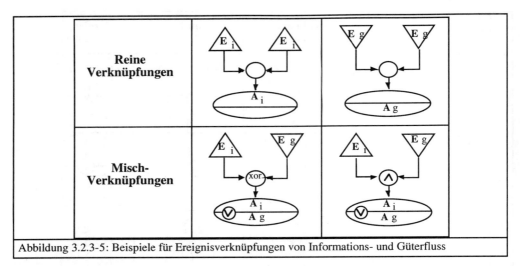

Abbildung 3.2.3-5: Beispiele für Ereignisverknüpfungen von Informations- und Güterfluss

Ereignisse des Informationsflusses können dort Aktionen auslösen (analog für Güterfluss - reine Verknüpfungen); ebenso aber auch Aktionen im Güterfluss (Misch-Verknüpfungen). Korrespondierende Vorgänge im Leistungs- und im Informationsfluss können zeitlich auseinanderfallen.

	Prozessdisposition	**Prozessbegleitung**	**Prozessdokumentation**
Kennzeichen	Informationsvorgang zeitlich vor Gütervorgang	Informationsvorgang zeitlich parallel zu Gütervorgang	Informationsvorgang zeitlich nach Gütervorgang
Beispiele	• *Fertigungsablaufplanung mit Festlegung der Kapazitäten und Reihenfolge*	• *Disposition von Gütervorgängen und den notwendigen Objekten (z. B. Materialien) und Operatoren (z. B. Ressourcen)*	• *Ablage / Erfassung von Warenbegleitpapieren, Rechnungen etc.* • *Abrechnung von Güter-Vorgängen*

Abbildung 3.2.3-6: Zeitliche Typen der Parallelität von Güter- und Informationsfluss

Bei der *Prozessdisposition* wird aus dem inhaltlichen und zeitlichen Prozessergebnis die durchzuführende Vorgangskette abgeleitet. Diese wird dann vorwärtsschreitend (die vorgelagerten disponieren die nachgelagerten Prozessschritte > Schiebelogik) oder rückwärtsschreitend abgearbeitet (die nachgelagerten disponieren die vorgelagerten Prozessschritte -> Ziehlogik). Mit der *Prozessbegleitung* werden Vorgänge und die eingesetzten Ressourcen verwaltet und abgerechnet. In der *Prozessdokumentation* wird das Betriebsgeschehen nach rechtlichen Anforderungen (z. B. Buchhaltungspflicht, Produkthaftpflicht) aufgezeichnet und es werden die Daten archiviert, die für erneute Leistungsprozesse benötigt werden.

	Denkansatz	Informations-Vorgänge	Güter-Vorgänge
Prozessdisposition	• rückwärts schreitend	• Verbuchen Kundenauftrag • Warenverfügbarkeit prüfen • Auflösen in Produktionsaufträge • Kapazitätsbelegung • Materialbedarfsplanung • Materialbestellung	
Prozessbegleitung	• vorwärtsschreitend	• Eingang Lieferschein • Verbuchen Liefer.verbindlichk. • Verbuchen Lieferantenbezahlung • Verbuchung Lagerort • Verbuchung Lagerentnahme • Verbuchung Bearbeitungszeiten .... • Erstellen Auslieferschein • Quittierter Auslieferschein • Erstellen Rechnung • Verbuchen Kundenforderung • Verbuchen Kundenzahlung	• Wareneingang • • Zahlung an Lieferanten • Einlagerung • Lagerentnahme • Bearbeitung Stufe 1 .... • Auslieferung • Kundenübergabe • • Kundenzahlung
Prozessdokumentation		• Nachkalkulation Kundenauftrag • Ablage Lieferschein Lieferant • Ablage Auslieferschein • Ablage Rechnung	

Abbildung 3.2.3-7: Beispiel für Prozessplanung, -begleitung und -dokumentation

3.2.3.2.2 Synchrone Erfassung von Mengen und Werten

Integrierte Informationssysteme sollen im Güterfluss synchron die verbrauchten und erzeugten Mengen und die damit verbundenen Werte dokumentieren. Dazu werden Mengen und Werte durch eine mehrfache, jeden Prozessschritt begleitende Buchhaltung miteinander verknüpft, die gleichzeitig die verbrauchten und die erzeugten Gütermengen (Mengengerüst) sowie die resultierenden Werte (Wertgerüst) erfasst. Um den Umsatzprozess (Geld in Produktionsfaktoren, Produktionsfaktoren in Güter und Güter in Geld) zu verfolgen, sind in jedem Prozessschritt sowohl die verbrauchten Produktionsfaktormengen / -zeiten (Betriebsmittel, Werkstoffe und menschliche Arbeit) mit ihren Geldwerten als auch die erzeugten Gütermengen und Werte zu registrieren.

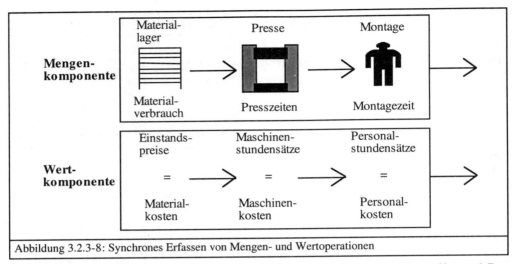

Abbildung 3.2.3-8: Synchrones Erfassen von Mengen- und Wertoperationen

Im Güterfluss werden Repetierfaktoren (z. B. Roh-, Hilfs- und Betriebsstoffe) und Potentialfaktoren (z. B. Maschinen, Gebäude, Personal) eingesetzt. Während sich die Einsatzmengen von Repetierfaktoren oft unmittelbar im Prozess messen lassen, ist dies für Potentialfaktoren schwierig, da deren Nutzungspotential für einen Zeitraum vorhanden ist und sich nicht unmittelbar messbar ändert. Häufig werden als Hilfsgrößen die Einsatzzeiten z. B. der Maschine gemessen, da während dieser das Potential sich nicht anderweitig nutzen lässt.

Die *Bewertung* von Mengen- und Zeitgrössen mit Geldwerten erfolgt unternehmensextern auf Märkten; intern fehlen Marktpreise. Daher wird zweckgebunden, abhängig von den Zielen des Unternehmens, bewertet. Meist wird auf ein Standard-Wertgerüst zurückgegriffen (Standardkosten, Plankosten o.ä.), um zum einen periodische Schwankungen in der Bewertung des Betriebsgeschehens und die "Spekulation" der Verantwortlichen auszuschalten, zum zweiten der Unternehmensleitung Wertansätze unabhängig von externen, eher kurzfristigen Marktpreisen zu gestatten (Opportunitätskosten u. ä.) und um zum dritten interne Leistungen bewerten zu können, für die zutreffende Marktpreise nicht vorliegen (Innerbetriebliche Leistungsverrechnung). Der Abgleich der Bewertung mit den unternehmensextern erzielten Ausgaben und Einnahmen erfolgt in Abgrenzungsrechnungen.

3.2.3.2.3 Parallele Betrachtung von Objekten und Operatoren

In jedem Prozessschritt sollen die Informationssysteme erfassen, WO WELCHE Güter WOFÜR verbraucht wurden. Im Güterfluss bearbeiten Mitarbeiter mit Maschinen (= Bearbeitungsstationen) Aufträge und erzeugen ein Produkt. Wirtschaftlich sind dies *Ko-*

stenträger, die bei der Bearbeitung durch *Kostenstellen* Kosten für Material, Personal etc. verursachen und auf dem Markt Erlöse erzielen sollen. Kostenstellen bzw. Bearbeitungsstationen werden als *Operatoren* betrachtet, die *Objekte* (Kostenträger bzw. Produkte) bearbeiten. Um Kosten den Erlösen gegenüberstellen und dem Verantwortlichen zurechnen zu können, soll jeder Vorgang in zwei Richtungen registriert werden:

- Jeder Vorgang, der an einer Bearbeitungsstation erfasst wird, wird gleichzeitig auch auf ein Produkt gebucht und umgekehrt.

- Jeder Vorgang, der auf einen Kostenträger gebucht wird, wird gleichzeitig auch auf einer Kostenstelle gebucht und umgekehrt.

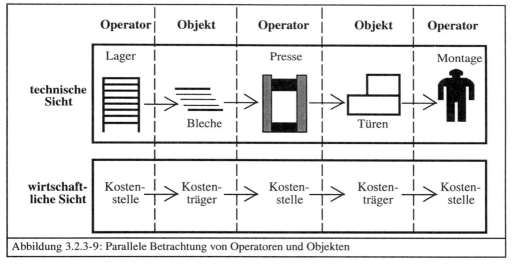

Abbildung 3.2.3-9: Parallele Betrachtung von Operatoren und Objekten

Die *Objekte des Güterflusses* ergeben sich in der Fertigung aus den Teile- oder Stoffstammdaten. Der Begriff "Teil" ist in der synthetischen Fertigung üblich, bei der aus gefertigten und beschafften Einzelteilen Baugruppen und schließlich Produkte (z. B. Automobile) zusammengesetzt werden. Der Begriff "Stoff" wird in der analytischen Fertigung gebraucht, bei der Materialien (z. B. Erdöl) zerlegt, ggf. miteinander vermengt und schließlich verschiedene Endprodukte (z. B. Kunststoffe, Kosmetik) gewonnen werden. Objekte sollten so gewählt werden, dass sie beobachtbar und messbar sind. Dies macht in geschlossenen Fertigungsanlagen (z. B. in der Chemie) häufig aufwendige Messeinrichtungen notwendig.

In den der Fertigung vorgelagerten (z. B. Entwicklung / Konstruktion) sowie nachgelagerten Stufen (Vertrieb, Gewährleistung) lassen sich oft kaum repräsentative materielle Objekte wählen. Hier ist auf Ersatzobjekte wie Konstruktionsauftrag, Kundenauftrag etc.

zurückzugreifen. Diese sind so zu wählen, dass von den Objekten auf das verursachte Mengen- und Wertegerüst geschlossen werden kann (Fischer (1997), S. 92 ff).

Die *Operatoren* ergeben sich in der Fertigung aus den Betriebsmitteln mit deren technischen (z. B. Kapazitäten, Instandhaltungsinformationen) und wirtschaftlichen Kennzeichen (z. B. Anschaffungskosten, Bezugsgrößen, Betriebsmittelsätze). In den der Fertigung vorgelagerten Stufen (z. B. Entwicklung / Konstruktion) sind ebenso wie in den nachgelagerten (Vertrieb, Gewährleistung) oft Operatoren zu bilden. Dabei gilt (Fischer (1997), S. 69 ff):

- der Input und der Output eines Operators muss beobachtbar und messbar sein,

- die Leistung eines Operators muss definierbar und quantifizierbar sein, die wertmäßigen Kosten und Leistungen sollen diesen entsprechen,

- der Operator soll eindeutig der Organisation und einem Verantwortlichen zuzuordnen sein.

Zur vollständigen Abbildung des Mengen- und Werteflusses sind die Operationen an den Objekten in sämtlichen Operatoren zu erfassen. Man spricht von *der parallelen Erfassung von Operatoren- und Objektoperationen*, wenn die Informationssysteme Mengen- und Wertbewegungen sowohl dem Objekt als auch dem Operator zurechnen.

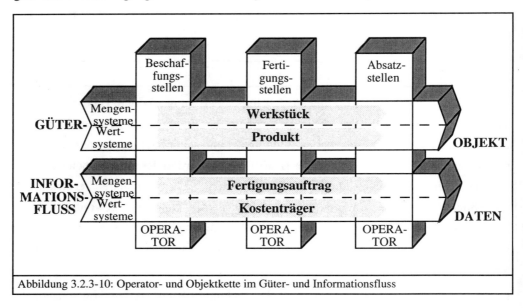

Abbildung 3.2.3-10: Operator- und Objektkette im Güter- und Informationsfluss

3.2.3.2.4 Erfassung der gesamten Vorgangskette

Ein weiteres Ziel der horizontalen Integration ist es, die gesamte Vorgangskette von der Entwicklung eines Produktes über dessen Produktion bis hin zum Verkauf und ggf. zur Verwertung der Altprodukte in technischer und wirtschaftlicher Sicht durch die Informationssysteme zu unterstützen.

Zum einen ist es notwendig, bestimmte Vorgänge über lange Zeit zu dokumentieren, um z. B. gesetzliche Vorschriften (z. B. der Produkthaftpflicht) zu erfüllen und betriebliche Erfahrungen für spätere Vorgänge zu sammeln.

Zum zweiten wirken Vorgangsketten wirtschaftlich über lange Zeiträume: Der Lebenszyklus eines Produktes umfasst häufig mehrere Jahre oder auch Jahrzehnte. Z. B. wird ein PKW 6 - 8 Jahre lang entwickelt, 8 - 10 Jahre produziert und weitere 12 - 15 Jahre ist die Ersatzteilversorgung zu sichern. Investitionen (z. B. in Forschung und Entwicklung) amortisieren sich häufig erst nach vielen Jahren: Z. B. benötigt ein Arzneimittel ca. 12 Jahre für seine Entwicklung und lässt sich dann 20 Jahre patentgeschützt vermarkten. Viele Stärken und Schwächen des Leistungsprozesses zeigen sich erst, wenn dessen Produkt den Betrieb verlassen hat und sich im Gebrauch des Kunden befindet. Die Ursachen lassen sich nur zurückverfolgen, wenn die Vorgänge gut dokumentiert wurden:

Beispiel: Verbessert ein Automobilhersteller das Material (verzinktes Blech), so erhöhen sich die Material- und die Fertigungskosten (direkte Wirkung), die Gewährleistungskosten aufgrund Durchrostung werden sinken, und der Kunde wird das Fabrikat gegenüber der Konkurrenz höher schätzen und einen höheren Preis akzeptieren (indirekte Wirkung). Das System sollte daher den Erlösen nicht nur die direkten Material- und Fertigungskosten gegenüberstellen, sondern über längere Zeit erfassen, welche Gewährleistungskosten durch Korrosion verursacht werden, welche Rolle die "Verzinkung" in Verkaufsgesprächen spielt und wie sich die Gebrauchtwagenpreise im Vergleich zur Konkurrenz entwickeln.

Zum dritten ergeben sich *Fernwirkungen in der Wertschöpfungskette*. Fordert der Vertrieb beispielsweise eine neue Produktvariante, so erhöht dies die Vielfalt der zu entwickelnden und zu fertigenden Bauteile und die Vielfalt der Logistik in der Fertigung, im Vertrieb und im Ersatzteilwesen. Wird ein Produkt technisch komplizierter ausgelegt (z. B. höherer Umwelt- und Sicherheitsstandard), so werden in der Regel exaktere Fertigungsverfahren und mehr Teile erforderlich; mit der Produkt- steigt auch die Prozess- und Logistikkomplexität.

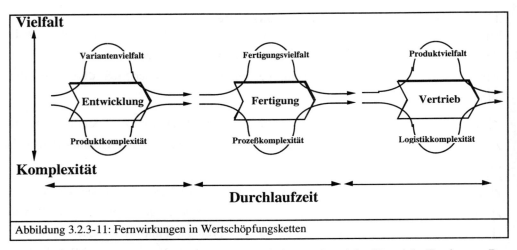

Abbildung 3.2.3-11: Fernwirkungen in Wertschöpfungsketten

Die horizontale Integration kann sich auf die Leistungsbereiche Vertrieb, Fertigung, Beschaffung beschränken. In Unternehmen mit hohen F&E- oder Marketingaufwendungen sind Vorleistungsbereiche zu integrieren, um den Güterfluss zu steuern. Z. B. im Maschinenbau ist der Service und die Gewährleistung sehr wichtig, in der Chemie die Entsorgung. Dort ist anzustreben, die Nachleistungsbereiche einzubeziehen.

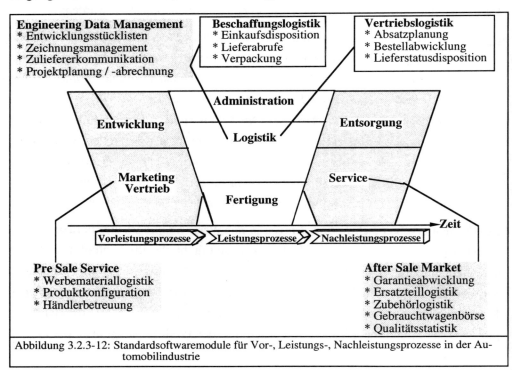

Abbildung 3.2.3-12: Standardsoftwaremodule für Vor-, Leistungs-, Nachleistungsprozesse in der Automobilindustrie

3.2.3.3 Horizontale Systemtypen

Betriebliche Informationssysteme unterstützen Leistungsgestaltungsprozesse und -durchführungsprozesse (Scheer (1994)). In **Leistungsgestaltungsprozessen** entwickelt ein Unternehmen Produkte und Verfahren, baut maschinelle oder personelle Ressourcen auf und beschafft die notwendigen Finanzmittel. Aus diesen strategischen Prozessen werden taktisch die Ziele und Maßnahmen der *Controlling - Regelkreise* abgeleitet. Strategische Prozesse lassen sich nur begrenzt durch DV - Systeme unterstützen; diese helfen allerdings bei der Datensammlung und Kommunikation. Taktische Controlling - Prozesse sind wohlstrukturiert; daher existieren dafür leistungsfähige Managementinformationssysteme.

In **Leistungsdurchführungsprozessen** werden die Ressourcen des Unternehmens eingesetzt, um Leistungen zu erstellen und zu verkaufen. Die Informationssysteme unterstützen die Disposition der Ressourcen. Systeme für die **Leistungsabrechnung** dokumentieren die wirtschaftlichen Ergebnisse der Leistungsdurchführung in Grössen des Rechnungswesens..

Unternehmen sind hinsichtlich der angebotenen Produkte, der genutzten Ressourcen und der durchgeführten Prozesse sowie der bedienten Märkte außerordentlich vielfältig (Schäfer (1978), Hansmann (1987), S. 5 ff). Daher lassen sich keine aussagekräftigen horizontalen Systemtypen bilden.

Allerdings existieren Referenzmodelle für einzelne Branchen. Diese enthalten Vorschläge, wie Systemtypen auszugestalten sind und wie diese zusammenwirken sollen. Für Industrieunternehmen wurden Referenzmodelle u. a. entwickelt von Grochla als "Kölner Integrationsmodell", Mertens / Griese und Scheer (Mertens / Holzner (1991)).

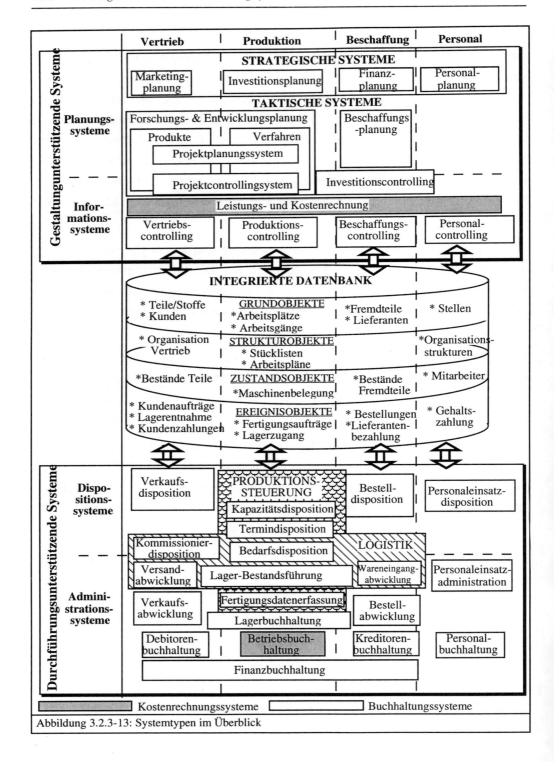

Abbildung 3.2.3-13: Systemtypen im Überblick

In den folgenden Abschnitten wird versucht, für die Bereiche von Unternehmen jeweils typische Informationssysteme zu beschreiben. In Typologien werden betriebswirtschaftliche Merkmale und mögliche Ausprägungen aufgelistet, die für die Gestaltung der Informationssysteme wichtig sind. Leider verfügt die Wirtschaftsinformatik bisher über keine eindeutigen Regeln, nach denen aus einer Typisierung des Unternehmens die Typen der benötigten Systeme abzuleiten wären. Gelänge es, Unternehmen und Informationssysteme nach abgestimmten Merkmalen zu typisieren, so ließen sich die Auswahl- und Anpassungsprozesse von Systemen auf Unternehmen standardisieren und zum Teil werkzeuggestützt automatisieren.

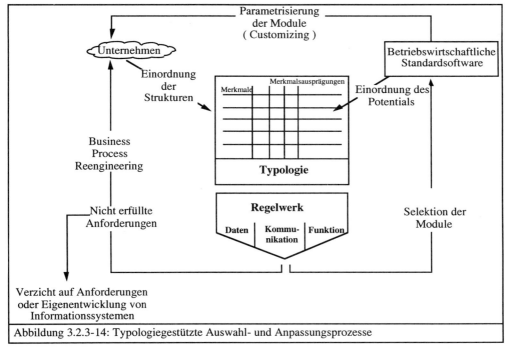

Abbildung 3.2.3-14: Typologiegestützte Auswahl- und Anpassungsprozesse

Beispiel: *Es wird ein Unternehmen der chemisch-pharmazeutischen Industrie betrachtet, das in Deutschland in zwei rechtlich selbständigen Einheiten produziert und seine Produkte (Arzneimittel, Kosmetika) international absetzt. Im Geschäftszweig „Naturkosmetik" gewinnt und verarbeitet das Unternehmen Rohstoffe aus der Natur. Da die Kosmetik aus verschiedenen Ausgangsrohstoffen zusammengemischt wird, wird eine synthetische Stoffverwertung nach einer chemischen Technologie betrieben. Das Unternehmen ist in zwei Sparten (Pharma, Kosmetik) mit je zwei Geschäftszweigen organisiert.*

Leistungs-zusammenhang	naturnah		natur- und konsumnah	konsumnah	
Stoffverwertung (Zusammenhang mit Vor-/Nachstufe)	analytisch (zerlegend)		durchlaufend (veredelnd)	synthetisch (zusammensetzend)	
	hetero-analytisch	homo-analytisch		homo-synthetisch	hetero-synthetisch
Vorherrschende Technologie	mechanisch		elektrisch / elektronisch	chemisch	
Regionale Ausdehnung	national		international vertreibend	produzierend	
Rechtliche Einheiten	Monolith		Operative Muttergesellschaft & operative Tochtergesellschaften		Finanzholding
Führungs-organisation	Funktional-		Sparten-	Matrix-	
Kosten-strukturen	material-kostenintensiv		lohn-kostenintensiv	anlagen-kostenintensiv	

Abbildung 3.2.3-15: Typologie eines Unternehmens (Angaben für Beispielunternehmen schraffiert)

3.2.3.3.1 Leistungsdurchführung

Mit **Vertriebssystemen** werden die Marketingaktivitäten an die Glieder der Wertschöpfungskette (über die Handelsstufen bis zum Verbraucher) gestaltet und der Verkauf an die unmittelbaren Abnehmer des Unternehmens (z. B. den Großhandel) durchgeführt. Die Systeme werden von den Produkt- und Markteigenschaften geprägt. Z. B. sind Vertriebsysteme für Konsumgütermärkte mit anonymen Kunden, aber hoher Präferenz für ein spezifisches Produkt (z. B. Kosmetik) anders auszulegen als Systeme für Investitionsgüter mit bekannten Kunden, aber nur mittlerer Präferenz für ein spezifisches Produkt (z. B. Drehmaschinen).

Beispiel: Das Unternehmen vertreibt kosmetische Produkte über den Großhandel und Parfümerien an den Endverbraucher, der üblicherweise bei hochwertigen Kosmetika eine hohe Präferenz für bestimmte Produkte hat (Stammkunde). Die Arzneimittel werden über einen Außendienst an Ärzte vertrieben, die diese Arzneimittel den Patienten verschreiben. Der Verkauf erfolgt dann über Apotheken, die vom Pharma - Großhandel beliefert werden.

Ebene	System	Aufgaben
Admini-stration	Verkaufsab-wicklung (VA)	1. Erfassen und Verwalten von Angeboten und Aufträgen 2. Verfügbarkeit und Lieferzeiten von Ware prüfen 3. Kundendaten und -würdigkeit prüfen 4. Ware für Aufträge reservieren 5. Schreiben von Auftragsbestätigung
Disposition	Verkaufsdis-position (VD)	1. Überwachen von Kundenaufträgen und Absatzprognosen 2. Veranlassen und Terminieren von Kommissionierung, Lieferung, Rechnung bei Kundenaufträgen 3. Auslösen von Bedarfsmeldungen an *Bedarfsdisposition* aufgrund von Kundenaufträgen oder Vertriebsprognosen
Informati-on	Vertriebscon-trolling (VI)	1. Festlegen der Datenstrukturen im Vertrieb 2. Erfassen von Umsatz-/ Absatz-Planzahlen für Produkte nach Produkt-/ Regional-/ Kundenhierarchie 3. Monatliche Übernahme der Umsatz-/Absatz-Istzahlen aus VA 4. Monatliche Berichte über Absatz/ Umsatz 5. Analyse von Plan-/Ist-Abweichungen
Planung	Marketingpla-nung (VP)	1. Übernahme und Aufbereitung von Marktforschungsdaten aus internen und externen Quellen 2. Strategische Produkt-Aktionsplanung und Veranlassen von Entwicklungsprojekten 3. Strategische Vertriebs-Aktionsplanung und Veranlassen von Investitionen in Vertriebswege

Abbildung 3.2.3-16: Beispiele für Vertriebssysteme

Zur Zeit entsteht eine neue Klasse von betriebswirtschaftlichen Informationssystemen, die sich mit der „Sales Front Automation" befasst, d. h. unter anderem den Außen- und Kundendienst und die Kommunikation mit dem Kunden (z. B. über Call Center, Electronic Commerce-Lösungen) unterstützt.

	Vertriebsadressat	Endverbraucher	Einzelhandel	Großhandel	Industrielle Verbraucher
	Adressaten-/Kundenstruktur	sehr stabil ("Stammkundschaft")	stabil		großer Wechsel ("Laufkundschaft")
	Vertriebs-Erfolgsfaktor	Preis dominiert	Lieferzeit dominiert	Qualität dominiert	Innovation dominiert
	Vergleichbarkeit	hoch	in Zusatz- und Grundnutzen gegeben	in Grundnutzen gegeben	nicht gegeben
Produkt	Beratungsbedarf	hoch	in Teilkomponenten hoch		gering
	Lagerfähigkeit	gegeben	zeitlich begrenzt		nicht gegeben
	Produktvariation	Kundenorientiertes Einzelprodukt	Kundengruppenorientiertes Einzelprodukt	Standardprodukte mit Varianten	Standardprodukte
	Sortiment	flach			tief
	Marktbeziehungen	Auftragsorientierte Fertigung		Marktorientierte Fertigung ohne saisonale Schwankungen	Marktorientierte Fertigung mit saisonalen Schwankungen
	Bedarfsvorhersage	Produktion auf Verdacht		statistische Prognosemöglichkeit	
	Lieferlogistik	individuell	Streckengeschäfte	Handels- und Filialstruktur	standardisiert
Vertrieb	Produktservice	Ablieferung		Ablieferung und Installation	Ablieferung und Installation und Inbetriebnahme
	Vertriebsweg	**direkt**			**indirekt**
		Handelsvertreter / Handelsreisende	Verkaufsniederlassungen	Großhandel	Einzelhandel
	Preisstruktur	individuell	Kundengruppenindividuell	standardisiert und Skonti	standardisiert und Skonti und Rabatte / standardisiert

Abbildung 3.2.3-17: Typologie der Vertriebsstruktur

Die **Logistiksysteme** verfolgen und steuern den Materialfluss von den Lieferanten zu den Betrieben (Beschaffungslogistik), innerhalb der Fertigung und von dort zu den zentralen oder dislozierten Lagern (Fertigungslogistik) und schließlich zu den Kunden (Vertriebslogistik).

Ebene	System	Aufgaben
Administra-tion	Lagerbestands-führung (LLA)	1. Erfassen der Lagerbewegungen in allen Material-, Halbfertig- und Fertigproduktlagern sowie der Pack-mittel 2. Bewerten der Lagerbewegungen /Lagerbestände mit Plan- und Ist-Preisen und Ermitteln der Preisabwei-chungen 3. Freigabe/Sperrung/Belegung der Lagerplätze 4. Ein- und Auslagerungen der Behälter 5. Unterstützung der Inventur
	Versandabwick-lung (LVA)	1. Verwalten der Transportmittel und Lieferbehälter 2. Ausgabe von Warenbegleitscheinen /Versandpapieren 3. Überwachen des Rücklaufs von Warenbegleitscheinen 4. Buchen des Warenausgangs und Auslösen von Debi-torenbuchungen 5. Bearbeiten von Mängelrügen
	Wareneingangs-abwicklung (LBA)	1. Auswahl der Einlieferungslager 2. Auswahl der Transportart und Verwalten der Trans-portmittel und Lieferbehälter 3. Durchführen des Wareneingangs, Abgleich mit Be-stellung sowie Qualitätsprüfung 4. Buchen des Wareneingangs und Auslösen von Kredito-renbuchungen
Disposition	Bedarfsdisposi-tion (LBD)	1. Übernahme des terminierten Bruttobedarfs aus VD auf Artikelebene und Stücklistenauflösung bis zur Teileebene 2. Ermitteln des terminierten Nettobedarfs durch Be-standsabgleich auf Teileebene 3. Produktionsauslösung an PD bzw. Bestellauslösung an BD
	Kommissionier-disposition (LK)	1. Auswahl der Auslieferungslager und Steuerung der Auslagerung 2. Steuerung der Kommissionierung und Auswahl der Packmittel 3. Steuerung der Beladung, Auswahl der Transportart und der Fahrtroute

Abbildung 3.2.3-18: Beispiele für Logistiksysteme

Lager gut	*** Zustand**	flüssig	gasförmig	fest Schüttgut		fest Stückgut
	* Gefahrgut-klasse	nicht gegeben		moderat	hoch	extrem hoch
	* Lager-fähigkeit	zeitlich unbegrenzt	zeitlich begrenzt		zeitlich steuerbar durch Lagertechnik	
	* Lager-behälter	homogen		typisiert	heterogen	
Lager-struk-tur	*** Lagerart**	Block-/ Flachlager	Fach-/Regallager		Hochregal	
	* Lager-transport	mechanisierte Beförderung			automatisierte Beförderung	
	* Lager-organisation	geordnet nach Produkten			chaotisch	
	* -mandanten	einer	mehrere			
	* -dislozierung	Zentrallager	+ dezentrale Auslieferungsläger			
Kommis-sionie-rung	*** Art**	Sequentiell den Kundenauftrag	Parallel mehrere Aufträge		interne Sammelaufträge	
	* Frequenz	kontinuierlich	diskontinuier-lich vor Versand		diskontinuier-lich bei Auftrag/ Abruf	
	* Menge	groß			klein	
	* Behälter	homogen	produkt-spezifisch	kunden-spezifisch	versandauftrags-spezifisch	
	* Strategie	Verbrauchsfolge		Anbruchpaletten		
Transport	*** Träger**	Werks-verkehr	Vertrags-spediteure	Wechselnde Spediteure		
	* Mittel	LKW	Bahn	Kombi-verkehr	Binnen-schiff	
	* Behälter	= Lagerbehälter	‡ Lagerbehälter homogen	heterogen		
	* Rückgut	nicht vorhanden	Verpackungs-material	Altprodukte		
	* Rücklauf-behälter	homogen	rückgut-spezifisch	anliefer-spezifisch	nicht vorhanden	

Abbildung 3.2.3-19: Typologie der Logistik

Fertigungssysteme werden durch die Verfahrenstechnologie und die verwendete Fertigungsorganisation bestimmt:

- Betriebe der Pharma-, Chemie- oder Nahrungsmittelindustrie verwenden eine *Prozessfertigung,* bei der aus natürlichen Rohstoffen (z. B. landwirtschaftliche Produkte, Erdöl, Luft) Stoffe analytisch gewonnen werden, aus denen das angestrebte Produkt meist in einem kontinuierlichen Prozess synthetisiert wird. Benötigt werden Systeme, die die unterschiedliche Qualität der Rohstoffe berücksichtigen, die Charakteristika des Fertigungsprozesses und der resultierenden Endprodukte nach Fertigungschargen verwalten können.

- Betriebe des Maschinen-, Automobil- oder Elektrogerätebaus verwenden eine *Bauteilfertigung* bei der das Endprodukt aus Bauteilen zusammengesetzt wird (Montage), die vorher selbst produziert oder von Lieferanten eingekauft wurden. Benötigt werden Systeme, die den Materialfluss von den Lieferanten und in der Fertigung in mengenmäßiger und zeitlicher Hinsicht disponieren und verwalten.

Ebene	System	Aufgaben
Administration	Fertigungs-datenerfassung (PE)	1. Erfassen der Ist-Einsatzmengen (Material, Personal und Maschinen) je Arbeitsplatz 2. Erfassen der Ist-Ausbringung je Teil, Arbeitsgang, Periode
Disposition	Fertigungs-Termindisposition (PD)	1. Übernahme der terminierten Bedarfsmeldung auf Teileebene von LDB 2. Optimieren der Losgrößen und Bilden von Fertigungsaufträgen pro Teil und Werk 3. Retrogrades Terminieren der Fertigungsaufträge mit Belegungs- und Durchlaufzeiten
	Fertigungs-Kapazitätsdis-position	1. Prüfen der Verfügbarkeit der Kapazitäten auf Arbeitsplatzebene 2. Zuordnen der terminierten Fertigungsaufträge anhand ihrer Arbeitspläne auf die Arbeitsplätze 3. Ermitteln der Kapazitätsbelastung pro Typ und Zeiteinheit 4. Bei Überschreiten von Grenzen Kapazitäten oder Termine neu disponieren
Information	Produktions-controlling (PI)	1. Festlegen der Datenstrukturen der Produktion 2. Übernahme Stücklisten und Teiledaten aus Produktentwicklung und Ableiten des Produktionsstandards 3. Übernahme Arbeitspläne und Arbeitsplatzdaten aus Verfahrensentwicklung und Standards ableiten

Abbildung 3.2.3-20: Beispiele für Fertigungssysteme

Fertigungsart		Einzelfertigung	Kleinserienfertigung	Chargenfertigung	Großserienfertigung	Massenfertigung
Fertigungsorganisation		Werkstattfertigung	Fertigungsinseln/ Gruppenfertigung		Ungetaktete Fließfertigung	Getaktete Fließfertigung
Fertigungsprozesse	* Prozeßtyp	analytischer Prozeß (z.B. Chemie)	synthetisierender Prozeß (z.B. Automobil)			
	* Prozeßzahl	einstufig			mehrstufig	
	* Prozeßart	kontinuierlicher Prozeß	diskontinuierlicher Prozeß		diskreter Prozeß	
	* Prozeßkopplung	nein		flexibel	starr	
Fertigungsprozeßsteuerung	* Chargenführung	ja		Subchargenführung	nein	
	* Zeitführung	Echtzeitsteuerung		off-line automatisiert		off-line manuell
Erzeugnis-	*struktur	komplexe Struktur (Einzelteile -Baugruppen)	einfache Struktur (Einzelteile)	einteilige Erzeugnisse		
	*kontur	komplexe Kontur			einfache Kontur	
	*standardisierung	nicht standardisiert	teilstandardisiert	standardisiert mit Varianten	standardisiert	
Fertigungstiefe		gering				hoch
Transportressourcen	*Antrieb	manuell	mechanisiert			
	*Steuerung	manuell		mechanisiert	automatisiert	
	* Wege	starr		alternativ		flexibel
Fertigungsressourcen	* Stufen	einstufig	mehrstufig linear	mehrstufig vernetzt einseitig gerichtet	mehrstufig mit Rückkoppelung	
	* Verkettung	keine	starr		flexibel	
	* Werkzeuge		Standardwerkzeuge		Universalwerkzeuge	
	* Rüstbedarf	gering			hoch	
	* Kapazitätsengpässe	nicht vorhanden	bekannt		von Produktionsprogramm abhängig	
Montagestruktur		einfach, einstufig	einfach, mehrstufig		komplex	
Verpackungsstandardisierung		nicht standardisiert	produktindividuell	kundenindividuell	standardisiert	

Abbildung 3.2.3-21: Typologie der Fertigung (vgl. Schäfer, E. (1978); Jost, W. (1993))

Beschaffungssysteme sollen die Beschaffung so steuern, dass die benötigten Roh-, Hilfs- und Betriebsstoffe möglichst kostenoptimal zur richtigen Zeit, in der richtigen Menge, am richtigen Ort verfügbar sind. Dazu müssen die Systeme Mengen, Zeiten und Lieferanten disponieren sowie Bestellungen auslösen und überwachen.

Wertschöpfungs-anteil	hoch (= hohe Fertigungstiefe)		gering (= geringe Fertigungstiefe)	
Verbrauchs-verlauf	konstant	trend-beeinflußt	saisonal beeinflußt	trend-saisonal
Regionale Verteilung Lieferanten	Global Sourcing	European Sourcing		National Sourcing
Lieferantenzahl pro Stoff	hoch, heterogen	hoch, homogen	gering	tendenziell einer
Anzahl der A-Stoffe	hoch	mittlere Anzahl		gering
Lagerwert Stoffe	hoch	mittel		gering
Haltbarkeit Stoffe	hoch ohne spezielle Lagerung	hoch bei spezieller Lagerung		gering
Standardisierung Beschaffungsstoff	auf dem Markt gehandelt			speziell für den Kunden gefertigt
zeitliche Verfügbarkeit Beschaffungsstoff	zeitlich unbegrenzt	zeitlich unbegrenzt, aber saisonale Schwankungen		zeitlich begrenzt
Beschaffungs-steuerung	manuell veranlaßt	durch Kundenauftrag veranlaßt	durch Fertigungsauftrag veranlaßt	durch Bestandsfortschreibung veranlaßt
Lieferanten-steuerung	manuell veranlaßt	durch Kunden-/Fertigungsauftrag veranlaßt		durch Ausschreibung disponiert

Abbildung 3.2.3-22: Typologie der Beschaffung

Die Beschaffungssysteme sind um so wichtiger, je höher der Materialanteil an der betrieblichen Umsatzleistung ist, je breiter die Lieferanten regional verteilt sind und je geringer die Zahl der Lieferanten pro Stoff ist. Im Rahmen der strategischen Beschaffungsplanung ist daher zwischen Eigenfertigung und Fremdbezug zu entscheiden und damit die Fertigungstiefe festzulegen (*Make or Buy*); es sind die Hauptlieferanten weltweit (*global sourcing*) zu bestimmen, in die Produktentwicklung (*simultaneous engineering*) sowie in die Verfahrenssteuerung (z. B. *just in time*) mit einzubeziehen.

Ebene	System	Aufgaben
Administration	Bestellabwick-lung (BA)	1. Erfassen und Verwalten von Bestellanforderungen 2. Angebotsanfragen bei Lieferanten und deren Auswertung nach Preisen, Qualitäten, Lieferzeiten 3. Auslösen von Bestellungen und deren Bearbeitung und Verwaltung
Disposition	Bestelldisposi-tion (BD)	1. Errechnen von Bestellmengen und Lieferantenauswahl 2. Disponieren von Verbundbestellungen und Bestellzeiten 3. Überwachen von Bestellungen hinsichtlich Zeiten und Mengen, ggf. Mahnen von Lieferanten
Information	Beschaffungs-controlling (BI)	1. Informationen hinsichtlich Lieferanten über Termintreue, Lieferqualität 2. Budgetieren von Beschaffungsvolumen pro Lieferant
Planung	Beschaffungs-planung (BP)	1. Planen der Fertigungstiefe pro Teil anhand von Daten der Produktentwicklung und Auswahl von Lieferanten 2. Selektives Übermitteln von Produkt- und Verfahrensdaten an Lieferanten

Abbildung 3.2.3-23: Beispiele für Beschaffungssysteme

Personalsysteme helfen administrativ, dass Mitarbeiter zeit- und betragsgerecht ihr Entgelt bekommen und Steuer- und Versicherungszahlungen korrekt abgewickelt werden.

Ebene	System	Aufgaben
Adminis-tration	Personalbuch-haltung (PEB)	1. Abrechnen und Verbuchen der Gehälter der Mitarbeiter, sowie Steuern und Sozialversicherung 2. Pflege von abrechnungs- und einsatzrelevanten Mitarbeiterdaten 3. Abrechnen von Reisen, Spesen etc.
Dispo-sition	Personaldis-position (PED)	1. Personaleinsatzplanung je Organisationseinheit 2. Weiterbildungsplanung je Mitarbeiter 3. Verwalten von Bewerberdaten
Informa-tion	Personalcon-trolling (PEI)	1. Auswerten Personalzahlungen, -kosten (Rückstellungen) und -zeiten (Ausfallzeiten) 2. Statistiken über Ausfallgründe (Berufskrankheiten, Unfälle etc.) 3. Auswertung von Einsatz- / Fähigkeitsdaten
Planung	Personalpla-nung (PEP)	1. Personalbedarfsplanung je Einsatzgebiet 2. Personalbeschaffungsplanung 3. Personalentwicklungsplanung

Abbildung 3.2.3-24: Beispiele für Personalsysteme

Da das Personal der wichtigste "Produktionsfaktor" ist, gilt es, die Mitarbeiter qualifikationsgerecht und motivationsfördernd einzusetzen sowie weiterzubilden, um Störungen des Betriebsablaufs und des Betriebsklimas zu vermeiden. Diese Personaldisposition wird mit der zunehmenden Flexibilisierung von Arbeitszeiten und -inhalten immer wichtiger. Personal-Informationssysteme haben für die interne Organisation, zunehmend aber auch für externe Stellen (z. B. Berufsgenossenschaften, Sozialversicherungen, Behörden), statistische Auswertungen über das Personal zu produzieren. Im Beispielunternehmen wird ausschließlich der Zeitlohn mit monatlicher Frequenz verwendet.

Lohnform	Zeitlohn	Prämienlohn	Akkordlohn	
Lohnfrequenz	monatlich	wöchentlich	täglich	variierend
Lohnhomogenität	hoch		gering	
Tarife	mehrere		einer	
Lohnbezug	Einzelleistung		Gruppenleistung	
Arbeitszeit-modelle	feste Arbeitszeiten		Gleitzeit	flexible Arbeitszeiten
Schichtarbeit	eine Schicht	mehrere Schichten gleicher Länge	flexible Schichten	
Zeiterfassung	automatisiert	durch Selbst-aufschreibung		nicht vorhanden
Mitarbeiter-struktur	tarifliche			außertarifliche

Abbildung 3.2.3-25: Typologie der Personalstruktur

3.2.3.3.2 Leistungsgestaltung

Forschungs- und Entwicklungssysteme unterstützen Unternehmen dabei, marktgerechte Produkte zu entwickeln und mit kostengünstigen Verfahren qualitätsgerecht herzustellen. In der Regel betreiben Unternehmen keine Grundlagenforschung (Ausnahme: Pharma-, Luftfahrtindustrie), oft auch keine angewandte Forschung (Ausnahme: Chemie-, Elektroindustrie), sondern entwickeln nur Produkte und Verfahren auf der Basis einer beherrschten Technologie. Grundsätzlich kann experimentell (z. B. bei Pharma) oder auf Basis von Modellen der voraussichtlichen Wirkungen (z. B. bei Pflanzenschutz) vorgegangen werden; z. B. die Mechanik, Elektrik oder Aerodynamik stellen entsprechende wissenschaftliche Gesetze bereit, auf deren Basis die Verfahrens- oder Produktentwicklung erfolgen kann. Entsprechend unterschiedlich sind die *technischen F&E - Systeme*, mit deren Hilfe Produkt- und Verfahrensauslegungen entwickelt, beurteilt und dokumentiert werden.

Beispiel: *Im Bereich der konsumentennahen Pharma- und Kosmetikindustrie wird anwendungsnah geforscht und entwickelt. Da die Wirkung der Substanzen sich nur teilweise durch Modelle ableiten lässt, sind Experimente mit Tier und Mensch leider unverzichtbar. Dabei sind Überraschungen nicht selten; oft werden neue Indikationsfelder entdeckt oder ursprünglich vorgesehene verworfen. Eine Detailsteuerung der Aktivitäten ist daher nur begrenzt möglich.*

Phase	Grundlagen-forschung	Angewandte Forschung	Vorent-wicklung	Entwick-lung	Anwendungs-entwicklung
Typ	experi-mentell	wirkungs-modell-basiert	auf wissenschaft-lichen Gesetzen fußend	auf ingenieurwissen-schaftlichen Erfahrun-gen aufbauend	
Technisch-wis-senschaftliche Unsicherheit	extrem hoch (Technologie generell neu)	hoch (Technologie für Unternehmen neu)		beherrscht	gering
Wirtschaftliche Unsicherheit	extrem hoch (Verwendung unklar, Verwender unbekannt)	hoch (Verwendung unklar, Verwender bekannt)	beherrscht (Verwendung klar, Verwender bekannt)		gering
Erfolgsfaktor	innovations-orientiert	zeit-orientiert	qualitäts-orientiert	kosten-orientiert	
Strukturie-rungsgrad	Programm-struktur	Projekt-struktur	Aktivitäten-struktur		
Ziel	Produkt	Verfahren		Produkt und Verfahren	
Fremdanteile	hoch	im Untersuchungs-und Nachweisprozeß	für Nachweis (Laborstudien etc.)	gering	
Ablauf-organisation	strategische Steuerung	strategische und operative Steuerung	Eigensteuerung durch Forschungsorganisation		
Regionale Verteilung	ein F&E-Standort	mehrere nationale F&E-Standorte	mehrere internationale F&E - Standorte		

Abbildung 3.2.3-26: Typologie von Forschung & Entwicklung

Betriebswirtschaftliche F&E - Systeme planen und steuern F&E - Projekte, die aus der strategischen Marketing- und Investitionsplanung folgen, in dem sie deren inhaltlichen Fortschritt, Termine und Kosten verfolgen und mit Marktentwicklungen konfrontieren. Zur Entwicklungssteuerung wird oft Netzplantechnik verwendet, die sowohl die Struktur-, die Zeit-, als auch die Kapazitätsplanung der Projekte unterstützt. Häufig wird diese um ein Projektkostensystem ergänzt. Zum Projektcontrolling gehört auch die Dokumentation der inhaltlichen Entwicklungsergebnisse, die oft für Zulassungsprozesse (z. B. bei Arzneimitteln) und für die Produkthaftung benötigt wird.

Ebene	System	Aufgaben
Informa-tion	Entwick-lungs-controlling (EI)	1. Planung von Projektaktivitäten hinsichtlich Zeit, Kapazität, Kosten 2. Erfassen für Entwicklungsaufträge aufgewendeter Ist - Zeiten, - Kapazitäten, - Kosten pro Projektaktivität 3. Erfassen der Projektergebnisse und zugeordneter Dokumente 4. Erstellen von Auswertungen über Zeiten, Kapazitäten, Kosten und Projektergebnisse 5. Dokumentation der Projektergebnisse für Zulassungsprozeduren, Weiterentwicklungen etc. mit Recherchefunktionalität
Planung	Entwick-lungs-planungs-system (EP)	1. Ableiten von Entwicklungsprogrammen für Produkte und Verfahren aus der Strategischen Planung 2. Definition der Entwicklungsprogramme und Spezifizierung von Projekten samt potentieller Entwicklungsressourcen (Make or Buy) 3. Verfolgen des Fortschritts der Projekte und Programme 4. Programmfortschrittskontrolle im Vergleich zur strategischen F&E-Programmplanung 5. Verwalten der strategischen F&E-Programmplanung

Abbildung 3.2.3-27: Beispiele für Forschungs- und Entwicklungssysteme

Investitionssysteme sollen zum einen die Instandhaltung und Erneuerung des Gebäude-, Maschinen- und Ausstattungsbestandes des Unternehmens steuern, um dessen Leistungsfähigkeit zu sichern (*Investitionscontrolling*). Zum anderen sind aufgrund der Kapazitätsanforderungen Investitions- oder Desinvestitionsmaßnahmen wirtschaftlich zu planen.

Ebene	System	Aufgaben
Informa-tion	Investitionscon-trolling (II)	1. Disponieren der Instandhaltungs-, Erweiterungs- und Erneuerungsmaßnahmen (Kapazitäten, Zeiten, Kosten) 2. Erfassen der aufgewendeten Mengen, Zeiten, Kosten 3. Steuern des Maßnahmenfortschritts 4. Dokumentation der Maßnahmen und Meldung von Sachanlagenzugängen an Anlagenbuchhaltung
Planung	Investitionspla-nungssystem (IP)	1. Übernahme der Produktions-Kapazitätsplanung aus PP 2. Ermitteln der langfristig erforderlichen Anlagen-Kapazitäten 3. Budgetierung der jährlichen Instandhaltungs-, Erweiterungs- und Erneuerungsmaßnahmen

Abbildung 3.2.3-28: Beispiele für Investitionssysteme

Einsatz-flexibilität	fertigungs-spezifische Einzweckanlagen	nicht-fertigungs-spezifische Einzweckanlagen	fertigungs-spezifische Mehr-zweckanlagen	nicht-fertigungs-spezifische Mehr-zweckanlagen
Kopplung	isolierte Systeme	interdependente Systeme		gekoppelte Systeme
Anlagen-intensität	gering, klein dimensionierte Fertigungsanlagen	gering, groß dimensionierte Anlagen	hoch, kleindimensionierte Fertigungsanlagen	hoch, groß-dimensionierte Anlagen
Kapazität	eine pro Ressource	mehrere pro Ressource (z. B. Dampf, Elektrizität)		
Instand-haltungs-bedarf	gering, zeitlich ungetaktet	gering, zeitlich getaktet	hoch, zeitlich ungetaktet	hoch, zeitlich getaktet
Nutzungs-dauer	gering, hohe Innovation	gering, geringe Innovation	hoch, geringe Innovation	hoch, hohe Innovation
Anlagen-homo-genität	homogene Zentralan-lagen mit homogenen Ergänzungsanlagen		homogene Zentralan-lagen mit heterogenen Ergänzungsanlagen	heterogene Zentralan-lagen mit heterogenen Ergänzungsanlagen
Anlagenver-fügbarkeit auf dem Markt	nicht gegeben	Einzel-anfertigung	Standard-anlagen	
Anlagen-lieferant	keiner, selbst-erstellte Anlagen	ein Lieferant		mehrere Lieferanten
Anlagen-beschaffungs-zeit	vernachlässigbar	gering > 3 Monate	lang > 1 Jahr	sehr lang > 5 Jahre

Abbildung 3.2.3-29: Typologie der Investitionen

Die Investitionssysteme sind von der Anlagenintensität des Unternehmens und dessen Instandhaltungsbedarf abhängig. In Chemie- wie auch Stahlunternehmen sind beide Grö-ßen relativ hoch, so dass die Informationsunterstützung wichtig ist. Verstärkt wird dies dadurch, dass die Anlagen groß dimensioniert sind, so dass deren Ausfall kaum kom-pensiert werden kann.

Die **Finanzierungssysteme** sollen den kurz-, mittel- und langfristigen Finanzstatus eines Unternehmens ermitteln, der sich aus dessen Umsatzleistungen, den Kosten der Leis-tungsdurchführungsprozesse und den Investitionen, F&E - Projekten etc. der Gestal-tungsprozesse ergibt. Aus den resultierenden Ein- und Auszahlungen in verschiedenen Währungen ergibt sich der Bedarf an Eigen- und Fremdfinanzierungen und der not-wendigen Kreditsicherheiten, für den die optimalen Finanzierungsformen zu analysieren sind.

Ebene	System	Aufgaben
Disposition	Finanzcontrol-lingsystem (FI)	1. Disposition der Währungskonten durch Konten- (Netting) u. zeitlichen Ausgleich (Ledging) 2. Disposition von Kreditsicherheiten und Währungsabsicherung
Planung	Finanzplanungssystem (FP)	1. Übernahme von Beschaffungs- und Vertriebsdaten, Investitions- und F&E-Daten zur Zahlungsprognose 2. Planung des Finanzmittelbedarfs differenziert nach Laufzeiten, Finanzierungsarten, Währungen 3. Planung des Kreditsicherungsbedarfs differenziert nach Laufzeiten, Finanzierungszwecken, Währungen 4. Bewertung von Finanzierungsinstrumenten

Abbildung 3.2.3-30: Beispiele für Finanzierungssyseme

Die Finanzierungs- ziehen die Rechnungswesensysteme heran, um den Liquiditätsstatus des Unternehmens zu ermitteln. Daten aus der Verkaufs- und Beschaffungsdisposition werden verwendet, um eine zeit- und bedarfsgerechte Prognose der Zahlungsströme aus den Leistungsdurchführungsprozessen zu erstellen. Da bei international tätigen Unternehmen Ein- und Auszahlungen in den Hauptwährungen der Welt anfallen, sind Transaktionskosten und Wechselkursrisiken über ein zeitliches und betragsmäßiges Clearing der Währungszahlungen zu reduzieren und Umfang und Art der zu sichernden Beträge mit einem Finanzdispositionssystem (Cash Management System) zu disponieren.

Mandanten-anzahl	eine		mehrere unabhängige		mehrere in Konso-lidierungskreisen	
Währungs-anzahl	eine				mehrere	
Konsolidierung	währungsabhängig (Netting)			laufzeitabhängig (Ledging)		
Bankver-bindungen	eine		mehrere, ein Land		mehrere, mehrere Länder	
Funktions-bereiche	Geldhandel		Devisenhandel	Wertpapier-management		Darlehens-management
Finanzierungs-instrumente	Eigen-	Selbst-Factoring		Kredite	Fremd-Leasing	Lieferanten-verbindlichkeiten
Kurssicherungs-instrumente		Terminkurse		Währungsoptionen		Währungsswaps
Kreditsicherungs-instrumente	Immobilien		Verpfändungen	Mobilien Sicherungs-übereignung		Abtretung

Abbildung 3.2.3-31: Typologie Finanzierung

3.2.3.3.3 Leistungsabrechnung

Die Abrechnungssysteme begleiten die Prozesse der Leistungsdurchführung und -gestaltung, in dem deren Mengen- und Zeitgerüste mit Geldwerten bewertet werden. Dieses Wertgerüst ergibt sich aus dem Austausch von Gütern und Leistungen mit anderen Wirtschaftseinheiten über Märkte für bestimmte Preise. Dieser Austausch wird in den Nebenbuchhaltungen wie Personal-, Kreditoren- und Debitorenbuchhaltung dokumentiert. Die *Buchhaltung* speist das externe und das interne Rechnungswesen.

Struktur	**Regionale Ausdehnung**		national		multi-national
	Rechtsformen		homogen		heterogen
	Mandantenfähigkeit		ein Mandant	mehrere Mandanten gleicher Rechtsform	mehrere Mandanten heterogener Rechtsformen
Finanz-buchhaltung	**Fremdwährungsbuchung**		nein	ja, eine Währung	ja, mehrere Währungen
	Hochinflationsbuchung		nein	Stichtagsumrechnung	synchrone Umrechnung
	Kontenrahmen		homogen	heterogen	
Neben-buchhaltung	**Anlagenbuchhaltung**	Bewertungsfunktionen	ein Abschreibungsverfahren	mehrere Abschreibungsverfahren	Sonderabschreibungen
			Investitionsförderung		
	Debitorenbuchhaltung	Mahnkreise	einer		mehrere
	Kreditorenbuchhaltung	Vertriebskreise	einer		mehrere
Abschluß	**GuV**		Umsatzkostenverfahren	Gesamtkostenverfahren	wahlweise
	Bilanzierungsgrundsatz		deutsch (Gläubigerschutz)	angloamerikanisch ("True and Fair View")	
	Konsolidierung		nicht erforderlich	nach einheitlichen Vorschriften erforderlich	nach heterogenen Vorschriften erforderlich
	Währung		homogen	heterogen bei stabilen Währungsverhältnissen	heterogen bei variierenden Währungsverhältnissen

Abbildung 3.2.3-32: Typologie des externen Rechnungswesens

Das *externe Rechnungswesen* dient der Rechenschaft der Unternehmensleitung gegenüber den Kapitalgebern, es wird durch die rechtliche Gestalt des Unternehmens (z. B. Rechtsformen der Gesellschaften) und die Rechtsvorschriften der Länder beeinflusst. Über Planbilanzen wird es zunehmend auch in gestaltende Fragen der Unternehmensführung, insbesondere bei Finanzierungs- und Investitionsentscheidungen einbezogen.

Ebene	System	Aufgaben
Administration	Buchhaltung (RB)	1. Daten für die Debitoren-, Kreditoren- und Personalbuchhaltung aus den Administrationssystemen Vertrieb, Beschaffung und Personal übernehmen und zu Hauptbuchkonten verdichten. 2. Daten für die Anlagenbuchhaltung aus Investitioncontrolling übernehmen und zu Hauptbuchkonten verdichten. 3. Konten der Hauptbuchhaltung führen.
Information	Bilanzierung (RI)	1. Übernahme der Buchhaltungsdaten und Abschlussbuchungen aller Gesellschaften des Konzerns. 2. Erstellen aller Einzelabschlüsse im Ist nach Konzernrichtlinien. 3. Konsolidierung der Einzelabschlüsse der Tochtergesellschaften. 4. Erstellen des Konzernabschlusses im Ist.
Planung	Bilanzplanung (RP)	1. Erstellen von Planbilanzen und Plan-Kapitalflussrechnungen. 2. What-If-Analysen für alternative Bilanzierungsstrategien.

Abbildung 3.2.3-33: Beispielsysteme des externen Rechnungswesens

Die **Leistungs- und Kostenrechnungssysteme** dienen internen Planungs-, Steuerungs- und Kontrollaufgaben. Es wird daher von der Organisations-, Führungs- und Gesellschaftsstruktur des Unternehmens geprägt (Kilger/ Vikas (1993), Fischer (1997)).

Beispiel: Das Kosmetikunternehmen betreibt eine Plankostenrechnung, bei der einmal pro Jahr die Ergebnis- und Kostenverantwortlichen ihre Budgets planen. Da die Material- und Personalkostenanteile in der Fertigung gering sind und in den übrigen Bereichen (Forschung, Vertrieb) sich nur schwer sinnvolle Bezugsgrößen bilden lassen, wird eine (in den Kostenstellen) starre Plankostenrechnung ohne Differenzierung von variablen und fixen (Gemein-)kosten betrieben (Vollkostenrechnung). Viel Wert legt man auf die Differenzierung der kurzfristigen Erfolgsrechnung, um den Vertrieb zu steuern.

Bereich	Merkmal	Ausprägungen
Struktur	* Zeitbezug	Plan · Prognose · Ist
	* Verbindung mit Finanzbuchhaltung	Einkreissystem · Zweikreissystem · Mehrkreissystem
	* Kontenplan	einheitlich · heterogen
	* Mandantenzahl	ein Mandant · mehrere separate Mandanten
	* Konsolidierung zwischen Mandanten	keine · Primärkostendurchrechnung Kostenträger · Primärkostendurchrechnung Prozesse · Konsolidierung Kostenstellen
Kostenartenrechnung	* Einteilung	Kostenarten · Erlösarten
	* Differenzierung	Einzel- & Gemeinkosten · fixe & variable Kosten
	* Abweichungsanalyse	Preisabweichungen · + Wechselkursabweichungen
Kostenstellenrechnung	* Bezugsgrößen	eine pro Kostenstelle · mehrere pro Kostenstelle
	* Ausprägung	starr · flexibel
	* Kostenstellenverdichtung	keine · hierarchische eindimensional · hierarchische mehrdimensional · vernetzte Verdichtung
	* Abweichungsarten	Verbrauchsabweichungen · Spezialabweichungen
	* Innerbetriebliche Leistungsverrechnung	Kostenartenverfahren · Kostenträgerverfahren · Kostenstellenverfahren
Auftragsrechnung	* Differenzierung	Gemeinkostenauftrag - nicht aktivierungsfähig · Investitionsaufträge - aktivierungsfähig · Kundenaufträge
Kurzfristige Erfolgsrechnung	* Differenzierung	Marktbezug · Produktbezug · Kundenbezug · Werkbezug
	* System	Vollkostenrechnung · gestufte Fixkostendeckungsrechnung
	* Verfahren	Umsatzkostenverfahren · Gesamtkostenverfahren
	* Abschlußobjekte	Produkte · Betriebe · Organisationseinheiten (Profit Center) · Regionalmärkte · Kunden · Aufträge
	* Zeithorizonte	Plan - Horizont? - Frequenz · Vorschau - Frequenz? · Ist - Periode? - Frequenz
Erzeugniskalkulation	* Kostenträger	Produkt · Zwischenprodukte · Auftrag · Projekt · Kunde · einstufig · nach Leistungsstufen

Abbildung 3.2.3-34: Typologie der Leistungs- und Kostenrechnungssysteme

Die Kosten- und Leistungsrechnung übernimmt im Ist die Daten der Buchhaltung, verändert allerdings bestimmte Werte (z. B. kalkulatorische statt bilanzieller Abschreibungen) und ergänzt andere (z. B. kalkulatorische Zinsen). Die Kostenarten- und die Kostenstellenrechnung werden im Ist oft entsprechend dem angloamerikanischen Brauch zu einem „General Ledger" zusammengefasst, der um Planungs- und Auswertungsrechnungen ergänzt wird.

Ebene	System	Aufgaben
Administration	Leistungs-/ Kostenarten-rechnung (KAR)	1. Ermittlung von Planpreisen 2. Übernahme der Ist-Daten aus der Buchhaltung (RB) 3. Verbuchen mit Wert- und Ansatzdifferenzen 4. Ermittlung der Preisabweichung
Disposition	Erfolgs-und Kostenstellen-rechnung (KST)	1. Unterstützung der jährlichen Erfolgs- / Kostenstellen-planung 2. Durchführung der Innerbetrieblichen Leistungsver-rechnung im Plan und Ist 3. Plan-Ist-Ausweis mit kostenstellenbezogener Abwei-chungsanalyse
	Prozesskosten-rechnung (KPR)	1. Übernahme der Kostenstellenbudgets aus KST 2. Planung von Aktivitätenmengen pro Kostenstelle 3. Planung von Prozessmengen pro Prozessbereich 4. Ermittlung der Plankosten pro Prozess
Information	Kalkulation (KAL)	1. Übernahme der Daten aus KST und KAR sowie KPR 2. Kalkulation fertiger und unfertiger Erzeugnisse im Plan, dabei ggf. Konsolidierung und Durchrechnung
	Kurzfristige Ergebnisrech-nung (KER)	1. Produkt-, markt- und betriebsbezogene Ergebnisrech-nung im Plan und Ist, dabei ggf. Konsolidierung 2. Übergabe der Daten an RI (Bilanzierung), dabei Auf-lösung von Posten-/Bewertungsdifferenzen 3. Plan-Ist-Abweichungen in flexiblen Analyseketten

Abbildung 3.2.3-35: Beispiele für Leistungs- und Kostenrechnungssysteme

3.3 Unternehmensübergreifende Integration

3.3.1 Kennzeichen

Jedes Unternehmen ist eingebunden in ein Beziehungsgeflecht von Informationsflüssen zu Koalitionsteilnehmern außerhalb der Unternehmung. Zu diesen gehören nicht nur die Geschäftspartner in der Wertschöpfungskette (Lieferanten / Kunden sowie Logistik-dienstleister), sondern auch die Geschäftspartner im Geldfluss (z. B. Banken), sowie administrative Stellen (z. B. Finanzbehörden).

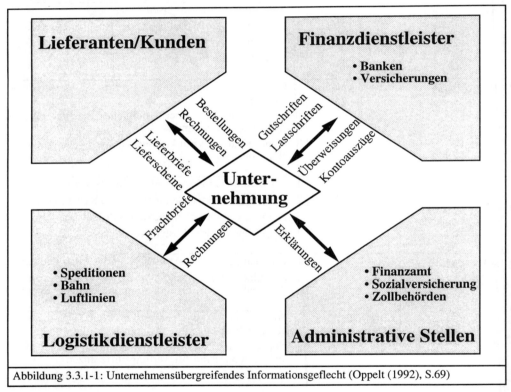

Abbildung 3.3.1-1: Unternehmensübergreifendes Informationsgeflecht (Oppelt (1992), S.69)

Noch vor wenigen Jahren richtete sich die unternehmensübergreifende Integration nur auf den Datenaustausch mit anderen Unternehmen *(business to business)*. Inzwischen ist die Technik so weit fortgeschritten, dass auch einzelne Organisationseinheiten mit elektronischen Kommunikationssystemen unternehmensübergreifend zusammenarbeiten *(team to team)*. Schließlich vermarkten die Unternehmen zunehmend ihre Leistungen über elektronische Netze an Endverbraucher *(business to consumer)*. Im Integrationsgrad können diese drei Formen des *Electronic Commerce* unterschiedlich ausgeprägt sein.

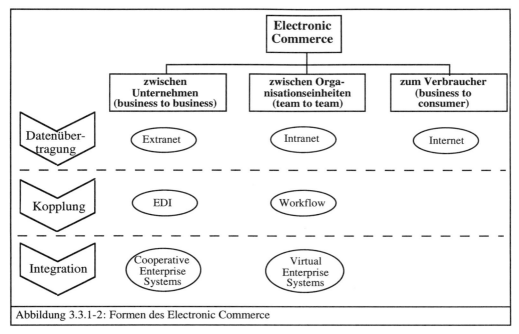

Abbildung 3.3.1-2: Formen des Electronic Commerce

In der ersten Stufe werden Daten zu den Teilnehmern elektronisch übertragen, um Zeit und Kosten zu sparen (DFÜ = Datenfernübertragung). In der zweiten Stufe werden die IS der Teilnehmer gekoppelt, um die Kosten und Fehler menschlicher Arbeit zu vermeiden (EDI = Electronic Data Interchange). In einer dritten Stufe wird angestrebt, die Geschäfts- und Informationsprozesse zwischen den Teilnehmern zu integrieren (ZBI = Zwischenbetriebliche Integration), um zu neu gestalteten Wertschöpfungsketten zu kommen.

3.3.1.1 Integrationsziele

Die **Rationalisierung von Kommunikationsprozessen** erfolgt dadurch, dass die Kommunikation per „gelber Post" und „Telefon" mit ihren vielen Medienbrüchen (von Papier -> Schreibsystem -> Papier -> FAX -> FAX-Papier etc.) abgelöst wird. Werden diese Medienbrüche mittels DV-lesbarer Nachrichten vermieden, so entfallen Eingabe- und Bearbeitungsvorgänge, deren Kosten werden eingespart und die Kommunikation wird u. a. durch verringerte Liege- und Transportzeiten beschleunigt.

Durchgreifende Rationalisierungseffekte lassen sich verstärkt im Zusammenwirken der Teilnehmer erreichen. Einigen sich die Unternehmen einer Branche auf EDI, so reduzieren sich damit einzelwirtschaftlich die Vorgänge für eine Leistungstransaktion.

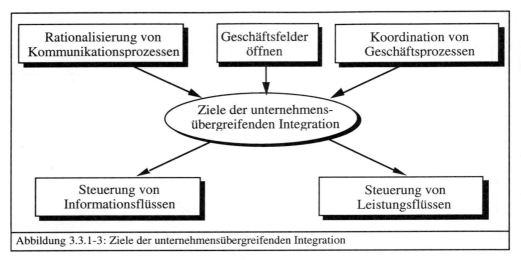

Abbildung 3.3.1-3: Ziele der unternehmensübergreifenden Integration

Kommunizieren die Unternehmen nur elektronisch, so reduzieren sich z. B. die Vorgänge für eine Bestellung beim Lieferanten von 16 auf 10; erlaubt der Lieferant dem Kunden auch die direkte Anfrage nach der Verfügbarkeit und dem Liefertermin der Ware, so entfallen drei weitere Vorgänge *(EDI-Integration)*.

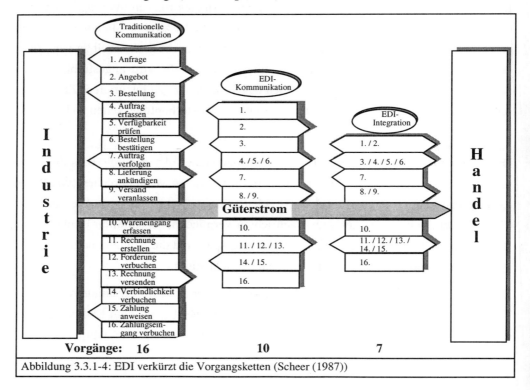

Abbildung 3.3.1-4: EDI verkürzt die Vorgangsketten (Scheer (1987))

Wichtiger als die Rationalisierung sind die Synergieeffekte, die aus der verbesserten **Koordination von Geschäftsprozessen** folgen. Durch bessere und aktuellere Informationen können Unternehmen ihr Angebot zielgerechter auf den Markt einstellen, Marktforschungsaufwendungen senken sowie die Produktion und Logistik effizienter steuern.

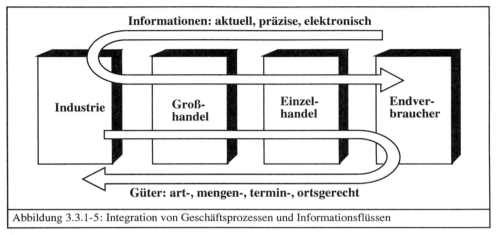

Abbildung 3.3.1-5: Integration von Geschäftsprozessen und Informationsflüssen

Es ist ein Informationsfluss zwischen dem "Point of Sale" (POS) im Handel und dem Hersteller unabhängig vom Warenfluss zu etablieren (z. B. Scannerkassendaten). Per „Point of Sale-Banking", bei dem per Kreditkarte direkt an der Kasse bezahlt wird, soll der Zahlungsverkehr rationalisiert und Merkmale des Verbrauchs- und Zahlungsverhalten eines individuell adressierbaren Kunden gewonnen werden. Im Gegenzug sollen Sortiments- und Verfügbarkeitsinformationen zeitgerecht vom Hersteller den POS erreichen und die Logistik steuern.

Formen	Erläuterung
EDI-Handelspanel	• Auswertung der Bestell- und Lieferdaten durch Clearing-Zentrale
POS Scanningpanel	• Übermittlung der automatisiert erfaßten POS-Abverkaufsdaten
POS-Haushalts-/Handelspanel	• Nutzung von POS-Abverkaufsdaten in Kombination mit POS-Cash / EC-Daten per EDI

Abbildung 3.3.1-6: EDI-gestützte Marktforschungsformen im Handel (Olbrich (1992))

Z. B. diskutiert die Textilbranche *Quick Response* - Konzepte, bei denen Trend- und Abverkaufsdaten vom Handel rasch die Industrie erreichen, um das Marketingmix zu unterstützen, die Zeiten zwischen Order und Verkaufssaison zu senken und Abschriften aus falschen Sortimenten zu reduzieren. Die Konsumgüterbranche fasziniert das *Efficient Consumer Response*, nach dem Kostenvorteile von über 10 % der Verkaufspreise erzielbar wären (Food Marketing Institute (1993)).

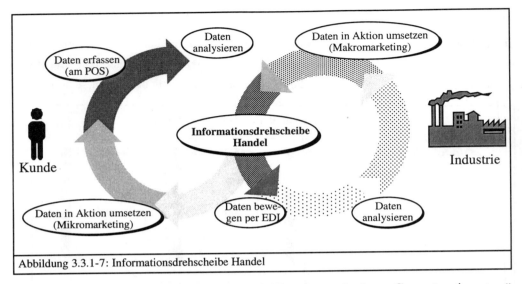

Abbildung 3.3.1-7: Informationsdrehscheibe Handel

Die Industrie kann über elektronische Produktkataloge mit einem Gesamtsortiment präsent sein. Der Händler kann Kunden jederzeit Auskunft über alle Produkte, deren Preise sowie Liefertermine geben, muß die Produkte physisch nicht auf Lager haben, sondern kann per EDI bei Lieferanten die Daten abfragen und bestellen *(virtueller Lagerbestand).*

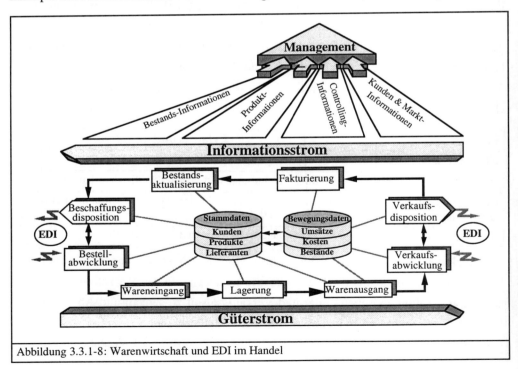

Abbildung 3.3.1-8: Warenwirtschaft und EDI im Handel

In der Logistik lassen sich per EDI geschlossene Versorgungs- (Produkte) und Entsorgungskreisläufe (Altprodukte, Verpackungen) aufbauen. In der Geldlogistik hat z. B. die FORD AG. auf eine separate Rechnung mit Rechnungsprüfung verzichtet.

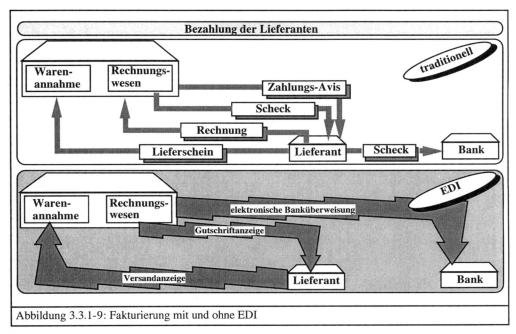

Abbildung 3.3.1-9: Fakturierung mit und ohne EDI

Anspruchsvoll ist, mit unternehmensübergreifender IS-Integration **neue Geschäftsfelder zu öffnen:** Vertriebswege zu schaffen (z. B. Last Minute Reisen im INTERNET), bessere Produkte anzubieten (z. B. maßgeschneiderte Jeans) oder neue zu schaffen (z. B. Fernwartung von Heizungsanlagen).

Electronic Commerce verändert ganze Branchen: Die Banken beginnen mit einem "Direct Electroning Banking" speziell aktive Kundenschichten anzusprechen und reduzieren ihr Filialnetz; Charterfluggesellschaften werden zu Reisekomplettanbietern und vermeiden den Umweg über Reisebüros. Nur Unternehmen, die in Electronic Commerce Systemen präsent sind (z. B. in Reise - Reservierungssystemen) werden am Markt noch wahrgenommen.

Da die unternehmensübergreifende Integration erhebliche Vorteile hinsichtlich der Zeiten, Kosten und des gebundenen Vermögens hat, werden in bestimmten Branchen (Automobilindustrie, Kaufhausketten) Lieferanten ohne EDI-Fähigkeit nicht mehr akzeptiert.

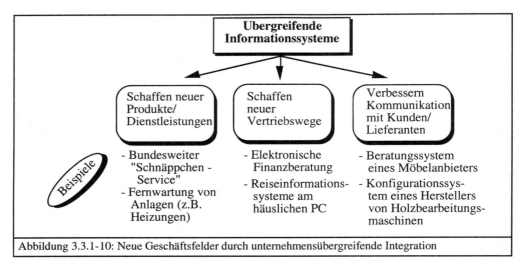

Abbildung 3.3.1-10: Neue Geschäftsfelder durch unternehmensübergreifende Integration

Durch "No EDI - no buy" werden zwangsweise Wettbewerbsvorteile gegenüber nicht EDI-fähigen Konkurrenten realisiert. Schwächere Marktpartner müssen sich an die EDI-Vorgaben und -Abläufe der Abnehmer anpassen und werden von diesen abhängig.

	Effizienzeffekte		**Effektivitätseffekte**	
	Unternehmens-interne	**Zwischenbe-triebliche**	**Unterneh-mensinterne**	**Zwischenbetrieb-liche**
Zeitvorteile	• Artikel schneller verfügbar • Vorgänge beschleunigen	• Kommunika-tionszeiten senken	• Schneller auf Markttrends reagieren • Durchlauf-zeiten verkürzen	• Schnellere Markt - Informationen
Kosten-/Ertrags-vorteile	• Vermeidung von Doppel-arbeit • Fehlersenkung bei der Datener-fassung • Bearbeitungs-kosten senken	• Doppelarbeit vermeiden • Kommunika-tionsfehler vermeiden • Vorgänge re-duzieren, Kos-ten sparen	• Neue Lei-stungs-angebote; Ab-satz und Um-satz steigern • Kunden besser binden • Fehlmengen-kosten und Abschriften vermeiden	• Distributionskanäle verkürzen; Trans-aktionskosten sen-ken • Zwischenhändler ausschalten, Mar-gen verbessern
Vermögens-vorteile	• Verringerte La-gerbestände • Verringerte Forderungen	• Weniger Ver-mögen in Wertkette	• Investitionen im Vertriebs-weg senken	

Abbildung 3.3.1-11: Effizienz- und Effektivitätseffekte unternehmensübergreifender Integration

3.3.1.2 Integrationstechnologien

Unternehmensübergreifende Informationssysteme nutzen Datenübertragungsnetze (z. B. ISDN) und die Basistechniken der elektronischen Kommunikation zwischen Computern: Transfer von Dateien (file transfer), den Zugriff auf Dateien (remote data entry) oder Datenbanken (remote data base access). Die Systeme lassen sich (1) nach der Intensität der Kommunikation, (2) der Art der übermittelten Daten und (3) den übernommenen Funktionen einteilen.

Hinsichtlich der **Intensität der Kommunikation** sind Übertragungssysteme von gekoppelten und von integrierten Systemen zu unterscheiden. Bei *elektronischen Übertragungssystemen* (z. B. Electronic Mail) werden zwischen Personen und / oder Rechnern Nachrichten ausgetauscht, die durch Dateien beliebigen Inhalts ergänzt werden können. Entscheidendes Merkmal ist, dass die Nachrichten- und Dateiinhalte durch die Empfangsperson interpretiert werden müssen. Öffentliche Systeme (z. B. im INTERNET) sind gegen Entgelt jedem zugänglich und technisch standardisiert, private Systeme sind auf eine Nutzergruppe beschränkt (INTRANET) und verwenden u. U. deren spezifische Software. Groupware Systeme (z. B. Lotus NOTES) verwenden ebenfalls eine spezifische Software, sind aber mit den entsprechenden Berechtigungen hinsichtlich der Nutzer offen. Electronic Mail Systeme können durch Datenbanken mit Text- und Bild-Informationen ergänzt werden. Dadurch sind elektronische "Postwurfsendungen" oder Produktkataloge realisierbar. Unternehmen bieten z. B. im INTERNET kundenorientierte Informationssysteme (z. B. im World Wide Web) an, in denen Kunden sich über Produkte informieren und diese bestellen können *(Customer oriented system - COS).*

Bei *gekoppelten Systemen* (z. B. EDI - Electronic Data Interchange) werden definierte Nachrichten ausgetauscht und von DV-Systemen automatisch interpretiert; ein manueller Eingriff ist nicht nötig. Für die automatische Interpretation sind die Nachrichten exakt zu definieren und es ist entsprechende Software zu installieren. EDI wird bisher nur in geschlossenen Benutzergruppen verwendet, die sich auf Nachrichtendefinitionen einigen. Neben offenen Systemen (z. B. auf Basis des EDIFACT - Nachrichtenaustauschformates) existieren proprietäre Lösungen (z. B. SAP Business Objects / Components). Einen Kompromiss bilden Workflow - Systeme, bei denen sowohl automatisch interpretierte Nachrichten als auch durch Mitarbeiter zu bearbeitende Dokumente ausgetauscht werden können.

Bei *zwischenbetrieblich integrierten Informationssystemen* (IES - Inter-Enterprise Systems) schließt sich eine Gruppe von Teilnehmern zusammen, um für eine gemeinsame

Aufgabe Daten- und Funktionsstrukturen eines Systems abzustimmen. Es kann sich um ein System handeln, das von einem der Teilnehmer den anderen angeboten oder auch gemeinsam entwickelt wird. Beispiele sind die Reise-Reservierungssysteme (CRS - computer reservation systems) GALILEO und AMADEUS. Der Softwareanbieter SAP strebt z. B. an, R/3-Systeme von verschiedenen Unternehmen über eine sogenannte ALE-Komponente (Application Link Enabling) zu verbinden. ALE integriert die verteilten Systeme durch ein konfigurierbares Verteilungsmodell und gewährleistet so den Nachrichtenaustausch sowie den Abgleich von Stamm- und Steuerungsdaten. Steht der Zugang allen Unternehmen offen, die die Systemvoraussetzungen erfüllen, entsteht eine zwischenbetriebliche Informationskooperation (CES - Cooperative Enterprise System).

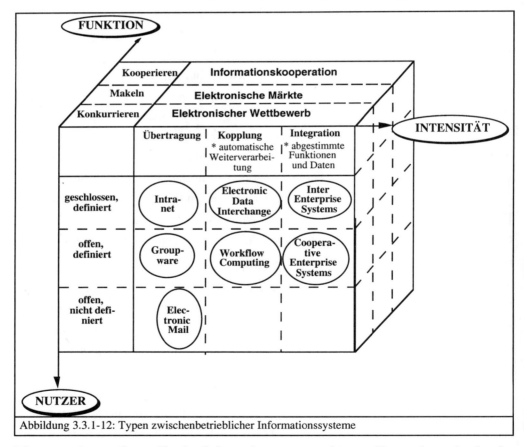

Abbildung 3.3.1-12: Typen zwischenbetrieblicher Informationssysteme

Mit unternehmensübergreifenden Informationssystemen können Unternehmen konkurrieren, auf Märkten Leistungen austauschen oder kooperieren. In der ersten Stufe boten einige Unternehmen ihren Marktpartnern eine elektronische Kommunikation in der Hoffnung auf Wettbewerbsvorteile an. Dies gelang zwar meist kurzfristig, doch die Wettbewerber reagierten in der Regel schnell und im Markt etablierten sich mehrere inkompatible Systeme. In einer zweiten Stufe werden *elektronische Märkte* (electronic markets) entwickelt. In Kommunikationssystemen (meist gekoppelt mit Datenbanken) plazieren Unternehmen ihr Angebot und ihre Nachfrage, die dann nach Marktmechanismen miteinander koordiniert werden (Schmid (1993)). Beispiele finden sich in Märkten für Logistik- und für Touristikleistungen sowie auf Finanzmärkten. In einer dritten Stufe erkennt eine Gruppe von Unternehmen, dass sich die Vorteile der Informationstechnologie nur nutzen lassen, wenn kooperativ eine gemeinsame DV-Infrastruktur aus z. B. Produktdatenbanken und Nachrichtentypen aufgebaut wird. Es entsteht eine *unternehmensübergreifende Informationskooperation*.

3.3.1.3 Integrationsgrade

Bei der *Datenübertragung* tauschen die Unternehmen definierte Nachrichten elektronisch aus; dazu werden Nachrichtenformate (syntaktisch und semantisch) definiert und Datenfernübertragungswege (Netze und Dienste) vereinbart. Bei der *Datenintegration* greifen mehrere Unternehmen auf gemeinsame Datenbestände zu. Beispiele sind gemeinsame Produktstammdatenbestände zwischen Herstellern und Handel (SINFOS der CCG, Köln) oder Gebraucht-PKW-Datenbanken bei Autohändlern. Bei einer *Funktionsübertragung* übergibt ein Unternehmen anderen die Abwicklung bestimmter Vorgänge. Z. B. führt ein Jeanshersteller die Lagerbestände seiner Franchising-Ladenkette und sorgt für die rechtzeitige und nachfragegerechte Sortimentsdisposition in jeder Filiale. (VMI = vendor managed inventory). Ähnliche Systeme existieren in der Automobilindustrie, wo Zulieferer Bauteile zeit- und mengengerecht just-in-time an der Montagelinie bereitstellen. Bei der *Funktionsintegration* werden die Systeme der Partner so gekoppelt, dass Vorgänge automatisiert (ohne menschliche Eingriffe) abgewickelt werden. Beispielsweise wird eine Ausgangsrechnung über EDI an einen Kunden versendet und dort automatisiert in eine Eingangsrechnung transformiert, die in einem integrierten DV-System dann gleichzeitig für die Kostenrechnung verwendet wird. Dazu muss die Eingangsrechnung mit den notwendigen Kontierungsinformationen versorgt werden, die z. B. schon in der Bestellung hinterlegt wurden, dann alle Prozessstationen des Lieferanten durchlaufen und von ihm dann in die Ausgangsrechnung eingestellt werden (Kagermann (1993), S. 460).

Form	Kennzeichen	Beispiele	Vorteile
Datenübertragung	• Austausch von Geschäftsnachrichten per Datenfernübertragung	• Anfrage Angebot, • Bestellung Bestellbestätigung Lieferavis Rechnung	• Beschleunigung • Fehlersenkung • weniger manuelle Bearbeitung
Datenintegration	• Unternehmen nutzen gemeinsame Datenbestände	• Produktstammdaten	• aktuelle, vollständige und vergleichbare Datenbestände
Funktionsübertragung	• Marktpartner übernehmen Funktionen	• Lagerbestandsführung durch Lieferanten	• keine Doppelarbeiten • Beschleunigung
Funktionsintegration	• Marktpartner stoßen gegenseitig Funktionen an	• Bestellsystem fordert Angebote an und entscheidet automatisiert	• weniger Routinebearbeitung • Integrierte Abläufe

Abbildung 3.3.1-13: Formen unternehmensübergreifender Integration (Schumann (1990))

3.3.1.4 Integrationsfelder

Die Kommunikation zwischen Unternehmen bewegt sich auf drei Informationsfeldern:

<u>Markt-Informationen:</u> Die Unternehmen liefern an ihre Marktpartner Informationen über ihr Leistungsangebot und beziehen von diesen Daten über deren Marktverhalten (Marktforschung). Häufig findet ein koordinierter Informationsaustausch zwischen den Vertriebsstufen nicht statt, z. B. werden Scannerdaten zwar in der Warenwirtschaft des Einzelhandels genutzt, nur selten aber für die Marktforschung der Industrie verfügbar gemacht. Durch die unternehmensübergreifende Integration wird der Informationsfluss nicht nur beschleunigt und qualitativ verbessert, sondern es entstehen zweiseitige Kommunikationskanäle .

<u>Geschäftsverkehr-Informationen:</u> Im Geschäftsverkehr werden Informationen zur Initialisierung, Steuerung und Abrechnung des Leistungsflusses zwischen den Unternehmen ausgetauscht. Die Inhalte sind juristisch weitgehend normiert und lassen sich datentechnisch gut abbilden. Für Geschäftsverkehr-Nachrichten wurde im Rahmen der UN das weltweite und branchenübergreifende Austauschformat EDIFACT entwickelt.

<u>Technologie-Informationen:</u> Als drittes tauschen die Marktpartner Informationen über die Technologie der Produkte und deren Nutzung für sämtliche Phasen von der Produktauswahl über die Installation bis zur Demontage aus. Neben Produkt- werden in CIM-Fertigungsprozessen zunehmend auch Verfahrensinformationen benötigt.

	Marktinformationen	Geschäftsverkehrinformationen	Technologieinformationen
Traditioneller Nachrichtenaustausch	• Marktberichte • Produktkataloge	• Formulare	• Zeichnungen • Anleitungen
Datenübertragung	• Point of Saledatenaustausch	• EDIFACT-Geschäftsnachrichten	• Ausschreibungstexte • Produktinformationen
Datenintegration	• Produktbilddatenbanken	• Produktstammdatenbanken	• CAD-Zeichnungsdatenbanken
Funktionsübertragung	• Verkaufs-/ Marktdatenintegration	• Bestandsdatenintegration	
Funktionsintegration	• Multimediale Beratungssysteme	• Interaktive Auskunftssysteme	• Multimediale Konfigurationssysteme

Abbildung 3.3.1-14: Felder der unternehmensübergreifenden Integration (mit Beispielen)

Bei der *strukturierten*, traditionell formulargebundenen *Kommunikation* werden viele Daten übertragen, DV bietet sich dort an. In der *halbstrukturierten Kommunikation* werden traditionell Briefe, Pläne (technische Zeichnungen etc.) und Erläuterungen (Gebrauchsanleitung) ausgetauscht. Hier lässt sich oft nur „Electronic Mail" einsetzen, da für eine automatische Interpretation Beschreibungsnormen fehlen. *Unstrukturierte Kommunikation* verläuft in Gesprächen und kann z. B. durch Groupware unterstützt werden.

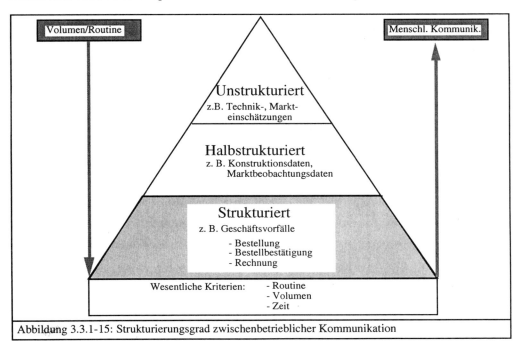

Abbildung 3.3.1-15: Strukturierungsgrad zwischenbetrieblicher Kommunikation

3.3.1.5 Integrationsorganisation

Die traditionelle *zwischenbetriebliche Kommunikation* verläuft gerichtet nach eindeutigen Strukturen: Auf eine Anfrage folgt ein Angebot, dann hoffentlich der Auftrag etc. Auf einer derartigen Kommunikationsorganisation basieren auch die realisierten Konzepte von EDI. EDI ist bei Geschäftsdaten immer dann verwendbar, wenn die Geschäftsbeziehung etabliert und die auszutauschende Leistung gut definiert ist. Für Markt- und Technologieinformationen wird EDI bisher kaum verwendet; allerdings wird für Technologieinformationen an entsprechenden Normen gearbeitet (z. B. STEP).

In einem zweiten Schritt bauen viele Branchen eine gemeinsame *unternehmensübergreifende Infrastruktur* aus Datenbeständen und Kommunikationsschnittstellen auf. Beispielsweise werden Produktinformationen in einheitlich strukturierten Datenbanken bereitgestellt. In zweiseitigen Kommunikationsbeziehungen liefert z. B. der Handel Marktdaten der Industrie. Mit weiterem Integrationsfortschritt werden Unternehmen auch Informationen liefern, die sie selbst nicht benötigen, jedoch für vor- oder nachgelagerte Produktionsstufen nützlich sind (etwa für Marktforschung oder die Produktionsdisposition). Z. B. benötigen in der Textilindustrie die Garn-, Bekleidungs- und Accessoirehersteller Informationen, die für die Disposition im Handel unwichtig sind, doch dort im Abverkauf gewonnen werden können. Eine unternehmensübergreifende Infrastruktur besteht aus konzeptionell einheitlichen Daten- und Kommunikationsstrukturen, die in allen Teilnehmern zugänglichen Data Dictionaries dokumentiert sind. Die Infrastruktur kann durch gemeinsame technische Einrichtungen (z. B. Datenbankserver, Clearing-Zentralen) und Steuerungskomponenten (Supply Chain Management) unterstützt werden.

In einem dritten Schritt wird der Arbeitsfluss der Organisationseinheiten elektronisch integriert. In einer *unternehmensübergreifenden Teamorganisation* kooperieren Einheiten verschiedener Unternehmen für definierte Aufgaben (z. B. ein Bauvorhaben oder ein Entwicklungsprojekt) für eine bestimmte Zeit. Es wird eine flexible Daten- und Kommunikationsinfrastruktur aufgebaut, die es den Teams erlaubt, ihre Arbeit gegenüber den beteiligten Unternehmen autonom zu koordinieren, zu dokumentieren und abzurechnen. In einem solchen Arbeitsfluss (Workflow) entstehen "virtuelle Unternehmen", die selbständig im Rahmen ihrer Aufgabe technisch und wirtschaftlich handeln. Virtuelle Unternehmen sind überbetriebliche Kooperationen, die auf der Basis eines gemeinsamen Geschäftsverständnisses sich rasch etablieren, eine Marktmission nutzen und sich ggf. nach dieser Mission wieder auflösen (Mertens (1994), Faisst (1997)).

	Beschreibung	**Kennzeichen**	**Beispiele**
EDI-Nachrich-tenaustausch	• Unternehmen tauschen elektronisch definierte Nachrichtentypen aus	• zentral organisiert • definierte Nachrichtentypen • definierte Teilnehmer	• EDIFACT-Geschäftsnachrichten
unternehmens-übergreifende Infrastruktur	• Unternehmen betreiben gemeinsame Daten- und Kommunikationsinfrastruktur sowie ggf. Managementabläufe	• zentral organisiert • definierte Daten- und Kommunikationsstrukturen • definierte Kommunikationsdomänen	• Stammdaten-Server • Supply Chain Management
unternehmens-übergreifende Teamarbeit	• Organisationseinheiten verschiedener Unternehmen koordinieren ihre Arbeiten per elektronischer Kommunikation	• dezentral organisiert • definierte Daten- und Kommunikationsstrukturen • definierte Team - Kommunikationsdomänen	• Simultaneous Engineering • Projekt-Arbeitsgemeinschaften
Virtuelle Unternehmen	• Organisationseinheiten verschiedener Unternehmen verfügen über gemeinsame Datenbanken und Koordinations- / Abrechnungsfunktionen	• einheitlicher Marktauftritt • Sharing von Chancen und Risiken • strategische und operative Koordination • gemeinsames IS zur Koordination, Administration und Abrechnung	

Abbildung 3.3.1-16: ZBI-Organisationsformen

3.3.2 Entwicklungsentscheidungen

3.3.2.1 Initialisierungsentscheidung

Die unternehmensübergreifende Integration setzt Akzeptanz bei allen Beteiligten, eine entsprechende DV- und Organisationskompetenz sowie Personalressourcen voraus. Sie wird sehr häufig vor allem als technisches Problem betrachtet. Da die erforderlichen DV-Investitionen relativ gering sind, werden die zu lösenden Aufgaben unterschätzt. Die Integration ist vor allem eine organisatorische Aufgabe, da innerbetrieblich die Prozesse und Schnittstellen auf organisatorische Optimierungs- und Automatisierungspotentiale überprüft werden müssen. Nur wenn die innerbetrieblichen Abläufe weitgehend integriert sind, können unternehmensübergreifende Anwendungen den gewünschten Erfolg bringen (Mörk (1992), S. 51). Um die Organisation zu überarbeiten, müssen Unternehmen "langen Atem" mitbringen. Viele unternehmensübergreifende Projekte sind daran gescheitert, dass den Beteiligten "Erfolge in wenigen Monaten" versprochen wurden, während ein erfolgreicher Abschluss mehrere Jahre benötigt.

	Problemfelder	Problemausprägungen	Resultierende Integrationsaufgaben
Unternehmens-übergreifend	komplizierte Produkte	• Produktvielfalt • Kurze Produktlebens-zyklen	• Einheitliche und ak-tuelle Stammdaten • Konfigurationshilfe
	komplizierte Logistik	• Produktions- und Lie-fernetze mit wech-selnden Partnern • weltweite Logis-tiknetze	• Einheitlichkeit und Aktualität der Part-nerstammdaten • Internationale Kom-munikationsstandards
Unternehmens-intern	intransparente Prozesse	• unklare Verantwort-lichkeiten und Ab-läufe • Prozessvielfalt	• Schnittstellen unter-nehmensübergreif-ender und interner Prozessen klar ab-grenzen
	intransparente Daten-strukturen	• Begriffsvielfalt • unklare Verantwort-lichkeiten für Daten	• Einheitliche Beschrei-bung von Daten-strukturen

Abb. 3.3.2-1: Organisatorische Probleme bei unternehmensübergreifender Integration

Skepsis resultiert aus der unklaren Rechtslage, da Papierdokumente durch elektronische Nachrichten mit strittiger rechtlicher Verbindlichkeit sowie Nachweis ersetzt werden. Da Vorschriften fehlen, müssen Partner sich auf einen rechtlichen Rahmen einigen.

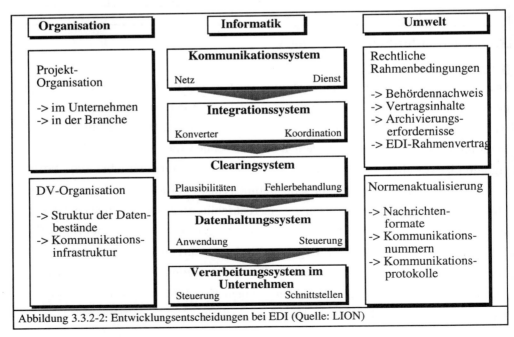

Abbildung 3.3.2-2: Entwicklungsentscheidungen bei EDI (Quelle: LION)

DV-technische Schwierigkeiten resultieren daraus, dass die internen Systeme in den Daten- noch Funktionsstrukturen nicht ausreichend dokumentiert wurden, um diese unternehmensübergreifend zu koppeln oder zu integrieren. Die technische Datenübertragung ist hingegen einfach, da auf dem Markt erprobte Komponenten verfügbar sind.

Eine unternehmensübergreifende Integration wird in den Branchen unterschiedlich initialisiert. Häufig wird die Integration von den *marktbeherrschenden Unternehmen* gefordert, die ihre Lieferanten oder Kunden zu EDI zwingen (*no EDI, no buy*). Die marktbeherrschenden Unternehmen realisieren die Vorteile der Integration, da sie die Teilnehmer auf ihre Organisations- und Technikstrukturen festlegen. Insbesondere Unternehmen, deren interne DV-Technologie und -Organisation zwar eine DV-Anbindung, nicht aber die Realisierung der Effizienzvorteile erlaubt, verwirklichen selbst nur geringe oder gar keine Kostenvorteile, da sie neben einer EDI-angepassten Organisation weiterhin die bisherigen manuellen Abläufe beibehalten müssen.

Bei ausgeglichenen Machtverhältnissen suchen häufig Unternehmen mit hoher DV- und Organisationskompetenz nach Wettbewerbsvorteilen, indem sie Marktpartnern die Möglichkeit zu EDI geben und sich dadurch von Konkurrenten abheben. Sofern die Vorteile tiefgreifend sind und vom Markt akzeptiert werden, wird die Konkurrenz bald nachziehen. Eine solche Strategie lohnt sich aus Unternehmenssicht nur dann, wenn man selbstbewusst hinsichtlich seiner Fähigkeiten ist und meint, dass die Konkurrenz die Wettbewerbsvorteile nur auf Kosten von Effizienznachteilen ausgleichen kann, da sie die DV- und Organisationskompetenz nicht kurzfristig aufbauen kann.

Leistungsbeziehungen	Groß-unternehmen zu Mittelstand	Mittelstand	heterogen
Machtverhältnisse	• einseitig	• ausgeglichen	• nicht definiert
Beispiele	• Autoindustrie • Handelsketten	• Möbelindustrie • Sanitärindustrie	• Banken
Einführungsstrategie	• Das Großunternehmen fordert EDI (No EDI, no buy)	• Verbände wollen EDI, Unternehmen warten ab. (Hannemann, geh Du voran)	• Eine Gruppe will EDI, weil sie sich Vorteile verspricht
Risiken	• EDI-Einführung gelingt nicht, streichen von der Lieferantenliste	• Ein Anbieter nutzt EDI als Wettbewerbsvorteil	• EDI bietet Kosten-/Zeitvorteile für Mitbewerber

Abbildung 3.3.2-3: Strategien der EDI-Einführung

Bei einer dritten Form entscheiden sich Gruppierungen von Unternehmen oft unter dem Dach eines Branchenverbandes für die zwischenbetriebliche Integration. Die Motive können direkt oder indirekt sein. In einigen Branchen sind zum Beispiel die Logistik- und Marktforschungsmotive so stark, dass die Branchen ein Integrationsprojekt veranlassen. Bei indirekten Motiven ist die Integration der Informationssysteme nur ein Mittel, um anders gelagerte Ziele zu erreichen (z. B. verdeckte Kartellbildung).

3.3.2.2 Vorgehen

Es empfiehlt sich, ein unternehmensübergreifendes Projekt in Phasen zu gliedern: Nach einer Ist-Analyse der Voraussetzungen in der Branche wird ein Grobkonzept erarbeitet und in einem Implementierungskonzept verfeinert. Erst nach diesen Vorarbeiten kann die Integration in mehreren Wellen von Pilotprojekten realisiert werden. Die Implementierung sollte in drei Zweigen vorgehen:

- Auf dem "Technik-Zweig" werden aus dem reichhaltigen Angebot des Marktes die benötigten Komponenten ausgewählt und installiert. Für diese Arbeiten sind mit Testaktivitäten bis zu einem halben Jahr zu veranschlagen.

- Auf dem "Daten-Zweig" werden die Datenstrukturen analysiert und mit denen des EDI - Systems abgeglichen. Da die unternehmensinternen Strukturen häufig kaum transparent sind und große semantische Unterschiede zwischen den Unternehmen bestehen, sind diese Arbeiten oft langwierig.

- Auf dem "Funktions-Zweig" sind die Funktionen für einen automatisierten EDI-Betrieb zu analysieren, zu konzipieren und zu programmieren. Es erfordert etwa ein Jahr, die bisherigen manuellen Plausibilitätsprüfungen zu automatisieren.

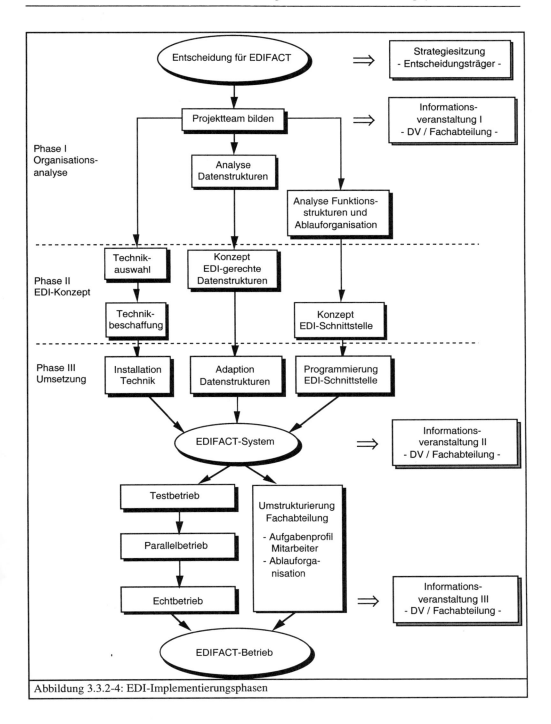

Abbildung 3.3.2-4: EDI-Implementierungsphasen

3.3.2.3 Unternehmensübergreifende Entwicklungsentscheidungen

3.3.2.3.1 Nachrichtenaustauschformate

Der Nachrichtenaustausch per DV zwischen Unternehmen existiert schon seit den 70er Jahren. Zunächst wurden branchenspezifische Nachrichtenaustauschformate entwickelt, die pragmatisch und relativ starr auf den Geschäftsverkehr einer Branche ausgerichtet waren. Zur Zeit wird versucht, branchenübergreifende Formate zu etablieren, um die Kommunikation mit Lieferanten, Kunden, Transportträgern, Finanziers, Behörden und Versicherungen integriert mit einem Nachrichtenaustauschformat abzuwickeln. Im Rahmen der EU wird dies unterstützt, um die Nachteile der "Babylonischen Sprachvielfalt" im europäischen Wirtschaftsraum zu mildern.

Seit den achtziger Jahren wurde im Rahmen der UN-Wirtschaftskommission an einem weltweit einheitlichen, branchenübergreifenden Nachrichtenaustauschformat für den Geschäftsverkehr gearbeitet. In ersten Versionen existiert dieses seit 1986 unter dem Namen EDIFACT (Electronic Data Interchange For Administration, Commerce and Transport). Das EDIFACT-Normenswerk umfasst eine Vielzahl von Regeln zur Syntax von Nachrichten.

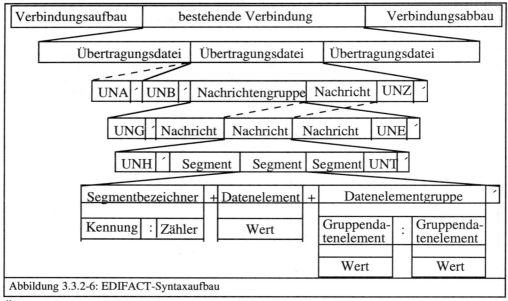

Abbildung 3.3.2-6: EDIFACT-Syntaxaufbau

Übertragungsdateien setzen sich aus Nachrichtengruppen und Nachrichten zusammen. Eine Nachricht enthält alle Segmente, die zur Darstellung eines Geschäftsvorfalles notwendig sind.

EDIFACT-Nachrichtentypen wurden für die wesentlichen Geschäftsvorfälle der Leistungs- und der Zahlungskette innerhalb und zwischen Industrie, Handel, Banken, Transportunternehmen und Behörden entwickelt. Allerdings sind diese Nachrichtentypen wegen ihrer weltweiten und branchenübergreifenden Auslegung so mächtig und kompliziert, dass bisher Branchen EDIFACT selektiv nutzen und „Subsets" bilden, die neben den Muss- nur die benötigten Kann-Elemente enthalten. Diese werden semantisch präzisiert und für die Branche verständlich beschrieben.

Ähnlich wie Stammdaten sind die genutzten Nachrichtenaustauschformate unternehmensübergreifend zu dokumentieren, da zum einen die Geschäftspartner unterschiedliche Release-Stände nutzen, zum anderen steuer- und handelsrechtliche Vorschriften die verständliche Archivierung aller Nachrichten über lange Zeiträume fordern.

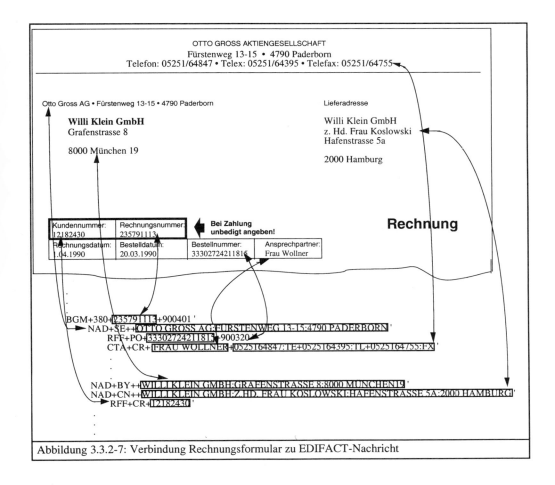

Abbildung 3.3.2-7: Verbindung Rechnungsformular zu EDIFACT-Nachricht

3.3.2.3.2 Kommunikationsnummerierung

EDI erfordert semantisch leicht identifizierbare und DV- prüfbare Nachrichteninhalte. Verbale Inhalte lassen sich per DV kaum handhaben, daher bedarf es Kommunikationsnummern.

Kommunikationsnummer	Kennzeichen	Nutzen für EDI
Bundeseinheitliche Betriebsnummer (BBN)	5-stellige Nummer	• eindeutige Adressierung
Europäische Artikelnumerierung (EAN)	13-stellige Nummer, davon • 2 Stellen Länder • 5 Stellen BBN • 5 Stellen Artikelnummer • 1 Stelle Prüfziffer	• Strichcode-Technik für Scannerkassen und Scanner-Technik für Logistik-Prozesse
Nummer der Versandeinheit (NVE)	18-stellige Nummer, davon • 2 Stellen Anwendungskennz. • 1 Stelle Verpackungskennzeichen • 5 Stellen BBN des Versenders • 9 Stellen Nr der Versandeinheit • 1 Stelle Prüfziffer	• Eindeutige Identifizierung von Logistikeinheiten

Abbildung 3.3.2-8: Kommunikationsnummern der International Article Number Association

Kommunikationsnummern helfen, semantische und pragmatische Unterschiede in den kommunizierten Informationen zu vermeiden.

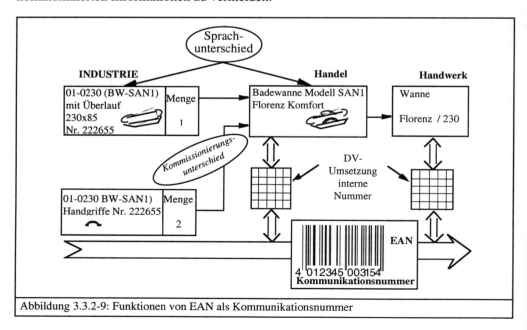

Abbildung 3.3.2-9: Funktionen von EAN als Kommunikationsnummer

3.3.2.3.3 Stammdaten

Unternehmensübergreifende Informationssysteme benötigen einheitlich strukturierte Stammdaten, z. B. für Artikel (Artikelidentifizierung und -beschreibung, Preise und Konditionen, Logistikdaten) oder Kunden- und Lieferanten (Identifizierung, Konditionen, Logistikdaten). Da der Sachbearbeiter mit seinem korrigierenden Sachverstand möglichst ersetzt werden soll, kommt es andernfalls zu Missverständnissen mit entsprechenden Folgen (Fehllieferungen, Preisdifferenzen). Oft sind die Stammdaten bei den Partnern unterschiedlich aufgebaut, zum Teil veraltet oder unvollständig. Es empfiehlt sich, die Stammdaten zu überarbeiten, in der Regel bei allen Partnern komplett auszutauschen. Da sich z. B. die Artikeldaten kontinuierlich ändern (Sortiments-, Verpackungs-, Preisänderungen etc.), ist dies keine einmalige, sondern eine dauernde Aufgabe. Entweder verpflichten sich die Partner zu einer einheitlichen Struktur und Handhabung von Stammdaten oder es wird eine zentrale Stammdatenorganisation aufgebaut, die periodisch aktuelle Daten bereitstellt.

3.3.2.3.4 Koordinationsprozeduren

Um Leistungsprozesse zu integrieren, sind deren Informationssysteme abzustimmen und Produktions- und Bedarfsinformationen auszutauschen. Dabei werden unternehmensinterne Koordinations- und Dispositionsaufgaben auf Partnerunternehmen verlagert, die sich entweder als Haupt- (z. B. Logistikdienstleister) oder als Nebenaufgabe (z. B. Handelsunternehmen) mit dem *Supply Chain Management* (SCM) befassen. Das SCM kann strategische Aspekte (Wahl der Lieferanten und Absatzwege, Wertschöpfungstiefe, Produktentwicklung) umfassen, betrachtet hauptsächlich aber die Planung und Disposition der Leistungsprozesse. Wesentliche Funktionen sind dabei

- die Absatz- /Bedarfsprognose nach Arten, Mengen und Zeiten am Ende der Wertschöpfungskette z. B. aufgrund von POS - Daten,

- die Distributionsplanung nach Transportkanälen und Lägern unter Berücksichtigung der Kapazitäten,

- die Fertigungsrahmenplanung nach Arten, Mengen und Zeiten bei den kooperierenden Unternehmen mit Kapazitätenoptimierung,

- die Absatzdisposition mit Preis-, Werbung- und Kanalsteuerung,

- die Lieferdisposition mit Liefer- und Abrufdisposition,

- die Distributionsdisposition mit Verpackungs- und Transportmittelsteuerung.

Bei einer *Pull-Steuerung* ziehen die realen oder prognostizierten Absätze am Ende der Wertschöpfungskette die Produktion der vorgelagerten Glieder; bei einer *Push-Steuerung* drücken bestimmte Glieder (meist die Produzenten der Fertigware) die Güter in die Distributionskanäle, die dann durch die absatzpolitischen Instrumente Preise und Werbung gesteuert werden.

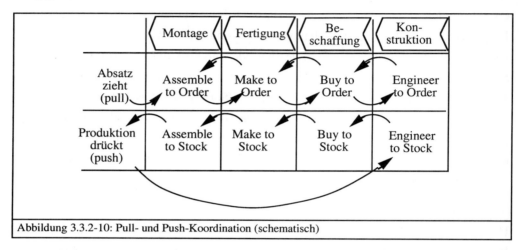

Abbildung 3.3.2-10: Pull- und Push-Koordination (schematisch)

Da die Steuerungslogik auf die Erlös- und Kostensituation der kooperierenden Unternehmen wirkt, sind ggf. Abrechnungs- und Ausgleichsmechanismen zu vereinbaren. Bei den heutigen Koordinationsformen dominiert meist ein Partner (z. B. Kfz-Hersteller, Handelsunternehmen), deren Lieferanten haben sich an deren Steuerungsprozeduren anzupassen; explizit wird daher meist keine Vereinbarung darüber getroffen.

Für das SCM existieren Systeme von Spezialanbietern (z. B. Chesapeak Decision Science, I2Technologies, Manugistics, Numetix) und Ergänzungsmodule der Universalanbieter SAP (SCOPE - Supply chain Optimization, Planning and Executive) und BAAN.

3.3.2.3.5 Netz- und Dienstfunktionen

Fernnetze (WAN = Wide Area Network) dienen der externen Kommunikation einer Organisation. *Öffentliche WAN* (z. B. DATEX-L, DATEX-P der TELEKOM in D) nutzen die öffentliche Infrastruktur eines Landes und sind daher national spezifisch ausgelegt; *WAN von privaten Anbietern* (z. B. General Electric MARK III, IBM IIN) nutzen zum Teil die öffentlichen Netze und ergänzen diese z. B. um Kommunikationssatelliten und eigene Netzknoten-Rechner. WAN führender privater Anbieter sind international verfügbar. *Unternehmens- oder branchenspezifische WAN* nutzen öffentliche Netze für ei-

nen abgegrenzten Teilnehmerkreis und verwenden eigene Netzknoten-Rechner (z. B.
Banken, Versicherungen).

Funktionen	Netz	Dienst	
	Carrier	**Mailing**	**Clearing**
	• Übertragung • Datensicherung	• Puffer • Speicher • Verteiler	• Prüfung • Konsolidierung • Archivierung
Abbildung 3.3.2-11: Funktionen von WAN und VAN			

Bieten WAN neben der Datenübertragung weitere Dienste (Mailing-Service, Clearing-
Service) an, so spricht man von einem VAN (Value-Added Network).

Während ein Netz nur Daten störungsfrei von einem Teilnehmer zum anderen übertragen
soll, kann es zu den Aufgaben eines Dienstes gehören, Nachrichten zu speichern, an Benutzergruppen zu verteilen, inhaltlich zu prüfen und zu archivieren. Ein VAN kann z. B.
Sammelrechnungen für Finanzämter erstellen, Daten abhängig von Bedingungen versenden (Clearing-Funktionen).

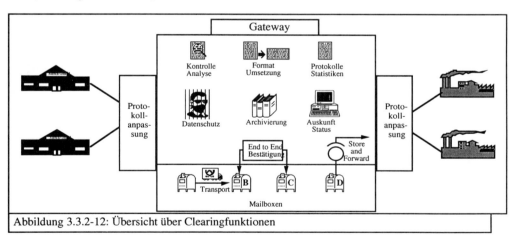

Abbildung 3.3.2-12: Übersicht über Clearingfunktionen

Der Nutzer kann zwischen unterschiedlichen *Übermittlungsverfahren* wählen, wie seine
Nachricht durch das Netz an den Empfänger gesendet wird:

- Bei der *Point to Point - Kommunikation* kommunizieren zwei oder mehrere
  (bekannte) Endgeräte direkt ohne relevante Verzögerung miteinander. Da jeder Teilnehmer jeden anderen direkt adressiert, wird die Kommunikationssteuerung bei vielen Teilnehmern schwierig: Ist das Empfängergerät besetzt oder abgeschaltet, kann
  eine Nachricht nicht abgesetzt werden.

- Bei der *Mailbox-Kommunikation* wird über eine zwischengeschaltete Zentrale kommuniziert, welche die Nachrichten zwischenspeichert, verteilt und inhaltliche Funktionen (Plausibilitätsprüfung, Archivierung etc.) wahrnehmen kann. Der Empfänger holt sich die Nachricht aus der Mailbox ab. Durch die Entkoppelung erreicht eine Nachricht den Empfänger, ohne dass eine direkte Verbindung besteht. Allerdings müssen Empfänger und Sender aktiv mit der Mailbox Kontakt aufnehmen *(store and hold)*; beim *store-and-forward*-Verfahren wird der Empfänger benachrichtigt.

- Die *integrierte Kommunikation* verbindet die Vorteile beider Übermittlungsverfahren. Wie bei einem "elektronischen Brief" wird eine Nachricht anhand der Adresse zugestellt, ohne dass Sender und Empfänger gleichzeitig und aktiv miteinander kommunizieren müssen.

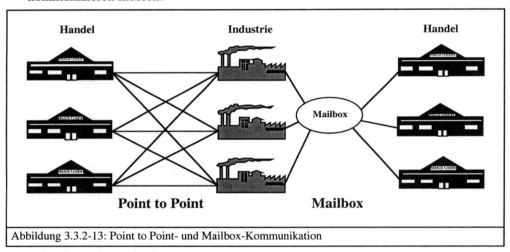

Abbildung 3.3.2-13: Point to Point- und Mailbox-Kommunikation

3.3.2.4 Unternehmensinterne Entwicklungsentscheidungen

Unternehmensintern sind die Systeme technisch an die externen Kommunikationsnetze anzubinden und die Datenstrukturen mit den EDI-Nachrichtenstrukturen abzustimmen. Ziel ist es, die EDI-Nachrichten automatisiert (d. h. ohne manuelle Eingriffe) in die eigenen Anwendungssysteme ein- bzw. auszuschleusen. Da eine standardisierte und extern beschaffbare EDI-Technik auf eine individuelle, oft veraltete interne Lösung trifft, ist die Kopplung zeit- und ressourcenaufwendiger als die Implementierung der EDI-Komponente.

Ist die betriebswirtschaftliche Software des Unternehmens nicht EDI-fähig, ist ein separates EDI-System erforderlich. Dies besteht aus

- Kommunikationskomponenten, um Nachrichten mit Netzen und Diensten auszutauschen

- Transformationskomponenten, um die Datenstrukturen der Inhouse - Systeme an die des Nachrichtenaustauschformates anzupassen (*Konvertersystem*)

- Kopplungskomponenten, um die Inhouse - Systeme mit denen des unternehmensübergreifenden Systems zu integrieren.

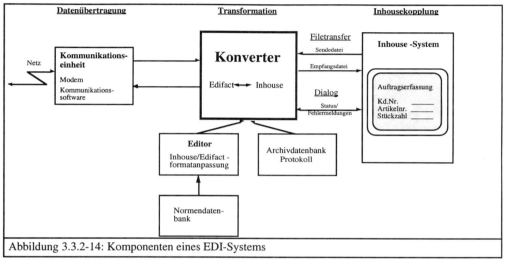

Abbildung 3.3.2-14: Komponenten eines EDI-Systems

Moderne Softwaresysteme sind zunehmend EDI-fähig ausgelegt.

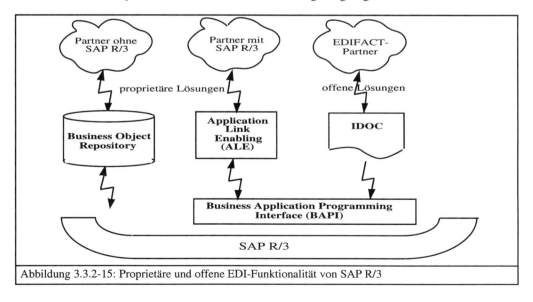

Abbildung 3.3.2-15: Proprietäre und offene EDI-Funktionalität von SAP R/3

Eine automatische Kopplung von EDI - System und interner DV wird nicht in einem Schritt erreichbar sein, da

- die internen Datenstrukturen sich von den EDI -Strukturen unterscheiden,

- die internen Funktionsstrukturen sich häufig nur schwierig automatisieren lassen,

- die Kommunikationssteuerung zu sendender und empfangener Nachrichten schwierig ist.

Daher wird zunächst ein geringer Integrationsgrad gewählt, der stufenweise erhöht wird.

Die Syntax und Semantik der Datenstrukturen muss an das Nachrichtenaustauschformat angepasst werden. Zu den syntaktischen Unterschieden gehören differierende Feldtypen und -längen, unterschiedliche Bezeichnungen; semantische Unterschiede resultieren aus fehlenden oder mehr Feldinhalten, differierenden Interpretationen usw. Da das Austauschformat den gemeinsamen Nenner darstellt, müssen die Datenstrukturen darauf eingestellt werden.

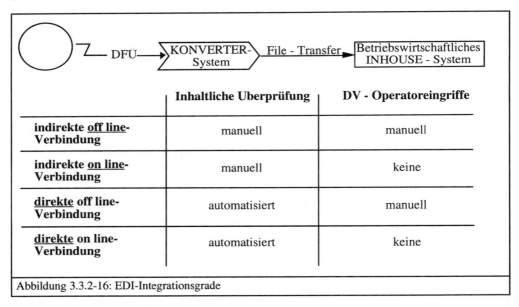

	Inhaltliche Überprüfung	DV - Operatoreingriffe
indirekte <u>**off line**</u>**-Verbindung**	manuell	manuell
indirekte <u>**on line**</u>**-Verbindung**	manuell	keine
<u>**direkte**</u> **off line-Verbindung**	automatisiert	manuell
<u>**direkte**</u> **on line-Verbindung**	automatisiert	keine

Abbildung 3.3.2-16: EDI-Integrationsgrade

Traditionell werden empfangene Nachrichten durch die "flexible Schnittstelle Sachbearbeiter" überprüft, vervollständigt und in die DV-Systeme eingegeben. Diese Plausibilitätsprüfungen sollen bei unternehmensübergreifender Integration automatisiert erfolgen.

Zu sendende Nachrichten sind u.a. wegen der Kommunikationskosten zu bündeln und je nach Organisation zu bestimmten Zeiten oder bei Ereignissen der Mailbox oder den Empfängern zuzustellen. Empfangende Nachrichten sind inhaltlich zu prüfen und dann bei eindeutigen Inhalten in die Systeme einzuspeisen, andernfalls an die richtige Stelle im Unternehmen zu leiten.

Geschäftliche Merkmale	**Vertikale Ausdehnung**	zweistufig (Industrie - Handel)	dreistufig (Industrie - Handel - Einzelhandel)	mehrstufig	
	Horizontale Ausdehnung	eine Branche	mehrere Branchen, ein Wirtschaftszweig	mehrere Wirtschaftszweige	
	Integrationsgegenstand	Leistungs-/Logistikkette	& Zahlungskette	& Transportkette	& Marktinformationen
	Integrationsfelder	Marktdaten	Geschäftsdaten	Technologiedaten	
	Machtverhältnisse	einseitig	beidseitig ausgeglichen	heterogen	
	Integrationsformen	Datenübertragung	Datenintegration	Funktionsübertragung	Funktionsintegration
Organisatorische Merkmale	**Art des Koordinators**	Logistikdienstleister (Hauptaufgabe)	Partnerunternehmen (Nebenaufgabe)	neutrale Institution	
	Koordinator	ein Unternehmen	mehrere Unternehmen	Branchen-institution	
	Nutzungskreis	geschlossen	offen	öffentlich	
	Nachrichtenformat	branchenspezifisch	branchenübergreifend, national	branchenübergreifend international	
	Kommunikations-Nummern	nicht vorhanden	branchenspezifisch	branchenübergreifend	
	Integrationsgrad	indirekte offline Verbindung	indirekte online Verbindung	direkte offline Verbindung	direkte online Verbindung
Fachliche Merkmale	**Koordinationslogik**	Pull-Steuerung	Push-Steuerung		
	Koordinationsverantwortung	beim Lieferanten	beim Abnehmer	bei Dritten	
	Koordinationsphasen	ab Entwicklung bis Beschaffungslogistik	ab Beschaffungslogistik bis Vertriebslogistik	ab Koordinations- bis Fertigungsveranlassung	
	Koordinationsumfang	Planung	Disposition	Abrechnung	
Technologische Merkmale	**Intensität**	Übertragung	Kopplung	Integration	
	Netzinfrastruktur	öffentlich	privatwirtschaftlich	unternehmenseigen	
	Dienstumfang	Carrier	Mailing	Clearing	
	Übermittlungsverfahren	Point to Point Nachrichtenaustausch	Mailbox-Nachrichtenaustausch	Integrierte Datenkommunikation	Integrierter Datenbestand

Abbildung 3.3.2-17: Typologie der zwischenbetrieblichen Integration

4 Realisierungsentscheidungen bei betrieblichen Anwendungsarchitekturen

4.1 Engineering und Re-Engineering

4.1.1 Kennzeichen

Die elektronische Datenverarbeitung ist seit den sechziger Jahren in den Unternehmen verbreitet. Häufig werden Informationssysteme nicht mehr neu entwickelt (*Engineering*), sondern existierende modifiziert. Das *Re-Engineering* vorhandener Systeme soll die getätigten Investitionen, das gebundene Wissen erhalten und die mit einer Neuentwicklung verbundenen Risiken vermeiden.

Nutzung von Altsystemen	Re-Engineering vorhandener Systeme	Entwicklung von neuen Systemen
+ Erprobte Funktionalität + Verkörpern organisatorisches und funktionales Know How + Sind von den Nutzern akzeptiert	+ Übernahme der erprobten Funktionalität + Organisatorisches Know how sichern + Nutzerakzeptanz sichern + Moderne Hard- und Software-Technologie	+ Moderne Hardware - Technologie + Moderne Programmier- und Datenhaltungstechniken
– Veraltete Programmiertechniken – Schlechte Dokumentation – Inkonsistente und redundante Daten – Veraltete Technologie – Inkonsistente Schnittstellen	– Verdeckte Altsystemrisiken – Komplexer und zeitaufwendiger Prozess – Erfahrenes Personal erforderlich, auf dem Markt aber selten	– Erheblicher Zeit- und Geldbedarf für Technik und organisatorische Implementierung – Projektrisiken (Zeit, Funktionalität, Akzeptanz)

Abbildung 4.1.1-1: Re-Engineering als Mittelweg zwischen Alt- und Neu-Systemen

Es wird das in den Ingenieurwissenschaften übliche Prinzip verfolgt, Systemänderungen auf das unvermeidliche Maß zu beschränken. Änderungen können notwendig sein,

- um Fehler und mangelhaftes Systemverhalten oder Dokumentationen zu korrigieren,

- um technische Entwicklungen bei Hardware und Software zu nutzen,

- um alte Systeme in neue Systemarchitekturen zu integrieren,

- um sich veränderten Geschäfts- oder Organisationsanforderungen anzupassen,

- um DV-Kosten zu senken (Down Costing),

- um rechtliche Anforderungen (z. B. beim Datenschutz) zu erfüllen.

Wird eine Software verändert, aber gleichzeitig nicht in ihrer Struktur, Dokumentation und Technik verbessert, so wird dadurch stets die Wartbarkeit des Systems verschlechtert

(Eicker / Schnieder (1992), S. 6), so dass im Laufe der Jahre eine praktisch nicht mehr wartbare Software entsteht.

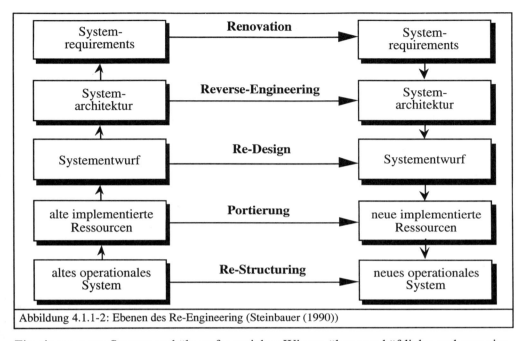

Abbildung 4.1.1-2: Ebenen des Re-Engineering (Steinbauer (1990))

Ein eingesetztes System enthält umfangreiches Wissen über geschäftliche und organisatorische Abläufe, das sich nur aufwendig wieder gewinnen lässt. Zum einen sind die heutigen Mitarbeiter daran gewöhnt, durch das System unterstützt zu werden und besitzen gewisse Kenntnisse nicht mehr. Zum anderen äussern die Mitarbeiter bei einer neuen Analyse nicht mehr die Anforderungen, die sie beim alten System gewohnt und bei jeder neuen Lösung als selbstverständlich annehmen, sondern konzentrieren sich auf neue wünschenswerte Eigenschaften. Die Analyse eines Altsystems hinsichtlich dessen geschäftlicher Leistungsfähigkeit und organisatorischer Abläufe kann ein zeitsparender Weg sein, um Anforderungen an ein neues System zu ermitteln. Werden die geschäftlichen und organisatorischen Anforderungen an ein System überarbeitet und dabei Erkenntnisse aus dem alten System strukturiert genutzt, so spricht man von einer angestrebten **Renovation**.

Ziel eines **Reverse-Engineering** ist es, die Funktionalität eines vorhandenen Systems auf einem abstrakteren Niveau methodisch und inhaltlich qualitativ besser zu dokumentieren, um wiederverwendbare Komponenten zu identifizieren. Es werden z. B. Daten-, Funktions- und Kommunikationsstrukturen mit Hilfsmitteln beschrieben.

Stufe	Erläuterung	Ziele
Renovation	Geschäftliche und organisatorische Anforderungen aus dem Altsystem ableiten und überarbeiten	• Leistungsfähigkeit des alten Systems identifizieren • Basis- und Neu-Anforderungen an System definieren
Reverse-Engineering	Funktions-, Kommunikations- und Datenmodellen aus ablauffähigen Programmen ableiten	• verbesserte Dokumentation • Verbesserte Integration • veränderte Modularisierung
Re-Design	Überarbeitung eines existierenden Programms	• Portabilität • andere Programmiersprache • Betriebssicherheit
Portierung	Modifikation für eine neue Systemumgebung	• Übertragung auf andere Hardware-/ Software-Plattform
Re-Structuring	Re-Arrangierung der Struktur eines korrekt arbeitenden Programms	• Laufzeit-Verbesserung • Redundanzsenkung • verbesserte Wartbarkeit

Abbildung 4.1.1-3: Ebenen des Re-Engineering (Hirschleber (1990), S. 6f)

In der *reinen Form des Reverse-Engineering* wird die Funktionalität des Systems nicht verändert, sondern nur dessen Struktur neu dokumentiert. Die Syntax der Programme kann dabei mit Hilfe von Werkzeugen dokumentiert und z. B. graphisch veranschaulicht werden. Die Semantik der Software und deren Fachkonzept kann nur durch Fachleute interpretiert werden, die die Basissoftware (z. B. Transaktionsmonitore, Datenbank- und Betriebssysteme), die Programmierumgebung (Sprachen und Generatoren, Richtlinien, Compiler) sowie den fachlichen Zusammenhang und die Schnittstellen des Systems verstehen. Auch wenn die Funktionalität nicht erhöht wird, lohnt häufig eine Analyse der Fachkonzepte und eine gut dokumentierte Rekonstruktion der Daten- und Funktionsstrukturen alter Informationssysteme, da sich in diesen die Erfahrung im Unternehmen widerspiegelt.

Bei der *erweiterten Form des Reverse-Engineering* wird ein System einer neuen Struktur angepaßt. Dies ist notwendig, wenn die fachliche Funktionalität erweitert oder eine neue DV-Architektur eingesetzt werden soll (z. B. Client-Server). Üblicherweise wird das Altsystem zunächst in eine neue Struktur aus abgegrenzten Modulen mit eindeutigen Schnittstellen überführt (Modularisierung).

Wird ein Altsystem *nach logischen Funktionen modularisiert*, werden Codeblöcke an der Schnittstelle von Funktionen auseinandergerissen. Bei der *ablaufbezogenen Modularisierung* wird eine Software als gerichteter Graph interpretiert, dessen Knoten die Entscheidungen und Kanten die Verzweigungen darstellen. Das System wird dort aufgeteilt, wo die wenigsten Graphen zwei in sich verdichtete Teilgraphen verbinden (Sneed (1993)). Bei der *Modularisierung nach Objekten* werden die Verarbeitungsobjekte identifiziert und diesen Operationen und deren Bedingungen zugeordnet.

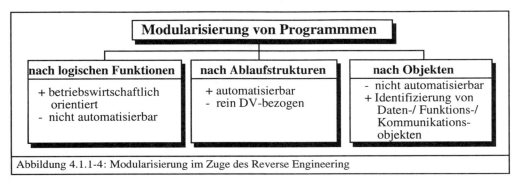

Abbildung 4.1.1-4: Modularisierung im Zuge des Reverse Engineering

Im Zuge des **Re-Design** wird ein Altsystem überarbeitet, um veränderte Software- oder Hardware-Anforderungen zu erfüllen. Dabei sind die Programme logisch neu zu strukturieren, um sie in getrennt kompilierbaren und testbaren Modulen von der alten auf eine neue Programmierumgebung zu überführen. Bei Datenbeständen bietet sich eine vorgelagerte logische Datenmodellierung an (z. B. in relationalen Strukturen), um etwa Dateien in eine Datenbank zu überführen.

Recht häufig tritt das Problem auf, ein Informationssystem auf eine neue Hardware oder ein Betriebssystem anzupassen. Diese **Portierung** wird oft durch Produkte des jeweiligen DV-Anbieters unterstützt, um die Anwender zur Investition neuer DV-Technik des gleichen Herstellers zu verleiten. Namhafte Hersteller (z. B. IBM, SNI) verfügen über Migrationszentren, um die Anwender bei der für sie schwierigen Portierung zu unterstützen. Dabei wird die Soll-Konfiguration aufgrund der Leistungsanforderungen der Anwendung bestimmt und das Ist-System möglichst ohne Stillstandzeit auf das Soll-System überführt.

Im Rahmen der **Re-Strukturierung** wird ein, aus heutiger Sicht unstrukturiertes System, in eine verständliche Struktur überführt. Die Restrukturierung kann sich auf das Programm, aber auch auf die Daten- und Funktionsbeschreibungen und die Anforderungsspezifikation erstrecken.

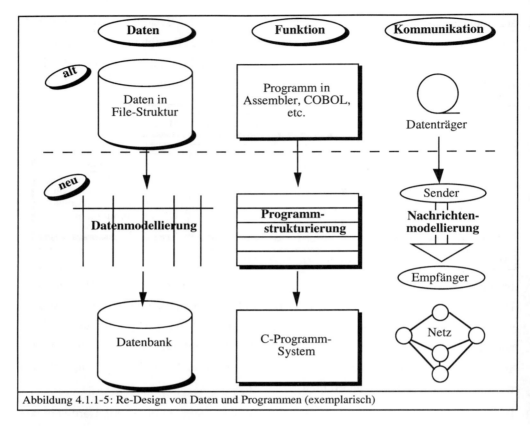

Abbildung 4.1.1-5: Re-Design von Daten und Programmen (exemplarisch)

4.1.2 Bewertung

Nach der Investitionstheorie ist eine Neuentwicklung bei unverändertem Nutzen immer dann günstiger, wenn die Grenzkosten der Weiterverwendung des alten Systems (einschließlich der Kosten für das Re-Engineering) höher sind als die Durchschnittskosten einer Neuentwicklung über deren prognostizierte Nutzungsdauer. Dabei ist zu beachten, dass in der Regel die Nutzungsdauer eines überarbeiteten Altsystems geringer ist als die einer Neuentwicklung.

Grenznutzen	Grenzkosten
• aus Weiterverwendung betriebsspezifischer Systemteile und ersparten organisatorischen Umstellungskosten • aus resultierender Einsparung von Entwicklungspersonal • aus Nutzung vorhandener Entwicklungsinstrumente	• Wartungskosten • Betriebskosten • Investionen für Hardware
Abbildung 4.1.2-6: Nutzen-/ Kostenvergleich für eine Altsystem - Ausmusterung	

Eine Ausmusterung von Altsystemen ist oft zwar technisch einfach, organisatorisch aber schwierig und kostenintensiv. Ein Altsystem ist dann außer Betrieb zu nehmen, wenn der zeitliche Grenznutzen die Grenzkosten unterschreitet.

Vorteile		Nachteile	
Nutzungsdauerverlängerung	• vorhandener DV-Systeme und -Technologie	• kaum Änderungen (z. B. bei Verteilung, Datenhaltung, Integration) möglich	**Technologiebindung**
Zeit-/Kostenersparnisse	• durch Nutzung gebundenen Wissens	• keine Effizienz-/ Effektivitätsverbesserung	**Nutzenkonstanz**
Transparenzverbesserung	• Strukturverbesserung • bessere Dokumentation	• der Überarbeitung geringer als bei Neuentwicklung	**Nutzungsdauer**
Risikosenkung	• da keine totale Neuentwicklung		
Abbildung 4.1.2-7: Vor- /Nachteile des Re-Engineering			

4.2 Integrationsgrad

4.2.1 Kennzeichen

Das vorherrschende Paradigma betrieblicher IS zielt darauf, durch die Integration von Funktionen und Informationen Inkonsistenzen und Redundanzen in wirtschaftlicher, organisatorischer und technischer Hinsicht zu vermeiden. Dieses Integrationsparadigma ist trotz der Vorteile (keine redundanten und Integrität aller Daten, gekoppelter Mengen- und Wertefluss in der Wertschöpfungskette - vgl. Kapitel 3) nicht unumstritten. Die Kritik kommt aus organisatorischer und DV - technischer Sicht.

Organisatorisch sind integrierte IS schwer auf die Komplexität und Dynamik moderner Organisationen einzustellen. Sie sind kompliziert und weisen so viele Interdependenzen auf, dass deren Abläufe und Strukturen vom Mitarbeiter kaum zu durchschauen, geschweige zu beeinflussen sind (keine Neutralität des Hilfsmittels gegenüber der Organisation): Das IS dominiert den Mitarbeiter und „erstickt" seine Kreativität und Flexibilität; es verliert seinen Charakter als ersetzbares und umgehbares Werkzeug. Der Mitarbeiter verliert seinen autonomen Handlungsbereich und in letzter Konsequenz die Fähigkeit, Verantwortung zu tragen. Integrierte Systeme zementieren daher betriebliche Strukturen und erschweren geschäftliche Flexibilität, kapazitative Elastizität und Selbststeuerung dezentraler Einheiten in schlanken, dynamischen Geschäftsprozessen (Wohland (1997)).

Technisch sind integrierte IS kompliziert. Eine Integration ist einfacher zentralistisch durchzuführen, während in verteilten Systemen Abstimmprozeduren und Kommunikationsprozesse die Konsistenzen sichern müssen. Integrierte Systeme bedingen einen erheblichen Entwicklungsaufwand und lassen sich kaum von den Unternehmen selbst und auch nicht rasch realisieren. Inwieweit eine Integration anzustreben ist, ist daher in allen Entwicklungsphasen neu zu überprüfen.

Eine integrierte Anwendungsarchitektur ist eine Investition über viele Jahre, die erst langfristig Nutzeffekte bringt. Die Entwicklungs- und Implementierungszeit einzelner Module liegt selten unter 2, oft deutlich über 5 Jahre und für ein umfassendes System kann über ein Jahrzehnt angesetzt werden. Integrierte Systeme sind schwerfällig und behindern die DV-Innovation, da die Unternehmensleitungen eine Abkehr von getätigten Investitionen scheuen und die Unternehmen während der Nutzungszeit des Systems ihre DV - Kompetenz verloren haben.

	Vorteile	**Nachteile**
Konzeption	+ Stabiler konzeptioneller Rahmen erleichtert Entwurf von Einzelsystemen + Strategische Informations-Systemplanung orientiert an strategischen Geschäftszielen	– Umfassende Daten-, Funktions- und Kommunikationsmodellierung notwendig – Hoher Abstraktionsgrad notwendig, um die unterschiedlichen Erfordernisse dezentraler Einheiten mit einem System abzudecken
Entwicklung	+ Konzeptioneller Rahmen erleichtert Entwicklung von Einzelsystemen + Einheitliche Schnittstellenstrukturen als Entwicklungsziele	– Entwicklung in einem umfassenden Projekt zeitaufwendig und risikoreich; Projekt muss zerlegt werden – Systemtest aufwendiger
Implementierung	+ Ganzheitliche Lösungen; Vermeidung von Insellösungen	– Spezialisierte Hardware-Architekturen kaum anderweitig verwendbar – Umfangreiche Schulungsmaßnahmen für Mitarbeiter erforderlich, um diese an die Systemdisziplin zu gewöhnen
Betrieb	+ Einheitliche Datenquellen; keine Mehrfacherfassung + Abgestimmte fachliche Ansätze; Informationsproduktion aus „einem Guss"	– Dateneingaben oft von -verwendung organisatorisch getrennt; Datenlieferant kann deren Nutzen nicht einschätzen – Vor Inbetriebnahme oft aufwendige Datenerhebung – Hoher Bedarf an DV-Ressourcen (Rechenzeit, Speicherplatz)
Wartung	+ Integrierter konzeptioneller Rahmen erleichtert Fehlerdiagnose	– wegen vielfältiger Interdependenzen aufwendig – Erforderliche Modifikationen unterbleiben wegen Systemkomplexität

Abbildung 4.2.1-1: Vor- und Nachteile integrierter Anwendungssysteme

4.2.2 Freiheitsgrade

Es ist bewußt über den Grad und die Dimension der Integration zu entscheiden. Ein Einführungsprojekt ist so zu strukturieren, dass periodisch (z. B. jährlich) neu über die Integration auf organisatorischer, fachlicher und technischer Ebene entschieden werden kann.

Integrationsbereiche bewußt wählen

Auch wenn die Anbieter von Standardsoftware es anders darstellen, ist es nicht zwingend, alle Bereiche eines Unternehmens mit einem einheitlichen integrierten System abzudecken. Die geschäftlichen, organisatorischen und fachlichen Prozesse unterliegen unterschiedlich der Dynamik der Märkte und lassen sich abhängig davon durch integrierte Systeme erschließen.

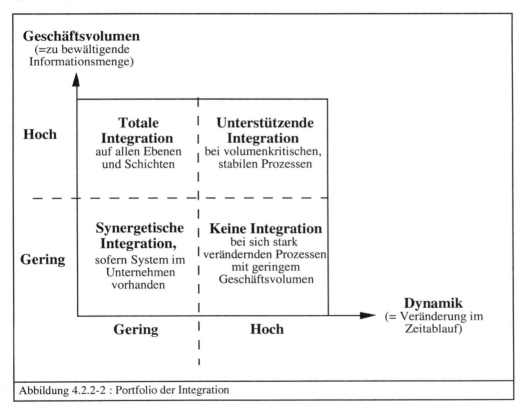

Abbildung 4.2.2-2 : Portfolio der Integration

Bei stabilen Geschäftsprozessen mit großem Volumen, deren Produkte und Kunden sowie Marktanforderungen an Terminpräzision, Qualitäten und Kosten sich über die voraussehbare Zukunft wenig wandeln werden und deren Größe die Investitionen rechtfertigt, ist der Einsatz integrierter Systeme auf allen Ebenen sinnvoll. Bei „dynamischen"

Geschäftsprozessen, die sich häufig verändern, ist zu prüfen, ob die Kostenvorteile aus der Integration die Investitionen rechtfertigen; dies wird nur bei großen Volumina der Fall sein. Oft bietet es sich an, nur die Ebenen und Bereiche von integrierten Systemen abdecken zu lassen, die von der Dynamik nicht tangiert sind.

Integrationsgrade abstufen

Eine umfassende Integration in vertikaler, horizontaler und zeitlicher Dimension ist in vielen Fällen weder realisierbar noch wünschenswert. Häufig bietet sich aufgrund der organisatorischen Zuständigkeiten eine Abstufung nach Entscheidungsfeldern oder -ebenen an. Oft sind Betriebe oder Produktfelder weitgehend autonom in ihren Entscheidungen, somit kann die Integration auf das Entscheidungsfeld beschränkt bleiben.

Abstufung nach	Erläuterung	Beispiel
Entscheidungs-feldern	Horizontale Beschränkung der Integration auf bestimmte Entscheidungsfelder	Betriebe, Produktfelder, Standorte
Entscheidungs-ebenen	Vertikale Abstufung der Integration	• Zentrale, integrierte Grobplanung wird ergänzt durch dezentrale, autonome Feinplanung • Endnutzersysteme und Datenbank - Replikationen für Informationssysteme
Entscheidungs-zeiträume	Zeitliche Abstufung der Integration	• Nur Kurz- und Mittelfristplanung wird integriert betrachtet.

Abbildung 4.2.2-3: Abstufung der Integrationsgrade

Bei der Produktionsplanung hat sich z. B. gezeigt, dass Systeme, die alle Entscheidungsebenen umfassen, zu unflexibel sind (Fischer / Stüring (1997)). Stattdessen wird versucht, Entscheidungen wie Feinterminierung, Werkstattsteuerung dezentral z. B. mit Fertigungsleitständen zu unterstützen, die mit einem Obersystem vernetzt sind. Es kann sich empfehlen, Systemtypen (z. B. MIS) aus der Integration auszuklammern und spezielle Werkzeuge (z. B. Planungssprachen, Datenbanken) zu nutzen. Zum einen sind diese oft leistungsfähiger und preiswerter, zum anderen belasten diese Systemtypen durch interaktive Endnutzerzugriffe stark den integrierten Ablauf.

Integrationsdimensionen vereinfachen

Sinnvollerweise muß einer DV-technischen eine ökonomische, organisatorische und fachliche Integration vorausgehen. Z. B. vereinfachen strategische wirtschaftliche Maßnahmen (Geschäftsprozesse straffen, Erfolgsfaktoren identifizieren) die organisatorischen und fachlichen Anforderungen. Organisatorische Integrationsmaßnahmen (Abläufe straffen, Funktionen neu gruppieren) reduzieren die erforderliche IS-Funktionalität.

Integrations-dimension	Vereinfachungsmöglichkeiten
Geschäftliche Integration	• Geschäftsprozesse, z. B. Behandlung von Kunden, Regionalmärkten • Wertschöpfungsketten in der Breite beschränken, z. B. Produktfelder in separaten Verantwortungsbereichen verankern • Wertschöpfungsketten in der Länge beschränken, z. B. F&E oder Serviceprozesse organisatorisch oder rechtlich verselbständigen
Organisatori-sche Integration	• Planungs- und Kontrollaufgaben in die Durchführungsebene verlagern • Flachere Hierarchien einführen • Planungs- und Kontrollprozesse in Inhalten und Frequenzen
Fachliche Integration	• Rechnungswesen- und Berichtssysteme vereinfachen • Standardlösungen der Software akzeptieren und unverändert einführen • Funktionsbereiche aus der Integration herausnehmen • Integrationsinseln akzeptieren (z. B. Tochtergesellschaften)
Technische Integration	• Datenredundanzen in Teilbereichen akzeptieren, durch Replikationen periodisch beseitigen • Akzeptanz technisch heterogener DV-Systeme • Technische Integrationsinseln schaffen, die nur über „offene Standards" mit den integrierten Systemen kommunizieren

Abbildung 4.2.2-4: Vereinfachungsmöglichkeiten bei den Integrationsdimensionen

Abhängigkeiten aus Integration vermeiden

Ein Unternehmen sollte es vermeiden, von integrierten Informationssystemen (IIS) geschäftlich, organisatorisch oder technisch abhängig zu werden. Es sind Fälle bekannt, in denen auf Akquisitionen oder die Ausweitung von Geschäftsfeldern verzichtet wurde, da die erforderlichen Anpassungen der IIS zu aufwendig wurden.

Integrationsdimension	Gefahren	Möglichkeiten, um Abhängigkeiten zu vermeiden
Geschäftliche Integration	• Geschäftliche Chancen werden wegen IIS nicht wahrgenommen • Management ist auf IIS fokussiert und übersieht Marktentwicklungen	• IIS - Einführung nicht als Top Management Aufgabe verstehen
Organisatori-sche Integration	• IIS binden Ressourcen, die für Reorganisation notwendig wären	• Ressourcen für IIS bewußt begrenzen
Fachliche Integration	• IIS verhindert eigene methodische Konzepte	• Auf Berater verzichten; Methoden selbst lernen
Technische Integration	• IIS legt DV auf bestimmte Hardware-/Software- Technologie fest	• Technik des IIS auf dessen Bereich begrenzen, in anderen Bereichen bewußt andere Technik einsetzen

Abbildung 4.2.2-5: Abhängigkeiten und deren Vermeidung bei IIS

4.3 Verteilungsgrad

4.3.1 Kennzeichen

Von einem *verteilten Informationssystem* spricht man, wenn ein logisch einheitlich strukturiertes System physisch auf mehrere IS-Komponenten verteilt ist (Struktursicht) oder wenn autonome Komponenten so für eine gemeinsame Aufgabe zusammenwirken (Verhaltenssicht), dass die Komponenten aus Nutzersicht wie ein logisch einheitliches System erscheinen (Wolff (1997)). Grundsätzlich lassen sich Daten und Funktionen auf Komponenten verteilen. Zusätzlich läßt sich die Arbeitslast auf Rechner aufteilen. In welchem Ausmaß verteilt wird, hängt von organisatorischen und technischen Gesichtspunkten ab. *Organisatorisch* ist es durch verteilte Systeme möglich, die Struktur der Unternehmen aus verteilten Aufgaben und Aufgabenträgern in der DV nachzuvollziehen. *Technisch* steigt mit dem Ausmaß der Verteilung die Anzahl der benötigten DV-Komponenten und deren Kommunikations- und Koordinationsaufwand; neue Technologien (z. B. Middleware) erleichtern die technische Verteilung.

Betriebliche Informationssysteme sind in der Regel Mehrplatzsysteme, bei denen räumlich verteilte Nutzer über Kommunikationsnetze auf das System zugreifen. Ein *zentralisiertes System* existiert an einem definierten (zentralisierten) Ort, die Nutzer greifen über Netze auf dieses Zentralsystem zu. Bei *vernetzten Systemen* existieren Komponenten an verschiedenen Orten; die Komponenten sind physisch zu adressieren und logisch anzusprechen; d. h. dem Anwender ist die physische Verteilung bewußt. Bei *verteilten Systemen* ist die lokale Verteilung der Komponenten für den Nutzer nicht sichtbar, das System erscheint für ihn als eine physische und logische Einheit (Verteilungstransparenz).

Hinsichtlich der **Transparenz** werden drei Stufen unterschieden: Bei der *Systemunabhängigkeit* muß der Nutzer die (logische) Adresse der Daten und das Programm spezifizieren, mit dem er zu arbeiten beabsichtigt. Über Netze wird ihm ein Zugriff auf das System und die geforderten Daten ermöglicht (vernetztes System). Bei der *Allokationsunabhängigkeit* gibt der Nutzer den Ausschnitt der Daten und das Programm an, mit welchen er zu arbeiten wünscht, nicht jedoch deren Adressen; diese werden durch das System spezifiziert. Bei der *Dekompositionsunabhängigkeit* muß der Nutzer weder den Datenausschnitt noch das Programm spezifizieren. Aufgrund einer inhaltlichen Anfrage nach Daten oder Funktionalität wird er an das richtige System verwiesen.

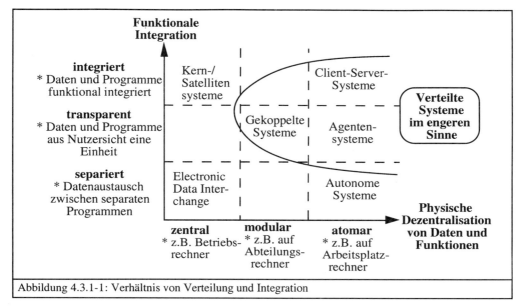

Abbildung 4.3.1-1: Verhältnis von Verteilung und Integration

Bei der Verteilung sind zu unterscheiden: (1) Der Grad der physischen Dezentralisation auf Rechner und (2) der Grad der funktionalen Integration und (3) die Verteilungstiefe.

Die **physische Dezentralisation** beschreibt die räumliche Verteilung und die technische Heterogenität der DV-Komponenten, die über ein Netzwerk zusammenwirken. Die **funktionale Integration** beschreibt die Aufgabenverteilung auf die IS-Komponenten und deren Autonomiegrad sowie die verwendeten Koordinations- und Integrationsmechanismen. *Satellitensysteme* gruppieren um ein zentrales, integriertes Kernsystem solche Spezialfunktionen samt Datenbeständen, die einen definierten Umfang haben und nicht oft mit dem Kern synchronisiert werden müssen (Kagermann (1993), S. 457). Satellitensysteme arbeiten zeitweise unabhängig vom Kernsystem. *Gekoppelte Systeme* bestehen aus weitgehend autonomen, miteinander kooperierenden Systemen, die über eigene Datenbestände verfügen und diese periodisch miteinander abgleichen. *Agentensysteme* sind autonome Einheiten, die gemeinsam an einer Aufgabe arbeiten und dies eigenständig steuern. Das Ausmaß der Verteilung und Integration wird somit flexibel und situativ von den Aufgaben abhängig gemacht (Mack/Weinhardt (1993)). *Client-Server-Systeme* verteilen bestimmte Funktionen der Anwendung, z. B. die Präsentation, die Datenhaltung oder die Verarbeitung; dabei wird in jeder Phase die Konsistenz und Integrität aller Funktionen und Daten gesichert. Die Verteilung des Systems wird bei dessen Implementierung festgelegt und bleibt im Betrieb unverändert.

Hinsichtlich der Funktionen und Daten dezentralisierte und gleichzeitig integrierte Systeme lassen sich beim Stand der Technik in Unternehmen kaum realisieren. Heutige Client-Server-Systeme nutzen meist zentrale Datenbankserver (data server) und höchstens modulare Funktionsserver (application server); verteilt werden nur die Nutzersysteme (presentation clients).

Hinsichtlich der **Verteilungstiefe** lassen sich hierarchisch tiefe und flache Systeme unterscheiden. *Systeme mit hierarchisch tiefer Struktur* orientieren sich an der Aufbauorganisation. Typisch sind abgestufte Konfigurationen aus Arbeitsplatzrechnern (die z. B. Fertigungsmaschinen steuern), Abteilungsrechnern (z. B. für Fertigungsstraßen), Werksrechnern (die die Fertigung und Logistik des Werkes planen und kontrollieren) sowie Unternehmensrechnern, die für das Gesamte administrative und informative Aufgaben übernehmen. *Systeme mit hierarchisch flacher Struktur* unterstützen vornehmlich kleinere Arbeitsgruppen oder Projektarbeitsprozesse, z. B. Groupware. Üblicherweise werden die Arbeitsstationen der Gruppenmitglieder über Server miteinander vernetzt.

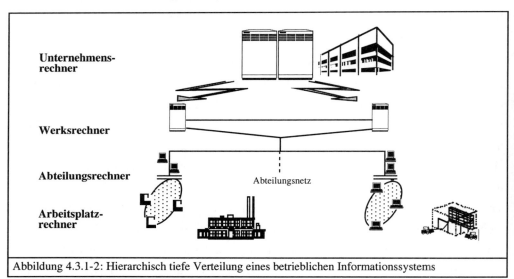

Unternehmens-rechner

Werksrechner

Abteilungsrechner   Abteilungsnetz

Arbeitsplatz-rechner

Abbildung 4.3.1-2: Hierarchisch tiefe Verteilung eines betrieblichen Informationssystems

4.3.2 Bewertung
Der Verteilungsgrad von DV-Systemen wird durch vier Entwicklungen gestützt:

(1) DV-technisch werden kleinere Anlagen leistungsfähiger und preiswerter. Dies gilt für Hardware, aber zunehmend auch für Software (z. B. verteilte Datenbanksysteme).

(2) Die Kommunikationstechnik wird leistungsfähiger (Übertragungsraten im Megabit-Bereich auch bei Fernnetzen) und preiswerter und ermöglicht mobile Endgeräte.

(3) Regional sind Unternehmen auf immer mehr Märkten weltweit tätig, die sich heterogener verhalten, so dass unterschiedliche Systeme erforderlich sind.

(4) Organisatorisch reagieren Unternehmen auf die steigenden Anforderungen der Märkte und der Technologie mit einer zunehmenden wirtschaftlichen (häufig auch rechtlichen) Selbständigkeit von Funktionsbereichen und mit flachen Hierarchien.

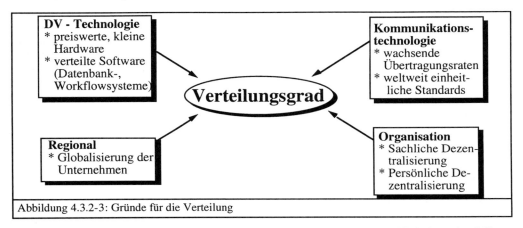

Abbildung 4.3.2-3: Gründe für die Verteilung

Im Rahmen der *sachlichen Dezentralisierung* wird versucht, die Fähigkeiten der Mitarbeiter zu sachgerechten und flexiblen Problemlösungen durch die Kapazitäten verteilter DV zu steigern. Sachliche Dezentralisierung setzt die Dekomponierbarkeit von Aufgaben in Teilaufgaben voraus, zwischen denen nur schwache Beziehungen bestehen. *Persönliche Dezentralisierung* bedeutet, dass den Mitarbeitern größere Aufgabenkomplexe (job enlargement) und größere Autonomie (job enrichment) zugestanden werden, wobei sie mit Informationstechnik unterstützt werden können.

Von der Verteilung verspricht man sich

- eine höhere organisatorische und DV-technische Flexibilität,

- eine höhere Systemverfügbarkeit durch Lastverteilung und gegenseitige Ersetzbarkeit,

- eine höhere Anpassung an lokale, organisatorische und führungstechnische Gegebenheiten,

- eine hohe Elastizität hinsichtlich Kapazitätsveränderungen des Unternehmens.

Vorteile			Nachteile
Organisato-rische Flexibi-lität	• Daten und Funktionen werden dort gehalten, wo sie organisatorisch benötigt werden	• Investititions- und Betriebsaufwand für Kommunikationseinrichtungen zwischen den verteilten Einheiten	**Kommuni kations-aufwand**
Technische Elastizität	• Die DV-Ressourcen sind modular anpaßbar • Lastverteilung zwischen Einheiten möglich	• Hoher Koordinationsaufwand, um Redundanzen und Inkonsistenzen zwischen den verteilten Systemen zu vermeiden	**Koordi-nations-aufwand**
Systemver-fügbarkeit	• Verteilte kleinere Einheiten können sich bei Systemausfall ersetzen	• Verteilte Einheiten sind tendenziell störungsanfälliger und wartungsintensiver	**Betriebs-sicherheit**
Nutzbarkeit preiswerter DV-Technik	• Modulare Erweiterbarkeit mit preiswerten Standardkomponenten	• In verteilten Systemen tendenziell schwieriger	**Daten-schutz**

Abbildung 4.3.2-4: Vor- und Nachteile der Verteilung

4.4 Standardisierungsgrad

4.4.1 Kennzeichen

Betriebliche Informationssysteme verwenden in der Regel Komponenten, die auf dem Markt gekauft wurden und daher in wesentlichen Teilen standardisiert sind. Es sollen drei Dimensionen der Standardisierung unterschieden werden:

Normen werden durch offizielle Gremien oder aufgrund der Marktentwicklung gesetzt. Da für Normkomponenten ein großer Markt existiert, sind diese oft wirtschaftlich und organisatorisch (Personal ist verfügbar etc.) günstiger. Der Anwender verspricht sich von Normen kompatible Systeme, die überbetrieblich miteinander „arbeiten" können.

Normen offizieller Gremien sind oft als „größter gemeinsamer Nenner" verschiedener Interessenten komplex aufgebaut und setzen sich auf dem Markt nur zögernd durch (Beispiele: ISO / OSI-Kommunikationsschichtenmodell, EDIFACT). „Quasi - Normen" großer Nachfrager (z. B. US - Verteidigungsministerium) oder Anbieter (z. B. IBM, MICROSOFT) sind pragmatisch ausgelegt und setzen sich daher rasch durch. „Normprodukte" existieren im Bereich der Büroinformationssysteme (Microsoft OFFICE) und kristallieren sich bei betrieblichen Informationssystemen heraus (SAP R/3). Allerdings existieren vermeintliche „Normprodukte", die sich im praktischen Einsatz keineswegs so kompatibel wie versprochen erweisen (z. B. die Versionen des „offenen" Betriebssystems UNIX).

Die häufige Unzufriedenheit mit Normprodukten ist in der Regel darauf zurückzuführen, dass

- der Nutzer seine Anforderungen nicht präzise z. B. durch eine Modellierung spezifiziert,

- die Spezifikation dem Anbieter nicht vorgelegt und als Pflichtenheft im Kaufvertrag verankert wird, sondern der Anwender auf die Norm vertraut,

- die betriebliche Begriffswelt weit weniger präzise ist als die der Software-Anbieter, so dass Vertragsbestandteile unterschiedlich verstanden werden.

Unter **Homogenisierung** soll der Einsatz einheitlicher DV-Komponenten in einer Branche, im Unternehmen oder einem Unternehmensverbund verstanden werden. „Standards" können sich auch unternehmensübergreifend herausbilden, um die Zusammenarbeit von Unternehmen technisch zu erleichtern (z. B. im Banken- und Versicherungsbereich). Branchenübergreifende Standards werden durch den Druck großer Kunden (z. B. Militär) erzwungen.

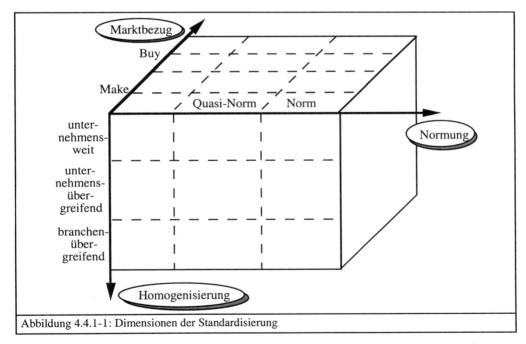

Abbildung 4.4.1-1: Dimensionen der Standardisierung

Konzeptionelle Homogenisierung: Die Daten- und Funktionsstrukturen eines Informationssystems unterscheiden sich danach, inwieweit sie auf die Unternehmensspezifika auszurichten sind.

DATENSTRUKTUREN			FUNKTIONSSTRUKTUREN	
Objekte	Attribute	Beziehungen	Funktionen	Ereignisse
Branchen-neutrale				
		Generalisiert		**Generalisiert**
Branchen-angepaßte				
Unterneh-mensspe-zifische	**Zu spezifizieren**		**Zu spezifizieren**	

Abbildung 4.4.1-2: Standardisierungsgrad der Elemente betrieblicher Anwendungssysteme

Branchenneutrale Systeme lassen sich entwickeln, wenn durch gesetzliche oder sonstige Einflüsse die Attributstrukturen und die Beziehungen zwischen den Datenobjekten standardisiert sind. Dies ist z. B. in der Finanzbuchhaltung der Fall, da sowohl der Aufbau der Konten als auch die Buchungsregeln im Grundsatz in den Branchen gleich sind. Allerdings existieren unterschiedliche Konten (= Objekte).

	Kennzeichen	Freiheitsgrade der Modellierung	Beispiele
Unterneh-mens-spezifiziertes System	• DV-System bildet Wissen ab, das andere nicht besitzen • DV-System eröffnet Wettbewerbsvorteile	Nur durch Eigenschaften verfügbarer Software Entwicklungswerkzeuge eingeschränkt	*Marktinformationssysteme* *Controlling-Systeme* *Warenwirtschaftssysteme*
Branchenan-gepaßtes System	• System bildet Wissen ab, das im wesentlichen alle Wettbewerber besitzen • Organisationsanpassung ist effizienter als DV-Entwicklung	Kaufmännische oder rechtliche Gepflogenheiten engen die Entwicklungsentscheidungen ein	*Verkaufsabwicklung* *Personalabrechnung*
Branchen-neutrales System	• System bildet Wissen ab, das alle Unternehmen einer Volkswirtschaft besitzen	Rechtliche Rahmenbedingungen oder kaufmännische Gepflogenheiten schränken ein	*Finanzbuchhaltung*

Abbildung 4.4.1-3: Spezifizierungsstufen eines Informationssystems (Beha/Huy (1990))

Branchenangepaßte Systeme lassen sich bilden, wenn die Gegebenheiten in einer Branche weitgehend gleich sind. Die Beziehungen zwischen den Datenobjekten und Verarbeitungsfunktionen gelten branchenweit, doch die Datenobjekte, deren Attribute sowie die Ereignisse müssen auf die Unternehmensspezifika angepaßt werden. Ein Beispiel sind Materialwirtschaftssysteme. Von der Produkt- oder Verfahrenstechnologie stark abhängige Systeme sind in der Regel unternehmensspezifisch auszulegen (Beispiel: Produktionsplanungssysteme).

Bei der technischen Homogenisierung sind zwei Richtungen zu unterscheiden: *Horizontal spezifizierte Systeme* können in der gleichen Funktionsklasse nur mit identischen oder genau bestimmten Komponenten zusammenarbeiten (z. B. ein Rechner kann nur mit solchen der gleichen Rechnerfamilie kommunizieren); *horizontal homogenisierte Systeme* demgegenüber mit allen Systemen der gleichen Funktionsklasse. *Vertikal spezifizierte Systeme* setzen auf den darüber- und darunterliegenden Systemschichten spezifische Komponenten voraus (z. B. ein Rechner benötigt ein spezielles Betriebssystem, dieses arbeitet nur mit einer speziellen Datenbank); *vertikal homogenisierte Systeme* demgegenüber mit allen Systemen der gleichen Funktionsklasse.

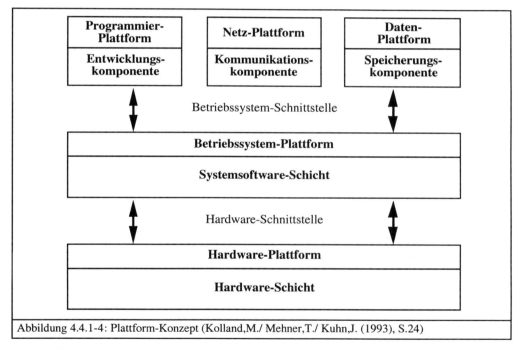

Abbildung 4.4.1-4: Plattform-Konzept (Kolland,M./ Mehner,T./ Kuhn,J. (1993), S.24)

Beim Einsatz von *Plattformen* wird eine einheitliche Schnittstelle verwendet, die die Spezifika tiefer gelegener Schichten verbirgt. Beispielsweise soll eine Betriebssystem-Plattform gewährleisten, dass der Anwender von Veränderungen des Betriebssystems und der Hardware nicht betroffen ist (z. B. Java Virtual Machine).

Marktbezug

Es ist ein breites, kaum überschaubares Angebot an Technologie, nutzbaren Ressourcen (z. B. Rechenzeiten, Software-Nutzungszeiten, Netzwerknutzung) und Experten auf Märkten verfügbar. Üblicherweise werden Hardware-Komponenten heute fremd bezogen. Auch bei Software ist der Fremdbezug inzwischen zeit- und kosteneffizienter: Standardsoftware existiert für fast alle Aufgaben in zunehmender Qualität.

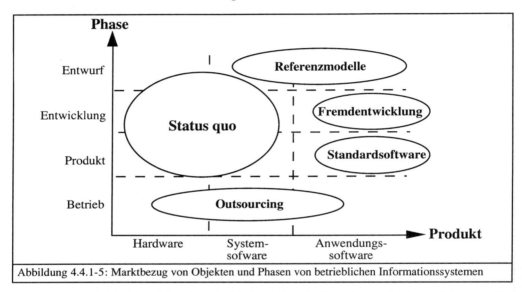

Abbildung 4.4.1-5: Marktbezug von Objekten und Phasen von betrieblichen Informationssystemen

Diese ist speziell bei betriebswirtschaftlichen IS verbreitet, deren Struktur nicht vom Typ des Unternehmens abhängig ist (konzeptionell homogen). Auch für spezifischere, von den Prozessen oder Produkten abhängige Anwendungen existiert Standardsoftware, die durch Module und Parameter an die Betriebsstrukturen anpaßbar ist. Spezialisierte Softwareunternehmen bieten alternativ die Entwicklung maßgeschneiderter Systeme an. Neben der Entwicklung können auch vorgelagerte Konzeptionsarbeiten auf externe Anbieter verlagert und die technische und organisatorische Implementierung fremdbezogen werden. Oft werden IS-Leistungen nicht einfach gekauft, sondern es werden möglichst langfristige (vertragliche oder finanzielle) Verbindungen mit Lieferanten aufgebaut.

Anbieter von DV-Leistungen sind zum einen Fremdunternehmen, zum anderen schließen Unternehmen sich zu Kooperationen zusammen. Zunehmend gliedern Unternehmen ihre DV-Abteilung aus und gründen selbständige Firmen. Sie erhoffen sich, dass Kosten und Erlöse der DV transparenter werden und dass sie auch anderen Abnehmern Leistungen verkaufen kann. Von *Outsourcing* im engeren Sinne spricht man, wenn Unternehmen sich für mindestens ein Jahr zur Abnahme von DV-Leistungen verpflichten.

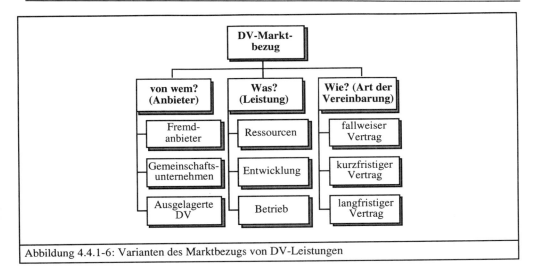

Abbildung 4.4.1-6: Varianten des Marktbezugs von DV-Leistungen

4.4.2 Bewertung

Informationssysteme sollten nur standardisiert werden, wenn sie Wissen repräsentieren, das alle Wettbewerber auch besitzen und daher die Marktposition des Unternehmens nicht durch individuelle Systeme verbessert werden kann. Allgemein verfügbares Wissen liegt vor, wenn Normen des Handels- und Steuerrechts, betriebswirtschaftliche Konzepte oder technische Standardverfahren das System prägen.

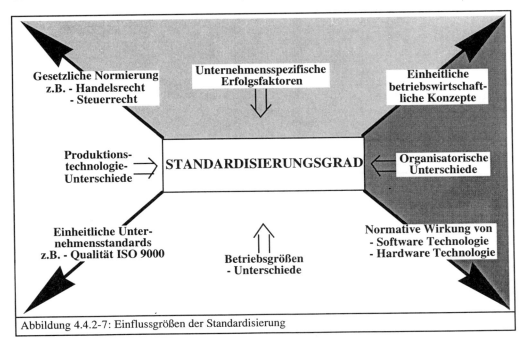

Abbildung 4.4.2-7: Einflussgrößen der Standardisierung

Da die Entwicklungskosten unabhängig von der verkauften Stückzahl sind, versuchen Anbieter, Software auch in Aufgabenfeldern zu standardisieren, bei denen es sich wegen der Besonderheiten der Unternehmen nicht empfiehlt. Der IS-Entwicklungsaufwand ist so hoch, dass auch große Unternehmen diesen kaum aufbringen. Unternehmen suchen nach langfristiger Investitionssicherheit. Sie orientieren sich daher bei Anwendungs- und bei System-Software an deren Verbreitungsgrad, da sie dann in die wirtschaftliche und technische Leistungsfähigkeit (Innovationssicherheit) und Überlebensfähigkeit (Investitionssicherheit) der Anbieter im Markt und die Verfügbarkeit von Personal vertrauen.

		Vorteile	Nachteile	
Normen	**Investitionssicherheit**	• da auf Plattformen aufbauende Technologie langfristig verwendbar	• da Standards sich nur langsam ändern	**Innovation wird verlangsamt**
	Marktverfügbarkeit	• der Komponenten und des Personals • in allen Einsatzländern	• da Normen kleinsten gemeinsamen Nenner zwischen Herstellern bilden	**Geringere Leistungsfähigkeit**
Homogenisierung	**Entwicklungsflexibilität**	• da man mit Plattformen arbeitsteilig entwickeln kann	• von Standards, deren Leistungsfähigkeit und Anbieter	**Abhängigkeit**
	Kostensenkung	• durch größere Abnahmemengen • durch flexibleren Personaleinsatz • durch verringerte Schulungskosten	• Standards verringern den Einsatz problemadäquater Komponenten	**Verringerte Einsatzflexibilität**
Marktbezug	**Know how Erwerb**	• da betriebswirtschaftliche und organisatorische Erfahrung der Anbieter • da DV- Niveau der Anbieter oft hoch	• der Geschäftsprozesse kann Wettbewerbsvorteile reduzieren • erfordert Anpassungen	**Fehlende Spezifität**
	Ressourcenersparnis	• da Festpreis für Programm und einschätzbarer Anpassungsaufwand • durch geringere eigene Kapazitäten und gesicherte Weiterentwicklung • durch schnellere Einsatzfähigkeit	• vom Anbieter und dessen Leistungsfähigkeit • bei der Einführung von Beratern und Softwareanbietern • von bestimmten Basiskomponenten (Hardware)	**Abhängigkeit**

Abbildung 4.4.2-8: Vor- und Nachteile der Standardisierung

4.4.3 Freiheitsgrade

Die Alternative heißt nur aus der Sicht einiger Anbieter, Standardsoftware ja oder nein. Der Anwender kann sehr wohl wählen, in welchen Feldern er Standardsoftware einsetzt und in welchem Maße er standardisierte Technik wählt.

Beschränkung des Standardisierungsgrades
Da es heute möglich ist, mit komfortablen Entwicklungsinstrumenten rasch Software zu produzieren, bietet es sich an, Standardsoftware für die wettbewerbsirrelevante IS-Infrastruktur des Unternehmens einzusetzen und die für den Wettbewerb wichtigen Bereiche durch Individualsoftware abzudecken.

Standards durch „innovative Spielwiesen" ergänzen
Durch den Einsatz von Standardkomponenten bei Software und Hardware reduziert ein Unternehmen sein DV-Know-how auf eben diese Komponenten. Dies ist gefährlich, da der DV-Markt sich kontinuierlich entwickelt und viele Anbieter vom Markt verschwinden. Weiterhin schließt sich das Unternehmen von Innovationen aus, die außerhalb der Standards entstehen. Daher empfiehlt es sich, innovative Inseln mit Nicht - Standardkomponenten zu dulden und zu fördern.

Konkurrierende Standards und Offene Schnittstellen
In Teilbereichen kann es sich empfehlen, zwei oder mehrere Standardwelten in einem Unternehmensverbund zu akzeptieren. Um Standard- mit Individualsoftware zu verbinden, bedarf es offener Daten- und Funktionsmodelle und Schnittstellen. Die Marktführer bei Standardsoftware legen zunehmend ihre konzeptionellen Strukturen offen und bieten Schnittstellen mit ausreichender Funktionalität an. Bei der Auswahl von Standardsoftware sind beide Punkte äußerst wichtig. Alternativ bietet es sich an, Standard- und Individualsoftware über Datenbanken gleicher Struktur miteinander zu koppeln.

Eigenkapazitäten durch Fremdentwicklung ergänzen
Da der Personalaufwand ein Hauptargument gegen Eigenentwicklungen ist, bietet es sich an, sowohl in der Entwurfs- als auch in der Entwicklungsphase auf Fremdanbieter zurückzugreifen. Damit senkt das Unternehmen zum einen seinen fixen DV-Personalaufwand, allerdings zu Lasten i. d. R. höherer Fremdentwicklungsaufwendungen. Zum anderen kann man frei zwischen den Anbietern, ihren fachlichen Konzepten und Entwicklungsinstrumenten wählen und ist nicht auf das Know-how der eigenen Mitarbeiter beschränkt.

4.5 Methodische Unterstützung

4.5.1 Kennzeichen

Die Entwicklung von Informationssystemen ist ein komplexer Vorgang, der häufig nicht den gewünschten Erfolg bringt.

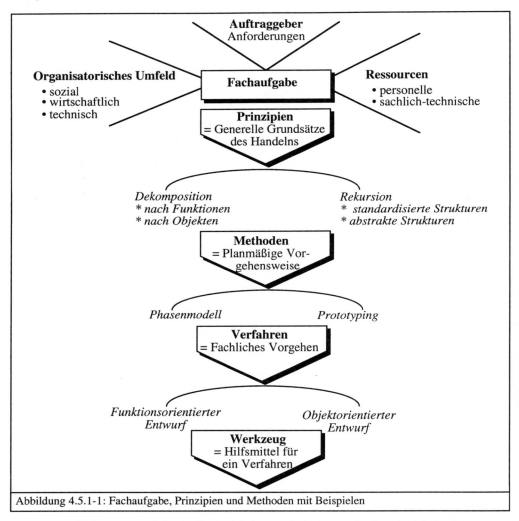

Abbildung 4.5.1-1: Fachaufgabe, Prinzipien und Methoden mit Beispielen

Da nur bei kleineren Projekten die fachliche, technische und wirtschaftliche Steuerung von einer Person wahrgenommen wird, empfiehlt es sich, bei der Entwicklung von eindeutig festgelegten und kommunizierbaren Vorgehensweisen auszugehen. Diese werden in Prinzipien, Methoden, Verfahren und Werkzeuge unterteilt (Balzert (1988), S.22f; Hildebrandt (1990), S.21 ff).

Prinzipien sind bewährte Grundsätze in einem weiten Gebiet (bis hin zum gesamten wissenschaftlich - technischen Bereich), deren Anwendung auch bei der Softwareentwicklung überlegenswert ist. *Methoden* machen Prinzipien anwendbar. Sie sind auf einen weiten Anwendungsbereich bezogen und dort begründete, planmäßig angewandte Vorgehensweisen zur Erreichung von definierten Zielen. Sie beschreiben den Anfangszustand, das Ziel und den Weg dahin. Häufig werden Methoden auch als *Vorgehensmodelle* bezeichnet. *Verfahren* konkretisieren Methoden in formalisierbaren und damit programmierbaren Anweisungen. Verfahren werden auch als *Techniken* bezeichnet (z. B. Entscheidungstabellentechnik, Netzplantechnik, Structured Analysis and Design Technique). *Werkzeuge* (Tools) sind Hilfsmittel, um ein Verfahren einzusetzen. Manuelle Werkzeuge sind etwa Schablonen, halbautomatisierte Werkzeuge beispielsweise Rechenschieber, automatisierte Werkzeuge z. B. Programmsysteme. Werkzeuge verschleiern häufig dem Anwender das zugrundeliegende Verfahren (Bsp: Lineare Programmierung in Tabellenkalkulationssystemen).

4.5.2 Prinzipien

Bei der Entwicklung von Software konkurrieren zwei grundsätzliche Anschauungen miteinander: Die eine hält Software für eine Idee, die sich der Mensch für die Lösung eines Problems ausgedacht hat; Software ist somit das Ergebnis eines kreativen Prozesses, der sich im Grunde jeder Standardisierung entzieht, wenn auch (wie in der Kunst) bestimmte Techniken hilfreich sind (Software Entwurf). Die andere Anschauung hält Software für ein standardisierbares Produkt, das nach ingenieurwissenschaftlichen „Techniken" entwickelt werden kann (Software Engineering).

Die Wahrheit liegt wohl in der Mitte: Wie bei allen Industrieprodukten gibt es innovative Erfindungen neuer Softwarekategorien (z. B. Tabellenkalkulation, Hypersysteme, Groupware), die stark von der Ideenkraft des Erfinders geprägt sind und sich jedem standardisierbaren Vorgehen entziehen. In vorhandenen Kategorien werden dann neue Softwareprodukte nach standardisierten, ingenieurwissenschaftlichen Vorgehensweisen entwickelt. Dazu existieren bewährte Prinzipien zur Systemstruktur und zur Systemfunktionalität.

Prinzipien zur Systemstruktur

Diese gelten sowohl für den Software-Entwicklungsprozess als auch für das resultierende Produkt. Ziel ist es, durch Abstraktion von den Eigenschaften des spezifischen Problems und durch dessen Zerlegung in Teilprobleme diese einfacher und arbeitsteilig zu lösen.

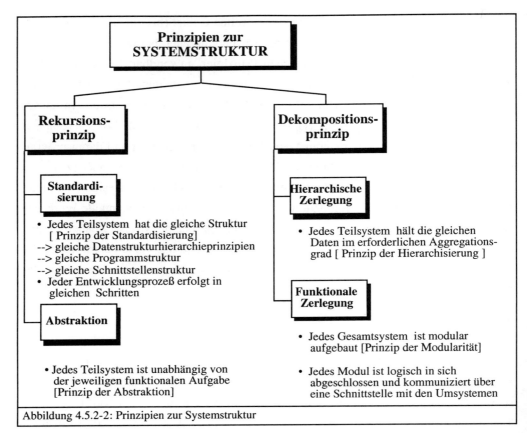

Abbildung 4.5.2-2: Prinzipien zur Systemstruktur

Das **Rekursionsprinzip** beschreibt zum einen, dass ein einheitlicher Aufbau aller Systemkomponenten und -prozesse anzustreben ist. Durch die *Standardisierung* wird angestrebt, verfügbare Komponenten systematisch weiter zu verwenden und neue gezielt zu überprüfen, ob eine Wiederverwendung lohnt und dann entsprechend flexibel und gut dokumentiert zu entwickeln (Rezagholi (1995)). Zum anderen sind die Eigenschaften des Problems zu abstrahieren (*Abstraktion*), um irrelevante Details zu unterdrücken und sich auf die relevanten Eigenschaften zu konzentrieren (Balzert (1988), S. 190).

Prinzip	Unterprinzip	Vor-/Nachteile
Rekursions-prinzip	**Standardisie-rung**	+ Wiederverwendbare Teilsysteme (Aufwandssenkung, Qualitätssteigerung) + Einheitlich strukturierte Prozesse und Objekte + Verbesserte Arbeitsteilung
	Abstraktion	+ Gewichtung der wesentlichen Problemeigenschaften + Vorgelagerter Modellierungsprozess – Ggf. zu unspezifische und komplizierte Lösung
Dekomposi-tionsprinzip	**Hierarchische Zerlegung**	+ Höhere Systemtransparenz – Beschränkung auf definierte Strukturen
	Modularisie-rung	+ Wiederverwendbare Teilsysteme + Verbesserte arbeitsteilige Entwicklung + Unabhängige Teilsysteme, die isoliert entwickelt und getestet werden können

Abbildung 4.5.2-3: Vor- und Nachteile von Prinzipien zur Systemstruktur

IS sind in Teilsysteme zu zerlegen, damit sie arbeitsteilig zu entwickeln sind (**Dekompositionsprinzip**). *Hierarchische Zerlegung* bedeutet, dass Teile nach festen Kriterien gebildet und in eine Rangordnung gebracht werden. *Funktionale Zerlegung* besagt, dass ein System nach Funktionen aufgespalten wird. Die Teilsysteme sind logisch in sich abgeschlossen, isoliert funktionsfähig und kommunizieren nur über definierte Schnittstellen.

	Datenobjekttypen		
Vorgangs-ketten	**1**	**n**	
1	Fall 1	Fall 2a Grundobjekte: Dekomposition schwer	Fall 2b Bewegungsobjekte: Dekomposition einfach
m	Fall 3	Fall 4	

Abbildung 4.5.2-4: Fälle der Teilsystembildung (Spitta (1989), S. 120)

Die Zerlegung sollte sich an den Vorgangs- und Datenstrukturen orientieren. Fall 1 ist trivial und nur bei wissenschaftlicher Programmierung anzutreffen. Bei Fall 2 ist zu fragen, um welche Datenobjektart es sich handelt. Vorgangsketten auf Grundobjekte (Stammdaten) sind i. d. R. nicht sinnvoll zu trennen, da dies zu inkonsistenten Daten führt, außer die Grundobjekte werden schrittweise aufgebaut (Spitta (1989), S. 50). Vorgangsketten auf Bewegungsdaten lassen sich leicht trennen, sofern der Geschäftsvorgang sachlogisch vollständig bleibt. Fall 3 beschreibt, dass ein Datenobjekt von mehreren Vorgangsketten berührt wird. Teilsysteme lassen sich pro Vorgangskette einfach bilden, sofern die Datenintegrität zu sichern ist. Dies ist schwierig, wenn die Vorgangsketten indirekt voneinander abhängig sind oder die Vorgänge dynamisch auf die Daten wirken. In

Fall 4 wird gefragt, ob Vorgangsketten zu Teilsystemen zusammengefaßt werden sollten. Dies ist möglich, doch widerspricht es der Dekomposition und kompliziert das System.

Prinzipien zur Systemfunktionalität

Das **Prinzip der autonomen Lebensfähigkeit** besagt, dass auch kleinere Teilsysteme so zu gestalten sind, dass sie isoliert ablauffähig und testbar sind. Dadurch können Systeme schrittweise und arbeitsteilig entwickelt werden.

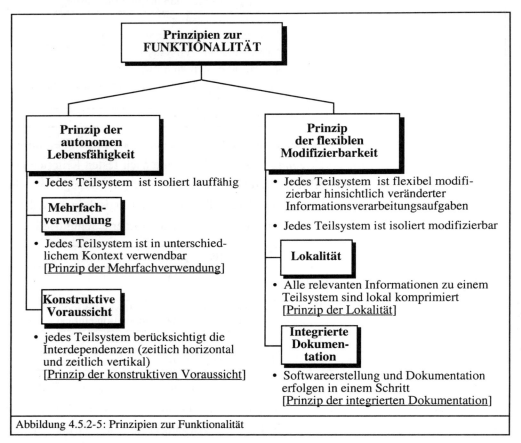

Abbildung 4.5.2-5: Prinzipien zur Funktionalität

Um Zeit und Kosten zu sparen, sollten vorhandene Teilsysteme genutzt werden *(Mehrfachverwendung)*. Dies wird durch eine modulare und nach dem Prinzip der Abstraktion gestaltete Struktur erleichtert, vorausgesetzt die existierenden Teile sind allen Entwicklern bekannt und leicht zugänglich. Auf Wiederverwendbarkeit ausgelegte Systeme sind oft weniger effizient (Universal- statt Spezialmodule), die Suche nach geeigneten Modulen ist zeitaufwendig. Das *Prinzip der konstruktiven Voraussicht* besagt, dass Systeme auf einen unterschiedlichen Funktions- und Datenkontext auszulegen sind.

Die **Prinzipien der flexiblen Modifizierbarkeit** wollen erreichen, dass IS sich einfach an organisatorische, fachliche oder technische Anforderungen anpassen lassen. Die Wartbarkeit und die Modifizierbarkeit eines Systems wird erhöht, wenn alle zur Lösung eines Problems benötigten Informationen lokal an einem Platz zusammengefaßt sind *(Prinzip der Lokalität)* (Balzert (1988), S. 47).

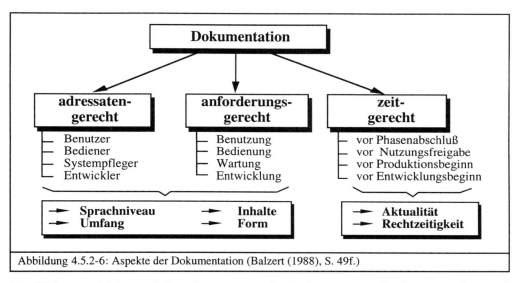

Abbildung 4.5.2-6: Aspekte der Dokumentation (Balzert (1988), S. 49f.)

Die Weiterentwicklung wird erschwert, wenn die *Dokumentation* der Systemstruktur und -funktionalität unvollständig ist. Angesichts des Zeitdrucks wird diese häufig vernachlässigt. Es ist durch Werkzeuge sicherzustellen, dass Teilsysteme erst als fertig entwickelt gemeldet werden, wenn sie vollständig, richtig und aktuell beschrieben wurden.

Prinzip	Unterprinzip	Vor- / Nachteile
Autonome Lebensfähigkeit	Mehrfachverwendung	+ Einsparung von Zeit und Kosten + höhere Teilsystemqualität – wenige effiziente Teilsysteme – erfordert zusätzliche Dokumentation und Archivierung
	Konstruktive Voraussicht	+ Abschätzen späterer Schnittstellenanforderungen – Kosten für Flexibilität, die u. U. später nicht benötigt wird
Flexible Modifizierbarkeit	Lokalität	+ Übersichtlichkeit des Systems + Wartbarkeit – Redundanz
	Integrierte Dokumentation	+ Weniger Aufwand im Vergleich zur Nachdokumentation + Vollständige, aktuelle und rechtzeitige Dokumentation – Zeitaufwand für Dokumentation

Abbildung 4.5.2-7: Vor- und Nachteile der Prinzipien zur Systemfunktionalität

4.5.3 Vorgehensmodelle (Methoden)

4.5.3.1 Kennzeichen

Vorgehensmodelle zeigen ein begründetes sachliches, logisch - zeitliches und organisatorisches Vorgehen auf, um ein System zu entwickeln und zu betreiben. Das *sachliche Vorgehen* beschreibt, welche betriebswirtschaftlichen und technischen Aspekte zu klären sind. Das *logisch - zeitliche Vorgehen* klärt die Schritte und deren zeitliche Dauer, Abfolge und Frequenz. Das *organisatorische Vorgehen* beschreibt, welche Organisationsstrukturen zu wählen sind (interne Projektorganisation) und welche Organisationseinheiten wie zu beteiligen sind (externe Projektorganisation). Das *instrumentelle Vorgehen* legt die pro Tätigkeit anzuwendenden Verfahren sowie die notwendigen Mitarbeiter - Qualifikationen fest. Vorgehensmodelle unterscheiden sich darin (Seibt (1997 c))

- ob neben DV-fachlichen und technischen Aspekten auch betriebswirtschaftliche, organisatorische und geschäftliche Gesichtspunkte einbezogen werden,

- ob neben der Entwicklungsphase auch die anschließende Integration in die DV-Systemlandschaft und die Produktion des Systems betrachtet wird,

- inwieweit die Nutzer und das gesamte Mensch-Maschine-Informationssystem mit dessen Akzeptanzproblemen analysiert wird,

- ob Gesichtspunkte des Projekt- und Qualitätsmanagements methodisch und instrumentell einbezogen werden.

Teilmodelle unterstützen nicht alle Dimensionen und Schienen. Meist wird nur die DV-fachliche und die technische Dimension und in der Entwicklungsschiene nur der Entwurf unterstützt. *Gesamtmodelle* streben danach, alle Dimensionen und zumindestens eine Schiene vollständig zu unterstützen.

4.5.3.2 Teilmodelle

Sequentielle Teilmodelle

Phasen-Modelle beschreiben ein deduktives Vorgehen, bei dem vom Allgemeinen zum Besonderen vorgegangen wird und jede Phase die Voraussetzungen für die Folgephase schafft. In der *Planungsphase* werden die Projektziele definiert, alternative Lösungen untersucht, bewertet und in einem Projektantrag den Verantwortlichen vorgestellt. In der *Definitionsphase* werden die Aufgaben zwischen Fach- und DV - Abteilung geklärt. Es wird analysiert, inwieweit das bestehende System die Ziele erfüllt und Defizite identifiziert. In Kooperation wird dann die Soll-Konzeption in einem Daten- und Funktionsmodell fixiert. Diese Phase sollte begleitet sein von einer Kosten-Nutzen-Analyse, in der

Alternativen bewertet werden. Jede Phase sollte in einem definierten Produkt enden; in der Definitionsphase ist dies das *Pflichtenheft*. In der *Entwurfsphase* wird das betriebswirtschaftliche und technische Feinkonzept erarbeitet. Ergebnis ist ein sachlogischer Entwurf, z. B. als Daten-, Funktions- und Kommunikationsmodell, eine Hardware-Architektur, eine Analyse der aufbau- und ablauforganisatorischen Konsequenzen und ein Personalbedarfsplan. Es sollte die Kosten- Nutzen-Analyse aktualisiert werden und ggf. zu modifizierten Funktionen führen. Wichtig ist, dass der Funktionsumfang und Systemkonzept fixiert (Design-Freeze) und in einem Nutzervertrag festgehalten wird.

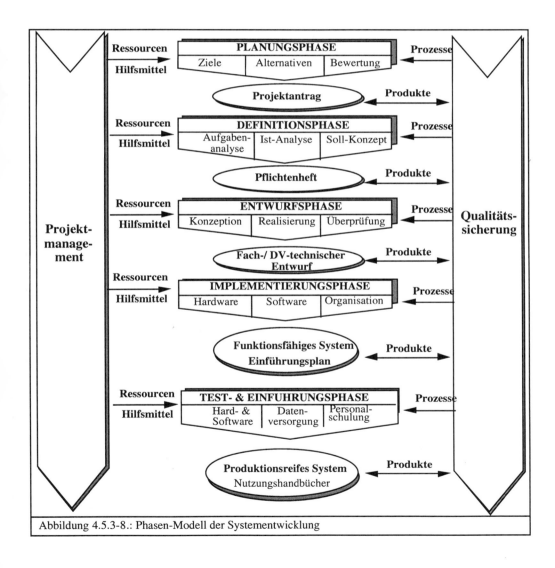

Abbildung 4.5.3-8.: Phasen-Modell der Systementwicklung

Die *Implementierungsphase* befaßt sich mit der technischen Realisierung der Lösung. Ergebnisse sind ein lauffähiges Informationssystem aus Software- und Hardwarekomponenten und Maßnahmen für dessen organisatorische Einführung. Das System wird technisch auf der Hardware implementiert, mit Echt-Datenbeständen (speziell Stammdaten) versorgt, organisatorisch durch Mitarbeiterschulungen etc. integriert sowie von der Fachabteilung als funktionsfähig abgenommen.

Haupt-phase	Autoren					
	Hilde-brandt	**Endres**	**Denert / Hesse**	**Boehm**	**Balzert**	**End / Gott-hard / Win-kelmann**
	Initialisierung	Definition			Planung	Projektvorschlag
Problem-definition	Studie		Analyse	--	Definition	Planung I
	Definition			System-Requirements		
			Definition	Software-Requirements		
Problem-lösung	System-Entwurf	Entwurf	System-Entwurf	Product Design	Entwurf	Planung II
	Komponen-tenentwurf		Komponen-tenentwurf	Detailed Design		
	Program-mierung	Imple-mentierung	Modul-Imple-mentierung	Code & Unit test		
	Validation	Testen	Subsystem-Integration		Implemen-tierung	Realisierung I
			System-Integration	Integration & Test		
Lösungs-integration und Nutzung	Übergabe	Installation	Installation		Abnahme & Einführung	Realisierung II
	Nutzung	Betrieb & Wartung	Betrieb & Wartung	Operations & Maintenance	Pflege & Wartung	Einsatz

Abbildung 4.5.3-9: Alternative Phasen-Modelle (Hildebrandt (1990), S. 581)

In den Phasen sind die Organisationseinheiten des Unternehmens in unterschiedlicher Weise beteiligt (Martin (1989)). In die Planungsphase sind die Ebenen der Unternehmen eingebunden, die die Informationsstrategie festlegen. Die Fachabteilungen erarbeiten das Pflichtenheft für das neue System. Die Entwurfsphase wird von Systemanalytikern aus dem DV- und Organisationsbereich geleitet, die die Implementierung durch Programmierer oder Standardsoftware-Parametrisierer vorbereiten. Den Test und die Optimierung des Systems bis zur Produktionsreife übernimmt schließlich die DV-Abteilung.

Neben streng sequentiellen Phasen-Modellen existieren *Ansätze mit Rückkoppelung*, bei denen nach jeder Phase jeweils die Ergebnisse überprüft werden, bevor die nächste Phase begonnen wird. Ergibt die Überprüfung am Ende einer Phase neue Erkenntnisse oder werden Fehler erkannt, so wird zu bereits abgeschlossenen Phasen zurückgesprungen.

Organisatorische Aufgaben	Planung	Definition	Entwurf	Implemen- tierung	Test, Einführung
Strategische Führung	X	X			
Fachliche Analyse	X	X	X		
Organisatorisches & DV Systemdesign			X	X	
DV-technische Konstruktion				X	X
DV-technische Produktion					X

Abbildung 4.5.3-10: Phasen und beteiligte organisatorische Aufgaben

Phasen-Modellen wird vorgeworfen, dass unflexibel eine starre Abfolge verfolgt wird; es fehlen Iterationen und situative Variationen der Phasen. Es wird unterstellt, dass sich alle Anforderungen a-priori vollständig feststellen lassen und sich während der Folgephasen nicht ändern. Eine solche statische Sicht ist unrealistisch in Projekten, die sich über viele Jahre in einer sich kontinuierlich ändernden Unternehmenswelt erstrecken.

Phasen-Modelle wurden ursprünglich für die Programmierung von Software entworfen. Für heutige Informationssysteme, die sich wesentlich aus Standardkomponenten bei Hardware, Basis- und Anwendungssoftware zusammensetzen, sind sie nicht ausgelegt. Aspekte der Integration unterschiedlicher Komponenten (Konfigurationsmanagement) und des arbeitsteiligen Zusammenwirkens von Mitarbeitern unterschiedlicher Disziplinen (Projektmanagement) werden nicht ausreichend behandelt.

Vorteile			Nachteile
Koordina-tion	+ Phasen-Modelle unterstützen die Koordination arbeitsteiliger Projekte	– Frühe Phasen legen das weitere Vorgehen starr fest – Kein situativer Phasenverlauf	**Fehlende Flexibilität**
Kommuni-kation	+ Eindeutige Phasen ersparen Abstimm- und Kommunikationsvorgänge	– Phasen-Modelle unterbinden zu früh die Interaktion mit den Fachnutzern	**Trennung Fach- und DV-Sicht**
Deduktives Vorgehen	+ Phasen-Modelle entsprechen menschlichem Vorgehen der Strukturierung komplexer Aufgaben	– Einsatzfähige Produkte entstehen erst spät; erst dann lassen sich aus Erfahrungen Verbesserungen initiieren.	**Zu späte Produkte**
		– Die Integration heterogener Technikkomponenten wird nur unzureichend unterstützt. – Phasen-Modelle differenzieren nicht ausreichend Entscheidungsebenen.	**Mangelndes Konfigurationsmanagement**

Abbildung 4.5.3-11: Vor-/ Nachteile von Phasen-Modellen

Evolutionäre Teilmodelle

Beim phasenorientierten, deduktiven Vorgehen fehlt zu Beginn ein Anschauungsobjekt, mit dem sich Auftraggeber, Anwender und Nutzer ihre Anforderungen gegenseitig verdeutlichen können. Dadurch existiert eine Verständnislücke hinsichtlich der fachlichen Anforderungen und der DV-Möglichkeiten. *Evolutionäre Modelle* versuchen, rasch zu kontinuierlichen, gemeinsamen Lernprozessen zwischen allen Beteiligten zu kommen.

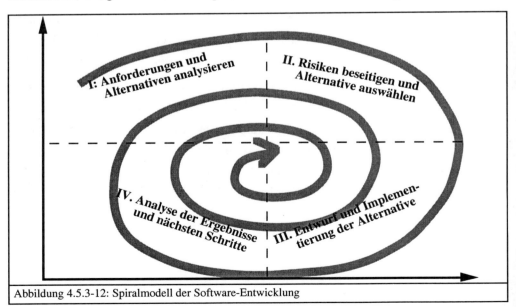

Abbildung 4.5.3-12: Spiralmodell der Software-Entwicklung

Inkrementale Modelle heben den zyklisch,iterativen Ablauf der Entwicklung hervor. Beim *Spiralmodell* (Boehm (1988)) werden die Phasen in Quadranten eingeteilt, die mehrfach durchlaufen werden. Am Ende jedes Zyklus werden die Ergebnisse von den Beteiligten überprüft und man einigt sich darauf, was im nächsten zu leisten ist.

Unter **Prototyping** versteht man den frühzeitigen Einsatz von Modellen, um

- mit den Auftraggebern oder Nutzern besser über die Systemeigenschaften zu diskutieren (verbesserte Kommunikationsbasis),

- die Systemgrenzen und potentielle Probleme besser abgrenzen zu können (verbesserte Systemabgrenzung),

- Systemeigenschaften in der Entwicklergruppe studieren zu können (verbesserte Experimentierbasis).

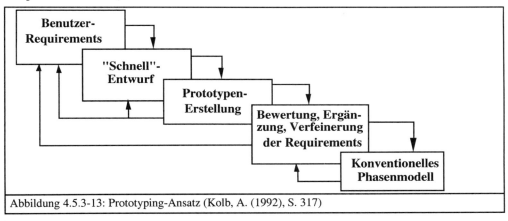

Abbildung 4.5.3-13: Prototyping-Ansatz (Kolb, A. (1992), S. 317)

Ein *Prototyp* ist ein ablauffähiges Modell, das ausgewählte Eigenschaften des Systems veranschaulichen kann. Prototypen werden nur für die Entwicklung verwendet, während *Pilotsysteme* als Kern eines späteren Systems entwickelt werden (Rzevski (1984)); ab einer bestimmten Reife werden sie zum Produktivsystem.

In einer Systementwicklung werden oft mehrere Prototypen verwendet. Bei der Projektakquisition werden *Demonstrationsprototypen* eingesetzt, zur Klärung von Einzelfragen *Labormuster*. Man unterscheidet drei Arten des Prototyping:

(1) Im *explorativen Prototyping* soll die Aufgabe präzisiert werden; daher wird mit mehreren Prototypen und Labormustern gearbeitet, um den Denkhorizont der Entwickler und der Anwender nicht von vornherein einzuengen.

Typ	Erläuterung	Charakteristika
Demonstrationsprototyp	Veranschaulichung bestimmter Systemeigenschaften	• partiell ausgelegt • Softwarestandards werden nicht beachtet • Adressat: Auftraggeber
Prototyp	Partiell einsatzfähiges System	• gesamthaft ausgelegt • Softwarestandards werden beachtet • Adressat: Anwender
Labormuster	DV-gestützte Modelle, um experimentell fachliche oder technische Einzelfragen zu klären	• partiell ausgelegt • Softwarestandards werden nicht beachtet • Adressat: Entwickler
Pilotsystem	Einsatzfähiges System für einen abgegrenzten Pilotbereich in modularer Struktur	• gesamthaft ausgelegt • Softwarestandards werden beachtet • Entwicklungsumgebung entspricht der des späteren Produktionssystem

Abbildung 4.5.3-14: Typen von Prototypen (Kieback et al. (1992), S. 66)

(2) Das *experimentelle Prototyping* dient der Kommunikation zwischen Anwender, Nutzer und Entwickler und soll die technischen, ergonomischen und organisatorischen Eigenschaften des Systems klären. Daher wird auf „Originalnähe" des Modells geachtet.

(3) Das *evolutionäre Prototyping* ist ein kontinuierlich fortschreitender Verfeinerungsprozess, der meist mit Pilotsystemen arbeitet.

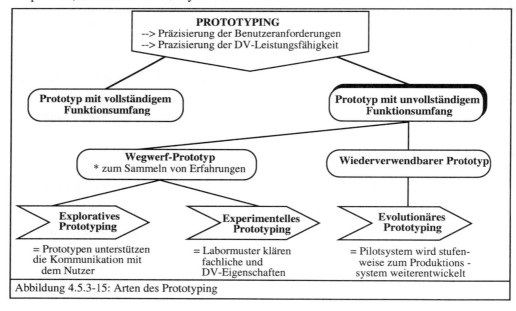

Abbildung 4.5.3-15: Arten des Prototyping

Mit Prototypen sollen die Eigenschaften des Systems in kleinen Schritten gemeinsam erarbeitet werden. Dazu sind Fehler und Meinungsunterschiede bewußt in Kauf zu nehmen, ggf. für gemeinsame Lernprozesses zu provozieren.

Schritte	Inhalt	Gefahren
Designschritt	• Auswahl des Pilotbereiches • Überblick über Struktur des Systems • Leistungsfähigkeit des Systems erläutern	• Pilotbereich ist nicht repräsentativ • Es werden zu hohe Erwartungen geweckt • Wünsche des Anwenders führen zu Abweichungen von Standarddialogstruktur
Entwurfs-schritt	• Fachliche Spezifikation des Systems • Mängel in Handhabung und Layout beseitigen • Einheitlichen sprachlichen Bezugsrahmen herstellen	• Sprachverständnisunterschiede werden nicht rechtzeitig und umfassend geklärt • Benutzer stellt Sonderfälle in den Vordergrund (80:20-Regel)

Abbildung 4.5.3-16: Inhalte und Gefahren der Prototyping-Phasen

Das Prototyping entspricht weitgehend der „akademischen Softwareentwicklung" an Universitäten u ä.. Es wird daher häufig unangebracht euphorisch beurteilt. Gute Erfahrungen hat man in Projekten gemacht, in denen in einer überschaubaren Zeit mit einer abgegrenzten Benutzergruppe innovative Systeme zu entwickeln waren, die nicht oder nur in begrenztem Maße in die Systemarchitektur eines Unternehmens integriert waren. Wichtig für den Erfolg des Prototyping war, dass für eine überschaubare Zeit eine stabile Gruppe von DV-Entwicklern und Fachleuten einen gemeinsamen Lernprozess durchlaufen hat, der mit einem innovativen, von allen akzeptierten Produkt endete. Erleichtert wurde das Prototyping durch komfortable, benutzerfreundliche Werkzeuge.

Vorteile	Nachteile
+ Prototyping erleichtert den Kommunikationsprozess zwischen Entwicklern, Anwendern und Nutzern	– Prototyping ist durch die Diskussionen und die parallelen Entwicklungsarbeiten aufwendig – Nutzer setzen in Diskussion häufig falsche Schwerpunkte
+ Prototyping fördert innovative Problemlösungen	– Prototyping fördert häufig wechselnde Ideen und gefährdet die Kontinuität
+ Prototyping fördert die Orientierung am Endnutzer und am Endprodukt	– Prototypen bagatellisieren für Laien den Systementwicklungsaufwand – Prototypen führen u.U. zu optimistischen Annahmen über die Leistungsfähigkeit und das Verhalten des Produktivsystems – Prototyping verringert Druck zur Systemdokumentation und erschwert spätere Wartung

Abbildung 4.5.3-17: Vor- und Nachteile des Prototyping

Bei größeren und länger dauernden Projekten stößt das Prototyping an Grenzen; da dort die Beteiligten wechseln, wird eine strukturierte Systementwicklung und Dokumentation gefordert. Prototyping bagatellisiert für Laien häufig den Entwicklungsaufwand eines Produktivsystems und zeigt sehr optimistisch dessen spätere Leistungsfähigkeit.

4.5.3.3 Gesamtmodelle

Mit Gesamtmodellen sollen die Schienen Entwicklung sowie Produktion unterstützt werden. Hinsichtlich der Dimensionen konzentrieren sich die Ansätze auf die Fach- und technische Schicht.

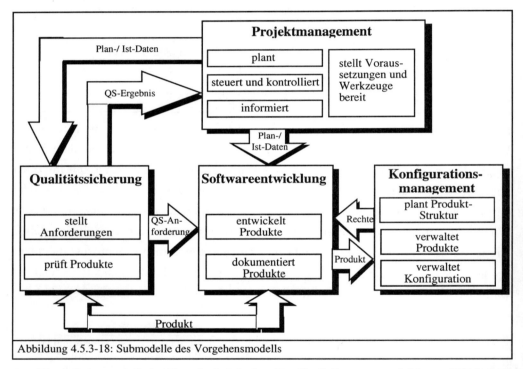

Abbildung 4.5.3-18: Submodelle des Vorgehensmodells

Das **Vorgehensmodell der Bundesbehörden für die Softwareentwicklung (V-Modell)** wurde in einem EU-Projekt konzipiert. Es wird davon ausgegangen, dass aus Sicht des Auftraggebers ein System entwickelt wird, das Software- sowie Hardware-Elemente und Nicht-DV-Komponenten enthält. Das V-Modell dient unter anderem (Plögert (1993))

- als Vertragsgrundlage, die Liefer- und Dokumentationsumfang des Systems definiert,
- als Arbeitsanleitung, das die Aktivitäten und Entwicklungsdokumente beschreibt,
- als Kommunikationsbasis zwischen Auftraggeber, -nehmer, Nutzer und Entwickler.

Das V-Modell besteht aus

- dem *Submodell Softwareentwicklung*, das diese auf der System-, der DV-Technologie- und der Softwareebene regelt,

- dem *Submodell Konfigurationsmanagement*, das sichert, dass ein Produkt bezüglich seiner funktionellen und äußeren Merkmale (z. B. Dokumentation) eindeutig identifiziert wird und alle Änderungen systematisch kontrolliert und dokumentiert werden,

- dem *Submodell Qualitätssicherung*, das die Eignung der Produkte hinsichtlich der festgelegten Erfordernisse sichern soll sowie

- dem *Submodell Projektmanagement*, das die Aktivitäten planen, kontrollieren und steuern und die Informationen über das Projekt sammeln soll.

Submodell Phasen	Systementwick-lung	Qualitätssi-cherung	Konfigurations-management	Projektmana-gement
1	Systemanforder-ungsanalyse	QS initialisieren	KM initialisieren	Projekt initialisie-ren
2	DV-Anforderungs-analyse	Prozessprüfung von Aktivitäten	Konfigurations-verwaltung	Projekt begleiten
3	Software-Anfor-derungsanalyse	Produktprüfung vorbereiten	Änderungsmana-gement	Projekt ab-schliessen
4	Grobentwurf	Produkt prüfen	Datensicherung	
5	Feinentwurf	Über nächste Aktivität ent-scheiden	KM-Berichtswe-sen	
6	Implementierung	Fertigprodukt prüfen		
7	Software-Integration	QS - Berichtswe-sen		
8	DV -Integration			
9	System - Integration			

Abbildung 4.5.3-19: Phasen der Submodelle des V-Modells

Die vier Submodelle sind eng verzahnt; viel Wert wird auf das Management des Projekts, die Qualitätssicherung und die Dokumentation der Ergebnisse gelegt.

Das V-Modell regelt die Systementwicklung durch präzise Submodelle, deren Interdependenzen und der zu durchlaufenden Phasen und es legt fest:

- die Rollen der Projektbeteiligten und deren Verantwortlichkeiten,

- die Struktur der Produkte (Dokumente),

- die Struktur der Aktivitäten (Arbeitsanleitungen etc.),

- die funktionalen Anforderungen an Werkzeuge.

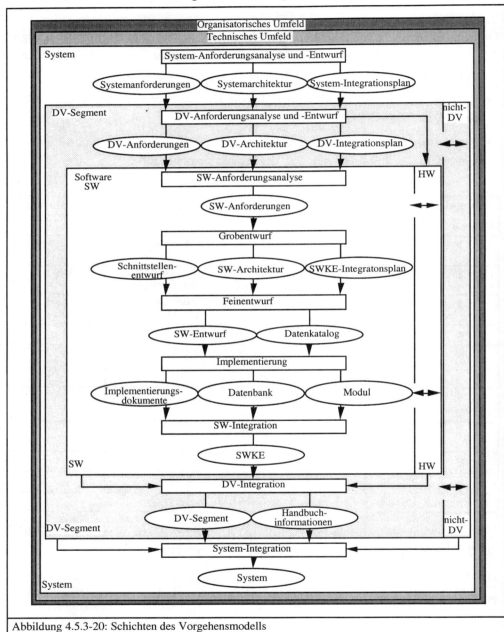

Abbildung 4.5.3-20: Schichten des Vorgehensmodells

Aufgrund der großen Marktmacht der Öffentlichen Hand wird erwartet, dass das V-Modell sich als Standard in Deutschland durchsetzen wird. Es erfüllt alle Anforderungen der EG, der NATO und der ISO-9000-Richtlinie. Da das V-Modell für verschiedene Systemtypen eingesetzt werden kann, umfaßt es Aktivitäten und Produkte, die im konkreten Fall nicht notwendig sind. Es ist daher zu Beginn des Projektes gemeinsam mit dem Auftraggeber zu spezifizieren (ausschreibungsrelevantes Tailoring).

4.5.3.4 Vorgehensmodelle für Standardsoftware
Prinzipien bei Standardsoftware
Standardsoftware wird nur selten in Unternehmen eingeführt, die noch über keine DV-Systeme verfügen; in der Regel sind Altsysteme abzulösen. Es ist zu klären:

- In welchem Unternehmensbereich soll die Software eingeführt werden?

- Wie soll der Systemübergang erfolgen?

- Wie wird die Software an die geschäftlichen und organisatorischen Erfordernisse adaptiert?

Bei der *Totaleinführung* entschließt sich ein Unternehmen ohne vorgelagerte Studien in Teilbereichen (*Piloteinführung*) die Standardsoftware komplett einzuführen. Bei der *Partialeinführung* wird die Standardsoftware zunächst in einzelnen Bereichen eingeführt, um

- geschäftliche, organisatorische, fachliche oder technische Schwachstellen rasch zu überwinden (*schwachstellengetriebene Einführung*) oder

- Erfahrungen in den Bereichen zu gewinnen, die für die Eignung der Standardsoftware als kritisch erachtet werden (*erfahrungsgetriebene Einführung*).

Bei einem *revolutionären Übergang* werden die Altsysteme zu einem Zeitpunkt schlagartig in allen von der Standardsoftware abgedeckten Geschäftsprozessen des Einführungsbereiches ersetzt. Bei einem *evolutionären Systemübergang* wird das alte durch das neue System im ausgewählten Bereich schrittweise abgelöst, wobei der Lernprozess die Richtung und die Geschwindigkeit des Übergangs mitbestimmt. Bei einem *parallelen Übergang* wird das alte und das neue System für einen Zeitraum parallel betrieben.

Hinsichtlich der *Adaption* können die Geschäftsprozesse und die fachlichen Methoden weitgehend unverändert aus der bisherigen Organisations- und Systemstruktur übernommen und die Standardsoftware darauf angepaßt werden. Diese wird nur als technische Plattform genutzt, um die unternehmenseigenen Systeme zu modernisieren (*Maßschneidern - Adaption*). Alternativ kann auch die Aufbau- und Ablauforganisation des Unternehmens und seine betriebswirtschaftlichen Methoden kompromisslos auf die Standardsoftware angepaßt werden, um deren methodischen Vorteile zu nutzen oder den Änderungsaufwand zu minimieren (*Vogel friß - Adaption*).

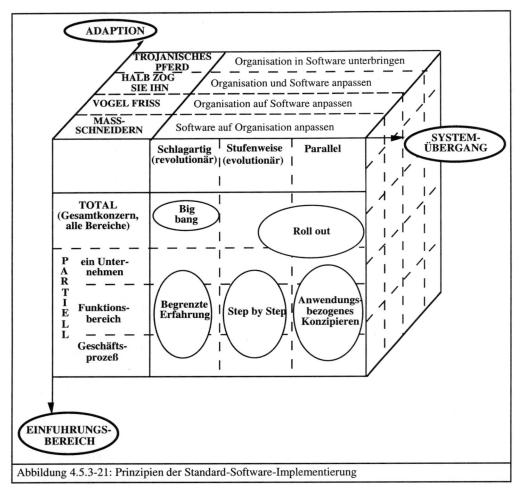

Abbildung 4.5.3-21: Prinzipien der Standard-Software-Implementierung

In der Praxis wird ein Kompromiss aus beiden Strategien die Regel sein. Bei wettbewerbskritischen Geschäftsprozessen wird das Unternehmen danach streben, die Software weitgehend „maßzuschneidern"; wird sich hingegen bei weitgehend normierten Bereichen mit Standardfunktionen begnügen (*Halb zog sie ihn, halb sank er hin - Adaption*). In der Realität findet man noch eine dritte Alternative: Standardsoftware-Strukturen und -Funktionen für benötigte Geschäftsprozesse geschickt nutzen, ohne dass diese ursprünglich darauf ausgelegt waren (*Trojanisches Pferd - Adaption*) (Jäger / Pietsch / Mertens (1993), S. 426).

Es ergeben sich alternative Implementierungsprinzipien. Beim *big bang* wird versucht, in möglichst kurzer Zeit durch radikale, oft stark vereinfachende Schritte die Standardsoftware im Gesamtunternehmen einzuführen. Maßgeschneiderte, die individuellen Geschäftsprozesse berücksichtigende Lösungen lassen sich so kaum realisieren und spätere Änderungen kosten oft mehr Zeit und Geld als vorne eingespart wurde. *Step by step* geht vorsichtiger, aber auch zeitraubender vor und birgt die Gefahr allmählich wachsender organisatorischer Widerstände in sich. *Roll out* geht ähnlich vorsichtig, aber im Gesamtunternehmen vor. Jedes Prinzip ist danach zu beurteilen

- ob es die spezifischen Wettbewerbsvorteile des Unternehmen verstärkt oder gefährdet (geschäftliche Adäquanz),

- ob es der Unternehmenskultur und der Organisationsstruktur gerecht wird oder diese standardisiert (organisatorische Toleranz),

- ob es die Ressourcen und Potentiale der Mitarbeiter nutzt oder abtötet und damit personelle Widerstände züchtet (personelle Akzeptanz).

Methoden der Standardsoftware-Implementierung zeigen Wege auf, die sinnvollerweise bei der Einführung von Standardsoftware beschritten werden sollten.

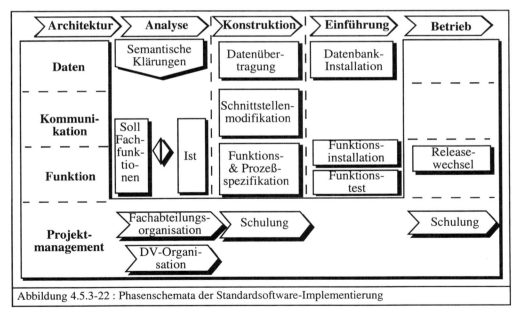

Abbildung 4.5.3-22 : Phasenschemata der Standardsoftware-Implementierung

Bei *Phasenschemata* lassen sich grob vier Phasen unterscheiden:

(1) Die *Analysephase* erstreckt sich auf die Organisations-, Funktions- und Prozessstrukturen des Unternehmens. Diese müssen mit den Möglichkeiten der Standardsoftware

abgestimmt werden, um die Begriffswelt und die Fachfunktionen der Unternehmensbereiche zu unterstützen. Beispielsweise bestimmt beim SAP - System die Organisationsstruktur die Buchungsstrukturen im Rechnungswesen. In der Führungssicht kann
das SAP-System mehrere Mandanten, i. d. R. selbständig bilanzierende Unternehmen
handhaben; die in Ergebnisbereiche unterteilt werden können. In der Buchungssicht
können mehrere Mandaten einen oder auch mehrere Kontenpläne besitzen, die in Bu-
chungskreise eingeteilt werden können.

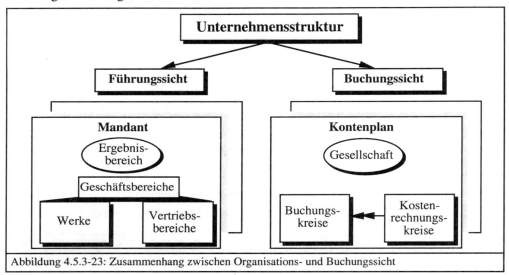

Abbildung 4.5.3-23: Zusammenhang zwischen Organisations- und Buchungssicht

(2) In der *Konstruktionsphase* werden die betrieblichen Datenstrukturen an die Standardsoftware und deren Funktionen entsprechend der Parametrisierungsmöglichkeiten
auf die betrieblichen Erfordernisse angepaßt.

(3) Die *Einführungsphase* beginnt mit der Installation der Datenbank und der Software,
setzt sich fort mit der Datenübernahme (aus den Altsystemen) sowie dem Test des Zusammenwirkens von Daten-, Anwendungs- und Nutzerschicht und endet mit dem
Produktivstart.

(4) Die *Betriebsphase* umfaßt die Wartung der Software sowie deren Release-Wechsel.

Begleitet werden die vier Phasen durch ein *Projektmanagement*, in dem Mitarbeiter der
DV- und der Fachabteilung mit denen des Standardsoftware-Anbieters zusammenwirken.
Wesentliches Element des Projektmanagements ist die *Schulung* der Mitarbeiter des ein-
führenden Unternehmens.

Auch bei der Einführung von Standardsoftware läßt sich *Prototyping* verwenden (Boll
(1993), S. 421). SAP schlägt drei iterative Prototypschritte vor. Im ersten Schritt sollen

anhand eines Kataloges der von der Standardsoftware abgedeckten betrieblichen Funktionen die im Betrieb benötigten ausgewählt werden. Empfohlen wird, ein unmodifiziertes Standardsystem für ein Modellunternehmen zu nutzen und dessen Abläufe (Vorgangsketten) möglichst wenig zu verändern. Das resultierende betriebsfähige System dient dazu, in den Funktionsbereichen Erfahrungen zu sammeln und den Projektumfang zu spezifizieren. Im anschließenden Review wird aufgrund des zeitlichen und monetären Aufwands abgewogen, ob die fachlichen und organisatorischen Gegebenheiten des Unternehmens anzupassen sind oder die Standardsoftware zu modifizieren ist. Im zweiten Schritt werden die speziellen betrieblichen Anforderungen durch Systemanpassungen („customizing") realisiert. Dazu werden die betrieblichen Funktionen in logischen Vorgangsketten verknüpft, möglichst mit einem Werkzeug (z. B. ARIS) modelliert und in mehreren Phasen konkretisiert. Dieser zweite Prototyp erfordert meist externe Experten und ist daher aufwendig. Im dritten Schritt wird ein technisch-orientierter Prototyp für die bisher nicht abgedeckten Funktionen erarbeitet. Erstellt werden betriebsspezifische Masken und Berichte, Schnittstellen zu Altsystemen und die Produktions-Konfiguration.

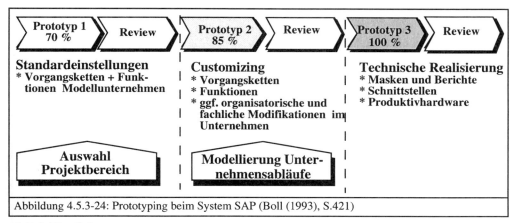

Abbildung 4.5.3-24: Prototyping beim System SAP (Boll (1993), S.421)

4.5.4 Verfahren

Verfahren bieten logische und graphische Elemente an, die in einer vorgegebenen Logik zu kombinieren sind, um eine Aufgabe mit einer bestimmten Struktur zu lösen. Beim *verfahrensdominierten Arbeitsstil* werden durch das Verfahren im einzelnen die Sichten und Schritte festgelegt, die zu durchlaufen sind. Die entsprechenden Verfahren und Werkzeuge sind relativ kompliziert, da sie eine konsistente Logik, Datenbanken sowie Benutzungsoberflächen bereitstellen (Denert (1993), S. 159 f). Beim *verfahrensunterstützten Arbeitsstil* arbeitet der Entwickler mit verschiedenen, ihm individuell passend erscheinenden Verfahren. Die Ergebnisse werden zwar organisationsweit in einer standardisierten Form dokumentiert, während der Aufgabenlösung bestehen jedoch große Freiheitsgrade.

	Verfahrensdominierter Stil	**Verfahrensunterstützter Stil**
Kennzeichen	• Verfahren stellt Elemente bereit, die vom Entwickler zu kombinieren sind	• Verfahren unterstützen Prozess und Dokumentation in einer vom Entwickler frei wählbaren Form.
Denkweise	• atomare Denkweise	• ganzheitliche Denkweise
Arbeitsprozess	• Einheitliche Arbeitsweise in gesamter Entwicklungsorganisation	• Individuell heterogene Arbeitsweise
Dokumentation der Ergebnisse	• Einheitliche Dokumentation wird durch Verfahren gesichert	• Einheitliche Dokumentation wird durch Standards angestrebt.

Abbildung 4.5.4-25: Verfahrensdominierter versus -unterstützter Arbeitsstil

Materiell-orientierte Verfahren sind auf bestimmte Anwendungsgebiete ausgelegt und unterstützen die Entwicklung, die Auswahl oder die Einführung von Informations-Systemen durch Verfahrensweisen, vorgefertigte Entwürfe etc. Sie nutzen die Fachterminologie bestimmter Gebiete und stützen sich teilweise auf formal - orientierte Verfahren ab (Ortner (1995)). *Formal-orientierte Verfahren* orientieren sich an der formalen Prozess- oder Produktstruktur ungeachtet der speziellen Eigenschaften des Anwendungsgebietes. Mit einer formalisierten, oft graphischen Sprache wird die Aufgabe so beschrieben, dass sich daraus korrekt und effizient Software entwickeln läßt.

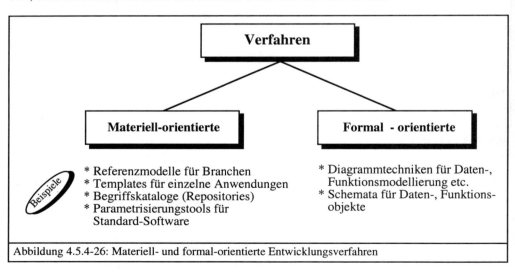

Abbildung 4.5.4-26: Materiell- und formal-orientierte Entwicklungsverfahren

4.5.4.1 Materiell orientierte Verfahren

Diese lassen sich nach Entwicklungsphasen und Entwurfsprodukten einteilen. *Produkt-orientierte Verfahren* bieten für Branchen oder Unternehmensfunktionen bewährte Modelle oder Regeln an. *Prozessorientierte Verfahren* offerieren Vorgehensweisen, die sich in Entwicklung, Projektmanagement oder Qualitätssicherung bewährt haben.

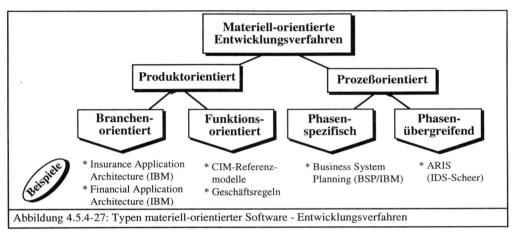

Abbildung 4.5.4-27: Typen materiell-orientierter Software - Entwicklungsverfahren

Produktorientierte Verfahren: *Entwurfsmodelle* sind konzeptionelle Lösungen für Unternehmenstypen; z. B. Daten-, Funktions- und Kommunikationskomponenten ,um

- die eigenen, spezifischen Geschäftsprozesse und Informationselemente definieren,

- diese mit angebotenen Softwareprodukten abgleichen oder

- in formal-orientierten Verfahren abbilden, um Entwicklungsarbeiten zu steuern.

Modelle	Erläuterung	Beispiele
Referenzmodell	Konzeptionelles Geschäftsbereichs-modell für Funktionen eines **ideal-typischen** Unternehmens einer bestimmten Branche	*Insurance Application Architecture, Retailer Application Architecture (IBM)*
Implementierungsmodell	Konzeptionelles Geschäftsbereichs-modell für ein **bestimmtes, real existierendes** Unternehmen	
Anwendungsmodell (application template)	Dokumentation eines **existierenden funktionsfähigen Anwendungs-systems** in einem CASE - Tool auf der Entwurfs-Ebene mit hohem Detaillierungsgrad	*Reservierungssystem von TRANS WORLD AIRLINES*
Daten-, Funktions-, Kommunikations-modelle	Dokumentation des Fachkonzepts einer spezifischen **Standardsoftware**	*SAP R/3 - Referenzmodelle*

Abbildung 4.5.4-28: Typen von Entwurfsmodellen (Marent (1995))

Unter *Geschäftsregeln* versteht man Aussagen über die Art und Weise der Geschäfts-abwicklung, d. h. Vorgaben hinsichtlich der Zustände und Abläufe in einer Organisation (Herbst / Knolmayer (1995), S. 150). Diese resultieren aus rechtlichen Vorschriften, aus internen Regelungen des Unternehmens oder der genutzten DV-Systeme. Geschäftsre-geln werden in den Unternehmen nur teilweise explizit (z. B. in Organisationshandbü-chern), oft aber nur implizit (z. B. in den Köpfen der Mitarbeiter) festgehalten und müs-sen daher in der Systementwicklung erhoben werden. Existieren bereits DV-Systeme, so lassen sich Geschäftsregeln aus deren Daten- und Programmstrukturen abstrahieren.

Vorteile			Nachteile
Wiederver-wendbarkeit	• existierender, qualitätsgesi-cherter Geschäftsregeln	• da häufig nur schlecht dokumentierte Regeln	**Aufwendige Gewinnung**
Zentrale Ver-waltung	• einheitliche Definition von Geschäftsregeln • weniger Fehler in den re-sultierenden Prozeduren	• für Typologiebildung • für Archivierung • für Wiederverwen-dung	**Typisierungs-aufwand**
	• durch Entscheidungstabel-lengeneratoren • durch Aktive Datenbanken		
Abbildung 4.5.4-29: Vor- und Nachteile von Geschäftsregeln			

Prozessorientierte Verfahren basieren methodisch zum einen auf Petri - Netzen und deren Erweiterungen (Langner / Schneider / Wehler (1997)), zum zweiten auf objektori-entierten Ansätzen (z B. Object Modelling Technique von Rumbaugh).

Instrument	Anbieter	Betriebs-system	Funktionalität			
			Referenz-modelle	Dokumen-tation	Simulation	Integration
ARIS	IDS Prof. Scheer	Windows	ja	ja	ja	CASE, Stan-dardsoftware
Bonapart	UBIS	Windows	nein	ja	dynamisch	
Cosa	LEY	Windows, UNIX, OS/2	ja	ja	ja	
Flow Mark	IBM	OS/2	ja	ja	ja	
Leu	LION	UNIX	nein	ja	dynamisch	
Process-wise	ICL	Windows, UNIX	nein	ja	ja	CASE
Sparks	C&L	UNIX	nein	ja	dynamisch	
Abbildung 4.5.4-30: Materielle prozessorientierte Instrumente (Beispiele)						

Phasenbezogene Verfahren unterstützen bestimmte Phasen des Architekturentwurfs, z. B. die organisatorische oder fachliche Ebene. Typische Vertreter sind Simulatoren, die zur Modellierung z. B. des Güter- und Leistungsflusses durch die Organisationseinheiten geeignet sind. *Phasenübergreifende Verfahren* unterstützen mehrere Phasen, z. B. den Systementwurf von der organisatorischen über die fachliche bis zur technischen Ebene. Fortgeschrittene Verfahren bieten Referenzmodelle für bestimmte Bereiche und Unternehmenstypen an, mit denen das „Customizing" von Standardsoftware erleichtert wird.

Beispiel: *Die Architektur integrierter Informationssysteme (ARIS) kombiniert verschiedene Verfahren in einer übergreifenden Architektur und in einem dazugehörigen Instrumentenbaukasten (hybrider Ansatz). Die Architektur besteht aus fünf Sichten (Daten-, Funktions-, Steuerungs-, Organisations- und Ressourcensicht) und drei Ebenen (Fachkonzept-, DV-Konzept-, Implementierungs-). Damit sollen alle Komponenten und Phasen des Entwurfs eines betrieblichen Informationssystems beschrieben werden (Scheer (1994)).*

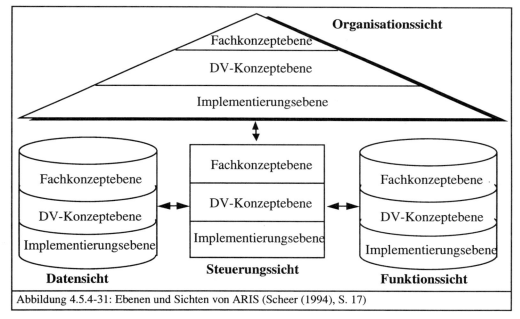

Abbildung 4.5.4-31: Ebenen und Sichten von ARIS (Scheer (1994), S. 17)

ARIS geht von der betrieblichen Aufgabe aus und beschreibt diese in fachlichen Modellen (Fachkonzeptebene). Diese werden in die DV-Begriffswelt übertragen; aus den Funktionen des Fachkonzepts werden Transaktionen und Programmmodule abgeleitet. In der Implementierungsebene werden die DV-Konzepte in Software- und Hardware-Komponenten abgebildet.

*Für jede der Sichten werden auf den drei Ebenen spezifische, graphische Mo-
dellierungsverfahren angeboten, z. B. auf der Fachkonzeptebene*

- *in der Datensicht „Entity - Relationship - Diagramme",*

- *in der Funktionssicht „Funktionsbäume",*

- *in der Organisationssicht „Organigramme",*

- *in der Steuerungssicht „ereignisgesteuerte Prozessketten".*

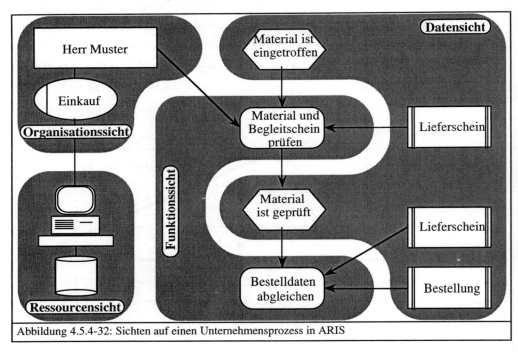

Abbildung 4.5.4-32: Sichten auf einen Unternehmensprozess in ARIS

*Im Fachkonzept werden für die betrieblichen Tatbestände einfache, auch nicht
DV - Fachleuten verständliche Verfahren verwendet. Für das DV - Konzept
werden Verfahren für den Systementwurf benutzt.*

*Die Ebenen sind nur lose gekoppelt; Änderungen des DV-Konzepts führen z. B.
nicht zu einem geänderten Fachkonzept. Auf der Ebene der Implementierung
wird das DV-Konzept in eine hardware- und softwaretechnische Architektur
übertragen.*

*Eine <u>Funktion</u> ist in ARIS ein zeitverbrauchendes Geschehen, das durch ein
Start-Ereignis ausgelöst und durch ein Ende-Ereignis abgeschlossen wird. Sie
entspricht einer Tätigkeit an einem Objekt und beschreibt „Was wird ge-*

macht". Die Funktion erzeugt oder verändert Datenobjekte. Funktionen lassen sich durch den Funktionsbaum strukturieren. Z. B. kann die Funktion „Warenlieferung mit Bestellbezug" in die Teilfunktionen „Warenannahme", „Lieferscheinbearbeitung" und „Qualitätsprüfung" zerlegt werden. Die Zerlegung sollte enden, wenn eine Funktion in einem Arbeitsablauf bearbeitet werden kann.

Damit Funktionen ausgeführt werden können, sind Daten erforderlich. Gleichzeitig werden Daten durch Funktionen erzeugt. Die <u>Datensicht</u> beschreibt die Ereignisse und Zustände der Prozesse. Ereignisse erzeugen Bewegungsdaten, Zustände Stammdaten. Für die Datensicht wird auf der Fachebene ein Datenmodell entwickelt, das um einen unternehmensspezifischen Begriffskatalog ergänzt werden sollte, um die Begriffe des Unternehmens mit denen der DV-Welt abzugleichen.

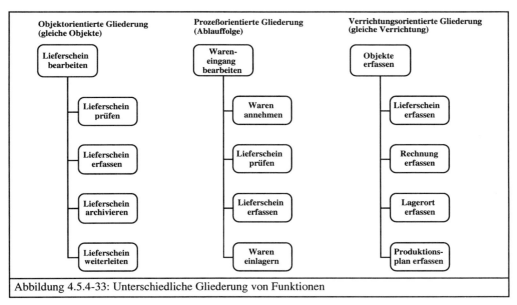

Abbildung 4.5.4-33: Unterschiedliche Gliederung von Funktionen

ARIS führt die <u>Organisation</u> (Führungsorganisation und Aufgabenträger) als eine eigenständige Sicht, um die des Unternehmens mit der des Informationssystems abzustimmen. In der <u>Organisationssicht</u> wird die Aufbauorganisation der Unternehmung z. B. in Organigrammen beschrieben.

Die Daten-, Funktions- und Organisationssichten auf einen Unternehmensprozess werden in der <u>Steuerungssicht</u> miteinander verbunden: Es wird beschrie-

ben, welche Daten für eine Funktion benötigt werden und wer für Funktionen und Daten verantwortlich ist. In der Steuerungssicht wird die Ablauffolge von Funktionen in Prozessketten aus Ereignissen und Funktionen dargestellt. Ein Ereignis kennzeichnet den Eintritt eines relevanten Zustandes, der den weiteren Ablauf eines Prozesses steuert. Durch die Definition oder die Verknüpfung von Ereignissen unterscheiden sich Prozesse voneinander.

Materiell - orientierte Verfahren orientieren sich an der betriebswirtschaftlich-organisatorischen Aufgabe und nicht an der formalen Systemstruktur und sind daher für die Mitarbeiter der Fachabteilungen und der Managementebene einsichtig. Durch die Verfahren kann der Entwurf schneller und risikoärmer erfolgen, allerdings passen die vorgeschlagenen Strukturen häufig nicht vollständig auf die betrieblichen Gegebenheiten, die Anpassung erfordert Experten und ist aufwendig.

Vorteile		Nachteile	
Entwurfsge-schwindigkeit	• wird durch Entwurfs-modelle gesteigert	• da zwischen Entwurfs-modellen und eigener Organisation Diskrepan-zen bestehen	**Organisatorische Lücke**
Know how	• da organisatorisch - be-triebswirtschaftliche Er-fahrungen gekauft wer-den	• da Basis-Know how fehlt und eigenes Wissen nicht aufgebaut wird	**Schwierige Wei-terentwicklung**
Integration	• von Applikationen durch gemeinsame Da-ten-/ Funktionsmodelle	• da Entwurfsmodelle oft spezialisierte Berater er-fordern	**Kosten**
Risikosen-kung	• da erprobte Daten-/ Funktionsmodelle ge-nutzt werden	• da Entwurfsmodelle auf möglichst viele Anwen-dungsfälle passen sollen	**Hoher Abstrak-tionsgrad**

Abbildung 4.5.4-35: Vor-/Nachteile materiell-orientierter Verfahren (Österle/Sanche (1994))

4.5.4.2 Formal - orientierte Verfahren

Diese bestehen aus Vorgehensweisen zur Strukturierung eines Systems oder einer Phase sowie einer graphischen Beschreibungssprache für Systemelemente und -beziehungen. Die Verfahren lassen sich danach einteilen, welche Phasen und Sichten sie unterstützen. Teilweise unterstützen diese die Datensicht, andere orientieren sich an der Funktionssicht (Balzert (1988)).

In der *Planungsphase* sollen die Verfahren die Analyse der Aufgabe stimulieren sowie diese strukturiert und vollständig spezifizieren. In der *Definitionsphase* soll eine konsistente und eindeutige Anforderungsdefinition in DV-relevanten Kategorien unterstützt werden. Während der *Entwurfsphase* soll daraus eine Systemarchitektur durch Entscheidungen hinsichtlich der Struktur und des Zusammenwirkens der Systemelemente abgeleitet werden. In der *Implementierungsphase* sollen die Verfahren die technische Realisierung unterstützen. In der *Testphase* soll schließlich die Qualität des Systems überprüft werden.

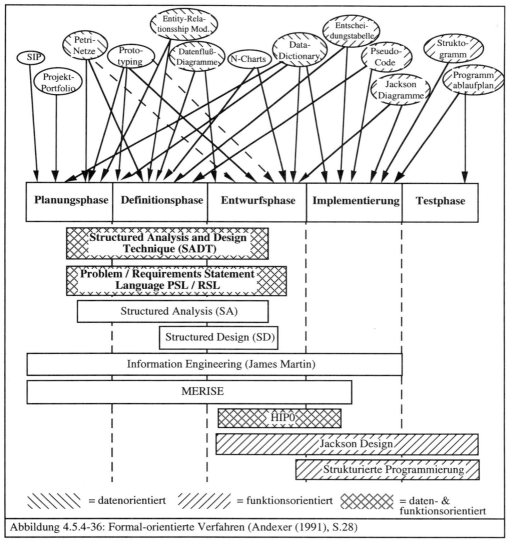

Abbildung 4.5.4-36: Formal-orientierte Verfahren (Andexer (1991), S.28)

Beispiel: *SADT (Structured Analysis and Design Technique) unterstützt die Planung, die Definition und den Entwurf in der Daten- und Funktionssicht. SADT unterscheidet zwei Modelltypen:*

- *Das Aktivitätenmodell, das entsprechend der Input-Prozess-Output-Logik den Zusammenhang zwischen Eingabedaten, verarbeitenden Aktivitäten und Ausgabedaten darstellt und um Steuerungsdaten und ausführende Mechanismen ergänzt.*

- *Das Datenmodell, das den Zusammenhang zwischen erzeugenden Aktivitäten, resultierenden Daten und verwendenden Aktivitäten abbildet und um steuernde Aktivitäten und ausführende Mechanismen ergänzt.*

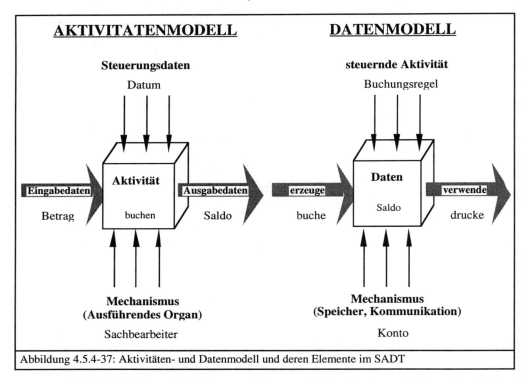

Abbildung 4.5.4-37: Aktivitäten- und Datenmodell und deren Elemente im SADT

Bei SADT sollen Aktivitäten und Daten gleichzeitig betrachtet werden. Daten sollen durch Substantive, Aktivitäten durch Verben beschrieben werden. Daten- und Aktivitätenmodell eines Systems sind aufeinander abgestimmt.

Daten- und Aktivitätenmodell werden im Top-Down-Ansatz schrittweise verfeinert. Dabei wird jedes Modell isoliert in Submodelle unterteilt. Da nicht nach einheitlichen Kriterien verfeinert werden muß, sind die unteren Modellebenen untereinander nicht abgestimmt.

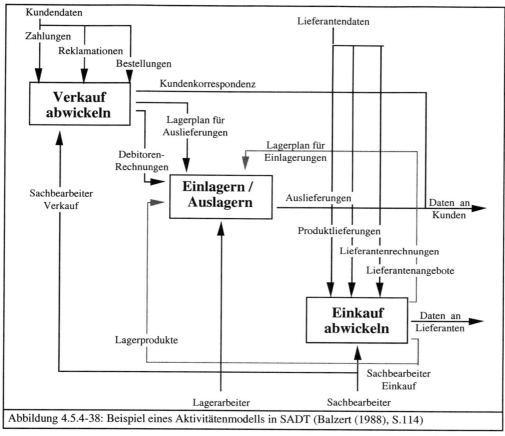

Abbildung 4.5.4-38: Beispiel eines Aktivitätenmodells in SADT (Balzert (1988), S.114)

Änderungen müssen wieder auf die oberen Ebenen übertragen werden (Bottom - Up -Vorgehen), damit die Submodelle kompatibel sind.

Vorteile		Nachteile		
Hierarchisier-ung	• Top-Down-Entwurf	• sichert nicht Integrität des Top-Down-Ent-wurfs		**Integrität**
Mächtigkeit	• unterstützt Daten-/ Funktionssicht	• Systemsteuerung & Kommunikation wird nicht betrachtet		**Steuerung**
Konsistenz	• sichert Konsistenz von Daten-/Funkti-onssicht pro Teil-system	• Änderungen auf unte-ren Ebenen wegen der hierarchischen Struk-tur schwierig		**Modifizierbarkeit**
Vollständigkeit	• sichert vollständige Zerlegung eines Sy-stems in Teile			
Abbildung 4.5.4-39: Vor-/Nachteile von SADT				

4.5.5 Werkzeuge

In Werkzeugen werden Verfahren automatisiert, um diese einheitlich mit hoher Produktivität durch die Mitarbeiter einsetzen zu können. Es sollen Tätigkeiten DV-unterstützt werden, die hohe Präzision erfordern, gut dokumentiert werden sollen und wichtig für die Qualität des Systems sind. Die existierenden Werkzeuge lassen sich einteilen

- nach den Phasen der Systemrealisierung,
- nach den Dimensionen von IS in der Entwicklung und Produktion,
- nach dem Automatisierungsgrad.

Werkzeuge mit syntaktischem Automatisierungsgrad helfen lediglich, Zeichnungen und Diagramme zu erstellen und Formulare auszufüllen. *Semantische Werkzeuge* überprüfen die inhaltliche Stimmigkeit von Entscheidungen nach dem Basis-Verfahren. *Pragmatische Werkzeuge* ermitteln die Güte von Realisierungsentscheidungen anhand von Zielen.

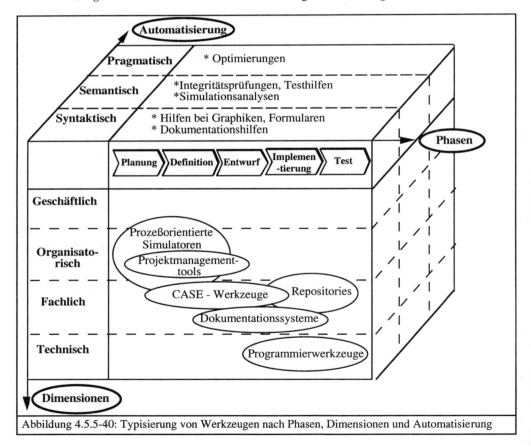

Abbildung 4.5.5-40: Typisierung von Werkzeugen nach Phasen, Dimensionen und Automatisierung

Die existierenden Werkzeuge sind in pragmatischer Hinsicht noch nicht mächtig; meist versprechen die Anbieter mehr als sich in der unternehmerischen Praxis realisieren läßt.

Vorteile		Nachteile	
Produktivitätsstei-gerung	• Zeitersparnisse • automatisierte Do-kumentations-prozeduren	• Schulungsaufwand • Nutzen erst nach langer Zeit	**Kosten- / Nutzen Verhältnis**
Effektivitätsstei-gerung	• Aufgabenstruktu-rierung (Produkte, Prozesse)	• in semantischer und pragmatischer Hin-sicht	**Geringe Mächtigkeit**
Qualitätssteige-rung	• konsistente Prozess-abläufe und -doku-mentation		

Abbildung 4.5.5-41: Vor- und Nachteile von Werkzeugen

CASE (Computer Aided Software Engineering) soll sämtliche Phasen einer Systement-wicklung mit Werkzeugen unterstützen, d. h. die phasenspezifischen Entwicklungstätig-keiten, deren Dokumentation sowie das Projektmanagement. Nach den unterstützten Pha-sen der Software-Entwicklung wird unterschieden:

- *Upper CASE* für die Analyse- und Designphasen und die Planungsaufgaben und die fachliche Definition,

- *Lower CASE* für die Code-Erstellung, den Test und die Dokumentation.

Integrated CASE soll alle Phasen bis hin zur Code-Erstellung, zum Test und zur Doku-mentation unterstützen; es existiert in ersten Produkten (z. B. ADW (knowledgeware)).

Es werden zwei alternative CASE - Architekturen unterschieden: Zentraler Bestandteil der *Schichten-Architektur* ist die Entwicklungsdatenbank (Repository). Diese wird er-gänzt um eine Methodenschicht mit Werkzeugen zur Daten- und Funktionsmodellierung. In objektorientierten CASE-Systemen werden auf dieser Schicht auch fachliche Anwen-dungsbausteine bereitgestellt. Die Benutzeroberfläche sollte grafisch orientiert und in der Lage sein, eine verbale Dokumentation und einen Pseudocode zu erzeugen.

Auch die *Fließbandarchitektur* verwendet eine Entwicklungsdatenbank. Diese wird für jede Phase des Software-Lebenszyklusses durch spezifische Werkzeuge ergänzt. Der Anwender kann sich seine CASE-Umgebung bedarfsgerecht konfigurieren und ggf. auf Komponenten verschiedener Hersteller zurückgreifen, die alle auf die Datenbank zugrei-fen. Ist z. B. das Re-Engineering von Altsystemen die vordringliche Aufgabe, sind die passenden Werkzeuge zu suchen und mit dem Repository zu koppeln. Aufgrund der Uni-versalität einer Fließbandarchitektur sind die Anforderungen an die Datenbank höher.

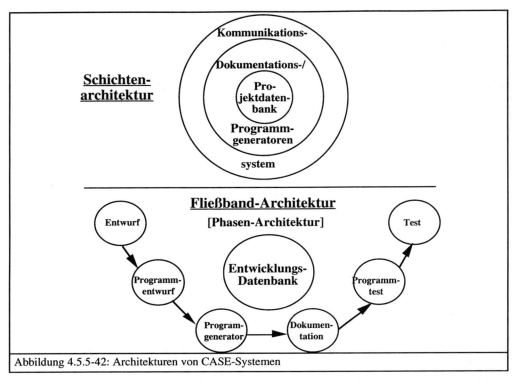

Abbildung 4.5.5-42: Architekturen von CASE-Systemen

CASE - Werkzeuge sind mächtig, sie sind durch organisatorische und personelle Maßnahmen zu begleiten. CASE unterstützt gut strukturierte Prozesse mit gut ausgebildeten
Mitarbeitern, erschwert durch Methoden-Overhead jedoch schlecht konzipierte Prozesse.

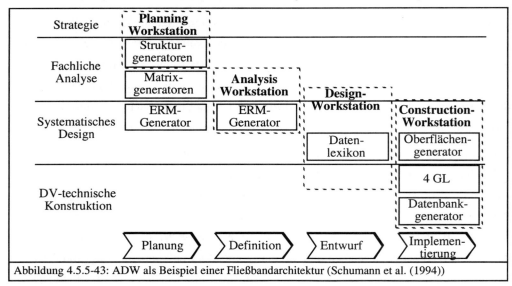

Abbildung 4.5.5-43: ADW als Beispiel einer Fließbandarchitektur (Schumann et al. (1994))

Viele Vorteile von CASE lassen sich erst über Jahre realisieren, z. B. wenn die Entwicklungsdatenbank mit wiederverwendbaren Software-Modulen gefüllt ist. Der eigentliche Nutzen von CASE tritt nicht in der Entwicklung auf, sondern in der späteren Wartung (Sneed (1993), S.9).

Vorteile	durch	durch	Nachteile
Geringere Entwicklungs- zeiten	• wiederverwendbare Soft- ware-Elemente • verbesserte Methodik • Verbindung mit Code-Ge- neratoren	• ca. 70.000 DM pro Ent- wicklerarbeitsplatz (Hardware, Software, Schulung)	**Hohe Einfüh- rungskosten**
Verbesserte Systemqualität	• integrierte Dokumentation • einheitliche Methodik • erleichterte Wartung	• Schulungszeiten • drastisch veränderte Ar- beitsweisen	**Lange Ein- führungszeiten**
Integration aller Systeme	• Nachdokumentation und Re-Engineering von Alt- systemen	• Werkzeuge ersparen nicht innovative Lö- sungssuche • erfordert zusätzliche, wenig produktive Ar- beitsschritte	**Unterstützung nur später Phasen**

Abbildung 4.5.5-44: Vor-/ Nachteile von CASE

Repositories *(Data dictionaries)* sind datenbankgestützte Systeme, die

- die Ergebnisse des Entwicklungsprozesses dokumentieren,

- Entwicklungsaufgaben und -rechte an Mitarbeiter vergeben und verwalten,

- Querbeziehungen zwischen den Entwicklungsergebnissen (z. B. Masken, Datenbank- strukturen) herstellen,

- unternehmensspezifische Fachbegriffe und Funktionen auf die zugehörigen Systeme- lemente abbilden.

Ein *Data Dictionary* beschreibt Informationen, die für den Entwicklungs- und Nutzungsprozess nützlich sind. Zum einen sind dies Strukturinformationen, die die Entwicklungsobjekte, Schnittstellen, Masken etc. beschreiben. Zum zweiten werden Informationen über die Datenbestände (Datenklassen, zugehörige Datenelemente), Datenflüsse (Kontroll- und Nutzdatenflüsse) sowie Programmstrukturen archiviert. Zum dritten werden Organisationsmerkmale wie beteiligte Mitarbeiter und Berater, Teilprozesse und Teilprodukte sowie Termine verwaltet.

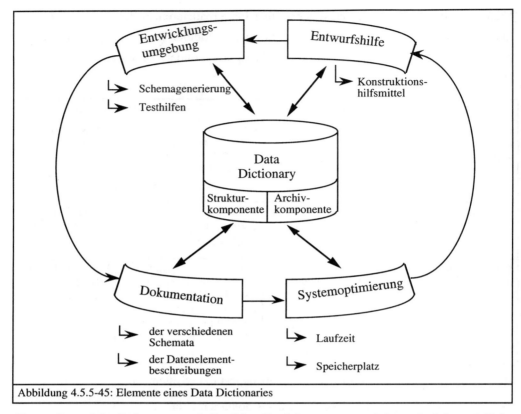

Abbildung 4.5.5-45: Elemente eines Data Dictionaries

Da umfangreiche Dokumente mit flexiblen Deskriptoren zu speichern sind, ist möglichst eine „non standard data base application" (die Graphiken, Texte und formatierte Daten verwalten kann) mit einer Status-/Versionenverwaltung anzustreben, um den gesamten Lebenszyklus vom Fachentwurf bis zum Rechenzentrums-Ablauf) abzudecken. Das Data Dictionary System sollte über eine Schnittstelle zu Entwicklungswerkzeugen (CASE-Tools) verfügen.

5 Architektur-Entwurf im HARVEY - Rahmen

5.1 Grundlagen

In der Folge werden **H**ybride **A**rchitektur **R**egeln für den **V**erteilten **E**ntwurf von Informationssystemen (**HARVEY**) vorgestellt. HARVEY verwendet die in Kapitel 2 unterschiedenen Kategorien:

- Dimensionen (geschäftlich, organisatorisch, fachlich, technisch), in denen Informationssysteme sowohl in der Entwicklung als auch in der Produktion betrachtet werden sollten,

- Sichten (Daten, Funktionen, Kommunikation), die in jeder Dimension verwendet werden sollten,

- Schienen (Entwicklung, Produktion), die den System-Lebenszyklus charakterisieren.

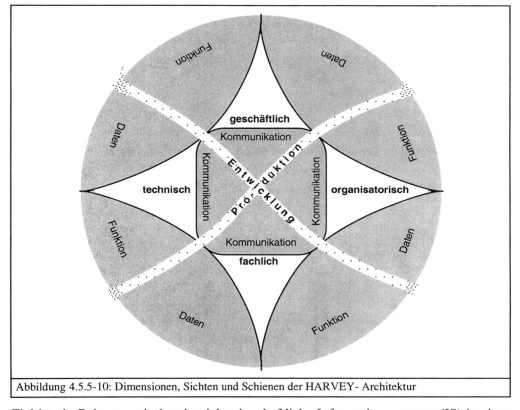

Abbildung 4.5.5-10: Dimensionen, Sichten und Schienen der HARVEY- Architektur

Ziel ist ein Rahmen, mit dem betriebswirtschaftliche Informationssysteme (IS) in einer durchgängigen Vorgehensweise aus Sicht der Wirtschaftsinformatik (also nicht des Software-Engineering!) entworfen werden können, um Missverständnisse, Fehler und letztlich Fehlinvestitionen zu vermeiden. HARVEY verbindet Elemente struktur-(Zachman (1987), Scheer (1991)) und objektorientierter Architekturen (Ferstl / Sinz (1993)) und der klassischen Organisationslehre (Kosiol (1969)) und ist damit „hybrid" (= zwitterhaft) konzipiert. Es wird berücksichtigt, dass Informationssysteme in der heutigen Dynamik situativ durch technische und geschäftliche, organisatorische und fachliche Impulse vorangetrieben werden (grafisch als „HARVEY - Ball" symbolisiert) und dass die Produktion ebenso wichtig ist wie die Entwicklung.

In HARVEY werden folgende Entwurfselemente unterschieden

- **Klienten** beschreiben *unternehmensextern* die Wirtschaftseinheiten, mit denen das betrachtete Unternehmen Güter, Geld und Informationen austauscht und *unternehmensintern* die Organisationseinheiten, die im Unternehmen Aufgaben durchführen.
  Beispiel: An der Produktion und dem Absatz eines PKW sind unternehmensextern Zulieferunternehmen für Reifen, Stoßdämpfer, Einspritzanlagen etc., das Automobilunternehmen sowie die Bank für die Absatzfinanzierung beteiligt. Im Automobilunternehmen wirken das Karosserie-, das Motoren- und das Montagewerk an der Produktion mit.

- **Objekte** beschreiben die materiellen, immateriellen oder personellen Gegenstände oder Sachverhalte, auf die sich die Prozesse zwischen Klienten beziehen. Güterobjekte sind Stoffe, Fabrikate oder immaterielle Leistungen als Gegenstand des Güterflusses; Geldobjekte sind Zahlungsmittel im Geldfluss. Informationsobjekte sind Nachrichten, die im Informationsfluss ausgetauscht werden.
  Beispiel: Ein Automobilhersteller bezieht von seinen Lieferanten Roh-, Hilfs- oder Betriebsstoffe oder Halbfertigfabrikate; ein Bauherr von seiner Bank Geld und ein Fußballverein mietet im Abstiegskampf von einem ausländischen Club einen berühmten, aber alternden Mittelstürmer.

- **Prozesse** beschreiben logische und zeitliche Abläufe des Zusammenwirkens der Klienten bei der Lösung einer Aufgabe; *unternehmensextern* die Interaktionen, mit denen die Klienten Güter, Dienstleistungen und Geld miteinander austauschen und *unternehmensintern* die Aktionen, die Organisationseinheiten alleine oder mit anderen durchführen, um die zugeordneten Aufgaben zu erledigen;
  Beispiel: Um einen PKW zu produzieren, werden unternehmensextern Entwicklungs- und Fertigungsarbeiten zwischen dem Automobilunternehmen und seinen Zuliefern aufgeteilt und inhaltlich sowie zeitlich koordiniert. Unternehmensintern sind die Aufgaben zwischen den Entwicklungsbereichen für

Produktkomponenten und Werkzeuge sowie den Fertigungswerken aufzu-
teilen und zu koordinieren.

- **Kanäle** beschreiben die Wege, auf denen *unternehmensextern* Güter, Geld und Informationen (= Objekte) ausgetauscht werden. *Unternehmensintern* existieren neben
diesen horizontalen Logistikkanälen auch vertikale Steuerungskanäle, auf denen die
Leistungs- und die Steuerungsebene Planungs-, Realisations- und Kontrollobjekte
austauschen.

  Beispiel: Im Entwicklungsprozeß für einen PKW werden Berechnungen und Zeich-
  nungen über elektronische oder schriftliche Kanäle ausgetauscht; Modelle
  und Prototypen von Komponenten werden über Güterkanäle transportiert.
  Diese Güterobjekte werden als Ersatz für Informationsobjekte genutzt, da
  dafür bisher keine Informationskanäle erforderlicher Qualität existieren (z.
  B. virtual reality). Zeit, Qualität und Kosten des Entwicklungsprozesses
  hängen von den genutzten Kanälen ab.

	Klient	**Objekt**	**Prozess**	**Kanal**
Struktur	**Statische Elemente**		**Dynamische Elemente**	
Verhalten	**Aktiv**	**Passiv**	**Aktiv**	**Passiv**
Beschreibung	• regelt und ver-anlasst Prozesse • besitzt Ressourcen mit Kapazitäten	• ist Gegenstand von Prozessen	• transformiert und koordiniert Objekte • wird durch Ereignisse oder Klienten gestartet und beendet	• stellt Wege für Objekte bereit • wird durch Ereignisse oder Klienten geöffnet und geschlossen
Symbole	Klient	Objekt	Prozess	Kanal
Beispiele: Leistungsfluss #	• *Industrie-/ Handelsunternehmen*	• *Produkte* • *Halbfertigfabrikat, Werkstoff*	• *Lieferung*	• *Transportwege*
Geldfluss $	• *Banken*	• *Zahlungsmittel*	• *Überweisung*	• *Zahlungswege*
Informationsfluss @	• *Datenbank* • *Kommunikationsverzeichnis*	• *Nachrichten* • *Dokumente*	• *Anbahnungs-, Vereinbarungs-, Durchführungs-prozesse*	• *Kommunikationswege* • *Netze*

Abbildung 4.5.5-11: Entwurfselemente der HARVEY - Architektur

Die Entwurfselemente lassen sich jeweils durch ihre Struktur- und ihre Verhaltenseigenschaften (structural and behavioral properties) kennzeichnen: Durch Klienten werden in
Prozessen Aktionen durchgeführt; beide Elemente verhalten sich aktiv, Objekte und Ka-

näle werden durch Aktionen behandelt und sind daher passiv. Prozesse und Kanäle sind dynamisch abhängig von den Klienten und Objekten.

	Strukturelle Eigenschaft	Verhaltensmäßige Eigenschaften	
		aktiv = Aktion eines Klienten oder Prozesses	passiv = Zulässige Aktionen auf ein Element
Bezeichung im Informationsfluss	**Attribut**	**Methode**	
Beispiel im Güterfluss #	*Verderblichkeit eines Produktes*	*Bearbeitungsoperationen eines Werkzeuges*	*Zulässige Operationen an einem (z. B. zerbrechlichen) Güterobjekt*
Beispiel im Informationsfluss @	*Adresse eines Kunden*	*Methoden einer Optimierungssoftware*	*nicht Division durch Null*

Abbildung 4.5.5-3: Strukturelle und verhaltensmäßige Eigenschaften

In IS werden Eigenschaften durch Attribute und Methoden formal definiert und lassen sich dadurch automatisieren. In der Folge werden die Elemente grafisch unterteilt, z. B. in eine linke Spalte mit Eigenschaften und eine rechte, die das Verhalten kennzeichnet.

	Großhändler "Bad & more"		Spiegelschrank "Pisa"	
	Eigenschaften	Verhalten	Eigenschaften	Verhalten
Vertrieb	Filialen:70 Sortiment: Preise:	Aufnahme bei Ausstellung Einstand * 2,2	Planung: Auftrag:	in 3D-Software unterstützen von Großhändler erfassen
Logistik	Zentrallager: Filialen:	täglich beliefern gegen Entgelt beliefern	Konfiguration: Lieferung Einbau:	bei Auftrag festlegen terminieren disponieren
Zahlungsverkehr	Fakturierung: Zahlung:	über Zentrale per Gutschrift	Preis: Rabatt:	Kundenspezifisch berechnen bei Standardkonfiguration
Service	Handwerker: Ersatzteile:	keine Planung kein Lager	Ersatzteile:	lagern bis 2005, danach fertigen

Abbildung 4.5.5-12: Eigenschaften und Verhalten eines Klienten und Objektes (exemplarisch)

Zwischen den Entwurfselementen bestehen

- *Strukturbeziehungen*, die die Typisierung von Exemplaren (Instanzen) der Elemente anhand der Attribute und Methoden und ggf. deren Vererbungsbeziehungen (Exemplare = Instanzen zu Unter- oder Oberklassen - Spezifizierung / Generalisierung - „is a"), die Gruppierung von Elementen gleicher Art zu einem neuen Ganzen („is member of") oder die Verknüpfung von Elementen unterschiedlicher Art zu einer neuen Art (Verknüpfung - „is part of") regeln. Es entstehen Klassen von Entwurfselementen mit gleich definierten Eigenschaften. Strukturbeziehungen können eine oder mehrere Dimensionen betreffen; mit ihrer Hilfe lässt sich eine Dimension logisch in Subsysteme gliedern.

Beispiel: Ein einzelner PC ist ein Technikklient (Exemplar / Instanz); alle Intel - basierten PC lassen sich zur Klasse PC-Intel und mit den Apple - Rechnern zur Klasse der PC zusammenfassen (Generalisierung). In der Technikdimension ist der einzelne PC mit einem netzwerkfähigen Betriebssystem (z. B. Windows NT, UNIX) auszustatten, um zu einem Server zu werden (Verknüpfung).

In der Fachdimension wird ein bestimmter PC zusammen mit einem Mitarbeiter mit Kenntnissen in einer Textverarbeitung zum Fachkliententyp „Schreibkraft"(Verknüpfung).

- *Aktionsbeziehungen*, die das Zusammenwirken von Elementen unterschiedlicher Art (Interaktion - „interacts with") oder deren Zustandsveränderungen (Aktion - „event / status") durch Ereignisse zu bestimmten Zeiten beschreiben.

Beispiel: Der Fachkliententyp „Schreibkraft" bearbeitet Informationsobjekte des Typs „Papierdokumente"(fachliche Interaktion) und druckt diese über ein lokales Netz (Technikkanal) auf einem Laserdrucker (Technikklient) aus (technische Interaktion). Wird die Schreibkraft „Frau Müller" (Fachklientenexemplar) von einem bestimmten Schreibauftrag (Fachprozess) heute in Anspruch genommen (Ereignis), so ist sie bis zum Auftragsabschluss „belegt" (Fachklienten-Zustand).

Grafische Darstellung	Erläuterung
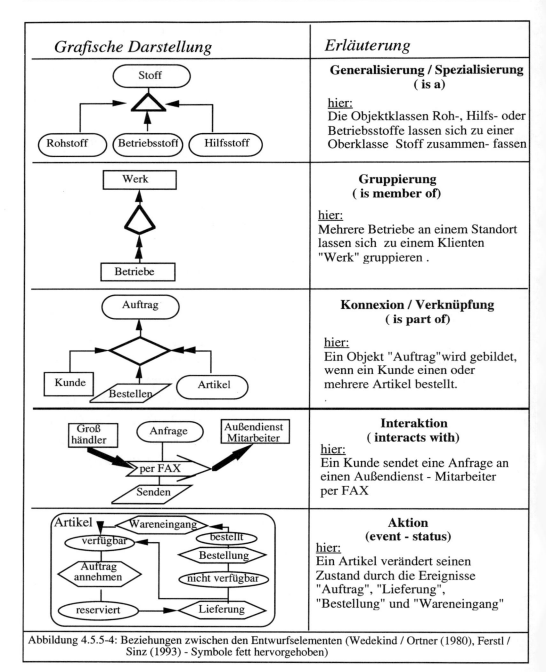	**Generalisierung / Spezialisierung** **(is a)** hier: Die Objektklassen Roh-, Hilfs- oder Betriebsstoffe lassen sich zu einer Oberklasse Stoff zusammen- fassen
	Gruppierung **(is member of)** hier: Mehrere Betriebe an einem Standort lassen sich zu einem Klienten "Werk" gruppieren .
	Konnexion / Verknüpfung **(is part of)** hier: Ein Objekt "Auftrag"wird gebildet, wenn ein Kunde einen oder mehrere Artikel bestellt.
	Interaktion **(interacts with)** hier: Ein Kunde sendet eine Anfrage an einen Außendienst - Mitarbeiter per FAX
	Aktion **(event - status)** hier: Ein Artikel verändert seinen Zustand durch die Ereignisse "Auftrag", "Lieferung", "Bestellung" und "Wareneingang"

Abbildung 4.5.5-4: Beziehungen zwischen den Entwurfselementen (Wedekind / Ortner (1980), Ferstl / Sinz (1993) - Symbole fett hervorgehoben)

Um das dynamische Verhalten und Zusammenwirken der Entwurfselemente grafisch abzubilden, werden einige weitere Symbole benötigt. *Ereignisse (events)* wirken im
Zeitablauf auf die Elemente und verändern abhängig von *Bedingungen (conditions)* deren

Zustand (*status*). Daraus resultiert ein Ereignis, da wiederum eine Interaktion (*interactions*).mit einem anderen Entwurfselement veranlasst.

	Interaktion	Ereignis	Zustand	Bedingung
		innerhalb eines Elements		
	zwischen Elementen			
Beschreibung	• gilt in einem Zeitpunkt • wird durch aktive Elemente veranlasst.	• gilt in einem Zeitpunkt • wird durch Interaktion oder (erfüllte) Bedingung verursacht	• gilt während eines Zeitraums • wird durch Ereignisse oder Verhalten verändert	• gilt während eines Zeitraums • betrifft Ereignisse oder Zustände
Symbole	⟶	⟨ Ereignis ⟩	⟨ Zustand ⟩	(Bedingung)
Beispiele: Leistungsfluss #	• *Lieferung*	• *Lieferung trifft ein*	• *Artikel vorhanden*	• *Maschine frei*
Geldfluss $	• *Rechnung*	• *Scheck trifft ein*	• *Kontostand*	• *Kreditlimit eines Kunden*
Informationsfluss @	• *Nachricht*	• *Auftrag geht ein*	• *Auftragsstand eines Kunden*	• *Passwort eines Nutzers*

Abbildung 4.5.5-5: Interaktionselemente der HARVEY - Architektur

Der HARVEY-Ansatz verwendet ein iteratives, evolutionäres Vorgehensmodell, in dem vier aufeinanderfolgende Phasen **A**nalysieren, **M**odellieren, **O**rganisieren, **R**ealisieren (AMOR) in jeder der Dimensionen (geschäftlich, organisatorisch, fachlich, technisch) zyklisch durchlaufen werden. Um Informationssysteme in einer komplexen, d. h. sich dynamisch nicht vorhersehbar verändernden Umwelt (Wohland (1997)) zu entwickeln,

- werden überschaubare und für sich lebensfähige Teillösungen mit einer einheitlichen Methodik entwickelt und eingesetzt,

- werden aus diesen Teillösungen inhaltliche und methodische Erfahrungen für deren Weiterentwicklung gewonnen,

- diese Teillösungen schrittweise zu einer Gesamtlösung vereint,

- die aber nicht als fertig, sondern nur als Ausgangsbasis für eine kontinuierliche Weiterentwicklung verstanden wird.

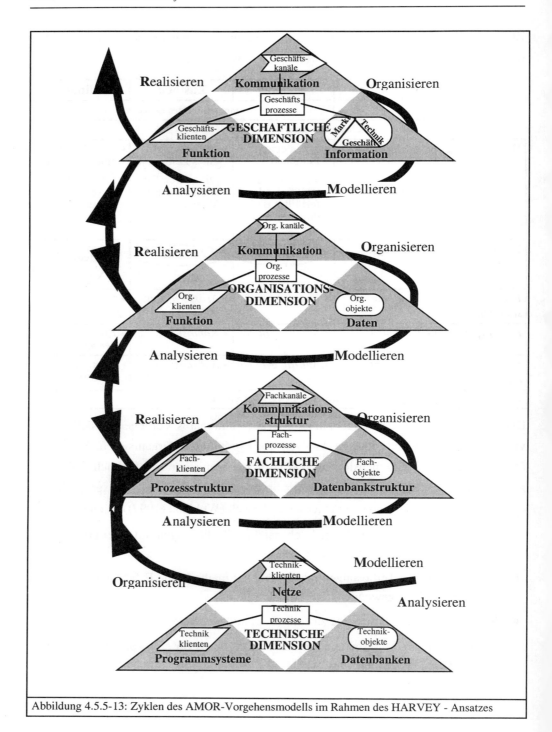

Abbildung 4.5.5-13: Zyklen des AMOR-Vorgehensmodells im Rahmen des HARVEY - Ansatzes

Ziel dieses Prototyping ist es, nach den Analysephasen mit Modellen schnell vorzeigbare Ergebnisse aufzuweisen, diese dann in der Organisation des Unternehmens zu erproben und schließlich in dem Produktionssystem zu realisieren.

Phase	Erläuterung	Beispiele
Analysieren	• Klienten, Prozesse, Objekte und Kanäle identifizieren	
Modellieren	• Sollkonzept grafisch veranschaulichen, mit den Mitarbeitern diskutieren und in einer am Rechner erprobbaren Form modellieren	• *Ablauffähige grafische oder mathematische Modelle,* • *Tabellenkalkulationsmodelle*
Organisieren	• Lösung in organisatorischem Teilbereich einführen und erproben, • Personal qualifizieren	• *Pilotbetrieb (z. B. eines Standardsoftwaremoduls) in einem einzelnen Produktbereich*
Realisieren	• Strukturen und Abläufe in einer integrierten Lösung von mehreren Dimensionen realisieren	• *Organisationsplattformen oder Leitbilder für Teilbereich beschreiben und durch ein DV - Instrument unterstützen*
Abbildung 4.5.5-14: Phasen des Prototyping nach dem AMOR - Vorgehensmodell		

Nach unseren Erfahrungen, sind die Märkte so dynamisch und komplex, dass nur wenige Unternehmen den „langen Atem" haben, um ein Organisations- und IS-Projekt in einem Zug durchzuführen. Sie benötigen nach einer überschaubaren Zeitspanne beherrschbare und für sich lebensfähige Zwischenlösungen, die als *Organisationsplattformen* für eine Phase eingesetzt werden, um Erfahrungen und personelle sowie finanzielle Kraft für einen weiteren Eentwicklungsschritt zu gewinnen. Unternehmen entwickeln sich geschäftlich, organisatorisch, fachlich und technisch von einer Plattform zur nächsten, gewinnen dabei Erfahrungen (lernende Unternehmen) und entscheiden sich aufgrund der erkennbaren Markt- und Technologieentwicklungen für den nächsten Zyklus. Strebt ein Unternehmen ohne Zwischenlösungen nach dem „großen Wurf" entsteht die Gefahr, dass man ohne Rückzugslinien ein IS-Projekt abbrechen muss und die Lösung sich angesichts der aktuellen Märkte und Technologien nicht optimal ist (Ligner (1997), Wohland (1997)).

Beispiel: Ein Automobilzulieferer entschied sich, angesichts der Jahr 2000- und EURO-Problematik sehr rasch, eine alte durch eine integrierte Standardsoftware abzulösen, ohne vorgelagert die geschäftlichen und organisatorischen Prozesse zu analysieren. Das komplizierte IS erschwerte es, weltweit schlanke Tochtergesellschaften an den neu entstehenden Fertigungsstandorten deutscher PKW-Hersteller zu etablieren.

Man wird für eine Organisationsplattform mindestens zwei, in der Regel drei Dimensionen durchlaufen. In mittelständischen Strukturen können Plattformen für das gesamte Unternehmen entwickelt werden; in größeren Unternehmen sind zunächst Teilbereiche zu betrachten. Nach der Idee des „HARVEY - Balls", ist kein Startpunkt für den Entwurfsprozess zwingend und auch die Reihenfolge der Dimensionen kann in Grenzen frei gewählt werden.

Beispiel: *Ein Automobilzulieferer erprobte die Konzepte des INTERNET. Dabei wurde festgestellt, dass sich auf dieser Basis ein konzernweites Organisations-IS aufbauen lässt und ein organisatorisches Konzept entworfen. Als erste Plattform wurde ein WWWEB-Server für organisatorische Mitteilungen in der Muttergesellschaft installiert und die Sekretariate identifiziert, die dort Dokumente plazieren dürfen. Erst danach wurde die Fachdimension präzisiert, d. h. festgelegt, welche Inhalte für welche Klienten von wem bereitzustellen sind.*

5.2 Geschäftliche Dimension

Die geschäftliche Dimension ist Aufgabe der Unternehmensleitung unterstützt durch die für das Informationsmanagement verantwortlichen Abteilungen, z. B. Controlling und DV (Fischer (1992), S.29). Ausgehend vom Zielsystem ist vor dem Hintergrund der personellen und sachlichen Ressourcen die *Marktaufgabe* des Unternehmens zu definieren. Diese beschreibt,

- welche Geschäftsklienten (Kunden, Lieferanten)
- mit welchen Geschäftsobjekten (Produkte, Leistungen)
- über welche Geschäftskanäle (z. B. Vertriebswege)
- mit welchen Geschäftsprozessen (in Absatz, Fertigung und Entwicklung)

bedient werden sollen, um die Sach- und Formalziele des Unternehmens zu erreichen. Entwickelt wird ein Informations-Geschäftsplan, der die Geschäftsobjekte, - prozesse, - klienten und -kanäle mit ihren informatorischen Merkmalen beschreibt.

Ziel	Horizont	Frequenz	Adressat	Beteiligte
• IS - Geschäftsplan	• 10 - 20 Jahre je nach Branche	• alle 5 Jahre	• Geschäftsleitung • Bereichsleitung	• Geschäftsleitung • Leitungsstäbe • Controlling • DV
Abbildung 4.5.5-15: Merkmale der geschäftlichen Dimension				

5.2.1 Datensicht

5.2.1.1 Aufgaben

Die geschäftlichen Möglichkeiten eines Unternehmens werden wesentlich dadurch bestimmt, welche Informationen es über seine Geschäftspartner, seine Wettbewerber und deren Produkte sowie über die Abläufe auf den relevanten Märkten besitzt. Daher wird aus den geschäftlichen Randbedingungen und Zielen abgeleitet, welche Informationen ein Unternehmen besitzen sollte. Diese werden in einem zunächst groben, stufenweise sich verfeinernden Datenmodell strukturiert.

Beispiel: Ein Produzent (z. B. von Körperpflegemitteln) sollte seine Kunden und den Einsatz seiner Produkte möglichst individuell kennen. Dies war während der handwerklichen Produktionsära selbstverständlich und wird in der industriellen Produktion durch Marktforschung zu erreichen versucht. Bestimmte Unternehmenstypen (z. B. Kosmetikboutiquen, Apotheken) bieten wieder „individuell gefertigte Produkte für persönlich bekannte Kunden" an, andere versuchen, mit IS Kundenwünsche so differenziert zu erfassen (z. B. im INTERNET), dass Produkte kundenangepasst gefertigt werden können (mass customization products).

5.2.1.2 Entwurfsschritte

1. Schritt: Geschäftsklienten und -objekte identifizieren

Zunächst werden die Geschäftsklienten des Unternehmens auf den Absatz- und Beschaffungsmärkten identifiziert. *Geschäftsklienten GK (business clients)* sind externe Wirtschafts- oder interne Leistungseinheiten (Betriebe, Entwicklungszentren etc.), die als Sender oder Empfänger von Gütern, Geld und Informationen des Unternehmens auftreten. Typische Klienten sind Kunden, Vertriebspartner und Lieferanten, Banken und Transportdienstleister, Steuer- und Genehmigungsbehörden. Neben aktuellen sind potentielle Geschäftspartner und Wettbewerber zu betrachten.

Beispiel: Ein Hersteller von Farbfernsehern wird als potentielle Wettbewerber die Anbieter von Personal Computern, als potentielle Lieferanten die von Flachbildschirmen und Projektoren einschätzen. Als Markt sollte er den gesamten Medienmarkt , z. B. samt Video, Pay TV und Online - Diensten betrachten.

Geschäftsobjekte GO (business objects) beschreiben aus Makrosicht die auf dem Markt verkauften bzw. eingekauften Leistungen. GO sind unmittelbar mit der Gesamtaufgabe des Unternehmens verknüpft und sind Gegenstand der Geschäftsprozesse. GO werden durch Führungsbereiche (meist hoher Ebene) verantwortet; viele Unternehmen sind nach dem Objektprinzip (z. B. in Produktsparten) organisiert.

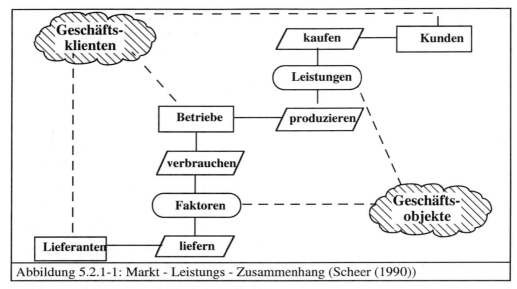

Abbildung 5.2.1-1: Markt - Leistungs - Zusammenhang (Scheer (1990))

Informationsobjekte der geschäftlichen Dimension betreffen die Klienten „Kunden" und „Wettbewerber". Von Kunden werden z. B. Informationen über die Bedarfsfelder und die dazu eingesetzten Produkte, über Konkurrenten Informationen über deren Produkte und Technologien benötigt.

	Marktinformationen	**Geschäftsverkehr-informationen**	**Technologie-informationen**
Strategische Daten	• *Marktentwicklungen (Regionen, Kunden, Technologien)*	• *Kostenstrukturen alternativer Stand-orte*	• *Patente der Wettbe-werber* • *Substitutionstechniken*
Taktische Daten	• *Marktvolumen* • *Marktanteile Wettbe-werber*	• *Plan-, Prognose-, Ist-Umsätze, Kosten und Ergebnisse*	• *Technologien Wettbe-werber* • *Technikangebot Liefe-ranten*
Operative Daten	• *Warenkörbe Kunden*	• *Anfragen, Angebote, Aufträge*	• *Produktkonfigurationen*
Abbildung 5.2.1-2: Geschäftliche Informationsklassen (mit Beispielen)			

Strategische Daten dienen dazu, den Ressourceneinsatz in bestimmte Technologien und für spezifische Märkte (Kunden, Regionen, Produkte) zu steuern. Es handelt sich oft um weiche Daten über Technologie- oder Marktentwicklungen (Megatrends). *Taktische Daten* helfen, die immateriellen und materiellen Ressourcen des Unternehmens optimal einzusetzen. Diese Planungs-, Prognose- und Ist-Daten sollen das mittlere Management in Steuerungsprozessen unterstützen. Mit Hilfe der *operativen Daten* werden die Leistungs- und Geldflüsse mit Geschäftsklienten abgewickelt und dokumentiert.

2. Schritt: Informationsklassen für Geschäftsprozesse erheben

Informations(objekt)klassen sind Kategorien von logisch zusammengehörigen Informationen, um

- Geschäftsklienten mit ihren wettbewerbsrelevanten Merkmalen zu charakterisieren,

- die Geschäftsprozesse durch den Informationsfluss zu unterstützen.

Angelehnt an die Methode *Business System Planning (BSP)* der IBM lässt sich ein Prozess in vier Phasen einteilen: Planung, Beschaffung der Ressourcen, deren Einsatz und Verwaltung, Verwertung und Absatz sowie Abschluss des Prozesses und Kontrolle des sachlichen und wirtschaftlichen Erfolgs (Heinrich (1992), S. 291ff). Entsprechend lassen sich die Informationsklassen eines Prozesses den Klienten zuordnen:

Prozess „*Kundenauftrag für Bauprojekt erreichen*"					
Klienten	**Phasen**	**Planung**	**Beschaffung**	**Einsatz / Verbrauch**	**Verwertung / Absatz**	**Abschluss /Kontrolle**
Erforderliche Informationen	**vom/an Kunden**	• *Technische und räumliche Baustellenmerk male* • *Preisvorstellung und Geschmack*	• *Immobilien grundriß*	• *Ist-Materialeinsatz* • *Ist-Personaleinsatz*	• *Finanzierungsbedarf* • *Konkurrenz angebote*	• *Debitorenrechnung* • *Zahlungseingang*
	aus dem Unternehmen	• *Technische Auslegung (Bauzeichnung, -berechnung)* • *Kalkulationsdaten*	• *Material- und Personaleinsatzplan* • *Produktionsplan*	• *Material- und Personaleinsatz* • *Kalkulationsdaten*	• *Liquiditätslage* • *Auftragslage*	• *Nachkalkulation*
	vom Lieferanten	• *Produktkataloge mit Preisen und technischen Leistungsmerkmalen*	• *Produktver fügbarkeit* • *Bestellung*	• *Lieferavis*	• *Zahlungskonditionen*	• *Kreditorenrechnung*
Abbildung 5.2.1-3: Informationsklassen für einen Prozess am Beispiel						

Diese Informationsklassen sind im Unternehmen zu gewinnen, zu den richtigen Klienten zu transportieren und zielgerichtet zu verarbeiten. (get it, move it, use it). Dazu sind nicht allen technische, sondern auch Instrumente des Marketing zu nutzen.

Beispiel: *Ein Badmöbelhersteller bot in Zusammenarbeit mit Frauen- und Lifestyle - Zeitschriften eine Badplanung mit einer Gratis-Software an, bei der ein Preis-ausschreiben einen zusätzlichen Anreiz bot. In wenigen Monaten gelang es, umfassende Daten über „Badezimmer unter europäischen Dächern" zu gewin-nen und für regional- und kundenspezifische Aktionen zu nutzen.*

5.2.2 Funktionssicht

5.2.2.1 Aufgaben

Aufgabe der geschäftlichen Funktionssicht ist es, die *Geschäftsprozesse* so zu identifizie-ren, hinsichtlich ihrer Wettbewerbsrelevanz zu analysieren und so zu modellieren, dass sie durch Informationssysteme unterstützt werden können.

Geschäftsprozesse GP (business processes) beschreiben aus Makrosicht die Aktivitäten eines Unternehmens auf dem Markt und seine Interdependenzen mit vor- und nachge-lagerten Wertschöpfungsstufen. GP sind unmittelbar mit der Gesamtaufgabe des Unter-nehmens verknüpft und lassen sich über dessen Leistungen am Markt identifizieren: Es werden Produkte für bestimmte Kunden hergestellt und mit Hilfe von Geschäftspartnern auf spezifischen Märkten vertrieben. GP lassen sich verantwortlichen Führungs- / Orga-nisationsbereichen (meist hoher Ebene) zuordnen. GP überspannen unternehmensinterne und -externe Geschäftsklienten (z. *B.* Vertriebs- und Entwicklungspartner) und dauern i. d. R. mehrere Jahre, oft auch Jahrzehnte.

Beispiel: Die Entwicklung, Produktion und der Service eines Autotyps auf einem Markt (Geschäftsprozeß) bedingen langjährige Aktivitäten in der Entwicklung (ca. 8 Jahre), in der Fertigung, im Marketing (ca. 8 - 10 Jahre) und in der Ersatz-teillogistik (ca. 15 Jahre nach Fertigungsende).

Organisationsprozesse (organizational processes) bezeichnen operative Aktivitäten, die im Rahmen von GP durchgeführt werden, um die Geschäfte mit einem Kunden und Pro-dukt zu tätigen und ein wohldefiniertes Ziel (z. B. Absatz) zu erreichen. An einem GP sind minimal zwei Organisationsprozesse beteiligt. Diese werden durch geschäftliche Ereignisse ausgelöst, die als Geschäftsvorfall bezeichnet werden (Ferstl / Sinz (1993), S. 590).

	Erläuterung	**Kriterien**	**Beispiel**
Geschäfts-prozess	unmittelbar mit der Gesamtaufgabe der Unternehmung verknüpfte Aktivitäten auf dem Markt	• schlecht-definiertes Problem, d.h. Merkmale des Ausgangs- oder Zielzustandes unbekannt • das Unternehmen und seine Marktpartner überspannend • aus Erfolgsfaktoren des Unternehmens abgeleitet • über Leistungen am Markt (Kunden, Produkte) differenzierbar	*Produktion hochpreisiger Badezimmerschränke und Verkauf über den Vertriebsweg Großhandel -> Installateur*
Organisa-tionsprozess	logisch zusammenhängende, beliebig oft nachvollziehbare Aktivitäten, um einen Geschäftsprozess zu erfüllen	• wohl-definierte Aufgabe, d. h. Merkmale des Ausgangs- und des Zielzustandes bekannt; • Einzelaktivitäten nur zum Teil gut-strukturiert • auf Organisationseinheiten zugeordnet	*Produktion des Schrankmodells "Toskana" in 25 Maß- und 150 Dekorvarianten*
Geschäfts-vorfall	Ereignis, das einen Prozess auslöst	• beobachtbar • unternehmensintern oder extern ausgelöst	*Entwicklungsbeschluss für Produkt*
Abbildung 5.2.2-1: Begriffe der geschäftlichen Dimensionen			

5.2.2.2 Entwurfsschritte

Geschäftlich werden die *Potentiale* gesucht, die über den langfristigen wirtschaftlichen Erfolg einer Unternehmung entscheiden. Dies sind die Differenzierungsmerkmale, die zeigen, was ein Unternehmen besser kann als andere. Sie kennzeichnen dessen Fähigkeiten, mit denen es spezifische Probleme für Kunden nachhaltig besser lösen kann als Wettbewerber. Neben materiellen und personellen Ressourcen bilden Informationssysteme die dritte Quelle für Potentiale.

1. Schritt: Kritische Erfolgsfaktoren und Steuerungsgrößen identifizieren

Bei der Ermittlung der Geschäftspotentiale wird von den strategischen Zielen (business goals) ausgegangen. Nach Porter (1980) unterscheidet man drei strategische Zielrichtungen: Kostenführerschaft, Differenzierung im Leistungsangebot und Fokussierung auf Marktsegmente, die agierend oder reagierend in einem dynamischen oder statischen Wettbewerbsumfeld verfolgt werden können.

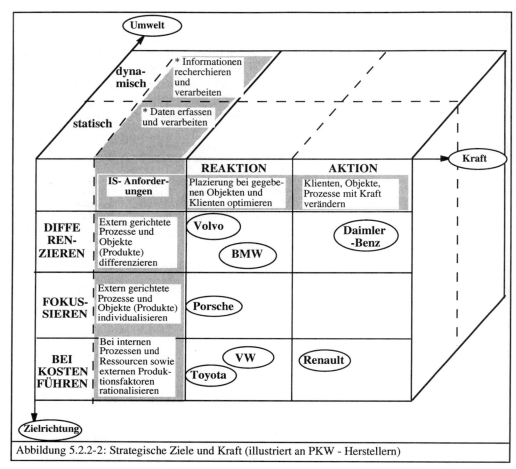

Abbildung 5.2.2-2: Strategische Ziele und Kraft (illustriert an PKW - Herstellern)

Beispiel: Der PKW - Markt in Europa und den USA verändert sich kaum. BMW differenziert sich seit langem durch sportlich - dynamische Autos. Porsche ist seit vielen Jahren in einem engen Marktsegment tätig und reagiert ggf. auf Konkurrenten (BMW Z3) mit eigenen Produkten (Boxter). VW versucht durch Preisvorteile bei Produkten (Passat) in Deutschland und Klienten (Skoda, Seat) in
Europa Kunden zu gewinnen, reagiert aber nur auf den Markt. Renault versucht zaghaft, mit neuen Produkten (Espace, Kangoo) zu agieren.

Daimler - Benz bricht durch neue Geschäftsobjekte (A-, M-Klasse, Smart) und
Klienten (SWATCH, Chrysler) die Strukturen auf. Für den Smart wurde eine
neue Marke gegründet, um diesen bei Bedarf per Call Center und INTERNET
gegen Taxiunternehmen (wichtige Daimler - Kunden!) und Autovermieter zu

plazieren. Die Tochter ADTRANZ arbeitet daran, auf Smart - Basis neue Auto-
züge anzubieten.

Aus den strategischen Zielen werden durch Analyse des Umfeldes und der eigenen Potentiale denkbare Erfolgsfaktoren abgeleitet. Entweder wird analytisch nach Erfolgsfaktoren gesucht oder es werden empirische Langzeitstudien genutzt, die Zusammenhänge
zwischen Unternehmensstrukturen und dem Erfolg ableiten (Beispiel: PIMS). In der *Cri-*
tical Success Factor Methode (Rockart (1979)) wird unterstellt, dass der Erfolg einer
Unternehmung im Vergleich zu Wettbewerbern von einer Anzahl kritischer Faktoren abhängig ist. Quellen für Erfolgsfaktoren sind : Die Branchenstruktur, die Unternehmensstrategie und -potentiale, Umwelt- und Zeiteinflüsse (wie Modeströmungen, neue staatli-
che Vorschriften). Ziel ist es, die Erfolgsfaktoren zu spezifizieren, die entweder existieren oder von Wettbewerbern noch nicht aufgegriffen und daher genutzt werden können.

Beispiel: *Ein Hersteller von kundenangepassten Standardartikeln (etwa Einbauküchen,*
Sanitärobjekten) kann sich von Wettbewerbern differenzieren 1) durch funktio-
nale Eigenschaften (wie Größe; Flexibilität) -> geschmackliche Eigenschaften
(Design, Oberfläche und Farbe) -> Preis im Vergleich zu Konkurrenzan-
geboten; 2) termingerechte, schnelle und fachmännische Installationsprozesse
und 3) bessere Beratung des Kunden oder bessere Erreichbarkeit.

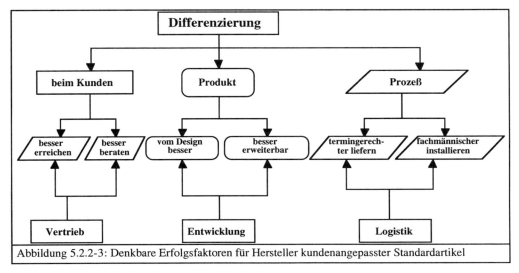

Abbildung 5.2.2-3: Denkbare Erfolgsfaktoren für Hersteller kundenangepasster Standardartikel

Folgende Schritte werden bei der Critical Success Factor Methode durchlaufen:

(1) Analyse der strategischen Ziele und Definition der Haupterfolgsfaktoren

(2) Daraus sind die kritischen Erfolgsfaktoren für die Unternehmensbereiche abzuleiten.

(3) Für die Erfolgsfaktoren sind Steuerungsaufgaben und -größen zu definieren.

(4) Für die Steuerungsgrößen des Managements ist der Systembedarf zu ermitteln.

	Entwicklung	Beschaffung	Produktion	Vertrieb	Logistik
Erfolgsfaktoren	1. Design der Produkte 2. Installationsfähigkeit der Produkte 3. Erweiterbarkeit der Produkte	1. Designgerechtes u. langlebiges Material 2. in hoher Vielfalt	1. Fertigung kundenindividueller Produkte 2. in kleinen Losen 3. termingerecht 4. zu niedrigen Kosten	1. Werbung und Kundenansprache 2. Kundenberatung und Raumplanung	1. Termingerechte Lieferung 2. Fachmännische u. schnelle Montage 3. Ersatzteilservice
Gründe	1. Funktional gleichwertige Billigprodukte 2. Raumanforderungen beim Kunden variieren 3. Kunden ziehen häufig um	1. Kundennutzen 2. Variantenvielfalt	1. Kleine Auftragsgrößen 2. Hohe Variantenvielfalt 3. Funktional gleichwertige Billigprodukte	1. Design- statt Produktverschleiß 2. Raumplanung entscheidend für Kundennutzen 3. Funktional gleichwertige Billigprodukte	1. Kundennutzen und Außenwirkung 2. Änderungen beim Kunden 3. Langlebigkeit der Produkte
Steuerungsaufgaben	1. Designführung 2. Flexibilität u. Modularisierung der Produkte	1. Beschaffungsdisposition 2. Lieferantenwahl	1. Fertigungsprogrammplanung 2. Kapazitätsplanung	1. Außendienst- und Ausstellungsplanung 2. Technische und wirtschaftliche Projektplanung	1. Auslieferungsplanung (Termine, Ressourcen) 2. Baustellenplanung (technische Erfordernisse)
Steuerungsgrößen	1. Marktinformationen 2. Projektzeiten 3. Entwurfsunterstützung (Design, Typung, Funktionalität)	1. Beschaffungsvolumina 2. Lieferantenqualität	1. Fertigungsmengen 2. Fertigungszeiten 3. Kapazitätsauslastung	1. Absatz und Umsatz pro Artikel (pro Periode, im Lebenszyklus)	1. Liefertermine 2. Versandtermine 3. Baustellentopographie

Abbildung. 5.2.2-4: Ableitung von Steuerungsgrößen aus Erfolgsfaktoren nach der Critical Success Factor Methode (Beispiel: Hersteller kundenangepasster Standardartikel)

2. Schritt: Geschäftsprozesse und Geschäftsobjekte identifizieren

Es ist festzulegen, welche Geschäftsprozesse mit welchen Erfolgsfaktoren verfolgt werden sollen.

Beispiel: *Ein Badmöbel-Produzent erkennt, dass er angesichts der Konkurrenz von Billiganbietern (speziell aus Südeuropa) und alternativen Vertriebswegen (Baumärkte, Möbeldiscounter) mit seinen hochpreisigen Badmöbeln (> 3000.- pro Schrank) über den traditionellen dreistufigen Vertriebsweg nur dann Chancen hat, wenn er überlegendes Design, kundenindividuelle Produkte, höchste Qualität, absolute Liefertermintreue mit intensivem Marketing verbindet.*

Strategische Geschäftsprozesse werden durch operative Prozesse an Objekten durch Klienten realisiert. **Geschäftsobjekte** beschreiben die verwendeten Einsatz- (z. B. Material) und die herzustellenden Leistungsobjekte (z. B. Produkte); *Geschäftsklienten* die Marktpartner (z. B. Kunden, Lieferanten). Ein Unternehmen kann sich durch *Geschäftsprozesse differenzieren* oder auf *Geschäftsobjekte und -klienten fokussieren*.

Beispiel: *Der Badmöbelproduzent kann sich auf Materialien (z. B. Aluminium), auf Kunden (z. B. einkommensstarke Familien) oder Absatzmittler (z. B. Badboutiquen) fokussieren. Differenziert sich das Unternehmen über Prozesse kann es z. B. überlegene Badplanung den Absatzmittlern, absolut termingerechte Lieferung, schnelle Montage oder Finanzierungsberatung den Kunden anbieten.*

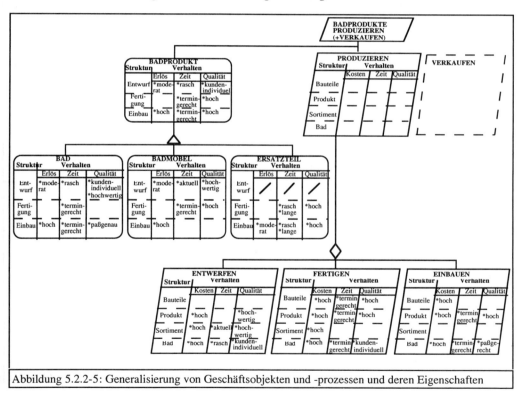

Abbildung 5.2.2-5: Generalisierung von Geschäftsobjekten und -prozessen und deren Eigenschaften

Angelehnt an das *Business System Planning* stellt die Tabelle den Zusammenhang zwischen Geschäftsprozeß, dessen Phasen, den Geschäftsobjekten und -klienten sowie mögliche Erfolgsfaktoren dar.

Geschäftsprozeß *Hochpreisige Badmöbel produzieren und über Fachschiene vertreiben*						
Objekte Klasse / Prozesse	**Objekt / Klient**	**Phasen**				
		Planung	**Beschaffung**	**Einsatz / Verbrauch**	**Verwertung / Absatz**	**Kontrolle/ Abschluss**
Einsatz-objekte • *Qualität*	**Geld / Maschinen**	Investitions-/, Finanzplanung	Kapitalbeschaffung und Anlagenkauf	Investition • *Multimediale Badplanung* • *Automatisierte individuelle Fertigung*	Finanzmarketing • *Modelle für Badrenovierung*	Finanzrechnung
	Material	Materialdisposition • *Termintreue*	Materialbeschaffung • *kleine Lose, just in time*	Fertigung • *Materialveredelung*	Entsorgung	Material-buchhaltung
Leistungsobjekte • *Qualität*	**Produkt**	Produktdesign • *Mit Designern über Kundenanforderungen kommunizieren*	Design-/Konstruktionssteuerung • *Design rasch umsetzen*	Fertigungssteuerung • *Bearbeitung in kleinsten Losen* • *Montage auftragsbezogen steuern*	Vertriebslogistik • *Schnelle Ersatzteil logistik* • *Termingerechte Lieferung*	Produkt - Erfolgsrechnung
	Marketing	Marketingplanung • *auf Produkte und Kunden abstellen*	Agenturauswahl	Marketingsteuerung • *Außendienst* • *Werbeagenturen*		Projekterfolgsrechnung Ausstellungscontrolling
Geschäftsklient • *Zeit*	**Kunden** • *Individualität*	Badplanung • *Multimediale Planungshilfen*	Kundenberatung • *Individuelle Planung*	Baustellensteuerung • *Multimediale Montagehilfen*	Kundenbetreuung, Ersatzteillogistik	Kundenerfolgsrechnung
	Absatzmittler • *Gewinnspanne*	Ausstellungsplanung • *Planungs- und Marketingservice*	Auftragsannahme • *über EDI*	Auftragsabwicklung • *Termintreue*	Fakturierung • *über EDI*	Ausstellungserfolgsrechnung Debitorenbuchhaltung
	Lieferanten • *Zeit*	Lieferantenauswahl • *Führende Designer*	Bestellabwicklung • *über EDI*	Beschaffungslogistik	Wareneingang Zahlungsabwicklung	Kreditorenbuchhaltung
Abbildung 5.2.2-6: Erfolgsfaktoren bei Geschäftsobjekten, -klienten und -vorgängen						

Es empfiehlt sich, die Analyse der Geschäftsprozesse, -objekte und -klienten nicht zu sehr zu verfeinern. Ziel ist nicht, diese erschöpfend aufzulisten, sondern die strategisch relevanten Elemente auszuwählen und Ansatzpunkte für Erfolgsfaktoren zu finden (Vetter (1988), S.150f). Für die kreative Güte der Analyse ist es wichtig, dass Erfahrungen aus anderen Branchen oder Ländern herangezogen werden.

3. Schritt: Prozesse in die Wertkette einordnen

In der *Value Chain Analysis* (Porter (1989)) werden die Prozesse in einem Unternehmen entsprechend der Abfolge der Wertschöpfungskette angeordnet und nach dem Zweck in marktbedingte (primäre) und unterstützende (sekundäre) Aktivitäten eingeteilt (Kosiol (1969), S. 64). Alle Aktivitäten werden auf ihren Beitrag zur Wertschöpfung und auf potentielle Erfolgsfaktoren untersucht und es wird beurteilt, inwieweit diese durch den Informationsfluss verbessert werden können (Porter/ Millar (1985)).

	Upstream Value Activities			Downstream Value Activities		
	Interne Logistik	Produktion	Externe Logistik	Marketing /Vertrieb	Service	
Markt-prozesse		* *Kundenindividuell* * *kleine Lose*	* *Termintreue*	* *Kundenindividuelle Badplanung* * *Ausstellungsbetreuung* * *Marketingsteuerung*	* *Installationshilfen* * *Ersatzteillogistik*	*Ergebnis*
Unterstützungs-prozesse	Beschaffung					
	Personalentwicklung					
	Technologieentwicklung			* *Design*		
	Unternehmensinfrastruktur					

Abbildung: 5.2.2-7: Komponenten der Wertkette (Porter (1989))

Der Wertschöpfungsbeitrag der Prozesse wird bestimmt durch deren Konfiguration oder Koordination. Bei der *Konfiguration von Geschäftsprozessen* wird über deren Geschäftsobjekte und -klienten nach Art, Menge, Ort und Zeit entschieden, z. B. über die regionale Verteilung der Betriebe, die einzusetzenden Materialien und Maschinen sowie die zu produzierenden Leistungen und die Auswahl der Marktpartner. Beispielsweise können die Fertigungsanlagen, das Material sowie die Produkte so ausgelegt und auf Standorte verteilt werden, dass möglichst stückkostenoptimal gefertigt werden kann.

Bei der *Integration der Wertkette* (Ferstl / Sinz (1993), S. 197) wird deren Struktur so *konfiguriert*, dass

- Organisationsprozesse in der Wertkette so miteinander verknüpft sind (*Prozesskonfiguration*), dass die Erfordernisse der Wertkette vollständig und redundanzfrei, d. h. ohne doppelte Geschäftsobjekte und Vorgänge erfüllt werden.

  Beispiel: *Erfolgt das Kommissionieren der Möbel nicht baustellen-, d. h. kundengerecht, sind beim Fachhandel und beim Handwerker Umpack- und Kommissioniervorgänge mit zusätzlichem Verpackungsmaterial erforderlich.*

- die Leistungs- sowie Einsatzobjekte mit den korrespondierenden Informationsobjekten so miteinander abgestimmt sind (*Geschäftsobjektkonfiguration*), dass die Erfordernisse der unternehmensinternen und -externen Klienten vollständig und redundanzfrei erfüllt werden.

  Beispiel: *Die kundenindividuelle Fertigung von Badmöbeln erfordert, dass CAD - Rechner ihre Daten in die Fertigungsanlagen einspeisen können. Da der Vertrieb über den Fachhandel ablaufen soll, sollte dieser planungsrelevante Daten erfassen und dem Planungsprozess im Unternehmen bereitstellen.*

Bei der *Koordination von Geschäftsprozessen* wird über das zielorientierte Zusammenwirken der Geschäftsklienten entschieden, d. h. wie die Fertigungs- und Entwicklungseinheiten des Unternehmens, dessen Lieferanten und Absatzmittler gemeinsam welche Leistungsobjekte produzieren und welche Kunden bedienen sollen.

Bei der Integration der Wertkette wird deren Ablauf so *koordiniert*, dass

- Prozesse nach Art, Menge, Ort und Zeit so miteinander abgestimmt werden, dass das Ziel der Wertschöpfungskette gefördert wird (*Prozesskoordination*);

  Beispiel: *Die Absatzmittler „Installateure" und „Fachhandel" sollten ihre Kundenaufträge über die Badmöbel dem Produzenten ohne Zeitverzug übermitteln. Da die Möbel erst zum Abschluss der Badinstallation eingebaut werden, bestände dann eine ausreichende Vorlaufzeit für eine kundenauftragsbestimmte Fertigung.*

- Geschäftsobjekte und Geschäftsklienten in ihren Merkmalen und ihrem Verhalten so miteinander abgestimmt werden, dass das Ziel des Wertschöpfungsprozesses gefördert wird (*Geschäftsklientenkoordination*);

  Beispiel: *Die Geschäftsobjekte (Installation) der Absatzmittler Handel und Installateur sind zu unterstützen und zu koordinieren. Beispielsweise kann mit PC-gestützten Systemen den Bauherren eine individuelle Badplanung und -installation angeboten werden.*

4. Schritt: Informationsprozesse spezifizieren

Aus der Fokussierung auf Geschäftsobjekte und -klienten und der Differenzierung von Geschäftsprozessen und den dazugehörigen Konfigurations- und Koordinationsaufgaben ergeben sich die Anforderungen an Informationsprozesse, Informationsobjekte und die - klienten.

Sich im Marktauftritt *differenzierende Unternehmen* (vgl. Abb. 5.2.2.- 6) benötigen Informationsprozesse, die die externen Geschäftsprozesse und -produkte technisch und wirtschaftlich in der Wertkette auf die Erfolgsfaktoren ausrichten. Sich *fokussierende Unternehmen* sollten Informationsprozesse aufbauen, die individuelle Kundenerfordernisse möglichst differenziert und zeitaktuell erheben. Unternehmen, die nach *Kostenführerschaft* streben, sollten ihre Informationsprozesse auf die kostentreibenden (internen) Prozesse und Ressourcen in der Wertkette und die extern zu beschaffenden Faktoren ausrichten.

Beispiel: Ein Sportwagenhersteller hat seine Serviceprozesse für das teuere Produkt auf den sportlichen Vielfahrer fokussiert und bietet einen Rund - um - die - Uhr, rund - um - die Welt - Service mittels modernster Kommunikationstechnik und einer differenzierten Kundendatenbank. Für das billigere Produkt ist dieser Service auf das branchenübliche Maß eingeschränkt.

Informationsprozesse in *dynamischen Wettbewerbsstrukturen* sind auf Informationen im Sinne von Wissen auszurichten, für das die Empfänger Interpretations- und Verarbeitungsregeln erst aufbauen müssen (Informationsverarbeitung). In *statischen Strukturen* existieren diese Regeln und sind weitgehend automatisierbar, da es bei der zur Verfügung stehenden Zeit gelingt, diese über Messgrößen und - verfahren in formalisierten Daten zu strukturieren (Datenverarbeitung).

Beispiel: Ein großer deutscher PKW - Produzent verfügt über ein sehr fein entwickeltes System zur Erfassung von Mengen- und Wertgrössen, das bis zum handelsrechtlichen Abschluss durchgängig automatisiert ist. Die Steuerung z. B. eines Motorenwerkes erfolgt dabei auf Basis abgelieferter Stück, obwohl angesichts der heutigen Modellvielfalt kaum ein Motor (durch Anbauteile etc.) dem anderen gleicht.

Agierende Unternehmen brauchen Informationsprozesse, die sich auf neue Geschäftsklienten und - objekte fokussieren und differenzieren lassen, ohne das die dabei entstehenden Kosten die Aktion präventiv belasten. *Reagierende Unternehmen* können Informationsprozesse iterativ verbessern, dass sie die gegebenen Geschäftsobjekte und -klienten optimal plazieren.

Beispiel: Daimler - Benz wird für die Produktions- und Vertriebssteuerung des Smart ganz neue Systeme einführen. BMW und Porsche optimieren ihren Marktauftritt z. B. im INTERNET, VW seine Beschaffungsprozesse mit Zulieferern.

Da *Informationsprozesse* in der geschäftlichen Dimension beschreiben, wie geschäftliche Informationen gewonnen, verarbeitet und an die unternehmensinternen und -externen Führungskräfte weitergeleitet werden, um deren Verhalten (Reaktionen und Aktionen) im Sinne der verfolgten strategischen Ziele zu beeinflussen, sollten

- die geschäftlichen unternehmensinternen und -externen *Informationsklienten* so identifiziert werden, dass deren Recherche-, Interpretations- und Kommunikationsprozesse sich an den strategischen Zielen und Erfolgsfaktoren orientieren.

Beispiel: In sich differenzierenden, agierenden Unternehmen sind visionäre Marketingkräfte mit vielen, auch über die Branche hinausreichenden Kontakten wichtig. In differenzierenden, reagierenden Unternehmen ist eher die klassische Vertriebskraft gefordert, die wenige Steuerungsgrössen („Umsatz") ganz aktuell benötigt und diese über seine Kontakte sehr rasch mit den Branchenkollegen abgleicht („bei Euch auch 15% plus?").

- die geschäftlich erforderlichen *Informationsobjekte* konsequent aus den im ersten Schritt ermittelten Steuerungsgrössen abgeleitet werden.

Beispiel: Für die Konfiguration und Koordination der Geschäftsprozesse des Badmöbelherstellers sind Informationen über den traditionellen dreistufigen Vertriebsweg (Industrie -> Großhandel -> Installateure) sowie über dessen Alternativen (Baumärkte, Möbeldiscounter); die Produkte der traditionellen Wettbewerber und neu in den Markt eintretender Unternehmen (z. B. Systemmöbelhersteller) sowie die modischen und technischen Entwicklungen auf Trendmärkten (Italien, USA) wichtig. Die Informationen aus dem dreistufigen Vertriebsweg erhält das Unternehmen vornehmlich von den Absatzmittlern. Für die Ausstellungsbetreuung und die Badplanung von Handel und Installateuren sowie die Auftragserfassung und Vertriebslogistik empfiehlt sich ein EDI-gestütztes Vertriebssystem, das eine direkte Kommunikation zu den Kunden schafft. Ein Marketing Koordinationssystem koordiniert den Außendienst und steuert dessen Verhandlungen über Ausstellungen und Konditionen mit den Absatzmittlern, da sonst speziell bei den großen Handelsketten der regional strukturierte Außendienst unkoordiniert handeln könnte. Dieses System etabliert eine direkte Kommunikation zum Außendienst.

Aufgrund der „just in time" Zusammenarbeit mit Lieferanten und Designern in der kundenindividuellen Produktion sollten auch das Design- /Entwicklungs- und das Materialwirtschaftssystem über eine externe Kommunikationskomponente verfügen. Nur beim Produktionsplanungssystem handelt es sich um eine Standardkomponente, wie sie für Variantenfertiger angeboten wird.

Es fehlt heute an Untersuchungen, wie bestimmte interne und externe Informationsprozesse sich auf den geschäftlichen Erfolg von Unternehmen auswirken, so dass die oben angeführten Beispiele nur Denkanstösse, nicht aber Lösungen sind. Allerdings machen diese Beispiele auch deutlich, dass es ein Informationssystem für alle geschäftlichen Strukturen nicht geben kann.

| PROZESS | | Phasen des Geschäftsprozesses | | | | |
Objekt-klasse	Objekt	Planung	Beschaffung	Verbrauch/Einsatz	Verwertung/Absatz	Kontrolle/Abschluss
Einsatz-objekte	Material	Materialwirtschaft				Materialbuchhaltung
		Beschaffungsplanung / -disposition		Materialeinsatz		Materialbuchhaltung
	Personal	Personalplanung	Personalauswahl	Personaleinsatz		Gehaltsbuchhaltung
	Anlagen	Investitions- / Anlagenwirtschaftssystem				
		Investitionscontrolling		Instandhaltung		Anlagenbuchhaltung
Leistungs-objekte	Produkt	Design- und Entwicklungssystem		Produktionsplanungssystem (PPS)		Werksergebnisrechnung
		Designplanung	Entwicklungssteuerung	Vorfertigung Beschichtung Montage	Installation	
	Marketing	Marketing Planning System		Marketingkoordinationssystem		Marketingergebnisrechnung
		Produkt- & Sortimentsplanung Werbeplanung	Vertriebswegakquisition	Außendienststeuerung Ausstellungssteuerung	Konditionssteuerung	
Ge-schäfts-klienten	Kunden	EDI-gestütztes Vertriebssystem (Customer Interact System)				Debitorenbuchhaltung
		Absatzplanung	Projektakquisition	Projektsteuerung	Kundendienst	Debitorenbuchhaltung
	Absatz-mittler	Ausstellungsplanung	Badplanung	Auftragserfassung	Vertriebslogistik Ersatzteilservice	Debitorenbuchhaltung
	Liefe-ranten	Lieferantenauswahl und -bewertung		Beschaffungssteuerung		Kreditorenbuchhaltung

Abbildung 5.2.2-8: Notwendige Informationssysteme für identifizierte Geschäftsprozesse (Beispiel: Badmöbelhersteller - nach geschäftlicher Notwendigkeit getönt)

5.2.3 Kommunikationssicht

5.2.3.1 Aufgaben

Auf geschäftlicher Ebene ist es das Ziel der Kommunikationssicht, die inhaltliche, lokale und zeitliche Struktur der Informationsflüsse des Unternehmens

- mit den Aufgabenträgern der betrieblichen Standorte (innerbetriebliche Kommunikation)

- mit den Geschäftspartnern und deren Standorten (zwischenbetriebliche Kommunikation),

- mit den Kunden (= Endnutzer) der Güter und Leistungen im Sinne des Marketing

zu bestimmen.

Die *innerbetrieblichen Informationsflüsse* ergeben sich aus dem Grad der Arbeits- und Wissensteilung unter den Betrieben, Organisationseinheiten und Mitarbeitern eines Unternehmens. Sie sind auf der geschäftlichen Ebene nur soweit zu charakterisieren, wie sie unmittelbar auf die Ziele der Unternehmung wirken. Der Grad der Arbeitsteilung resultiert u. a. -> aus geschäftspolitischen Überlegungen zu den Standorten und der Fertigungstiefe, -> aus der Technologie der Betriebsmittel und der Qualifikation der Mitarbeiter, -> aus der Organisation des Leistungsprozesses.

Geschäftlich wichtig sind die *zwischenbetrieblichen Informationsflüsse* zu den Kunden, da diese Leistungs- / Güterflüsse des Unternehmens bewirken ("Information zieht Ware"); ganze Branchen (z. B. Kosmetik, Bekleidung, Sportartikel) sind von der aktivierenden Wirkung von persönlicher oder Massen - Kommunikation auf den Konsumenten abhängig (Kroeber-Riel (1980)). Informationsflüsse zu den Geschäftspartnern steuern und begleiten den Leistungsfluss zum Markt und steuern die Logistik. Die Kommunikation zwischen Unternehmen und mit den Konsumenten wird aufgrund der zunehmenden Arbeitsteilung, der Kompliziertheit der Leistungen sowie der umkämpften Märkte immer wichtiger. In einer marktorientierten Strategie zieht der Informationsfluss den Leistungs- und Zahlungsfluss (Pull-Ansatz), während bei einer versorgungsorientierten Strategie der Leistungs- und Zahlungsfluss vom Informationsfluss begleitet wird (Push-Ansatz).

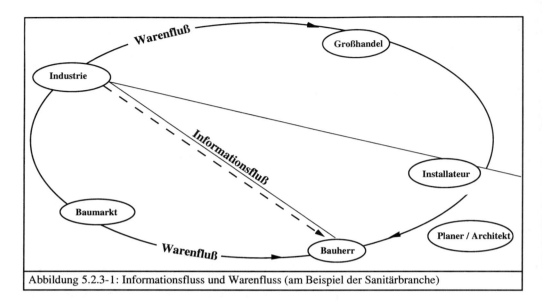

Abbildung 5.2.3-1: Informationsfluss und Warenfluss (am Beispiel der Sanitärbranche)

5.2.3.2 Entwurfsschritte

1. Schritt: Geschäftsklienten differenzieren und Kommunikationserfordernisse erheben

Aus der Datensicht sind die Geschäftsklienten bekannt und werden differenziert: Kunden sind die Marktpartner, die über den Kauf eines Produktes entscheiden und mit denen daher Marktinformationen ausgetauscht werden (z. B. in der Werbung); Geschäftspartner ergeben sich aus den Vertriebswegen der Produkte (z. B. Handel, Handwerk) und den zugehörigen Güter- (z. B. Speditionen) und Zahlungsflüssen (z. B. Banken).

In einer Wertkette tauschen die Klienten drei Typen von Informationsobjekten aus:

Markt-Informationen: Unternehmen liefern an Geschäftsklienten Informationen über ihr Leistungsangebot (Werbung) und beziehen Daten über das Marktverhalten (Marktforschung). Markt-Informationen sollen die Kunden (affektiv) aktivieren und kognitiv deren (rationales) Verhalten (z. B. Produktauswahl) beeinflussen (Kroeber - Riel (1980)).

Technologie-Informationen: Die Geschäftsklienten tauschen Informationen über die Technik der Produkte aus, damit die Kunden diese bedarfsgerecht auswählen, installieren und nutzen sowie schließlich demontieren können.

Beispiel: Damit der Badmöbelproduzent ein Produkt kundenindividuell fertigen kann, braucht er Informationen über die räumlichen und technischen Gegebenheiten im Kundenbad (z. B. Wasser- und Elektrikanschlüsse), die weiteren installierten Badprodukte (z. B. Waschbecken, Armaturen) und wird an den Kunden Anga-

ben über Maße, Ausstattungsmerkmale etc. liefern. Bisher werden dazu oft Produktkataloge mit Fragebogen genutzt, die der Kunde ausfüllen kann.

Geschäftsverkehr-Informationen: Im Geschäftsverkehr werden juristisch weitgehend normierte Informationsobjekte verwendet, um den Leistungsfluss zu initiieren, zu steuern und abzurechnen.

Nach dem Werbewirkungsmodell AIDA von Lewis (1898) lassen sich vier Phasen der (psychischen) Kommunikationswirkung unterscheiden, denen sich die Informationsfelder zuordnen lassen. Eine ähnliche Aussage lässt sich auch über den Grad der Zufriedenheit oder Dissonanz nach dem Kauf machen. (Kroeber - Riel (1980), S. 356, 543)

| | Phasen | | | | | |
| | bis Kauf | | | | nach Kauf | |
Informationsfelder	Attention	Interest	Desire	Action	Regret	Reaction
Marktinformationen	▨	▓	▓		▓	▓
Technologieinform.	▨	▓	▨		▨	
Geschäftsverkehrsinform.		▨	▨	▨		▨

Abbildung 5.2.3-2: Informationsfelder und Phasen der psychischen Kommunikationswirkung

Beispiel: *Ein privater Bauherr wird auf Badprodukte (Möbel, Keramik etc.) durch Zeitschriftenwerbung oder Kataloge aufmerksam (Attention) und dann Markt- auch Technikinformationen (z. B. Maße) beim Handel oder Hersteller anfordern (Interest). Erst bei einem konkreten Bauwunsch (Desire) wird er Installateure ansprechen, sich eine Planung und ein Angebot erstellen lassen und ggf. den Auftrag erteilen (Action). Ob er mit seiner Entscheidung zufrieden ist, wird von Markt- und Technikinformationen abhängen, die er später erhält (Regret). Bei Mängeln des Bades wird der Bauherr beim Installateur reklamieren (Reaction).*

2. Schritt: Kommunikationsmix für Geschäftsklienten festlegen

Mit Informationsflüssen werden die Güter- und Leistungsflüsse zwischen Anbietern und Nachfragern in Art, Ausmaß und Zeit initiiert und dann koordiniert. Um das erforderliche *Kommunikationsmix* zu erheben, werden die ausgetauschten Leistungs- sowie Informationsobjekte für die Geschäftsklienten aufgelistet: Welche Informationen müssen die Kunden erreichen, damit dieser das Produkt kauft und welche die Geschäftspartner, damit den Kunden das Produkt zeitgerecht und einsatzfähig erreicht?

Beispiel: *Welche Kommunikationserfordernisse die Bauherren eines Bads haben, hängt u. a. davon ab, ob es sich um einen Neubau, eine Komplett- oder Teilre-*

novierung und ob es sich um eine Baumaßnahme eines privaten Nutzers, eines Vermieters oder der Öffentlichen Hand handelt. Bauten der Öffentlichen Hand werden auf der Basis von Standard - Leistungsverzeichnissen mit Technikinformationen ausgeschrieben, angeboten und geordert. Diese lassen sich über elektronische Informationskanäle effizient austauschen, ein Nachrichtenformat GAEB wird dafür entwickelt. Ein privater Bauherr wird in seinen Informationsprozessen viel stärker nach dem AIDA - Modell vorgehen und eine Fülle von Informationsobjekten verarbeiten, die ihn über diverse Kanäle erreichen.

Sobald der Geschäftsprozeß etabliert ist, müssen die Geschäftsklienten einer Wertkette ihre Arbeitsteilung am Endprodukt klären (*Kollaboration*) und die Prozesse zeitlich und inhaltlich abstimmen (*Koordination*).

Beispiel: *Das Endprodukt Bad entsteht aus den Produkten der Fliesen-, Armaturen-, Keramik- und Badmöbelproduzenten. Diese müssen sich über die semantischen Strukturen der Markt- (z. B. Farben, Formen, Oberflächen) und Technikinformationen (z. B. Maße) für den Bauherrn einigen, da dieser sonst die Produkte nicht sinnvoll kombinieren kann. Um das Bad zu erstellen, müssen die Geschäftsprozesse der Produzenten, Händler und Handwerker miteinander koordiniert werden. Wird auf dem Güterkanal eine Baustellenlogistik angestrebt, sind die einzelnen Produkte in der richtigen Art, zur richtigen Zeit und in der richtigen Menge auf die richtige Baustelle zu liefern. Die Informationsobjekte aller Klienten müssen dann nach dem Kriterium „Baustelle" geordnet werden.*

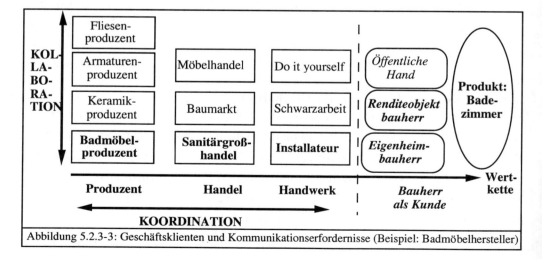

Abbildung 5.2.3-3: Geschäftsklienten und Kommunikationserfordernisse (Beispiel: Badmöbelhersteller)

Die Intensität der *Kommunikation mit Kunden* wirkt auf die Harmonie zwischen Produktangebot und Kundeneinstellung und damit auf die Umsatzhöhe. Die Intensität der *Kommunikation mit Geschäftspartnern* beeinflusst die Kosten und Zeiten des Leistungs- und Zahlungsflusses sowie eventueller Koordinationsfehler, die sich z. B. in Lagerkosten, Abschreibungen auf Vorräte und Forderungen, Kapazitätsengpässen zeigen.

3. Schritt: Geschäftskanäle identifizieren und Kommunikationsintensität festlegen

Geschäftskanäle (business channels) beschreiben die Wege, die Güter, Geld und Informationen (Geschäftsobjekte) zwischen den Geschäftsklienten nehmen. Informationskanäle können an die Kanäle für Güter und Geld (z. B. technische Informationen auf Verpackung) gebunden oder unabhängig sein (z. B. Markt-Informationen im INTERNET).

Die *Informationsprozesse* werden bestimmt durch die Richtung der Informationsflüsse, deren zeitliche Struktur und die beteiligten Geschäftsklienten. Wenn die Informationsobjekte zu einer Zeit auf einem Kanal nur in einer Richtung fliessen (allein Sendebetrieb), spricht man von Simplex - Kommunikation; werden gleichzeitig Informationsobjekte zu einem Klienten gesendet und von diesem empfangen, von Duplex - Kommunikation. Bei der Halbduplex-Kommunikation erfolgt der Sende- und Empfangsbetrieb mit einem Klienten auf einem Kanal zeitlich verschoben. Zeitlich kann der Informationsfluss gleichlaufend (synchron) oder unabhängig (asynchron) zum Leistungsfluss erfolgen.

Beispiel: Bisher erfolgt die Beratung des Bauherrn durch den Fachhandel und den Handwerker; der Badmöbelhersteller liefert Prospekte zu (Simplex-Kommunikation). Anzustreben ist eine Beratung der Bauherrn und Sanitärplaner durch den Hersteller in Duplex-Kommunikation; dazu sind Informationskanäle notwendig, die Bilder, Text und Sprache gleichzeitig übertragen können.

Eine Synchronität zwischen Kommunikations- und Leistungsfluss ist bei Dienstleistungen (z. B. Friseur, Restaurant) und in der handwerklichen Produktion üblich; in der Industrie hat sich zunehmend die asynchrone Produktion durchgesetzt.

Beispiel: Der Badmöbelhersteller hat in den letzten Jahren seine Informationskanäle zum Kunden weitgehend abgeschaltet und vertraut auf die Kanäle zum Fachhandel. Die „Kundenindividualität" der Produkte wird durch ein Baukastensystem realisiert; es wird unterstellt, dass der Kunde in der Fülle der möglichen Varianten schon eine passende finden wird. Das Produkt wird durch die Beratung des Handwerkers oder Handels aufgrund von Prospekten konfiguriert, die Produktion der Baukastenteile erfolgt weitgehend auftragsunabhängig.

Zur Zeit entsteht eine Renaissance der synchronen Produktion (mass customization), bei der die Wünsche des Kunden zeitlich gleichlaufend in ein Produkt umgesetzt werden (z. B. bei Bekleidung).

Beispiel: *Will der Hersteller badindividuelle Möbel liefern, benötigt er für die Produktplanung Angaben über die Badtopographie (Raumgegebenheiten, Anschlüsse etc.) und für die Logistiksteuerung Informationen über den Baufortschritt. Entsprechende Informationskanäle zu Handwerkern wären aufzubauen.*

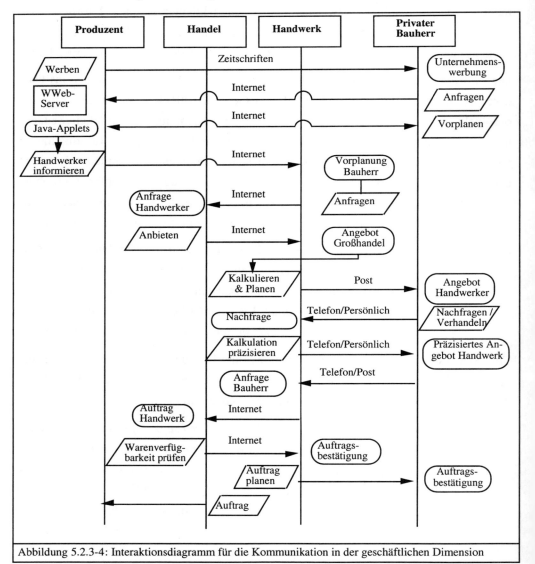

Abbildung 5.2.3-4: Interaktionsdiagramm für die Kommunikation in der geschäftlichen Dimension

5.3 Organisatorische Dimension

In der organisatorischen Dimension werden die Geschäftsprozesse so strukturiert, dass sie von den verfügbaren Klienten des Unternehmens mit deren Ressourcen und Potentialen wirtschaftlich effizient erfüllt werden können. Es ist zu untersuchen

- welche Organisationsklienten mit welchen Ressourcen, Potentialen und Kapazitäten existieren und

- welche Organisationsprozesse

- für welche Organisationsobjekte

- über welche Organisationskanäle

diese bisher durchführen und wie diese verändert werden sollen, um die Organisationsaufgabe zieloptimal zu erfüllen.

Ziel	Horizont	Frequenz	Adressat	Beteiligte
• IS - Organisationsplan	• 3 - 5 Jahre je nach Branche	• alle 2 Jahre	• Bereichsleitung	• Organisationsabteilung • Fachabteilungen • DV-Abteilung
Abbildung 5.2.3-5: Merkmale der organisatorischen Dimension				

5.3.1 Datensicht

5.3.1.1 Aufgaben

Das Zusammenspiel der Organisationseinheiten eines Unternehmens im Güter- und Geldfluss wird notwendigerweise von einem Informationsfluss begleitet, der

- vorgelagert die Aktivitäten konfiguriert und koordiniert,

- parallel die Aktivitäten begleitet und dokumentiert,

- zeitlich nachgelagert diese dokumentiert und kontrolliert.

Neben diesem primären, vom Güter- und Geldfluss unmittelbar abhängigen Informationsfluss existiert ein nur mittelbar damit verbundener, unabhängiger Informationsfluss zwischen den Klienten. Es sollen die von den Organisationseinheiten heute und zukünftig benötigten Informationen ermittelt werden, um

- diese inhaltlich zu beschreiben und eindeutig zu definieren, damit sie als Daten automatisiert verarbeitet werden können,

- organisatorisch zu regeln, wer mit welchen Daten wie zu arbeiten hat (z. B. wer darf diese einrichten?, wer aktualisieren?, wer nutzen?),

- einen stabilen organisatorischen Rahmen für die fachliche und technische Realisierung der Informationssysteme zu erhalten.

Ergebnis der organisatorischen Datensicht ist ein (semantisches) Datenmodell, das alle relevanten Informationselemente für Klienten, Prozesse, Objekte und Kanäle enthält. Das Datenmodell ist zum einen neutral gegenüber der Sicht einzelner Informationssysteme (*Datenneutralität*), gilt zum zweiten übergreifend für technische, wirtschaftliche und Büro - Informationssysteme (*Datenintegration*) und ist zum dritten unabhängig von der eingesetzten Soft- und Hardware (*Datenunabhängigkeit*).

5.3.1.2 Entwurfsschritte

1. Schritt: Organisationsklienten im Unternehmen identifizieren

Informationen werden zum einen durch die Geschäftsklienten, zum anderen durch *Organisationsklienten (organizational clients)* im Unternehmen produziert. Organisationsklienten bezeichnen logische Leistungseinheiten, die bestimmte *Rollen* übernehmen, z. B.

- als *Logistikklienten* in Güterprozessen Güter / Leistungen beschaffen, produzieren, speichern oder verteilen (*z. B.* Werke, Lager, Verkaufsbüros).

- als *Finanzklienten* in Geldprozessen Kapital beschaffen oder verwenden (z. B. Gesellschaften). Finanzklienten sind in d. R. selbständige rechtliche Einheiten, die als solche auch einen eigenen Jahresabschluss (Bilanz, GuV) aufstellen müssen.

- als *Controllingklienten* in Steuerungsprozessen dem Management Leistungen und Kosten zurechnen (z. B. Kostenstellen, Profit - Center, Geschäftsbereiche).

Ein Organisationsklient kann dabei eine oder mehrere dieser Rollen übernehmen und somit *z. B.* ein (kombinierter) Logistik-/Finanz- und Controllingklient sein.

Beispiel: *Viele Unternehmen betreiben Werke als selbständige Gesellschaften, die von einem Werksleiter als Profit-Center gesteuert werden.*

Durch die Rollen eines Klienten wird bestimmt, welche Güter-, Geld- und Informationsobjekte ein Klient empfängt oder sendet. Organisationsklienten sind oft, aber nicht immer identisch mit realen Organisationseinheiten, da diese oft durch historisch gewachsene Strukturen, personelle Rücksichtnahmen etc. entstehen.

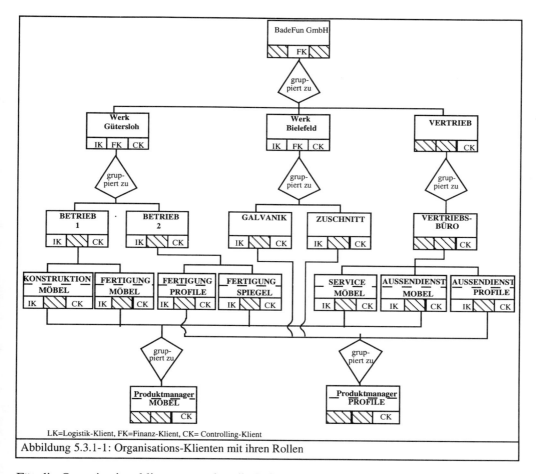

LK=Logistik-Klient, FK=Finanz-Klient, CK= Controlling-Klient

Abbildung 5.3.1-1: Organisations-Klienten mit ihren Rollen

Für die Organisationsklienten werden die Informationselemente z. B. nach Phasen, Objekten und Ressourcen (Mensch / Maschine) typisiert.

	Phasen	Planungs-informationen	Durchführungs-informationen	Kontroll-informationen
# Objekte Material − − − Energie		* Auftragsplan * Stückliste * Teilestamm	* Einsatzmengen * Ausbringungs-mengen	* Mengenverbrauch (unbewertet, bewertet)
# Ressourcen Maschine − − · Personal		* Arbeitspläne * Maschinen- / Personalverfügbar-keit	* Maschinenbele-gung * Personaleinsatz	* Zeitverbrauch (unbewertet, bewertet)

Abbildung 5.3.1-2: Typisierung von Informationselementen für Organisationsklienten (Beispiel: Ma-schinenkostenstelle)

Organisationsklienten stehen abhängig von ihren Prozessen in organisatorischen *Beziehungen* zu anderen Klienten; diese werden in der Kommunikationssicht betrachtet.

2. Schritt: Organisationsobjekte und korrespondierende Informationsobjekte entwickeln

Organisationsobjekte (organizational objects) bezeichnen die Güter-, Geld- und Informationsobjekte, die zwischen den Organisationsklienten ausgetauscht werden. Sie sind detaillierter als Geschäftsobjekte und betrachten auch die innerbetrieblichen Objekte. *Güterobjekte* werden innerbetrieblich z. B. bis auf Teilenummern und zwischenbetrieblich bis zu Artikel- und Materialnummernebene detailliert. *Geldobjekte* sind zwischenbetrieblich Zahlungsmittel in jeder Form (z. B. Bargeld, Schecks); innerbetrieblich lassen sich Kontierungsbelege als Geldobjekte auffassen, mit denen eine Organisationseinheit die Leistung einer anderen begleicht. Güter- oder Geldobjekte (z. B. Produktbeschreibungen, Schecks) werden durch *abhängige Informationsobjekte* beschrieben, die z. T. physisch mit diesen verbunden sind (z. B. Etiketten) und im Güter- bzw. Geldfluss transportiert werden, meist aber separat im Informationsfluss übertragen werden. *Unabhängige Informationsobjekte* sind eigenständig (z. B. Formulare, Briefe, E-mails).

Auch Informationsobjekte besitzen strukturelle und verhaltensmäßige Eigenschaften, die zum Teil von dem zugrundeliegenden Güter- bzw. Geldobjekt und dessen Struktur und Verhalten abhängen. Es empfiehlt sich, die Eigenschaften nach den Organisationsbereichen zu kategorisieren, in denen das Informationsobjekt verwendet wird.

	@ / # Ersatzscharnier Schrank Florenz		@ / @ Bestellung Ersatzteil	
	Eigenschaften	Verhalten	Eigenschaften	Verhalten
Identifizierend	Artikelnr. 4711, silber-eloxiert, linksangeschl.	Änderung nur durch Vertrieb Möbel	Bestellnr. 123 Bestelldatum: 03.05.1998 Artikelnr. 4711	Erfassung durch Vertrieb / Kundendienst
Logistik	6 Stück im Karton	Lieferung - nur an den Handel - nur im Karton	2 Stück	Mengenänderung nach Rückfrage Kunden
Zahlungsverkehr	Preis 12.- DM Fracht 3.- DM	Rabatt nicht gewähren Skonto 3% bei Zahlung innerhalb 90 Tage	Rabatt 10 % bei Auftragswert > 1.000 DM	Auftragswert berechnen
Steuer	Umsatzst. 16%	bei Inlandsfaktura	Umsatzst. 16%	Umsatzst. bei Auslandsfaktura ändern

Abbildung 5.3.1-3: Abhängiges und unabhängiges Informationsobjekt mit Informationselementen

Im dritten Schritt werden für die strukturellen und verhaltensmäßigen Eigenschaften Informationselemente gebildet.

Der erforderliche *Präzisionsgrad* von Informationsobjekten hängt von den Eigenschaften der Organisationsklienten und der genutzten -kanäle ab; bei einer Mensch - Mensch - Kommunikation im persönlichen Gespräch ist dieser geringer als bei einem Datenaustausch zwischen Computern.

Die Informationsobjekte werden den Organisationsklienten (data owner) und deren Prozessen (aus der Funktionssicht) zugewiesen. Die aus beiden Sichten resultierenden Datenelemente werden hinsichtlich Redundanzen und Inkonsistenzen abgeglichen und auf Mehrfachverwendbarkeit untersucht. Ziel ist es, organisationsweit möglichst wenige, eindeutig definierte Informationsobjekte mit transparenten Strukturen zu haben (Spitta (1996)). Ergebnis ist eine Übersicht: Welche Prozesse nutzen welche Daten? Welche Klienten verwenden welche Daten in welchen Rollen?

Prozesse (Klient)	Phasen				
	Planung	**Beschaffung**	**Einsatz/ Verbrauch**	**Verwertung / Absatz**	**Kontrolle / Abschluss**
Kunde aufnehmen (Vertrieb)	Kunde (Typ) Baustelle (Ort, Typ)	Produkt (Preis) Auftrag - Kunde - Baustelle	Baustelle (Status)	Kunde (Typ, Liquidität) - Rechnung	Kunde (Typ) Baustelle (Bauende)
Projekt steuern (Arbeitsvorbereitung)	Baustelle - Arbeitsplan (Plan - Zeiten) - Stückliste (Plan - Mengen)	Baustelle (Baubeginn, Ort) - Stückliste (Plan-Mengen, Plan -Zeiten) - Material (Bestand)	Baustelle (Status, Zeit) - Stückliste (Ist - Mengen) - Arbeitsplan (Ist - Zeiten)	Baustelle (Bauende)	Baustelle (Bauende) - Stückliste (Ist - Mengen) - Arbeitsplan (Ist - Zeiten)
Projekt bearbeiten (Baudurchführung)	Mitarbeiter (Typ, Einsatzfähigkeit) Maschinen (Typ, Einsatzfähigkeit) Material (Bestand)	Mitarbeiter (Typ, Einsatzbeginn) Maschinen (Typ, Einsatzbeginn) Material (Verfügbarkeit)	Baustelle (Status, Zeit) - Mitarbeiter (Ist-Zeiten) - Maschinen (Ist - Mengen) -Material (Ist -Mengen)	Baustelle (Bauende) - Mitarbeiter (Ist-Zeiten) - Maschinen (Ist-Zeiten) Material (Ist - Mengen)	Baustelle (Status, Zeit) - Mitarbeiter (Ist-Zeiten) - Material (Ist - Mengen)

Abbildung 5.3.1-4: Datenelemente für Prozesse von Organisationsklienten (Beispiel: Bauprojekt)

3. Schritt: Semantische Datensicht konstruieren

Die semantische Datensicht soll die erforderlichen Informationselemente für die Klienten, Prozesse und Kanäle konstruieren, die aus organisatorischer Sicht deren Eigenschaften *(properties)* kennzeichnen.

In Unternehmen werden oft individuelle, nicht unternehmensweit abgestimmte Informationselemente (z. B. unterschiedliche Formulare mit uneinheitlichen Begriffen) für die gleichen Sachverhalte verwendet. Dies erschwert zum einen die automatisierte Bearbeitung, zum zweiten das Zusammenwirken der Klienten. Um die Informationselemente zu vereinheitlichen, wird erhoben, wo in der Organisation Gegenstände und Sachverhalte unterschiedlich bezeichnet werden, aber annähernd identische Inhalte haben (Ortner / Rössner / Söllner (1990)). Es werden

- die von den Klienten verwendeten Begriffe durch Gespräche, Analyse von Formularen etc. gesammelt,

- die in den Informationssystemen genutzten Begriffe *z. B.* durch Datei- und Maskenanalysen ermittelt,

- diese zu Begriffstypen sachlicher (z. B. Begriffe des Rechnungswesens, der Produktionsplanung) und formaler Art (z. B. Objekte, Operationen) geordnet,

- die gesammelten und geordneten Begriffe um Synonyme und Homonyme bereinigt, sprachlich normiert und definiert.

Es entstehen Informationselement - Kataloge, in denen möglichst vollständig die Elemente aufgelistet und präzise definiert werden. Ziel ist es, betriebliche Begriffe unternehmensweit (ggf. auch mehrsprachig) zu normieren, deren Beziehungen untereinander (z. B. in Begriffshierarchien, Kennzahlensystemen) darzustellen sowie die Verwendung durch Klienten und Prozesse zu beschreiben. Fortgeschrittene Standardsoftware (z. B. SAP R/3, BAAN IV) gibt einen Begriffsrahmen vor und damit Hinweise, in welcher Hinsicht die unternehmensspezifischen Informationselemente zu präzisieren sind. DV-Instrumente (z. B. Hypertext-Werkzeuge) können dies wirkungsvoll unterstützen (Back - Hock / Borkowski / Büttner et al (1994)).

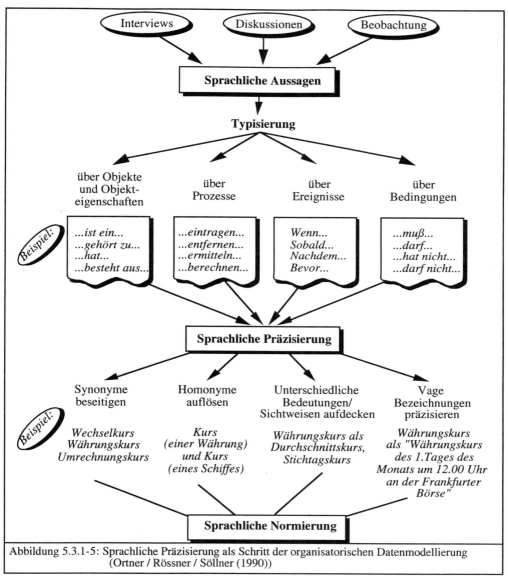

Abbildung 5.3.1-5: Sprachliche Präzisierung als Schritt der organisatorischen Datenmodellierung (Ortner / Rössner / Söllner (1990))

Strukturinformationselemente sind erforderlich, um ein Entwurfselement zu identifizieren, zu adressieren und bestimmten Klassen zuzuordnen, dessen geschäftliche und organisatorische Merkmale zu beschreiben und um den Zeitbezug dieser Angaben zu kennzeichen. *Verhaltensinformationselemente* beschreiben die Ereignisse, auf die ein Entwurfselement reagiert, die zu beachtenden Bedingungen und die resultierenden Zustände.

Entwurfs-elementtyp		Strukturinfo.elemente			Verhaltensinfo.elemente		
		identifizieren & typisieren	deskriptiv	chronologisch	Ereignis	Zustände / Status	Bedingungen
übergreifend		Name Klasse		Plan,Prognose, Ist	Gültigkeitszeiten		
Klienten	Geschäftlich					Kosten	
Entwickl.-abteilung	Organisatorisch	Adresse	Ressourcen, Potential		Auftrag	Kapazitätsbelastung	Kapazität
Prozesse	Geschäftlich					Kosten	
Entwickeln	Organisatorisch		Ressourcenbedarf		Beschluss		
Objekte	Geschäftlich		Erlöse			Umsätze	
Bauteil	Organisatorisch				Vergabe Teilenr.	Entwickl. muster	
Kanäle	Geschäftlich		Kosten				
Intranet	Organisatorisch	Adresse	Kapazität				

Abbildung 5.3.1-6: Informationselementtypen für Entwurfselemente (mit Beispielen)

Deskriptive Informationselemente lassen sich in operative (des Güter-, Geld- und Informationsflusses sowie der Steuern) und strategische Elemente einteilen. Hinzu kommt die zeitliche Dimension der Plan-, Prognose-, Ist- und Vergangenheitselemente.

4. Schritt: Beziehungen zwischen den Entwurfselementen konstruieren

Beziehungen (relations) zwischen den Klienten und Prozessen über Kanäle bilden entweder Strukturen (*associations,* z. B. gehört zu, besteht aus) oder Aktionen ab (durch Verben beschreibbar, z. B. kaufen, bestellen).

Strukturbeziehungen müssen nicht, können jedoch Datenelemente besitzen (i. d. R. zumindestens Gültigkeitszeiten), z. B. kann ein Entwurfselement für eine bestimmte (Gültigkeits-) Zeit mit einem anderen in einer bestimmten *Rolle* verbunden sein. Durch Strukturbeziehungen wird ein organisatorisches Netz

- des materiellen Güterflusses (z. B. der Fertigungsfluss),

- des wertmäßigen Geldflusses (z. B. der Finanz- und Betriebsbuchhaltung),

- des Informationsflusses (z. B. des Berichtswesens)

etabliert, in dem die Klienten für Prozesse Objekte über Kanäle austauschen.

Verhalten				

Bedingung

Status

		1. Interessent	1. fragt an	1. Prototyp
		2. Musterempfänger	2. erhält Angebot	2. Muster
		3. Kunde	3. bestellt	3. Produkt
		4. Stammkunde	4. wird beliefert	4. Auslaufmodell
		5. Ex - Kunde	5. bezahlt	5. Ex - Produkt

Ereignisse

		Kunde	kauft	Produkt
Operative Informationselemente	im Informationsfluß	- Kundennr. - Kundennamen - Anschrift	- Auftragsnr. - Auftragsdatum	- Produktnr. - Produktbezeichnung
	im Güterfluß	- Lieferanschrift - Entladeeinrichtungen	- Auftragsmenge	- Produktabmessungen - Verpackungsart - Gefahrguteinstufung - Aggregatzustand
	im Geldfluß	- Kreditlimit - Rabattkonditionen - Zahlungs-/Skonto-Konditionen	- Auftragspreis des Produktes - Rabatte	- Bruttopreis des Produktes
	Steuerrechtlich	- Umsatzsteuervorschriften des Kunden	- Umsatzsteuerabnehmerpräferenz	- Umsatzsteuersatz
Strategische Inform. elemente		- Kundenspezifika	- Kundenumsatz - Alter der Kundenbeziehung	- Kundeneignung des Produktes

Struktur

Abbildung 5.3.1-7: Betriebswirtschaftliche Kategorien von Informationselementen mit Beispielen

Die Prozesse, Objekte sowie Kanäle wechseln situativ, das durch Strukturbeziehungen etablierte organisatorische Netz zwischen den Klienten ist stabil, bis es durch explizite Anweisungen verändert wird. Das *horizontale Informationsnetz* begleitet die Wertschöpfungskette, das vertikale die Führungsprozesse im Unternehmen.

Beispiel: Zwischen den Klienten einer und der übergeordneten Organisationsebene bestehen Informationsbeziehungen, die sich aus dem Rang der Klienten ergeben. Z. B. konfiguriert das Werk Gütersloh der Badefun GmbH die Fertigungsausstattung und koordiniert das Fertigungsprogramm der ihm zugewiesenen Betriebe und erhält Informationen über die ausgeführten Maßnahmen, Zwischen den Controllingklienten werden Kostenbudgets vorgegeben und über deren Ausschöpfung berichtet. Die genutzten Informationsobjekte und -kanäle variieren und reichen von formalen Berichten bis zu informellen Gesprächen der Führungskräfte.

Nach den organisatorischen Zusammenhängen lassen sich Strukturbeziehungen weiter differenzieren (Kosiol (1969)): *Objektbeziehungen* klassifizieren die Klienten anhand der Organisationsobjekte, auf die sich deren Prozesse beziehen. In *Rangbeziehungen* werden konfigurierende, koordinierende und ausführende Rollen und entsprechende Informationsobjekte unterschieden. In *Phasenbeziehungen* werden anbahnende, vereinbarende, planende, realisierende und kontrollierende Rollen und deren Informationsobjekte differenziert. Nach dem Zweck lassen sich (primäre) Beziehungen im Güter- und Geldfluss von (sekundären) Beziehungen im Informationsfluss trennen (Kosiol (1969)).

Beziehungs typ	Strukturbeziehungen				Aktionsbeziehungen	
	Objekt	Rang	Phase	Zweck	Verrichtung	Zustände / Status
Erläu- terung	Güter- objekt	konfiguri eren, ko- ordinier- en, aus- führen	anbahnen, planen,re alisieren, kontrol- lieren	Güterfluss Geldfluss Informa- tionsfluss	mehrerer Kli- enten in einem Prozess an Objekttypen	eines Klienten in einem Pro- zess an Ob- jekttyp

Abbildung 5.3.1-8: Organisatorische Differenzierung von Beziehungstypen

Aus organisatorischer Sicht sind *Aktionsbeziehungen* zu differenzieren: *Verrichtungsbeziehungen* beschreiben die Arbeitsteilung der Klienten in Bezug auf die zu erfüllenden Prozesse, *Zustandsbeziehungen* den Zustand eines Klienten im Lebenszyklus eines Prozesses. Aktionsbeziehungen besitzen i. d. R. Datenelemente, um im Informationsnetz in Abhängigkeit von logischen und zeitlichen Ereignissen sowie Bedingungen den Fluß von Gütern, Geld und Informationen zwischen den Klienten über Kanäle abbilden zu können. Ereignisse enthalten als Attribut den Zeitpunkt ihres Auftretens, Referenzen auf die berührten Objekte und Beziehungen sowie einen identifizierenden Schlüssel.

Beispiel: *Da für eine Lieferung sowohl die abweichende Lieferadresse als auch die Lieferzeit benötigt wird, muss das vorgelagerte Ereignis "Auftragserteilung" diese enthalten und weitergeben. Dies kann in der gesamten Prozesskette erfolgen; dadurch werden jedoch durchgängig die Informationselemente vergrößert. Sinnvoll ist es, eine Referenz (Auftragsnummer) weiterzugeben und bei Bedarf die Attribute abzufragen.*

Ein Entwurfselement erfüllt in Beziehungen bestimmte *Rollen*. Eine Rolle beschreibt eine Beziehung zwischen zwei oder mehreren Elementen (Lindgren (1983)). Z. B. besitzt ein Produkt Rollen für die Prozesse Produktion, Vertrieb und Buchhaltung, dementsprechend sind unterschiedliche Attribute notwendig.

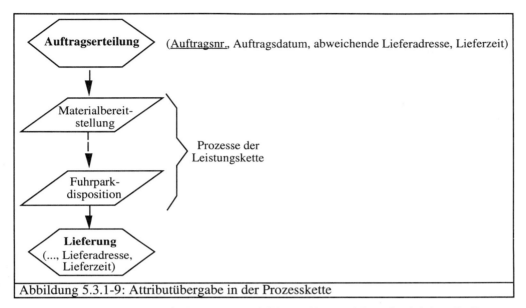

Abbildung 5.3.1-9: Attributübergabe in der Prozesskette

Werden Typen von Entwurfselementen gebildet, sollten solche mit gleichen Rollen zusammengefasst werden, um gemeinsame Attribute zu erreichen.

Objekt: Stoff			Prozess: handeln (dealen)		
Klasse	Typ	Rollen	Klasse	Typ	Rollen
Stoff	Material	• Beschaffungseinh. • Logistikeinheit	handeln	eingekauft von vorhanden bei	• Einkauf • Einlagerung
	Bauteil	• Logistikeinheit • Produktionseinheit		vorhanden bei produziert von	• Einlagerung • Fertigung
	Bau- gruppe	• Logistikeinheit • Produktionseinheit • Verkaufseinheit		vorhanden bei produziert von verkauft von	• Einlagerung • Fertigung • Verkauf
	Artikel	• Beschaffungseinh. • Logistikeinheit • Produktionseinheit • Verkaufseinheit		eingekauft von vorhanden bei produziert von verkauft von	• Einkauf • Einlagerung • Fertigung • Verkauf
	Gebinde	• Beschaffungseinh. • Logistikeinheit • Produktionseinheit • Verkaufseinheit		eingekauft von vorhanden bei produziert von verkauft von	• Einkauf • Einlagerung • Fertigung • Verkauf

Abbildung 5.3.1-10: Rollen von Objekten und Prozessen

5.3.2 Funktionssicht

5.3.2.1 Aufgaben

In der Funktionssicht sind aus den Geschäftsprozessen die ***Organisationsprozesse*** *(organizational processes)* abzuleiten. Diese beschreiben die sachliche und zeitliche Folge von Aktionen, die durch Organisationsklienten durchzuführen sind, um die zugeordneten Aufgaben zu erledigen. Die Prozesse sind in einer logisch - zeitlichen *Ablauforganisation* anzuordnen und den Klienten (*Aufbauorganisation*) zuzuordnen. Die vielfältigen Gestaltungsmöglichkeiten werden in der Organisationstheorie untersucht. Grob können folgende Einflussfaktoren für die Organisation herausgearbeitet werden (Picot (1993)):

- Sind die Sachziele dauerhaft oder wechseln diese häufig? Im letzten Fall sind Formen der Projektorganisation zu wählen, sonst solche der Prozessorganisation.

- Lassen sich organisatorisch gleichartige, über längere Zeit stabile Aufgaben identifizieren oder wechseln diese häufig? Im ersten Fall lassen sich stabile Regelungen und programmierte Abläufe einführen; sonst muss fallweise reagiert werden.

- Sind die Organisationsklienten in hohem oder nur in geringem Maße flexibel? Im ersten Fall können diese mehrere Teilaufgaben bearbeiten; die fachlich bedingte Arbeitsteilung ist gering. Im zweiten Fall ist eine hohe Arbeitsteilung notwendig.

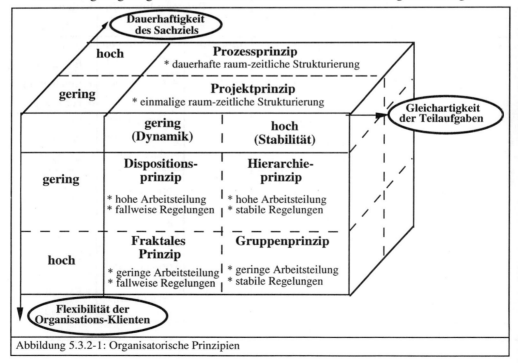

Abbildung 5.3.2-1: Organisatorische Prinzipien

5.3.2.2 Entwurfsschritte

1. Schritt: Prozess- und Funktionsstruktur im Ist identifizieren und im Soll modellieren

Organisationsprozesse sind Teil eines Geschäftsprozesses. Zu unterscheiden sind

- Vorleistungsprozesse (z. B. Forschung und Entwicklung, Werkzeugbau, Pre-Marketing), die vor der Herstellung eines Produktes für einen Markt notwendig sind,

- Leistungsprozesse (z. B. Herstellung, Logistik, Verwaltung), die während der Herstellung eines Produktes für einen bestimmten Markt erforderlich sind.

- Nachleistungsprozesse (z. B. Gewährleistung, Recycling), die zeitlich der Herstellung eines Produktes nachgelagert sind.

	Erläuterung	**Kennzeichen**	**Beispiele**
Elementar-prozess	Ressourcenverbrauchende Tätigkeit eines Elementarklienten für Organisationsprozess	• Tätigkeit durch einen Elementarklienten an einem Objekt • startet und endet mit beobachtbaren Ereignissen	• *Bezugsquelle Lagermaterialtyp 4711 ermitteln*
Organisations-prozess	Ressourcenverbrauchende Tätigkeit eines Organisationsklienten für Geschäftsprozess	• durch Organisationsklienten zu erledigende Aufgabe • eindeutiger Input und Output • Ressourcenverbrauch beobachtbar	• *Bestellbearbeitung Lagermaterial* • *Wareneingang Lagermaterial*
Prozess-kette	Einem Geschäftsprozess unmittelbar dienende, dessen Lebenszyklus überspannende Folge von Organisationsprozessen	• mehrere Organisationsklienten überspannend; einer verantwortlich • definierbarer Anfangs- und Endzustand • eindeutiger Übergabepunkt des Outputs (*Leistungstheke*)	• *Abwicklung Lagermaterial*

Abbildung 5.3.2-2: Begriffe der organisatorischen Dimension

Organisationsprozesse lassen sich solange zerlegen bis *Elementarprozesse* entstehen: Tätigkeiten an einem Objekt, die durch einen Organisationsklienten verrichtet werden können. Sofern eine Ressource einen Elementarprozess selbständig durchführen kann, bildet sie einen *Elementarklienten* als kleinste Form eines Organisationsklienten.

Für die Prozesszerlegung lassen sich die von Kosiol ((1969) genannten Kriterien verwenden:

Kriterium	Erläuterung	Kategorien
Verrichtung	Inhaltliche Transformationsprozesse im Güter-, Informations- oder Geldfluss	automatisierbar nicht automatisierbar
Objekt	Input-Objekte des Güter-, Geld- oder Informationsflusses, die transformiert werden, um Output - Objekte zu erzeugen	Materielles Objekt Immaterielles Objekt
Mittel	Zur Transformation notwendige menschliche oder sachliche Ressourcen	DV-Hardware, Software
Rang	Konfigurierende, koordinierende oder ausführende Prozesse	
Phase	Anbahnende, vereinbarende, planende, realisierende oder kontrollierende Prozesse	
Zweck	Primäre (wertschöpfende) oder sekundäre (wertsichernde, nicht wertschöpfende) Prozesse	Produzierende Aufgaben Verwaltende Aufgaben
Raum	Ort, an dem ein Prozess durchgeführt wird	
Zeit	Zeitraum, der für einen Prozess verfügbar ist.	Strategische, Taktische, Operative Aufgaben

Abbildung 5.3.2-3: Kriterien der Prozessanalyse (Kosiol (1969), Sp. 203 ff)

Die *Ist-Prozessstruktur* stellt eine Momentaufnahme dar, da sich die Geschäfts- und Organisationsprozesse dauernd verändern. Ist dies absehbar (z. B. durch neue Produktfelder, Akquisitionen), so ist die Ist- von vornherein zu einer Soll-Prozessstruktur zu erweitern.

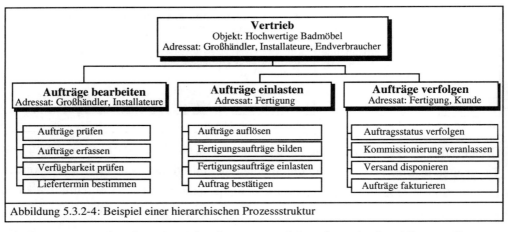

Abbildung 5.3.2-4: Beispiel einer hierarchischen Prozessstruktur

Die Prozesse werden danach strukturiert, von welchen Organisationsklienten diese zur Zeit erfüllt werden. Werden Prozesse auf Klienten zugewiesen, wird von *Funktionen* gesprochen (Kosiol (1969)). Organisationsklienten verfügen über personelle oder maschinelle *Ressourcen*, mit deren Hilfe sie Elementarprozesse bewältigen. Diese Ressourcen unterscheiden sich

- in der Art *(Potential)* der bewältigbaren Elementarprozesse und deren möglicher Vielfalt *(Flexibilität)*,

- in der Menge *(Kapazität)* der bewältigbaren Elementarprozesse und deren möglicher Schwankungsbreite *(Elastizität)*.

Beispiel: *Ein Außendienstmitarbeiter kann Aufträge des Großhandels oder der Handwerker über Artikel entgegennehmen. Soll er diese über Produktneuheiten informieren, ist er mit Katalogen, Mustern oder ähnlichem auszustatten, soll er Badplanungsvorgänge unterstützen, ist der Mitarbeiter entsprechend zu schulen und beispielsweise mit einer Badplanungssoftware auf einem Laptop auszustatten. Pro Tag kann der Außendienstmitarbeiter 4 - 6 Kundenbesuche á 45-60 min. absolvieren, der Rest ist Fahrt- und Vorbereitungszeit.*

Eine Ressource lässt sich nach dem Rangkriterium danach einteilen, inwieweit sie sich eigenständig auf neue Prozesse konfigurieren, sich bei einem bekannten Prozess koordinieren oder diesen durchführen kann. Eine Ressource mit wenig Rangflexibilität kann beispielsweise nur konfigurieren („Offizier"), koordinieren („Unteroffizier") oder ausführen („Soldat").

Beispiel: *Eine herkömmliche Möbeltischlerei kann die Ausstattung eines Hotelzimmers sowohl entwerfen als auch fertigen und den Einbau koordinieren. Ein Innenarchitekt ist auf den Entwurf spezialisiert, wird allerdings oft eine höherwertige Leistung erbringen.*

Bei maschinellen Ressourcen unterscheidet man den Automatisierungsgrad (Ferstl/Sinz (1993), S. 48), der sich wiederum auf die Konfiguration, die Koordination, die Durchführung und die Kontrolle erstrecken kann (Kosiol (1969), S. 153).

	Automatisierungsgrad			
Rang	**manuell**	**mechanisiert**	**automatisiert**	**kybernetisch**
Leitung **Konfiguration**				
Koordination	**Mensch**		**Mechanismus**	
Durchführung				
Beispiele (Rechenaufgabe)	*Kugelschreiber + Papier*	*Taschenrechner*	*Tabellenkalkulation*	*Mathematische Problemlöser*

Abbildung 5.3.2-5: Automatisierungsgrad maschineller Ressourcen

Werden Elementarprozesse auf Organisationsklienten zugeordnet, entsteht die *Funktionsstruktur*. Mehrere Elementarprozesse können einem Klienten zugeordnet werden und

bilden dessen *Elementarfunktionen*. Diese werden verwendet, um den Mengen-, Zeit-
und Wertverbrauch bei einem Klienten zu ermitteln und dessen Leistung zu bewerten. Da
mehrere Elementarprozesse einen Organisationsprozeß bilden, können daran mehrere
Klienten beteiligt sein und müssen ihre *Interaktion* steuern.

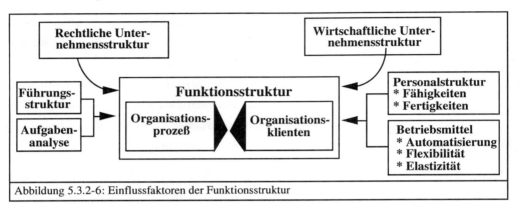

Abbildung 5.3.2-6: Einflussfaktoren der Funktionsstruktur

Die *Ist-Funktionsstruktur* spiegelt im Grundsatz die bisherige Organisation wider. Allerdings ist diese auch von steuer-/ handelsrechtlichen Überlegungen, von den handelnden
Personen, den Führungsstrukturen und den verfügbaren Betriebsmitteln geprägt.

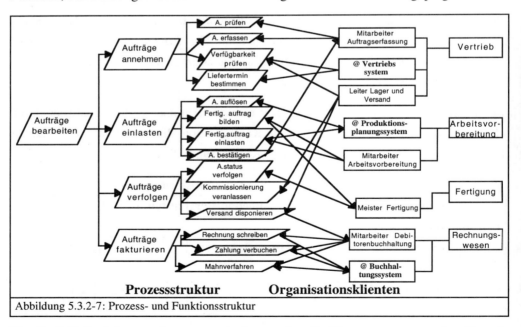

Abbildung 5.3.2-7: Prozess- und Funktionsstruktur

Um die *Soll-Funktionsstruktur* zu ermitteln, werden die Elementarprozesse den Organisationsklienten neu zugeordnet. Es sind folgende Fälle zu unterscheiden:

- Die Prozesse haben sich <u>nicht</u> geändert (Ist-Prozessstruktur), nur sollen andere Klienten (Soll -Klientenstruktur) eingesetzt werden *(funktionales Re-Engineering)*.

- Die Prozesse haben sich geändert (Soll-Prozessstruktur), die Klienten (Ist-Klientenstruktur) sollen diese durch neue Arbeitsabläufe bewältigen *(organisatorisches Re-Engineering)*.

- Die Prozesse haben sich geändert; diese können sachlich oder wirtschaftlich von den bisherigen Klienten <u>nicht</u> bewältigt werden: Es wird eine neue Funktionsstruktur angestrebt *(geschäftliches Re-Engineering)*.

- Werden die Klienten nur technisch verändert, um z. B. deren Kapazität zu erhöhen, verändert sich das System organisatorisch nicht *(technische Modernisierung)*.

	Ist-Prozessstruktur	**Soll-Prozessstruktur**
Ist-Organisationsklienten	Das Soll-System wird geschäftlich und organisatorisch nicht verändert; es wird nur die Technik modernisiert *(technische Modernisierung)*	Das Soll-System nutzt für die veränderten Prozesse die bisherigen Klienten *(organisatorisches Re-Engineering)*
Soll- Organisationsklienten	Das Soll-System soll geschäftlich dem Ist-System entsprechen *(funktionales Re-Engineering)*	Das Soll-System wird geschäftlich und organisatorisch ein Neuentwurf *(geschäftliches Re-Engineering)*

Abbildung 5.3.2-8: Verhältnis von Prozess- und Funktionsstrukturierung

Eine *Funktionsmatrix* stellt den Zusammenhang zwischen Prozessen und Organisationsklienten her, deren Beteiligung wird abgestuft angegeben.

		PROZESS			
ORGANISATIONS-KLIENT		**Aufträge bearbeiten**	**Aufträge einlasten**	**Aufträge versenden**	**Auftrag fakturieren**
Auftragserfassung	**Vertriebssystem**	realisieren	realisieren	kontrollieren	informieren
Lager und Versand	**Lagersystem**	kontrollieren		disponieren realisieren	
Arbeitsvorbereitung	**PPS**	informieren	disponieren		
Fertigung	**Leitstand**		realisieren	informieren	
Rechnungswesen	**Buchhaltung**			informieren	realisieren

Abbildung 5.3.2-9: Funktionsmatrix

2. Schritt: Ablauforganisation im Ist und im Soll festlegen

Die Ablauforganisation beschreibt die logischen und zeitlichen Abhängigkeiten der Prozesse untereinander, d. h. durch welche Fallunterscheidungen diese ausgelöst und nach welchen Regeln miteinander verknüpft werden (Keller / Hechler (1991), Siemens / Nixdorf (1990), S. 89).

Prozesse unterscheiden sich

- in ihren logischen und sachlichen Vorbedingungen (Prozess - Input),

- in ihren sachlichen und logischen Nachbedingungen, die festlegen, wann ein Prozess beendet ist (Prozess - Output).

Diese Vor- und Nachbedingungen lassen sich in eine Ereignis- und eine Bedingungskomponente aufspalten (Event-Condition-Action-Modell) (Knolmayer / Herbst (1993))

Möglichkeiten						
Ort	klientenintern			klientenextern		
Start-Ereignis	Objektbedingt	Ressourcenbedingt	Zeitlichbedingt	Objektbedingt	Klientenbedingt	Zeitlichbedingt
	Fehlen eines Artikels	*Ausfall eines Rechners*	*werktäglich 18 Uhr*	*Eintreffen einer Lieferung*	*Kundenanfrage*	
Start-Ereignis-Verknüpfung	keine	„und"	„oder" (don´t care)		„exclusives oder"	
Start-Bedingung	Ressourcenbedingt		Objektbedingt			
	Potential > Soll	Kapazität > Soll	Attributausprägungen < Soll			
Aktion	Klienteninterne Aktion		Klientenexterne Aktion			
	Operatoren anwenden		Prozess veranlassen			
End-Bedingung	Ressourcenbedingt		Objektbedingt			
	Potential < Soll	Kapazität < Soll	Attributausprägungen > Soll			
End-Ereignis	Klientenintern			Klientenextern		
	objektbed.	klientenbed	zeitlich bed.	objektbed.	klientenbed	zeitlich bed.
End-Ereignis-Verknüpfung	keine	„und"	„oder" (don´t care)		„exclusives oder"	

Abbildung 5.3.2-10: Event-Condition-Action-Modell in der organisatorischen Prozessmodellierung

Ereignisse inner- oder außerhalb eines Organisationsklienten aktivieren einen Prozess. Zunächst wird geprüft, ob alle relevanten Ereignisse eingetreten sind und ob die Bedingungen hinsichtlich der Klientenressourcen und / oder der Objekte erfüllt sind.

Beispiel: *Wird eine Dienstreise durch eine Projektgruppe beantragt, wird zunächst geprüft, ob das entsprechende Formular von allen Projekt-Mitarbeitern beim
Projektleiter eingegangen ist (klienteninternes Ereignis), dann prüft er, ob er
die erforderlichen Ressourcen hat und alle erforderlichen Unterlagen vorliegen. Dann wird er prüfen, ob seine Genehmigungsgrenze (z. B. 1000.- DM pro
Reise und Mitarbeiter) überschritten wurde und ggf. den Antrag dem Vorge-
setzten zusenden (klientenexterne Aktion).*

Die durch Ereignisse ausgelösten Vorgänge können innerhalb des Organisationsklienten
durchgeführt werden (Aktionen) oder Interaktionen mit anderen Klienten bewirken.

Aus den *Fallunterscheidungen* bei den Vor- und Nachbedingungen ergibt sich die Pro-
zessvielfalt im Unternehmen. Fallunterscheidungen betreffen z. B. das Prozessobjekt, den
Prozessadressaten, das Prozessbudget oder den Prozesszeitbezug.

Fallunterschei-dung nach	Beispiel 1: *Genehmigung einer Dienstreise*	Beispiel 2: *Bestellung eines Ma-terials*
Prozessobjekt	• *Flug-, Bahn-, PKW-Reise* • *Inlands-, Europa-, Fernreise*	• *Rohstoff, Hilfsstoff, Betriebsstoff* • *Standard-, Sondermaterial* • *Fertigungs-, Verpackungsmaterial*
Prozessadressat	• *Bereichs-, Abteilungs-, Grup-penleiter* • *Linien-, Stabsbereiche*	• *Fertigungs-, Verwaltungsbereich*
Prozessbudget	• *< 500.-, < 1000.-, > 1000.-DM* • *zahlungswirksam oder nicht zahlungswirksam*	• *< 1, <10,<100 TDM* • *Primär- (externe Lieferung) oder Sekundärkosten (innerbetriebliche Leistung)*
Prozesszeitbezug	• *einmalige / mehrmalige Reise*	• *einmalige / mehrmalige Bestellung*

Abbildung 5.3.2-11: Fallunterscheidungen bei der Prozessgestaltung

Wesentlich für die Ablauforganisation ist die *zeitliche Prozessstruktur*. Prozesse sind
zeitverbrauchende Tätigkeiten. Der Zeitverbrauch lässt sich differenzieren in die

- *Rüstzeit*, die für die Vorbereitung einer Tätigkeit benötigt wird,
- *Bearbeitungszeit*, die für die Durchführung einer Tätigkeit erforderlich ist,
- *Liegezeit*, die durch die logischen und zeitlichen Abhängigkeiten der Prozesse in ei-
ner Prozesskette bedingt ist.

Die Prozesse sind zeitlich so abzustimmen, dass das Potential und die Kapazität der Klienten möglichst ausgenutzt wird sowie Durchlauf- und Liegezeiten minimiert werden.
Allerdings konkurrieren beide Ziele (Dilemma der Ablaufplanung) (Gutenberg (1979))

Prozessketten bestehen aus einer Folge gekoppelter Prozesse, um eine definierte Leistung in einem Geschäftsprozesse zu erstellen. In der Regel überspannen Prozessketten mehrere Organisationsklienten. Sie unterscheiden sich danach, ob betrachtet werden

- die Vor-, Leistungs- und Nachleistungsprozesse für ein <u>Stück eines Produktes</u> (bei einem PKW vom Verkaufsgespräch und Kauf über Fertigung bis zur Ersatzteilversorgung und zum Recycling ca. 12 Jahre).

- die Vor-, Leistungs- und Nachleistungsprozesse für den <u>Typ eines Produktes</u> (PKW bei 8 Entwicklungs-, 8 Herstellungs- und 12 Jahren Servicejahren ca. 30 Jahre).

Die *Länge der Prozesskette* ist so zu gestalten, dass ein eindeutiger Übergabepunkt für deren Leistung besteht *(Leistungstheke),* an dem interne oder externe Kunden den Output übernehmen. An der Leistungstheke enden alternative Prozesskettenverläufe. Fallunterscheidungen entscheiden über die *Breite einer Prozesskette.* Werden zu Beginn einer Prozesskette differenziert Fälle unterschieden, so verläuft diese parallel in vielfältigen Prozessen. Werden Fallunterscheidungen erst logisch spät durchgeführt, so ist die Prozesskette zunächst schlank und verzweigt erst später.

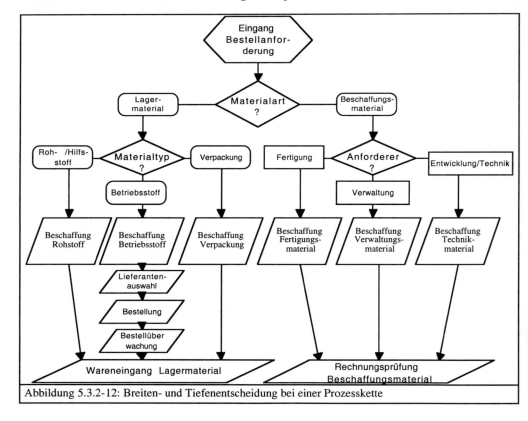

Abbildung 5.3.2-12: Breiten- und Tiefenentscheidung bei einer Prozesskette

5.3.3 Kommunikationssicht

5.3.3.1 Aufgaben

Organisatorisch soll es Kommunikation ermöglichen, Informationsobjekte an anderen Orten auszuwerten, zwischen Klienten auszutauschen und Prozessen zugänglich zu machen. Betriebswirtschaftlich initiiert, begleitet und lenkt die Kommunikation den Güter- und Geldfluss zwischen Geschäfts- und Organisationsklienten und dokumentiert deren Handeln. In der organisatorischen Dimension werden die Informationskanäle und -objekte zwischen den Klienten festgelegt. Diese Kommunikationsstruktur resultiert

- aus internen Aktionen der Organisationsklienten und deren räumlicher Verteilung,
- aus Interaktionen der Klienten bei Prozessen, um deren zeitlichen und logischen Ablauf zu koordinieren,
- aus Kooperationen zwischen Klienten, um ihre Ressourcen durch Informationsaustausch besser auf die Prozessanforderungen zu konfigurieren.

In Anlehnung an Kosiol ((1969), S. 187ff) lassen sich unterscheiden

- *Phasen-Informationsflüsse* aus Anbahnungs-, Vereinbarungs-, Planungs-, Durchführungs- und Kontrollinformationen (Interaktion über Marktmechanismen).
- *Rang- Informationsflüsse*, die Konfigurations-, Koordinations- und Ausführungsinformationsobjekte enthalten (Interaktion über Hierarchie - Ferstl / Sinz (1993)),
- *Ausführungs-Informationsflüsse*, die den Güter / Geldfluss zeitlich parallel begleiten.

Die Kommunikation unterstützt das Zusammenwirken von Klienten (interpersonelle K.= Interaktion) oder speichert Informationen für später (intertemporale K.=Dokumentation).

	Arten	Erläuterung	IS-Unterstützung durch
Interaktion (zwischen Klienten)	**Koordination**	• Zeitlich und logisch abgestimmtes Wirken mehrerer Klienten an einem Prozess	• Projekt Management • Workflow Management
	Kollaboration	• Gleichzeitige Zusammenarbeit mehrerer Klienten an einem Prozess	• Workgroup Computing • Electronic Conferencing
	Kooperation	• Aufgabenunabhängiger Informationsaustausch zwischen Klienten	• Electronic Mailing • Bulletin Boards
Dokumentation (zur Überbrückung von Zeiten)		• Klientenübergreifende Ablage, Recherche und Adressieren von Informationen	• Elektronische Archivierung • Information Retrieval • Organisationsverzeichnisse

Abbildung 5.3.3-1: Organisatorische Aspekte der Kommunikation (Traunmüller (1992))

5.3.3.2 Entwurfsschritte

1. Schritt: Organisationsklienten zu Kommunikationsdomänen zuweisen

Als *Kommunikationsteilnehmer* treten interne Organisations- und externe Geschäftskli-enten auf, die über *Organisationskanäle* Informationsobjekte austauschen. Organisati-onskanäle sind innerbetrieblich z. B. das Post- und Botenwesen, das Intranet oder das Telefonnetz; zwischenbetrieblich reicht die Spanne von der „gelben Post" über Paket-dienste bis zum INTERNET. Menschliche Kommunikationsteilnehmer können schlecht definierte *Informationsobjekte* empfangen und interpretieren, maschinelle Klienten be-nötigen demgegenüber exakt definierte Objekte. Die Kommunikationsteilnehmer sind räumlich an bestimmte Standorte gebunden oder mobil. Die räumliche Struktur wirkt aufgrund der Weltzeitzonen auf die zeitlichen Güter-, Geld- und Informationsflüsse: Ein Teilnehmer in New York wird morgens um 11.00 Uhr weder einen in Hamburg noch ei-nen in San Francisco erreichen können.

Ein Informationsfluss reicht von der Quelle der Informationen bis zu dessen Senke und kann sich dabei über mehrere Klienten erstrecken.

Beispiel: *Bestellungen des Verbrauchers beim Einzelhandel werden über den Groß-handel bis zur produzierenden Industrie gesendet. Dabei kommunizieren zur Zeit jeweils bestimmte Sachbearbeiter miteinander, die für spezifische Güter-objekte, Geschäftsklienten oder Prozesse zuständig sind.*

Die Klienten lassen sich durch gemeinsame Geschäfts- oder Organisationsprozesse zu *Kommunikationsdomänen* zusammenfassen. Dies sind Gruppen von Klienten, die auf-grund ihrer Rollen in gemeinsamen Prozessen Informationsobjekte mit gleichen struktu-rellen und verhaltensmäßigen Eigenschaften austauschen (z. B. Nachrichten gleicher Struktur und gleicher Frequenz). Innerbetrieblich ergibt sich der Hauptteil der Domänen aus den organisatorischen Beziehungen der Klienten (z. B. die Rang- bzw. Führungsdo-mänen, die Ausführungsdomäne); zunehmend wichtiger werden Kommunikationsdomä-nen, um das in der Organisation vorhandene Wissen zu „managen".

Zwischenbetrieblich ergeben sich Kommunikationsdomänen aus geschäftlichen Bezie-hungen in der Wertschöpfungskette, aber auch aus technischen und geschäftlichen Ko-ordinationsaktivitäten mit Wettbewerbern (z. B. Normungsausschüsse).

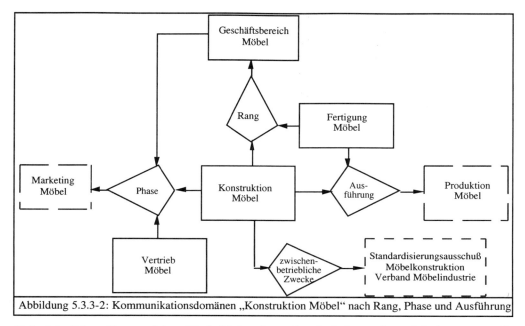

Abbildung 5.3.3-2: Kommunikationsdomänen „Konstruktion Möbel" nach Rang, Phase und Ausführung

Beispiel: *Die „Konstruktion Möbel" ist dem Geschäftsbereich „Möbel" unterstellt (Rangdomäne). Die Leistungen koordiniert die Abteilung mit der „Fertigung Möbel" (Ausführungsdomäne); dazu existiert ein Arbeitskreis „Produktion Möbel". Die Entwicklung wird gemeinsam mit dem Vertrieb und der Geschäftsbereichsleitung im Arbeitskreis „Marketing Möbel" geplant und kontrolliert (Phasendomäne). Die „Konstruktion" ist im Standardisierungsausschuß der Möbelindustrie vertreten.*

Kommunikationsdomänen können ein „organisatorisches Eigenleben" entwickeln und werden dann zu eigenständigen Organisationsklienten (gestrichelt gezeichnet).

Domänen können geschlossen sein, das heißt die Teilnehmer sind entweder in der Zahl oder durch die Prozesse bestimmt (z. B. Mitarbeiter des Vertriebs). Offene Kommunikationsdomänen sind für jeden zugänglich, der über die erforderliche Technik verfügt (Beispiel: INTERNET). Von strukturierten Domänen wird gesprochen, wenn die Teilnehmer nach Identifikationsmerkmalen (Namen, Adressen etc) eindeutig bekannt sind. Bei einer semistrukturierten Domäne sind die Teilnehmer nicht eindeutig identifiziert, sondern werden durch ihre Eigenschaften (z. B. Kenntnisse) zugeordnet. Situativ strukturierte Domänen bilden sich abhängig von der Aufgabe und lösen sich danach wieder auf (workgroup). Bei einer unstrukturierten Kommunikation bilden sich keine Domänen.

Kommunikati-onsdomäne	vollständig strukturiert	semi-struktu-riert	situativ-struk-turiert	unstrukturiert
geschlossen	Workflow		Workgroup	Private Mail
offen				Public Mail

Abbildung 5.3.3-3: Kommunikationsdomänen und deren Merkmale

2. Schritt Kommunikationsstrukturen bestimmen

Kommunikationsstrukturen beschreiben den Nachrichtenaustausch zwischen den Klienten in inhaltlicher und zeitlicher Hinsicht.

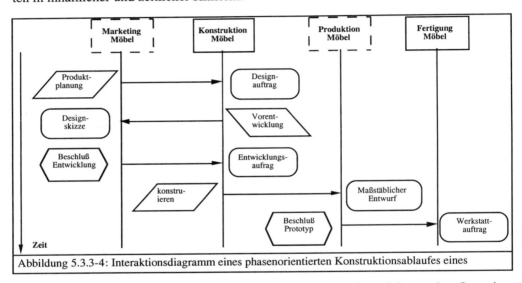

Abbildung 5.3.3-4: Interaktionsdiagramm eines phasenorientierten Konstruktionsablaufes eines

Die *unternehmensinternen Kommunikationsstrukturen* ergeben sich aus den Organisationsprinzipien der Unternehmung, deren Aufgaben- und Prozessstrukturen sowie den resultierenden Phasen- und Rang - Informationsflüssen:

- Sind die Teilaufgaben stabil, so auch die Aufgabenzuordnung und es sind kaum Anbahnungsinformationen auszutauschen. Wechseln die Teilaufgaben dynamisch, ist die Zuordnung mit den Klienten anzubahnen und Wissen auszutauschen.

- Mit der Flexibilität der Klienten sinkt tendenziell die erforderliche Planungs- und Kontrollkommunikation,

- Mit dem Grad der Arbeitsteilung steigt tendenziell die erforderliche Koordinationskommunikation und die Dokumentation der geleisteten Arbeiten.

		Interaktion			
Organisatorische Prinzipien		**Koordination**	**Kollaboration**	**Kooperation**	**Dokumentation**
Hierarchie-prinzip	* stabile Aufgaben, * wenig flexible Klienten * hohe Arbeitsteilung * stabile Regeln	• Planungsinf. • Kontrollinf.	• Durchführungsinf.	• nicht formell	• Ausführungsdok. • Objektdok.
Dispositions-prinzip	* dynamisch wechselnde Aufgaben * wenig flexible Klienten * hohe Arbeitsteilung * fallweise Regeln	• Anbahnungsinf. • Vereinbarungsinf. • Planungsinf.	• Anbahnungsinf. • Durchführungsinf.	• Wissensinf.	• Ausführungsdok.
Gruppen-prinzip	* stabile Aufgaben * flexible Klienten * geringe Arbeitsteilung * stabile Regeln	• Planungsinf. • Durchführungsinf.	• Durchführungsinf.	• nicht formell	• Objektdok.
Fraktales Prinzip	* dynamisch wechselnde Aufgaben * flexible Klienten * geringe Arbeitsteilung * fallweise Regeln	• Anbahnungsinf. • Vereinbarungsinf. • Planungsinf. • Kontrollinf.	• Anbahnungsinf. • Vereinbarungsinf. • Planungsinf. • Kontrollinf.	• Wissensinf.	• Objektdok.

Abbildung 5.3.3-5: Zusammenhang zwischen Kommunikationsaufgaben und organisatorischen Prinzipien

Die *unternehmensexternen Kommunikationsstrukturen* resultieren aus Geschäftsprozessen und deren Markt-, Technologie- und Geschäftsverkehrsinformationen und den strategischen Entscheidungen des Unternehmens für

- Märkte und Kundenstrukturen, Absatzwege und Absatzmittler,
- Produkt- und Verfahrenstechnologien,
- Strukturen des Leistungsprozesses (z. B. Just in time - Produktion),
- Wertschöpfungstiefen sowie die resultierenden Lieferanten.

Beispiel: *Die PKW - Hersteller reduzieren zur Zeit die Anzahl ihrer Zulieferer (single sourcing) und suchen weltweit nach den führenden Lieferanten (global sourcing). Diese werden frühzeitig in den Produktentwicklungsprozeß eingebunden und fertigen später ihre Komponenten just in time am Ort der PKW-Montage. Mit diesen Teilnehmern werden mehr und häufiger Markt-, Technologie-, Ge-*

schäftsverkehr- Informationen in den Anbahnungs-, Vereinbarungs- und Planungsphasen ausgetauscht, während sich die Kommunikation in den Durchführungs- und Kontrollphasen reduziert.

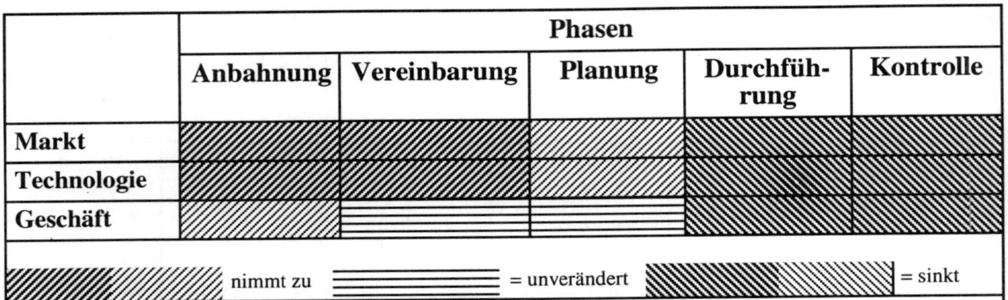

	Phasen				
	Anbahnung	**Vereinbarung**	**Planung**	**Durchführung**	**Kontrolle**
Markt					
Technologie					
Geschäft					

nimmt zu ⸻ = unverändert ⸻ = sinkt

Abbildung 5.3.3-6: Kommunikation bei alten und neuen Zulieferstrukturen in der Automobilindustrie

Die *zeitliche Kommunikatiosstruktur* legt die Folge, die Taktung und die Frequenz des Informationsflusses sowie dessen Initiator fest. Der Informationsfluss kann dem Leistungs- und Zahlungsfluss vorgeschaltet sein (d. h. ihn initiieren), er kann parallel verlaufen oder nachgeschaltet sein. Bestimmte Informationsobjekte sind aus technischen, organisatorischen oder juristischen Gründen notwendig, damit der Leistungs- oder der Geldfluss ablaufen oder gesteuert werden kann. Andere Informationsobjekte begleiten zwar den Leistungs- bzw. den Geldfluss, sind aber nicht unbedingt notwendig (hinreichende Objekte - Ferstl /Sinz (1991)). Ein Informationsfluss kann zeitlich im bestimmten Abstand (Takt) zum Leistungs- oder Güterfluss oder zu anderen Informationsflüssen verlaufen (z. B. Auftragsbestätigung zum Auftrag); ebenso kann ein Informationsfluss in einer bestimmten Frequenz notwendig sein (z. B. Umsatzsteuererklärung).

Beispiel: *Bei einem PKW-Kauf ist ein Angebot des Händlers notwendig, dem ggf. ein Auftrag folgt. Aus Produkthaftungsgründen muss bei der Lieferung eine Gebrauchsanweisung übergeben werden.*

		vorgeschaltet	parallel	nachgeschaltet
Geschäfts-verkehrs-informa tionen	**notwendig**	Auftrag	Lieferanweisung Empfangsbescheinigung	Zahlungsanweisung
	hinreichend	Anfrage	Lieferschein	Mahnung
Markt informa-tionen	**notwendig**	Produktangebot Finanzierungsangebot		
	hinreichend	Produktkatalog Preisliste		Inspektionsangebote
Techno-logieinfor-mationen	**notwendig**	Produktkonfiguration	Gebrauchs-anleitung	Rückrufaufforderung
	hinreichend			Serviceaufforderung

Abbildung 5.3.3-7: Notwendige und hinreichende Elemente des Informationsflusses (Beispiel: PKW - Kauf und Lieferung an einen Privatkunden)

3. Schritt: Organisationskanäle festlegen

Organisationskanäle (organizational channels) regeln den Transport von Güter-, Geld- und Informationsobjekten zwischen Organisationsklienten. *Informationskanäle* unterscheiden sich in den Kosten, der Übertragungszeit, den übertragbaren Informationsobjekten und den erreichbaren Organisationsklienten. Man differenziert (Ferstl / Sinz (1993)):

- Mensch-Computer-Kanäle, bei denen Menschen den Computer als Verarbeitungs- oder Kommunikationswerkzeug nutzen,

- Computer-Computer-Kanäle, bei denen Computer ohne menschlichen Eingriff Informationen übertragen und gegenseitig interpretieren,

- Mensch-Mensch-Kanäle für die persönliche Kommunikation.

Die Eignung der Kanäle hängt von den zu unterstützenden Phasen-, Rang- und Ausführungs - Informationsflüssen, d. h. deren Objekten und den beteiligten Klienten ab.

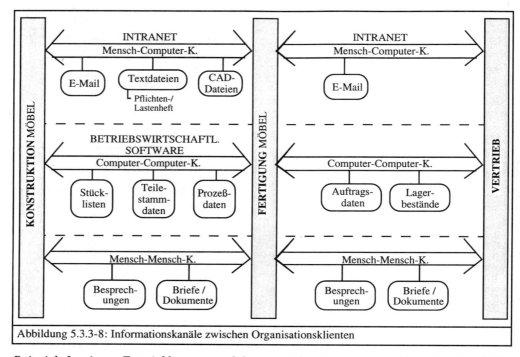

Abbildung 5.3.3-8: Informationskanäle zwischen Organisationsklienten

Beispiel: *In einem Entwicklungsprozeß lassen sich Informationsobjekte der Durchführungsphase üblicherweise schriftlich oder elektronisch austauschen. Bei Design- und Funktionsentscheidungen ist oft ein Prototyp oder Muster hilfreich, über den persönlich kommuniziert werden kann. Treten kritische Kontrollinformationen auf, ist eine persönliche Kommunikation auch während der Durchführung notwendig, bis die kritische Phase überwunden ist.*

	Sprache	Schrift	Grafik	Maß-stabs-zeich-nung	Foto	Be-wegt-bilder	Ge-ruch	Oberflä-che / Ge-schmack
Druck-medien		x	x, Farbe optional	x	x Farbe op-tional		mit Beilage	mit Beilage
Elektroni-sche Medi-en	x	x	x	optional	x	x		
Persönlich (z. B. Ver-kaufsge-spräch)	x	x	x				x	x

Abbildung 5.3.3-9: Medien und ihre Eignung für bestimmte Inhalte

Bei einer *gebundenen Kommunikation* sind die Informationskanäle und -objekte zwischen den Klienten organisatorisch fest geregelt, bei einer *freien Kommunikation* fehlt eine solche Regelung.

Beispiel: *Integrierte IS (z. B. SAP R/3, BAAN IV) sind darauf angewiesen, dass der Informationsfluss für die Bereiche möglichst vollständig im System abgewickelt wird, da sonst dessen Daten nicht vollständig und aktuell sind. Existieren solche Systeme, werden alternative Informationskanäle oft erschwert.*

Unter *formeller Kommunikation* wird die organisatorisch gewollte Kommunikation verstanden, um die betrieblichen Aufgaben zu erfüllen. Sie wird durch Regelungen über die inhaltliche und zeitliche Kommunikationsstruktur und die -teilnehmer unterstützt. *Informelle Kommunikation* entsteht spontan im Unternehmen. Sie kann betriebliche Aufgaben unterstützen, oft dominieren aber soziale und persönliche Ziele der Teilnehmer. Für die IS-Entwicklung wird die informelle Kommunikation immer wichtiger, da Electronic Mail deren Reichweite und Intensität stark steigert (electronic chatting).

5.4 Fachliche Dimension

In der fachlichen Dimension werden für die organisatorischen Aufgaben die technischen und betriebswirtschaftlichen Methoden, d. h. die erforderlichen Aktivitäten und Schritte festgelegt, um die organisatorischen Ziele zu erreichen. Ist die Reihenfolge und die Ausführung der Aktivitäten exakt beschreibbar, lassen sich Methoden automatisieren (= Verfahren), andernfalls das (Methoden-) Wissen nur für menschliche Fachklienten dokumentieren (Hofmann (1984), S. 148).

Logische Hauptträger der Informationsverarbeitung sind die **Fachklienten** *(application clients)*. Damit werden informationsverarbeitende Einheiten eines spezifischen Automatisierungsgrades bezeichnet, die Ressourcen mit bestimmten Kapazitäten und Potentialen (z. B. Fachsoftware bei Computern, Fachkenntnisse bei Sachbearbeitern) besitzen, um Fachobjekte und Fachprozesse zu bearbeiten. Fachklienten können ein oder mehrere Organisationsklienten bei der Informationsverarbeitung unterstützen; Kosiol (1969) unterscheidet in diesem Zusammenhang zwischen (dem verantwortlichen) Aufgaben- und dem (durchführenden) Arbeitsträger. Die Zuordnung von Fachklienten (Arbeitsträger) auf Organisationsklienten (Aufgabenträger) kann anhand von zu bearbeitenden Objekten oder Prozessen und mit unterschiedlicher Granularität erfolgen.

Beispiel: Bei Bürosystemen existierten in der Anfangszeit des PC vielfältige Programme, die aufgabenspezifisch den Arbeitsplätzen zugeordnet wurden. Heute existieren

Office - Pakete für die typischen Aufgaben eines Büroarbeitsplatzes, die auch Optionen enthalten, die der einzelne Mitarbeiter gar nicht benötigt (geringe Granularität). Es entstehen Lösungen, bei denen sich der Mitarbeiter aufgabenabhängig sich Software aus dem INTERNET für die benötigte Zeit herunterlädt (hohe Granularität). Integrierte betriebswirtschaftlichen Systeme sind zur Zeit so gestaltet, dass eine möglichst große Vielfalt von Objekten und Prozessen durch die Software abgedeckt ist, allerdings der Nutzer nur bestimmte aktivierte Strukturen und Operationen nutzen kann.

Aus Sicht der Wirtschaftsinformatik konzentriert sich der Entwurfsprozeß in der fachlichen Dimension auf die Informationssysteme und deren Alternativen hinsichtlich der notwendigen Daten, der einzusetzendenVerfahren und des möglichen Automatisierungsgrades. Vernachlässigt werden ingenieur- und verfahrenstechnische Fragen der Gestaltung des Güter- und Geldflusses; häufig sind allerdings die Grenzen fließend.

Beispiel: Soll ein neues Lagersystem eingeführt werden, wird in der fachlichen Dimension für die betriebswirtschaftlichen Informationssysteme deren Integration in die Logistiksysteme behandelt. Zu klären sind beispielsweise Fragen der mengen- und wertmäßigen Erfassung der Lagerzu- und abgänge, der Bestandereservierung und der Bestandsfortschreibungen etc. Für die technischen Informationssysteme ist die Steuerung der Förder- und der Lagertechnik zu betrachten, strenggenommen nicht aber diese Technik selbst (jedenfalls nicht deren Details).

Es wird im Zusammenwirken von Fach- und DV-Abteilungen ein IS-Fachplan mit den strukturellen und verhaltensmässigen Eigenschaften der Klienten, Objekte, Prozesse und Kanäle entworfen, das deren logischen Daten- und Methodenaufbau und deren Zusammenwirken im Informationsfluss festlegt. Betrachtet werden logische Strukturen, vernachlässigt werden technische Feinheiten.

Ziel	Horizont	Frequenz	Adressat	Beteiligte
IS - Fachplan	• 2 - 3 Jahre (je nach fachlichem Bereich)	• alle 2 Jahre	• Fachabteilungen • Systementwickler	• Fachabteilungen • DV - Abteilung
Abbildung 5.3.3-10: Merkmale der fachlichen Dimension				

5.4.1 Datensicht

5.4.1.1 Aufgaben

Das Zusammenwirken der Klienten bei betriebswirtschaftlichen und technischen Prozessen wird von einem Informationsfluss begleitet, der zusätzlich zu den organisatorischen Konfigurations-, Koordinations-, Dokumentations- und Kontrollinformationen

- die fachliche Aufgabe durch deren Ausgangs- und Zielzustand beschreibt,

- die benötigten Infomationselemente und fachliche Methoden kennzeichnet.

Mit präzisen Datenstrukturen der Klienten, Objekte, Prozesse und Kanäle soll

(1) die Automatisierung und damit die wirtschaftliche Informationsverarbeitung,

(2) die Unabhängigkeit von bestimmten, personellen Fachklienten,

(3) die einheitliche und im Zeitablauf stabile Prozessgestaltung,

gefördert werden. Dazu sind

- die organisatorischen Begriffe durch fachgerechte Definitionen zu präzisieren, d. h. anzugeben, wie Größen (z. B. Bestände, Kosten, Erlöse) zu messen und zu ermitteln sind,

- die Attributstrukturen der Entwurfselemente als Datentypen mit bestimmten Feldlängen zu definieren,

- statische und dynamische Integritätsbedingungen für die zulässigen Eigenschaften der Attribute zu beschreiben,

- die Beziehungen zwischen den Entwurfselementtypen zu spezifizieren.

5.4.1.2 Entwurfsschritte

1. Schritt: Fachklienten entwickeln

Fachklienten (application clients) sind logische Leistungseinheiten der Informationsproduktion, die mit ihren Potentialen und Kapazitäten eine wesentliche Randbedingung für die Datensicht setzen. Daher werden die Klienten an dieser Stelle behandelt. Logisch bedeutet, dass in der Fachsicht nur die notwendigen Potentiale und Kapazitäten eines Fachklienten beschrieben werden, nicht aber dessen technische Realisierung. Die notwendigen Potentiale eines Klienten ergeben sich

- aus dem Typ des zu lösenden Problems, d. h. wie dessen Ausgangs- und Zielzustand definiert ist und ob Operatoren bekannt sind,

- aus der erforderlichen Lösungsqualität,

- aus der erforderlichen Präsentationsqualität einer Lösung.

Beispiel: Ein Hersteller von Zahnersatz will seine „Produkte marktgerechter kalkulieren", da die Krankenkassen ein neues Erstattungsverfahren praktizieren. Um
das erforderliche Potential festzulegen, muss ermittelt werden,

- ob Mengen-, Zeit- und Preisdaten über Materialmengen, Arbeitsgänge und
  Arbeitsplätze vorhanden sind oder ermittelt werden müssen,

- ob das Unternehmen industrielle Produkte oder handwerkliche Einzellei-
  stungen kalkulieren will; daraus ergibt sich die Standardisierbarkeit und
  die Frequenz der Kalkulation,

- ob das Ziel eine marktgerechtere Preis- und Produktpolitik oder eine ge-
  nauere Ermittlung der Kosten pro Zahnersatz ist,

- wem die Kalkulation präsentiert werden soll (dem Zahnarzt, dem Patienten)

Vor diesem Hintergrund wird das Unternehmen die Anforderungen an einen Mitarbeiter (Vertriebs - oder Kostenrechner) oder eine DV - Lösung formulieren.

Das *Informationsverarbeitungspotential* eines Klienten wird durch dessen *Methoden* bestimmt, d. h. systematische Verfahren, die in eindeutiger Weise und in einer endlichen
Schrittfolge eine Aufgabe der Informationsbeschaffung, -verarbeitung oder -präsentation
lösen (Klein (1971), S. 31). Methoden bestehen aus *Operatoren*, die in einer bestimmten
Reihenfolge angewendet werden, um einen Ausgangs- in einen Zielzustand zu verwan-
deln (Hofmann (1984), S.72). Operatoren in IS werden z. B. abgeleitet

- aus Schritten von Lösungsprozessen, die in der Problemlösungstheorie ermittelt wurden (Schlicksupp (1977) S. 60, Hofmann (1984) S. 128),

- aus Abläufen, die sich in der Organisationslehre herausgebildet haben (Kosiol (1969),
  Ferstl / Sinz (1993)),

- aus betriebswirtschaftliche Aktivitäten z. B. imRechnungswesen.

Zusätzlich existieren die programmiernahen Elementaroperatoren der Informatik (Balzert
(1988), S. 186ff)

Operatoren bzw. Methoden können sich auf Objekte, auf andere Operatoren, auf Klienten
und schließlich auf Kanäle beziehen.

Operatoren							
der Infor-matik	der Problemtheorie		der Organisationslehre		der Betriebswirtschafts-lehre	
Elementar	**Suchen / Analysieren**	**Vergleichen /Auswählen**	**Rang**	**Phase**	**Admini-strieren**	**Disponieren**
• Lesen • Aufrufen Zuweisen Speichern • Löschen Anzeigen • Adressie-ren	• Suchen • Sammeln • Zerlegen • Zusam-menfas-sen	• Bewerten • Beurteilen Vergleichen • Auswählen	• Konfigu-rieren • Koordi-nieren • Ausführen	• Anbah-nen • Verein-baren • Planen • Durch-führen • Kontrol-lieren	• Berech-nen • Ver-buchen • Kalkulie-ren • Archivie-ren	• Terminie-ren • Disponie-ren • Reservie-ren • Konsoli-dieren
Abbildung 5.4.1-1: Operatoren und deren Ursprung (Auswahl)						

Methoden sollen Informationen beschaffen, verarbeiten und präsentieren. Sind Methoden nur für eng begrenzte Aufgaben anwendbar, haben sie eine geringe *Anwendungsbreite*. Wirken sie auf viele Elemente der Aufgabe, haben sie eine große *Wirkungstiefe*. Entsprechend können auch Fachklienten beurteilt werden.

Beispiel: Eine Tabellenkalkulation (z. B. EXCEL) bietet viele Methoden, die für viele Aufgaben anwendbar sind (hohe Anwendungsbreite), aber Daten nur in wenigen (meist nur einem) Schritten verarbeiten (geringe Wirkungstiefe). Ein Buchhaltungsprogramm bucht Daten nach einer Methode (der doppelten Buchhaltung) mit geringer Anwendungsbreite in vielen Schritten (von der Betriebs-über die Finanz- bis zur Abschlussbuchung), d. h. mit hoher Wirkungstiefe.

Fachklienten lassen sich nach ihrer notwendigen und realisierbaren *Automatisierung* einteilen. Die *notwendige Automatisierung* ergibt sich aus den

- Sicherheitserfordernissen im Güterfluss (z. B. Zustand in Chemieanlage erfassen),
- Zuverlässigkeits- und Verfügbarkeitserfordernissen,
- Intensitätserfordernissen, d. h. erforderlicher Informationsdurchsatz pro Zeiteinheit
- Wirtschaftlichkeitserfordernissen, d. h. dem vertretbaren Aufwand für eine Informationsverarbeitungsleistung.

Die *realisierbare Automatisierung* resultiert aus der verfügbaren IS-Technologie. Zu unterscheiden sind die Kapazitäten der DV-Technik (schneller Daten übertragen und verarbeiten, größere Datenmengen speichern) von eigenständigen fachlichen Potentialen der Informatik (kybernetisierbare Aufgaben). Dazu zählt die Künstliche Intelligenz (z. B.

Expertensysteme, Neuronale Netze) und im weiteren Sinne (da ohne DV nicht praktikabel) Verfahren des Operations Research sowie der Simulation.

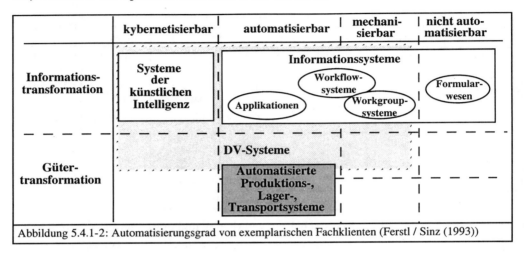

Abbildung 5.4.1-2: Automatisierungsgrad von exemplarischen Fachklienten (Ferstl / Sinz (1993))

Die Automatisierbarkeit von Aufgaben hängt davon ab, ob Methoden bekannt sind, um Merkmale von Zuständen zu identifizieren und zu messen, da nur dann Datenelemente konstruiert und Operatoren programmiert werden können. Bei schlecht definierten, unscharfen Problemen müssen Menschen die Aufgabe interpretieren und können durch Computer nur unterstützt werden (computer supported cooperative work).

Aufgaben von Methoden / Problemtyp	Informationen über Ausgangszustand beschaffen		Informationen verarbeiten		Informationen über Zielzustand präsentieren	
	Merkmale identifizieren	Merkmale messen	Operatoren auswählen	Operatoren anwenden	Merkmale identifizieren	Merkmale messen
Gut strukturiert, scharf	bekannt	bekannt	bekannt	bekannt	ermittelbar	bekannt
Gut strukturiert, unscharf	bekannt	unbekannt	bekannt	bekannt	ermittelbar	unbekannt
wohl definiert, scharf	bekannt	bekannt	ermittelbar		bekannt	bekannt
wohl definiert, unscharf	bekannt	unbekannt	ermittelbar		bekannt	unbekannt
schlecht definiert, scharf / un-	unbekannt	bekannt / unbekannt	ermittelbar		bekannt	unbekannt
Schlecht strukturiert, scharf / un-	bekannt	bekannt / unbekannt	unbekannt	unbekannt	ermittelbar	bekannt / unbekannt

Abbildung 5.4.1-3: Aufgaben von Methoden und von Problem-Typen anhand der Methodenkenntnis

Beispiel: Gelingt es, alle relevanten Merkmale der Raumtopografie eines Bades (Maße, Anschlüsse, Leitungsverlauf) zu identifizieren und zu messen, kann ein Badplanungsprogramm in einen speziellen Raum Produkte (Wanne, Becken, Möbel, Armaturen etc.) unterschiedlicher Hersteller mit bekannten Merkmalen (Maße, Anschlüsse etc.) hineinplazieren. Ob die Produkte geschmacklich in Form, Farbe etc. zueinander passen, lässt sich nur per DV unterstützen, wenn z. B.

- *Operatoren für die Farbauswahl bekannt sind (z. B. Wanne, Becken immer gleiche Farben)*

- *die Hersteller die Farben und ihre Bezeichnungen normieren (z. B. gemeinsame Farbtabelle).*

Bei Farben mag dies noch zu praktizieren sein, bei Designentscheidungen lassen sich solche Operatoren und Merkmale wohl nur schwer finden.

Festzuhalten bleibt, dass die Automatisierbarkeit von Aufgaben wesentlich von der Datenqualität (Identifizierungs- und Messmethoden) abhängt. Ein wesentlicher Teil der Fachklienten hat daher in Unternehmen die Aufgabe, Daten zu identifizieren und zu messen (z. B. in der Betriebsdatenerfassung)

2. Schritt: Fachliche Informationsobjekte entwickeln

Fachobjekte (application objects) bezeichnen die Informationsobjekte, die zwischen den Fachklienten ausgetauscht werden. Sie kennzeichnen und beschreiben

- die Strukturen und das Verhalten von Güter- und Geldobjekten für den Informationsfluss (abhängige Fachobjekte) oder

- die Nachrichten (z. B. Dokumente in elektronischer oder Papierform) zwischen den Fachklienten in Prozessen des Informationsflusses (unabhängige Fachobjekte).

Auch Fachobjekte besitzen Struktur- und Verhaltenseigenschaften. Fachobjekte für automatisierte Fachklienten (d. h. DV - Anlagen) sind durch präzise Datenelemente mit Hilfe mathematisch - formaler Ausdrücke in Strukturen und Verhalten zu spezifizieren (siehe Schritt 2).

Beispiel: Der gleiche Artikel wird im Handel oft (z. B. für Aktionsverkäufe) zu unterschiedlichen Preisen und in verschiedenen Verpackungsarten eingekauft und gelagert. Soll das Warenwirtschaftssystem die Logistik steuern und den Produkterfolg ausweisen, ist nicht nur der Artikel sondern auch die Verpackungseinheit z. B. durch eine Nummer zu kennzeichnen und davon abhängig der Ein-

kaufspreis (der sich mathematisch eindeutig aus dem Bruttopreis, den Skonti, Boni und Rabatten ergibt), im (abhängigen) Fachobjekt zu spezifizieren.

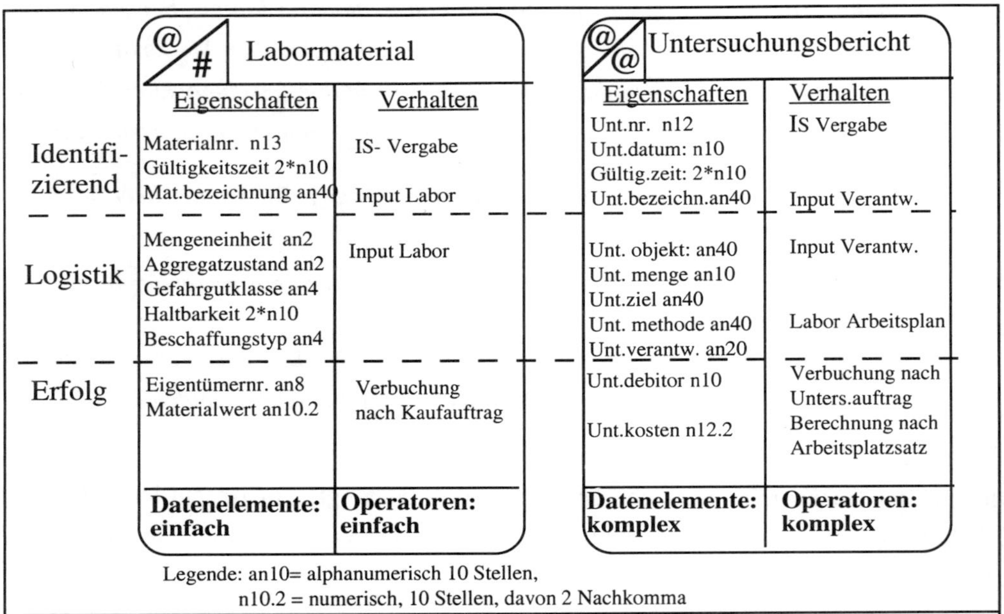

	@ / # Labormaterial		**@ / @** Untersuchungsbericht	
	Eigenschaften	Verhalten	Eigenschaften	Verhalten
Identifizierend	Materialnr. n13 Gültigkeitszeit 2*n10 Mat.bezeichnung an40	IS- Vergabe Input Labor	Unt.nr. n12 Unt.datum: n10 Gültig.zeit: 2*n10 Unt.bezeichn.an40	IS Vergabe Input Verantw.
Logistik	Mengeneinheit an2 Aggregatzustand an2 Gefahrgutklasse an4 Haltbarkeit 2*n10 Beschaffungstyp an4	Input Labor	Unt. objekt: an40 Unt. menge an10 Unt.ziel an40 Unt. methode an40 Unt.verantw. an20	Input Verantw. Labor Arbeitsplan
Erfolg	Eigentümernr. an8 Materialwert an10.2	Verbuchung nach Kaufauftrag	Unt.debitor n10 Unt.kosten n12.2	Verbuchung nach Unters.auftrag Berechnung nach Arbeitsplatzsatz
	Datenelemente: einfach	**Operatoren: einfach**	**Datenelemente: komplex**	**Operatoren: komplex**

Legende: an10= alphanumerisch 10 Stellen,
n10.2 = numerisch, 10 Stellen, davon 2 Nachkomma

Abbildung 5.4.1-4: Abhängiges und unabhängiges Fachobjekt für ein Forschungs - IS

Fachobjekte für menschliche Klienten können weniger präzise Sprachelemente enthalten, da sich ihre Bedeutung i. d. R. aus dem materiellen, fachlichen Zusammenhang ergibt. Insgesamt sollte angestrebt werden, Fachobjekte durch Struktur- und Verhaltensdatenelemente so exakt zu beschreiben, dass sie durch Fachklienten einheitlich und mit zweckmäßigem Automatisierungsgrad verarbeitet werden können. Dabei ist zu berücksichtigen, dass sich die automatisierte Informationsverarbeitung immer mehr durchsetzt, so dass präzise und formal definierte Informationselemente stärker gefordert sind.

Beispiel: In einem Entwicklungsprojekt werden Tätigkeitsberichte pro Mitarbeiter für jedes Arbeitspaket pro Woche erfasst. Der Beginn und das Ende eines Arbeitspaketes lässt sich durch exakte Zeitangaben spezifizieren und in einem Projektmanagementsystem erfassen, die inhaltlichen Tätigkeiten lassen sich in einer Fachsprache ausdrücken und dem Projektleiter zusenden. Handelt es sich um die Entwicklung eines Arzneimittels, muss diese Fachsprache den Standards der Zulassungsbehörde (z. B. dem Bundesgesundheitsamt) entsprechen. Da die diese immer stärker die elektronische Dokumentation nutzen, ist anzustreben, auch die inhaltlichen Tätigkeiten durch präzise und formal definierte Deskriptoren zumindestens zu typisieren.

Im Fachobjekt wird angegeben, wie die Spezifikationen für Strukturen und Verhalten zu typisieren sind und welchen Automatisierungsgrad sie infolgedessen zulassen.

3. Schritt: Datensicht der Entwurfselemente verfeinern

Die fachliche Datensicht soll die erforderlichen Datenelemente für die Klienten, Prozesse und Kanäle präzisieren, die aus fachlicher Sicht deren Eigenschaften kennzeichnen. Dazu sind zunächst einmal die Datenelemente aus der organisatorischen Dimension begrifflich zu präzisieren und durch Operatoren und zulässige Domänen zu spezifizieren.

Beispiel: Wechselkurs		**Begriffliche Differenzierung**	**Domänen**	**Operatoren**
Zeit-	Zeitart	*Plan-, Prognose-, Istkurs*	*Ist - Kurs*	*planen, prognostizieren,*
dimension	Zeitperiode	*Tages-, Monats-, Jahreskurs*	*Tageskurs*	*erfassen*
	Zeitpunkt	*12.00, Börsenschluss*	*Börsenschluss*	
Berechnungsvorschrift		*ungewichteter bzw. gewichteter Durchschnittskurs, Stichtagskurs*		*gewichten, berechnen*
Maßstabsdimension		*X DM für 100, 1000 ... Fremdwährungseinheiten*	*100 Einheiten*	*berechnen*
Begriffsintension	Inhalt	*Geld- oder Briefkurs, Kassa- oder Terminkurs, Devisen- oder Sortenkurs mit / ohne Bankspesen*	*Kassa - Sortenkurs*	
Begriffs	Ort	*Börse*	*Frankfurt / M*	*vergleichen*
extension	Gültigkeitsperiode	*1998, täglich*	*1998, deutsche Werktage*	
	Länder	*Amtlicher Kurs*	*EU - Mitglieder*	*kalkulieren*

Abbildung 5.4.1-5: Begriffliche Präzision für ein Attribut am Beispiel

Ist ein Datenelement begrifflich präzisiert und durch Messvorschriften und Wertebereiche definiert, sprechen wir von *Attributen (attributes)*. Attribute bilden die Brücke zwischen den organisatorischen Informationselementen (properties) und den DV - technischen Datenfeldern, bei denen die Besonderheiten der Datenspeicherungs- und Datendarstellungstechnik zu beachten sind. Wiederum lassen sich Strukturdatenelemente und Verhaltensdatenelemente unterscheiden, wichtiger sind aber in Zeiten multimedialer Datenelemente, welche Ausprägungen ein Attribut annehmen kann, ob es aus sich heraus seine Struktur und seine Werte verändern kann und wie dabei seine Integrität gesichert wird (Grauer / Merten (1997)).

Beispiel: Der Badmöbelhersteller bietet einen multimedialen Produktkatalog mit einer Planungshilfe an, mit deren Hilfe der Kunde nicht nur die Möbelkonfiguration in seine Raumkonstellation hineinplanen, sondern auch die Lichtverhältnisse je nach Tages- und Jahreszeit simulieren kann. Basistechnik ist VRML (Virtual Reality Markup Language).

Merkmal	Denkbare Ausprägungen					
Attributtyp	Strukturattribute			Verhaltensattribute		
	identifizieren & typisieren	deskriptiv	chronologisch	ereignisspezifizierend	zustandsspezifizierend	bedingungsspezifierend
Attribut-struktur	extern starr definiert	extern deduktiv (anhand von Regeln bilden sich neue Attribute aus vorhandenen)			intern aktiv (anhand von internen Prozeduren bilden sich neue Attribute)	
Attributaus-prägung	einfach (single value)	multiple (multi value)	komplex (multi structure) * z. B. Texte und Grafiken			
Attribut-werte	extern bestimmt (measured attributes)			intern bestimmt (calculated attributes)		
Attributin-tegrität	extern gesichert (z. B. durch externe Programme)		intern gesichert (z. B. durch Aktives Datenbanksystem)			

Abbildung 5.4.1-6: Formale Typisierung von Attributen

Die Datenelemente sind zu standardisieren, damit Komponenten mehrfach verwendet und universellere Systeme entwickelt werden können. Ziel sind möglichst wenige Datenelementtypen, die mit wenigen, einheitlich aufgebauten Attributen beschrieben werden und einheitliche Operatoren nutzen . Individuelle Datenelemente sind zu vermeiden, da diese spezielle Systeme und aufwendige Abstimmungen bedingen (Ortner / Rössner / Söllner (1990)).

Beispiel: Wechselkurse werden im Vertrieb und Einkauf, in der Kostenrechnung und in der Bilanzierung, in der Finanzierung aller Unternehmen eines Konzerns verwendet und sind im Datenmodell einheitlich zu definieren. Andernfalls differieren die Kurse so, dass es aufwendiger Umrechnungen und Abstimmungen bedarf, um aus allen Systemen z. B. die gleichen Umsatzzahlen zu gewinnen.

3. Schritt: Beziehungen zwischen den Entwurfselementen präzisieren

Mit Beziehungen zwischen den Entwurfselementen werden auch auf fachlicher Ebene die zulässigen Strukturen oder Aktionen abgebildet. Dazu werden Existenzabhängigkeiten und Kardinalitäten genutzt.

In Beziehungen lassen sich *fachliche Existenzabhängigkeiten* modellieren , z. B.

- in Interaktionsbeziehungen: *Ein Prozess soll mindestens einen Klienten erfordern; ein Prozess mindestens ein Objekt erzeugen,*

- in Verknüpfungsbeziehungen: *Das Informationsobjekt „Auftrag" soll erst angelegt werden, wenn ein Klient „Kunde" beim Klienten „Vertrieb" den Prozess „bestellt" ausgelöst hat,*

- in Gruppierungsbeziehungen: *Der Klient „Werk" soll erst eingerichtet werden, wenn darunter mindestens ein Klient „Betrieb" existiert.*

Solche Existenzabhängigkeiten lassen sich unabhängig von Bedingungen (starke Abhängigkeit) oder abhängig davon (schwache Abhängigkeit) formulieren, z. B.

- für eine bestimmte Zeit: *Ein Klient „Mitarbeiter" wird zum Subtyp „Projektmitarbeiter" mit einer entsprechenden Gehaltszulage, solange er an Prozessen mit dem Projektmerkmal mitarbeitet,*

- für bestimmte Subtypen von Entwurfselementen: *Für den Subtyp „Stammkunden" des Klienten „Kunden" kann ein Informationsobjekt „Auftrag" schon angelegt werden, wenn der Klient „Aussendienst" diesen prognostiziert.*

Die *Kardinalität einer Beziehung* beschreibt, mit wie vielen anderen ein Objekt minimal und maximal in Beziehung stehen kann.

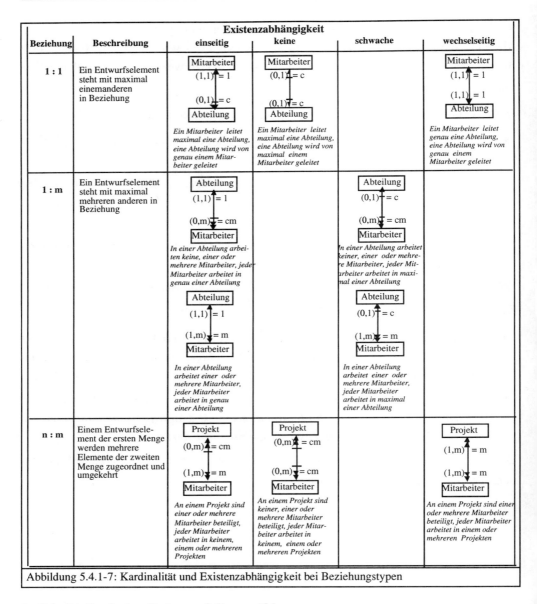

Abbildung 5.4.1-7: Kardinalität und Existenzabhängigkeit bei Beziehungstypen

4. Schritt: Logisches Datenmodell auswählen

Sofern die Attribute der Entwurfselemente technisch in Datenbanksystemen (DBMS) abgespeichert werden sollen, ist ein logisches Datenmodell auszuwählen. Diese unterscheiden sich hinsichtlich der Daten(bank)objekte, -operatoren und -strukturen und den dort bestehenden Möglichkeiten. Häufig können die angebotenen DBMS nicht alle Anforderungen des logischen Datenmodells erfüllen. Da dies für eine längere Nutzungsdauer als

existierende DBMS entwickelt wird, sollte festgehalten werden, was heute machbar und
was wünschenswert ist, um vom technischen Fortschritt profitieren zu können.

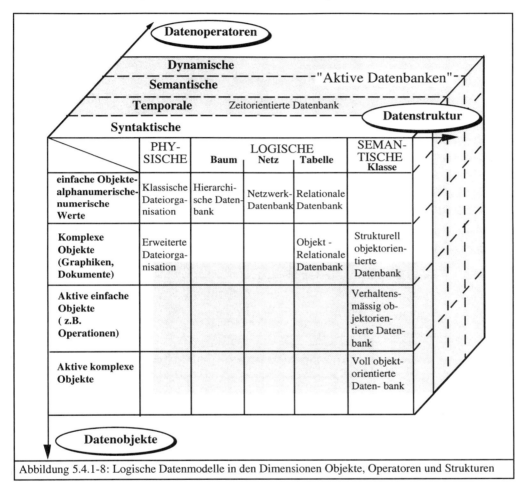

Abbildung 5.4.1-8: Logische Datenmodelle in den Dimensionen Objekte, Operatoren und Strukturen

Datenobjekte bestehen aus Attributen, deren Werte sich in Domänen und nach definierten Verhaltensregeln entwickeln dürfen. *Einfache Objekte* haben eine feste Syntax und
eine wohldefinierte Semantik, lassen sich daher effizient ablegen und durch Programme
automatisiert interpretieren (z. B. alphanumerische Daten). Bildobjekte lassen sich als
Bitmuster (binary large objects) abspeichern, mangels Semantik aber nicht automatisiert
interpretieren. *Komplexe Objekte* besitzen eine flexible Syntax und Semantik und sind
daher aufwendiger abspeicherbar und interpretierbar. Sie sind notwendig, um Grafiken,
CAD -Zeichnungen, Landkarten (in geografischen Systemen), Dokumente und Multi-
Media - Objekte interpretierbar zu speichern.

Herkömmliche Datenbanken speichern passive Objekte, d. h. sie können Daten mit einer vordefinierten Struktur aufnehmen, deren Werte durch externe Applikationen festgelegt wird. Einem *aktiven Datenobjekt* werden Regeln zugeordnet, entsprechend der es eigenständig auf systeminterne (z. B. Änderungen anderer Objekte, Zeit) oder -externe Ereignisse reagiert und seine Werte bestimmt. Eine erste Stufe sind Objekte mit definierbaren Operationen. Eine nächste Stufe bilden aktive komplexe Objekte, die es ermöglichen, neue Datenobjekte mittels Regeln aus vorhandenen zu bilden. Aktive Objekte erleichtern betriebswirtschaftliche Anwendungen, *z. B. löst ein Lagerbestand bei Unterschreiten einer Mindestmenge automatisch eine Bestellung aus; bei Überschreiten eines Lebensalters wird automatisch das Gehalt angepasst* (Fischer (1996)).

Datenoperatoren beschreiben, welche Operationen in der Datenbank möglich sind und wie die Integrität der Datenbasis gesichert wird. Unter anderem legen sie fest:

- Wie können Datenobjekte manipuliert werden? Wie kann nach Objekten recherchiert werden? Wie wird auf Ausnahmesituationen reagiert (z. B. Fehlerhandhabung)?

- Wie entwickelt sich ein Datenbestand von einem Zustand zum nächsten (Zustandsübergänge)? Welche Zustände sind zulässig und wie wird dies überprüft (Integritätsbedingungen)? Wie nachvollziehbar ist die zeitliche Geschichte der Zustände?

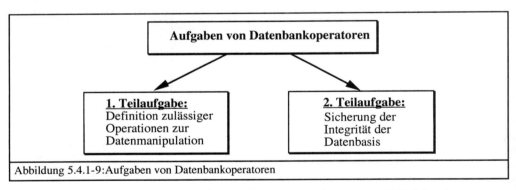

Abbildung 5.4.1-9:Aufgaben von Datenbankoperatoren

Syntaktische Datenoperatoren umfassen Operationen bezogen auf Zeichenketten zum Einfügen neuer Daten (INSERT-), zum Löschen (DELETE-), Ändern (UPDATE-) und Auffinden vorhandener Daten (SELECT). Diese Grundoperatoren bilden in DBMS die *Datenmanipulationssprache* (DML).

Eine Aufgabe der Operatoren liegt darin, Programm- und Eingabefehler zu verhindern, die die Datenbasis zerstören oder logisch inkorrekt gestalten. Solche *Integritätsbedingungen* (integrity rules) lassen sich unterscheiden in statische Regeln, die zulässige Zustände beschreiben, und in dynamische Bedingungen, die zulässige Zustandsübergänge sichern. *Syntaktische Bedingungen* prüfen, ob die Attributwerte den Domänen entsprechen und ob alle Attribute, die gleichzeitig geändert werden müssen, die gleiche Zeichenfolge aufweisen. *Semantische Bedingungen* überprüfen, ob die Inhalte der von einer Operation betroffenen Datenobjekte und Beziehungen stimmig sind. Implizite Bedingungen (*schraffiert*) ergeben sich aus der Logik des zugrundeliegenden Datenmodells (*Beispiel: relationales*) und werden dort durch Prüfprozeduren gesichert; explizite Bedingungen (*nicht schraffiert*) müssen durch Operatoren gesichert werden.

	Syntaktische	**Semantische**
Statische (state integrity)	Wertintegrität (domain integrity) (Attribute dürfen nur Ausprägungen entsprechend der Domänen haben)	Bedingungsintegrität (domain constraints) (Bestellungen unter 1000.- DM sind für Stammkunden nicht zulässig.)
	Schlüsselintegrität (relational integrity) (Solange die Kunden-Nr. als Fremdschlüssel z. B. in offenen Rechnungen genutzt wird, kann der Primärschlüssel des Kundensatzes nicht gelöscht werden)	Objektintegrität (object constraints) (Nur "Kunden" können auch "Stammkunden" sein.)
	Beziehungsintegrität (referential integrity) (AUFTRAG kann so lange nicht gelöscht werden, wie noch eine AUFTRAGSPOSITION existiert)	Beziehungsintegrität (referential constraints) (Nur "Produkte" aus der "Preisliste" können bestellt werden.)
Dynamische (transition integrity)	Existenzbedingung (temporal existence integrity) (Die Beziehung "kauft" kann erst existieren, wenn die Objekte "Produkt" und "Kunde" existieren.)	Zustandsübergänge (transition constraints) (Das Objekt "Mitarbeiter" kann erst dann Objekt "Ex-Mitarbeiter" werden, wenn alle Lohnzahlungen abgewickelt sind.)
	Inkompatibilitätsbedingung (incompatibility constraints) (Eine Person mit der gleichen Attributausprägung kann nicht gleichzeitig Mitarbeiter und Ex-Mitarbeiter sein.)	Zustandsfolgen (temporal constraints) (Nur ein Mitarbeiter bezieht Lohn. Mit der letzten Lohnzahlung verliert er seinen Status und wird Ex-Mitarbeiter.)

Abbildung 5.4.1-10: Integritätsbedingungen mit Beispielen

Temporale Datenoperatoren beschreiben die Geschichte (Historie) eines Datenbestandes. Sie stellen sicher, dass trotz Einfüge- und Löschoperationen immer nachvollzogen werden kann, wie sich ein Datensatz im Zeitablauf entwickelt hat. Rollback-Datenbanken halten parallel, jedoch nicht integriert mehrere zeitliche Versionen eines Datenbestandes. Historische Datenbanken erlauben es demgegenüber, die zeitliche Geschichte eines Datenbestandes stufenlos nachzuvollziehen (Fischer (1992)).(*Beispiel: Temporale Operatoren erlauben es, die Wohnorte einer Person im Laufe seines Lebens abzufragen*).

Semantische Datenoperatoren beschreiben die zulässige inhaltliche Struktur oder das zulässige Verhältnis der Datenobjekte zueinander. Sie prüfen die Einhaltung bestimmter

Integritätsbedingungen, ohne dass externe Anwendungen eingreifen müssen. *(Beispiel: Der gleichzeitige Eintrag des Vornamens "Norbert" und des Geschlechts "weiblich" ist nicht zulässig). Dynamische Datenoperatoren* betrachten die (zulässige) Entwicklung der Datenobjekte im Zeitablauf und führen beim Zugriff auf bestimmte Daten automatisch Folgeprozeduren durch (inferencing procedures), die die Integrität des Datenbestandes im Zeitablauf sichern (*Beispiel: Das Attribut Familienstand kann nur eine bestimmte zeitliche Folge:ledig, verheiratet, geschieden etc. durchlaufen.*

	Datenstrukturmodelle		
	Physische	**Logische**	**Semantische**
Beispiele	*ISAM - Dateien, VSAM - Dateien*	*Hierarchisches, Netzwerk, Relationales Datenmodell*	*Objekt-Beziehungs-, Klassen - Datenmodell*
Anliegen	Physische Effizienz (=Speicherplatz, Zugriffszeiten minimieren)	Logische Effizienz (=Vermeidung von Redundanz)	Semantische Effizienz (=Semantische Ausdrucksmächtigkeit)
Kennzeichen	• Keine Operatoren; diese sind in Programmen und Betriebssystemen verankert	• Strukturierung von Zeichenmengen • Flache Datenstrukturen (Satzorientierung) • Standardisierte Operatoren	• Strukturierung von Satzmengen • Tiefe Datenstrukturen (Klassenorientierung)
Bewertung	– Programmabhängige Datenstrukturen + physisch effizient	+ Programmunabhängige Datenstrukturen – Strukturierung unabhängig vom Inhalt – Komplexe Operationen setzen aus Daten wieder Informationen zusammen – Integrität muss in Programmen gesichert werden	+ Semantischer Bezugsrahmen (z. B. Klassenkonzept) zur Datenstrukturierung + Semantische Integritätsbedingungen

Abbildung 5.4.1-11:Vergleich physischer, logischer und semantischer Datenstrukturmodelle

In *physischen Datenstrukturmodellen* wird das Ziel verfolgt, für definierte Programme Daten speicherplatz- und zugriffseffizient zu halten. Mit *logischen Modellen* wird eine programmunabhängige Datenspeicherung durch separate Datenbanksysteme angestrebt. Aktuell werden *semantische Strukturmodelle* diskutiert, die die inhaltlichen Zusammenhänge der Daten bei der Speicherung nutzen.

5. Schritt: Externe Datensichten modellieren

Das *externen Sichten* repräsentieren die Auswertungserfordernisse der Klienten und Prozesse auf die strukturellen und verhaltensmässigen Eigenschaften der IS-Elemente. Von deren Eigenschaften sind für einen bestimmten Organisations-, Fach- sowie Technikprozess und den korrespondierenden Klienten nur ein Ausschnitt relevant. Da die Vereinigungsmenge aller externen Sichten letztlich alle konzeptionell relevanten strukturellen und verhaltensmässigen Eigenschaften der Entwurfselemente bestimmt, sind die konzeptionelle und die externe Sicht abhängig voneinander.

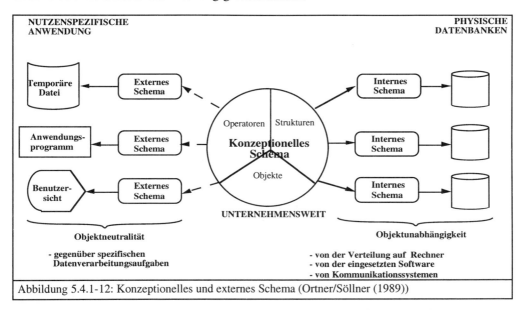

Abbildung 5.4.1-12: Konzeptionelles und externes Schema (Ortner/Söllner (1989))

Die verschiedenen externen Sichten können sich in der Detaillierung, der Benennung sowie in der Zusammenstellung von Attributmengen zu Objekten unterscheiden.

Es bestehen enge logische Beziehungen zwischen der konzeptionellen und der externen Sicht, die sich speziell bemerkbar machen, wenn Klienten Datenelemente oder Operatoren einfügen oder ändern. In dynamischer Hinsicht können in den externen Sichten zusätzliche Integritätsbedingungen vorgesehen werden, um Nutzer- oder Programmanforderungen zu erfüllen. Durch Regeln in der konzeptionellen Sicht lässt sich sicherstellen, dass fehlerhafte Applikationen nicht die Integrität der Datenbestände gefährden.

5.4.2 Funktionssicht

5.4.2.1 Aufgaben

In der fachlichen Funktionssicht sind aus den Organisations- so die Fachprozesse abzuleiten, dass die geschäftlichen und organisatorischen Ziele und Aufgaben vollständig erfüllt, die technischen Ressourcen jedoch weitgehend offen gehalten werden.

Fachprozesse (*application processes*) beschreiben die Aktionen von oder die Interaktionen zwischen Klienten, um Elemente von einem zulässigen Ausgangs- in einen Zielzustand zu verändern. Aktiv tätig sind in einem Fachprozess Klienten, verändert werden Objekte, Kanäle oder auch andere Klienten und Prozesse. Fachprozesse benötigen Klienten mit Potentialen und Kapazitäten, um in der verfügbaren Zeit den Zielzustand zu ermitteln. Fachprozesse mit geringer *Ressourcenbreite* setzen bestimmte Potentiale und Kapazitäten voraus, bei einer hohen Ressourcenbreite lässt sich der Prozess durch unterschiedliche Klienten durchführen.

Beispiel: *Automobilzulieferer folgen oft den PKW - Herstellerwerken und streben danach, Fabriken mit weltweit weitgehend identischen Prozessen aufzubauen. Dies funktioniert nur, wenn die Fachprozesse eine hohe Ressourcenbreite haben und durch Mitarbeiter und Maschinen unterschiedlicher Potentiale und Kapazitäten durchzuführen sind.*

In Prozessen werden Methoden der Klienten durch Ereignisse aktiviert und setzen vor dem Start einen Ausgangszustand voraus (event- condition-action). Erreicht wird ein Zielzustand, in dem sie Operatoren in einer bestimmten Reihenfolge anwenden.

Sind Methoden nur auf eng begrenzte Ausgangszustände anwendbar, haben sie nur eine geringe *Anwendungsbreite*. Verändern Methoden viele Elemente des Zustandes haben sie eine hohe *Wirkungstiefe*. Fachprozesse sind durch die durchzuführenden Methoden, die erforderlichen Input - und die resultierenden Output - Objekte eindeutig definiert.

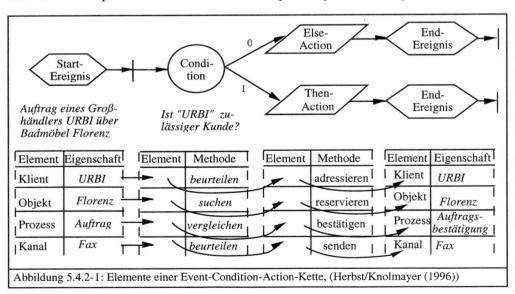

Abbildung 5.4.2-1: Elemente einer Event-Condition-Action-Kette, (Herbst/Knolmayer (1996))

Aus betriebswirtschaftlicher Sicht ist in der fachlichen Funktionssicht zu klären,

- welche Fachprozesse für die organisatorischen und geschäftlichen Aufgaben notwendig sind (Aufbaustruktur) und

- welche logische und zeitliche Struktur zwischen den Fachprozessen zu schaffen ist (Ablaufstruktur).

Danach sind betriebswirtschaftliche Verfahren zu überprüfen, ob sie geeignet sind und die notwendigen Fachklienten zu bestimmen. Leider existieren bisher nur für wenige Aufgabenbereiche betriebswirtschaftliche Typologien, die einen Zusammenhang zwischen der Aufbau- und Ablaufstruktur und sinnvollen Verfahren herstellen.

5.4.2.2 Entwurfsschritte

1. Schritt: Fachliche Aufbaustruktur festlegen

Die fachliche Aufbaustruktur besteht aus *Funktionen*, d.h. Prozessen, die bereits Klienten zugewiesen wurden (Nordsieck (1969), Kosiol (1969)). Fachliche Funktionen lassen sich hierarchisch spezifizieren; dabei lassen sich die Gesamtfunktion des Organisationsbereiches, Funktionen und Elementarfunktionen einzelner Fachklienten differenzieren. Jede Funktion lässt sich nach Kosiol durch folgende Dimensionen erfassen: (1) eine Verrichtung, die auf die Zustandsänderung (2) eines Objektes in (3) Raum und (4) Zeit abzielt (Hoffmann (1980), S. 199).

	Erläuterung	*Beispiel*
Gesamt-funktion	= Gesamtaufgabe, die auf personelle und maschinelle Klienten einer Organisation zugewiesen wurde und in bestimmten Prozessen erbracht wird.	*Produktion und Vertrieb von Möbeln im Werk Paderborn nach Kundenaufträgen in einer KANBAN gesteuerten Teilefertigung und einer auftragsgesteuerten Montage*
Funktion	= Prozesse, die personellen und maschinellen Klienten zugewiesen wurden und nach definierten Methoden erbracht werden	*Auftragserfassung Badmöbel im Werk Gütersloh durch den Auftragssachbearbeiter am Auftragsabwicklungssystem*
Elementar-funktion	= nicht mehr sinnvoll zerlegbarer Elementarprozess, der auf einen Fachklienten zugewiesen wurde	*Warenverfügbarkeit prüfen*

Abbildung 5.4.2-2: Begriffskonventionen für die Aufbaustruktur auf der fachlichen Ebene

Funktionen werden schrittweise zerlegt, bis *Elementarfunktionen* erreicht sind. Ziel ist es, Funktionen so weit zu verfeinern, bis eine Elementarfunktion zeitlich zusammenhängend möglichst am Ort der Datenentstehung bearbeitet werden kann, um eine eindeutige Verknüpfung von Klient, Prozess sowie Objekt und den zugeordneten Datenelementen zu erreichen.

Kriterium	Beschreibung	*Beispiele*
Keine zeitliche Unterbrechung	Eine Elementarfunktion kann in einer zeitlichen Sequenz ausgeführt werden	*Auftrag prüfen und im System erfassen*
Eindeutige Auslösekriterien	Das Start-Ereignis und dessen Attribute sind eindeutig definiert	*Auftrag liegt schriftlich vor*
Eindeutige organisatorische Zuordenbarkeit	Der Fachklient ist eindeutig definiert	*Vertriebssachbearbeiter + Vertriebssystem*
Algorithmisierbarkeit	Die Methoden lassen sich eindeutig beschreiben.	*Artikel- und Kundenangaben prüfen*
Eindeutiges Funktionsergebnis	Das Ende-Ereignis und dessen Attribute sind eindeutig definiert	*Hinsichtlich Kunde und Artikel geprüfter Auftrag*
Eindeutige Betriebsart	Die Eingriffsmöglichkeiten der Nutzer sind eindeutig definiert.	*Dialog*
Bindung an Datenobjekte	Die erforderlichen Datenobjekte sind eindeutig definiert.	*Kundenstamm, Artikelstamm*

Abbildung 5.4.2-3: Kriterien für Elementarfunktionen (Held (1991),S. 63)

Eine Elementarfunktion kann in mehrere übergeordnete Funktionen eingehen, sofern sie vom gleichen Klienten durchgeführt wird. *Beispiel: Die Elementarfunktion "Lagerplatz bestimmen" kann sowohl in die Funktion "Materialauslagerung" als auch in die Funktion "Produktauslieferung" eingebunden sein* (Scheer (1991),S. 66).

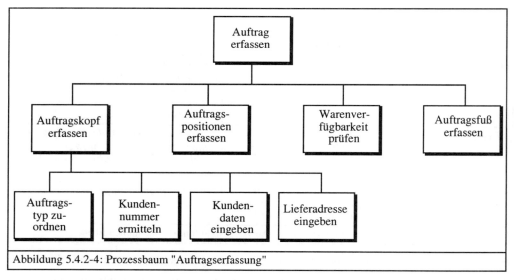

Abbildung 5.4.2-4: Prozessbaum "Auftragserfassung"

Um den Implementierungsaufwand zu reduzieren, werden Elementarprozesse in fachlicher (Daten und Methoden) und klientenmäßiger (Potentiale und Kapazitäten) Hinsicht zu typisieren versucht. *Elementarprozesstypen* sind allgemeine Fachprozesse einer bestimmten Verfeinerungsstufe, die mehrfach in vertikaler, horizontaler oder zeitlicher

Hinsicht verwendbar sind. Seltene Sonderfälle werden vernachlässigt, es sind repräsentative *Kernprozesse* eines Systems zu identifizieren (Kaufmann (1993), S. 142).

Im *Soll- Funktionsmodell* wird die bisherige Zuordnung von Prozessen auf Klienten überprüft. Nicht immer lassen sich aus sachlichen oder wirtschaftlichen Gründen für die Soll - Prozessstruktur die geeigneten Klienten finden,

- da die Aufgabenstruktur zu komplex ist, d. h. die für die Verrichtungen erforderlichen Informationen übersteigen die verfügbaren Verarbeitungskapazitäten,

- da die Aufgabe zu dynamisch ist, d. h. deren Elemente und Beziehungen verändern sich für die Informationsverarbeitungskapazitäten zu schnell.

	Leistungsanforderungen der Fachprozesse			
	> Leistungsfähigkeit maschineller Klienten	< Leistungs­fähigkeit ma­schineller Kli­enten	> Leistungsfähigkeit menschlicher Klienten	< Leistungsfähigkeit menschlicher Klienten
Organisatorische Maßnahmen	• Andere Aufgabensynthese	• Teilaufgabe weniger stark zerlegen	• Teilaufgaben weiter zerlegen	• Teilaufgaben weniger stark zerlegen
Fachliche Maßnahmen	• Menschliche Klienten einsetzen • Aufgabe vereinfachen	• Einfacheres DV-Konzept wählen	• durch maschinelle Klienten unterstützen • Qualifizierung	• auf maschinelle Klienten verlagern
Technisch Maßnahmen	• Leistungsfähigere Software/Hardware wählen	• Einfachere Software / Hardware wählen	• Andere Personalzuordnung (Unterqualifizierung)	• Andere Personalzuordnung (Überqualifizierung)

Abbildung 5.4.2-5: Anforderungen von Fachprozessen und Leistungsfähigkeit von Klienten

2. Schritt: Fachliche Ablaufstruktur festlegen

In der fachlichen Ablaufstruktur werden *Fachprozesse* zu zeitlich-logischen Folgen angeordnet. Wir sprechen jetzt von *Vorgängen*. Vorgänge sind zeitlich - logisch gebundene Aktionen, die durch Ereignisse begonnen und beendet werden (Ferstl / Sinz (1997), S. 55, Keller / Hechler (1991), S.82).

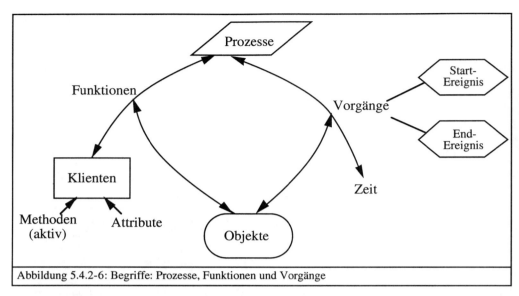

Abbildung 5.4.2-6: Begriffe: Prozesse, Funktionen und Vorgänge

Ein Vorgang besteht somit aus mindestens zwei Ereignissen und einer Aktion. Start - Ereignisse besitzen Datenelemente, durch die Vorgänge ausgewählt, gestartet und deren Methoden bestimmt werden können. Ergebnis - Ereignisse besitzen die Datenelemente, durch die ein Vorgang abgeschlossen ist.

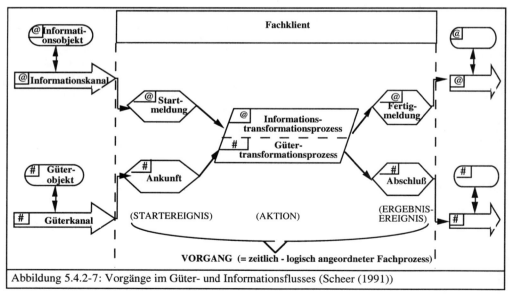

Abbildung 5.4.2-7: Vorgänge im Güter- und Informationsflusses (Scheer (1991))

Für Vorgänge gelten folgende Kriterien:

(1) Der Input und Output eines Vorgangs im Informationsfluss müssen beobachtbar sein, ebenso dessen Start- und Ergebnis-Ereignis.

(2) Ein Vorgang ist solange hierarchisch zu zerlegen, bis Elementarvorgänge entstehen, die eindeutig menschlichen oder maschinellen Aufgabenträgern zugewiesen werden können (Elementarvorgänge = Elementarfunktionen).

(3) Für jeden Vorgang im Informationsfluss, der Bezug auf den Güter- und Geldfluss nimmt, sollte dort auch ein Vorgang definiert werden. Im Informationsfluss existieren Ereignisse (*z. B. Eintreffen von Warenbegleitpapieren*) oder Aktionen (*Ausfüllen von Lieferscheinen*), die unmittelbar mit dem Güter- bzw. Geldfluss zusammenhängen. Für diese Informationsvorgänge sind parallele Güter- bzw. Geldvorgänge zu definieren, um ein Auseinanderfallen von Güter- bzw. Geldfluss und Informationsfluss zu registrieren. *Beispiele: Lieferungen ohne Frachtpapiere oder mit Frachtpapieren, aber mit falschen Angaben, Zahlungen ohne Überweisungsträger*

Für jeden Vorgang im Güter- und Geldfluss, der Bezug auf den Informationsfluss nimmt, muss dort auch ein Vorgang definiert werden.

	Erläuterung	**Kriterien**	*Beispiel*
Vorgangs-kette	Einem Fachprozess unmittelbar dienende zeitlich - logische Folge von Vorgängen	• i.d. R. mehrere Fachklienten • vollständige sachliche Umwandlung eines Fachobjektes	*Bestellung, Wareneingang, Rechnungseingang*
Vorgang	Zeitlich - logisch gebundene Aktionen im Güter-, Geld oder Informationsfluss, die durch Ereignisse begonnen und beendet werden	• definiertes Start- und Ergebnis -Ereignis • gut strukturierte Aktionen • definierter Input und Output	*Wareneingang*
Ereignis	Externer oder interner Vorfall, der einen Vorgang startet oder abschließt	• beobachtbares Objekt des Güter-, Geld- oder Informationsflusses	*Warenlieferung; Zahlungseingang; Rechnungseingang*
Abbildung 5.4.2-8: Begriffe der fachlichen Ablaufstruktur			

Zwischen Aktionen und Ereignissen treten verschiedene logische Beziehungen auf:

• Ein Ereignis löst mehrere Aktionen aus,

• Mehrere Ereignisse lösen zusammen oder alternativ eine Aktion aus,

• Eine Aktion löst mehrere Ereignisse aus,

• Mehrere Aktionen lösen zusammen oder alternativ ein Ereignis aus.

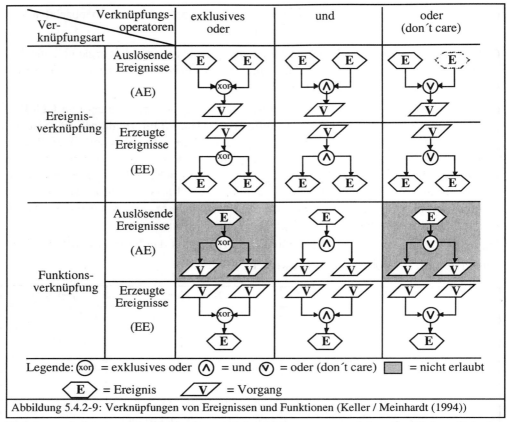

Abbildung 5.4.2-9: Verknüpfungen von Ereignissen und Funktionen (Keller / Meinhardt (1994))

Es ist zu erheben, welche Ereignisse welche Aktionen aus welchen fachlichen Gründen bewirken. Um so vielfältiger die Verknüpfungen sind, desto manigfaltiger und aufwendiger sind die fachlichen Regelungen. Ereignisse mit nicht eindeutigen Attributen führen zu nicht automatisierbaren Vorgängen. Darum wird versucht, die Verknüpfungen zu vereinfachen und die Ereignisattribute eindeutig zu definieren.

Sind Ergebnis - Ereignisse eines Vorgangs Start - Ereignisse nachfolgender Vorgänge entsteht eine *Vorgangskette*. Diese beschreibt eine vollständige sachlogische Transaktion der Informations- (und korrespondierenden Güterobjekte) mit Hilfe der entsprechenden Methoden (Spitta (1989), S.115).

Beispiel: *Auftragsabwicklung von der Auftragsannahme über die Materialbereitstellung und Produktion bis zur Auslieferung; Beschaffung eines Investitionsgutes von der Bestellung über die Installation und Inbetriebnahme bis hin zur Instandhaltung und Desinvestition (Scheer (1991), S. 4).*

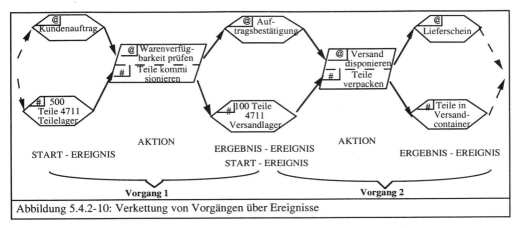

Abbildung 5.4.2-10: Verkettung von Vorgängen über Ereignisse

Im *Analyseschritt* werden Vorgänge und Funktionen der Ist-Situation mit ihren Objekten erfasst. Der Informationsfluss ist danach zu analysieren, durch welche Methoden die Informationsobjekte des Vorgangs verändert werden.

Durch Vorgänge werden zum einen die Datenelemente von Objekten und Klienten verändert. Diese Vorgänge sind häufig organisatorisch und fachlich schwierig, wenn mehrere Klienten zur Pflege der Objekte berechtigt sind (z. B. Kostenstellen, Produkte einrichten) und die Berechtigungen und Integritäten zu prüfen sind.

Vorgang	Informationsobjekt			Bearbeitungs-funktion		Organisati-onsklient
	für Klient	für Güter-objekt	für Prozess	DV-ge-stützt	manuell	
Auftrag entge-gennehmen			Auftrag		X	Außendienst
Auftrag erfas-sen	Kunden-stamm	Artikel-stamm	A.-bestand	X		Vertrieb
Produktverfüg-barkeit prüfen	Kunden-stamm	Lagerbe-stand		X		Vertrieb, Lagerver-waltung
Auftragsbestäti-gung schreiben		Artikel stamm	Auftrags-bestand	X		Vertrieb
Auftragsbestäti-gung versenden			A.-bestäti-gung		X	Vertrieb
Produkt für Kunden reser-vieren	Kunden-stamm	L.-bestand	A.-bestand	X		Vertrieb
Unreservierten Lagerbestand ermitteln		L.-bestand		X		Lagerver-waltung

Abbildung 5.4.2-11: Vorgangskettentabelle (Scheer (1990b))

Zum anderen existieren Informationsobjekte für Vorgänge, deren Ereignisse und Zustände die Zwischenschritte (mit den resultierenden Mengen, Zeiten und Werten) einer Vorgangskette beschreiben. Solange eine Vorgangskette nicht abgeschlossen ist, werden deren Objekte von Vorgang zu Vorgang weitergereicht. Viele Informationsobjekte, die erst im Verlauf einer Vorgangskette gewonnen, verarbeitet und ausgegeben werden, werden strukturell bereits in deren frühen Vorgängen festgelegt (Becker(1992), S.1385).

Beispiel: Die Struktur eines Auftrages legt bereits dessen Kontierung fest, nicht erst der Rückfluss des Lieferscheins.

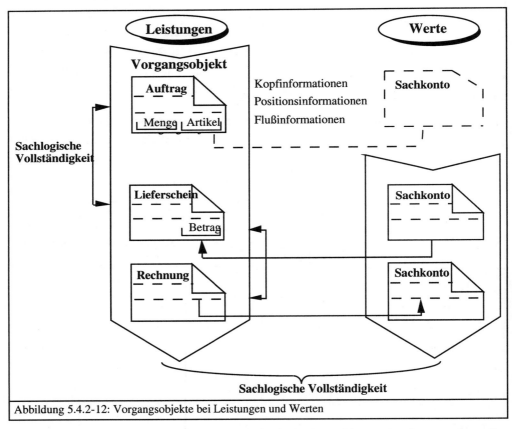

Abbildung 5.4.2-12: Vorgangsobjekte bei Leistungen und Werten

Sobald eine Vorgangskette störungsfrei sachlogisch abgeschlossen ist, können deren Informationsobjekte gelöscht werden. Andernfalls erhöht sich die Komplexität und der Umfang des Datenbestandes und der Schnittstellen (Spitta (1989), S. 115).

	Leistungsfluss	**Wertefluss**
Auftrag	⌐→	→
Lieferschein	⌐→ Teillieferung	→
Rechnung		abweichender Preis
		→ abweichende
		⌐→ Fakturierungswährung
Zahlung		→ abweichender Betrag
		abweichende Skonti
		→ abweichender Währungskurs

Abbildung 5.4.2-13: Störungen des sachlogischen Abschlusses von Geschäftsvorfällen

Im *Modellierungsschritt* werden die logischen Ereignis-Aktionsstrukturen so modifiziert, dass geschlossene informationelle und materielle Vorgangsketten entstehen. Für die Modellierung bieten sich computergestützte Werkzeuge an, die sich meist an PETRI - Netzen orientieren, da diese „auf ideale Weise die Anforderungen eines bruchfreien Übergangs von der fachlichen Ebene bis zur ausführbaren Ebene" erfüllen (Desel / Oberweis (1996), S. 365).

		PETRI - Netz orientiert	**Petri - Netz - Derivate**
		– semi -formal, daher nicht logisch evaluierbar	+ formal vollständig, daher logisch evaluierbar
		– nur beschränkt mit Entwicklungswerkzeugen kombinierbar	+ gut mit relationalen Datenbanken kombinierbar
		+ anschaulich	– nur beschränkt anschaulich
Verfahren		• Ereignisgesteuerte Prozessketten (Scheer (1991)	• FUNSOFT (Gruhn / Kampmann (1996)) • BROCOM (Herbst / Knolmayer (1996))
Werkzeuge	mit Standardsoftware integrierbar	• SAP Analyser / ARIS für SAP (IDS)	• BAAN Dynamic Enterprise Modeller
	mit Workflow -Systemen integrierbar	• ARIS für NOTES	• LEU (LION) • Work Party

Abbildung 5.4.2-14: Prozessmodellierungswerkzeuge (Beispiele)

Wie in Abschnitt 3 beschrieben, sollten die Strukturen von Güter- und Informationsfluss möglichst parallel verlaufen., das heißt

- das Startereignis eines oder mehrerer Vorgänge des Güterflusses entspricht einem Start-Ereignis des Informationsflusses,

- das Ergebnis-Ereignis eines oder mehrerer Vorgänge des Güterflusses entspricht einem Ergebnis-Ereignis des Informationsflusses.

Ereignisse des Informationsflusses können dort Vorgänge auslösen (analog für Güterfluss - reine Verknüpfungen); ebenso aber Vorgänge im Güterfluss (Misch-Verknüpfungen). Welche Vorgänge im Güterfluss zusammengefasst werden, ergibt sich u. a. daraus, an welchen Stellen der Leistungsfluss automatisierbar beobachtbar ist.

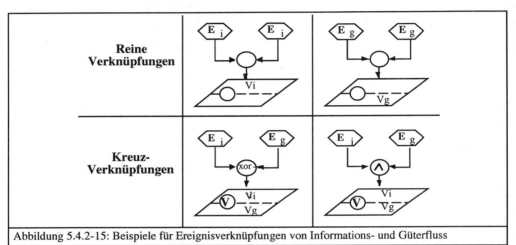

Abbildung 5.4.2-15: Beispiele für Ereignisverknüpfungen von Informations- und Güterfluss

5.4.3 Kommunikationssicht

5.4.3.1 Aufgaben

Fachlich soll es Kommunikation ermöglichen, dass menschliche und maschinelle Aufgabenträger (=Fachklienten) entsprechend ihren Ressourcen und Potentialen arbeitsteilig und zielgerecht die Aufgaben bewältigen. Wiederum ist Kommunikation zwischen maschinellen (z. B. Computern), zwischen menschlichen und zwischen menschlichen und maschinellen Klienten (z. B. Mensch - Computer) zu unterscheiden.

Fachkanäle (application channels) beschreiben das zulässige Kommunikationsnetz zwischen den Fachklienten, über das diese Phasen-, Rang- oder Ausführungs - Informationsobjekte austauschen. Ein *fachlicher Informationsfluss* besteht aus einer oder mehreren Informationsobjekten (=Nachrichten), die zwischen Klienten in einer spezifischen zeitlichen oder logischen Struktur (*Beispiel: Angebot, Auftrag, Auftragsbestätigung, Lieferbestätigung, Rechnung*) über bestimmte Fachkanäle fließen (Held (1991), S.67).

Auf der fachlichen Ebene sind die Kommunikationsstrukturen so weit zu spezifizieren, dass

- die auszutauschenden Informationsobjekte (Nachrichten) definiert werden können,

- aus den Nachrichtenstrukturen die Anforderungen an menschliche und maschinelle Fachklienten und deren Arbeitsteilung abgeleitet werden kann,

- die Interaktionsstruktur zwischen den Kommunikationsteilnehmern festgelegt werden kann.

5.4.3.2 Entwurfsschritte

1. Schritt: Fachklienten zu Kommunikationsdomänen zuweisen

Zunächst sind die menschlichen oder maschinellen Fachklienten und ihre Leistungsfähigkeit für unternehmensinterne und -externe Kommunikationsabläufe zu spezifizieren.

Die *Kommunikationsdomänen* zwischen den Fachklienten ergeben sich aus deren (aktuellen und wünschenswerten) Potentialen und Kapazitäten sowie den Geschäfts- und Organisationsabläufen. Häufig differieren die Soll- und die Ist- Domänen, da sich Fachklienten gegenseitig nicht kennen. Es ist Aufgabe der Fachkanäle potentielle Ansprechpartner in Fachprozessen zu identifizieren (z. B. mit Hilfe von Verzeichnissen mit qualifizierten Angaben (Directories))

Die *ausgetauschten Informationsobjekte* resultieren daraus, ob die Arbeitsteilung zwischen den Klienten vordefiniert ist, ob mit Kommunikation Komplexität, Unsicherheit, Dynamik reduziert werden soll, welche Zielkonflikte zwischen den Beteiligten bestehen und ob Verhandlungsprozesse notwendig sind.

Beispiel: Beim Badmöbelhersteller bestehen durchgängig Zielkonflikte zwischen Außendienst, Vertrieb und Fertigung: Der Außendienst möchte seine Kunden und Ausstellungen individuell bedienen, kämpft aber mit steigenden Lieferzeiten. Der Vertrieb strebt nach einer verläßlichen Absatzprognose und kämpft mit wachsenden Lagerbeständen. Die Fertigung befindet sich in einem Hase - Igel - Rennen mit den wechselnden Produktanforderungen des Vertriebes. Per elektronischer Kommunikation soll der Außendienst enger mit dem Vertrieb und der Fertigung gekoppelt und kontinuierlich Nachrichten ausgetauscht werden, um Baustellengegebenheiten und Bauherrenanforderungen schon weit vor dem eigentlichen Kundenauftrag (des Großhandels) zu übermitteln. Gut definierte Informationsobjekte wie Fertigungspläne und Lagerbestände sollen ergänzt werden durch Informationen über Ausstellungen, Badlayouts etc. Ein solches System reicht über ein übliches Außendienstinformationssystem hinaus, da auch Installateure, Sanitärplaner und Architekten einzubinden sind.

	Informationsobjekte vordefiniert			
Klienten	minimal	unscharf	hinreichend	vollständig
minimal vordefiniert	Electronic		Information	Sharing
unscharf vordefiniert	Mail	Workgroup	Computing	
hinreichend vordefiniert	Electronic			Workflow-
vollständig vordefiniert	Conference			Computing

Abbildung 5.4.3-1: Kommunikationssysteme abhängig vom Definitionsgrad von Informationsobjekten und Klienten (Bonin (1992), S. 592)

Beim *Workflow Computing* werden gut definierte Vorgangsketten unterstützt. *Information Sharing* soll die Dokumentation und Nutzung von Wissen in einer Organisation verbessern. Bei *elektronischen Konferenzen* wird der Gedankenaustausch und der Kreativitätsprozeß der Teilnehmer elektronisch unterstützt; die Konferenz kann an verschiedenen Orten erfolgen. Beim *Workgroup Computing* sollen Projektgruppen ihre Arbeit inhaltlich und zeitlich koordinieren.

Die Fachklienten bestimmen mit ihrer Leistungsfähigkeit die mögliche *Intensität der Kommunikation*. Bei *elektronischen Übertragungssystemen* (z. B. Electronic Mail) werden zwischen Personen Informationsobjekte ausgetauscht, die durch menschliche Klienten interpretiert werden müssen. Bei *gekoppelten Systemen* (z. B. EDI) tauschen maschinelle Klienten definierte Objekte aus und interpretieren diese; menschliche Klienten sind nicht eingeschaltet. Für die automatische Interpretation sind die Nachrichten exakt zu definieren und die Fachklienten entsprechend auszulegen..

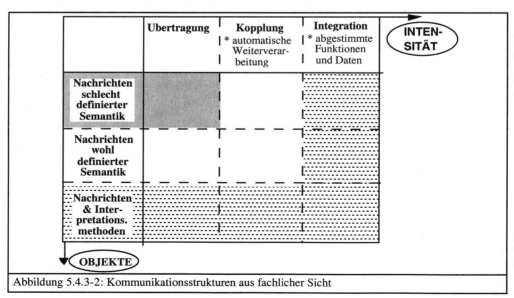

Abbildung 5.4.3-2: Kommunikationsstrukturen aus fachlicher Sicht

Bei *integrierten Kommunikationsystemen* werden die Strukturen der kommunizierenden (maschinellen) Klienten so abgestimmt, dass sie sich aus externer Sicht wie ein einheitliches System verhalten.

2. Schritt: Kommunikationsstrukturen bestimmen

Die inhaltlichen Kommunikationsstrukturen werden durch Informationsobjekte beschrieben, die sich bei gleicher Attributstruktur sich zu Typen zusammenfassen lassen. Objekte mit wohl - definierter Semantik lassen sich durch maschinelle Fachklienten interpretieren, solche mit schlecht - definierter Semantik nur durch menschliche Aufgabenträger. Um gekoppelte Informationssysteme zu realisieren, wird weltweit an Nachrichtenformaten mit einer automatisch interpretierbaren Semantik gearbeitet. Neben offenen Nachrichtenformaten (wie EDIFACT, ODA und STEP) versuchen Softwareanbieter Formate zu etablieren (z. B. SAP). Alternativ wäre es möglich, in Informationsobjekten neben der Nachricht auch die Interpretationsregeln mit zu übermitteln (z. B. in der Programmiersprache JAVA).

Beim fachlichen Systementwurf sind die Nachrichtenformate für die konkrete Anwendung semantisch zu präzisieren und auf die Erfordernisse der Klienten abzustellen.

	EDIFACT (Electronic Data Interchangefor Administration, Commerce and Transport; ISO 9735)	**ODA** (Open Document Architecture; ISO 8613)	**STEP** (STandard for the Exchange of Product Model Data)
Austausch von	Geschäftsnachrichten	Bürodokumenten	technischen Produktdaten
Festlegung einer	Nachrichtenstruktur aus: • Nachrichtentypen • Nachrichtenelementen	Dokumentenarchitektur aus: • Dokumentenstruktur • Bearbeitungsmodell	Produktmodellarchitektur für grafische und formale Produktbeschreibungen
wird angewendet	im Geschäftsverkehr	in der Bürokommunikation	in der computergestützten Produktion

Abbildung 5.4.3-3: Nachrichtenformate EDIFACT, ODA und STEP im Vergleich

Beispiel: *Um den Angebots- und Bestellprozeß eines Handwerkers oder Händlers beim Badmöbelhersteller per EDI zu unterstützen, sind dessen Stammdaten (Artikelnr., -bezeichnung, -beschreibung hinsichtlich Farben, Oberflächen, Maßen, Ausstattungen) in EDIFACT-Struktur zu beschreiben und diese allen Teilnehmern mitzuteilen. Hierfür hat ein Arbeitskreis der Sanitärbranche Richtlinien und EDIFACT-Subsets für das Branchensortiment (von der Wanne über die Armatur bis zum Badmöbel) erarbeitet.*

Die *zeitlichen Kommunikationsstrukturen* betreffen zum einen die Frequenz der eintreffenden bzw. zu sendenden Nachrichten (Beispiel: Bestellungen gebündelt um 9.00 / 12.00 / 18.00 senden, Bestellbestätigungen um 10.00 / 13.00. / 19.00 empfangen); zum zweiten die Durchlaufzeit einer vollständigen Interaktion (Beispiel: Wie lange dauert der Zyklus Angebot - Bestellung - Bestellbestätigung - Lieferavis). Da neben der Übertragung auch die Dokumentation zur Kommunikation gezählt wird, ist zum dritten die Dauer festzulegen, für die Daten über Klienten, Objekte und Prozesse zu speichern sind, um geschäftlichen, organisatorischen und rechtlichen Erfordernissen zu genügen.

3. Schritt: Fachliche Informationsflüsse definieren
Fachliche Informationskanäle (= *Fachkanäle- application channels*) beschreiben die Wege, die ein Informationsfluss zwischen den Fachklienten nehmen darf. Fachkanäle unterscheiden sich

- in der Eignung für bestimmte Informationsobjekte (*z. B.* Sprache, Bewegtbilder),
- im Adressierungs- und Übermittlungsverfahren (*z. B.* point to point, mailbox, Adreßverzeichnisse),
- in den übernommenen fachlichen Funktionen (*z. B.* mailing, clearing).
- in der Kapazität und in der Geschwindigkeit.

Die Grundaufgabe eines Fachkanals ist das *Übertragungsmanagement,* d. h. alle Aufgaben im Zusammenhang mit dem Datentransport zwischen (personellen oder maschinellen) Fachklienten.

Aufgabe	Erläuterung	Anforderungen
Nachrichten übersenden	• Adressierungsprozeduren • Verteilerprozeduren • Datensicherheitsprozeduren • Verifizierung von Absendern • Senden von Empfangsbestätigungen	• Verschlüsselungsmechanismen • Definierbare Kommunikationsdomänen
Adressverwaltung	• Verwalten von Namens- und Adressverzeichnissen • Verwalten von Verteilerlisten	• Adress- und lernfähige Organisationsverzeichnisse
Ablage	• Speichern und Auffinden empfangener und gesendeter Nachrichten	• Recherchemechanismen
Erinnerung	• Wiedervorlage einer Nachricht zu einem definierten Zeitpunkt	
Abbildung 5.4.3-4: Aufgaben des Übertragungsmanagements		

Im *Koordinationsmanagement* sind die Kommunikationsflüsse zwischen den Fachklienten zu dokumentieren und zu analysieren.

Aufgabe	Erläuterung	Anforderungen
Vorgangs-steuerung	• Vorgänge werden nach Art, Reihenfolge, zeitlichen sowie inhaltlichen Abhängigkeiten definiert. • Vorgänge werden ereignisorientiert gesteuert	• Definition von Vorgängen und Ereignissen • Vorgangs- und Ereignisklassen • Ablauflogik mit Verzweigungen, Zusammenführungen und Schleifen
Kapazitäts steuerung	• Rollen, Potentiale und Kapazitäten von Fachklienten werden definiert • Vorgänge kapazitätsabhängig Klienten zuordenbar	• Definition von Fachklienten und deren Rollen in Prozessen • Ablaufsteuerung mittels Kapazitätsausgleichsregeln
Vorgangs-kontrolle	• Bearbeitungsstatus von Vorgängen wird dokumentiert und kontrolliert • Terminkontrolle von Vorgängen	• Bearbeitungshistorien
Abbildung 5.4.3-5: Aufgaben des Koordinationsmanagements		

Fachliche Informationsflüsse sind so zu modellieren, dass die Informationsobjekte sendender Klienten immer vollständig von den Empfängern genutzt werden. Erst dann ist ein Informationsfluss beendet.

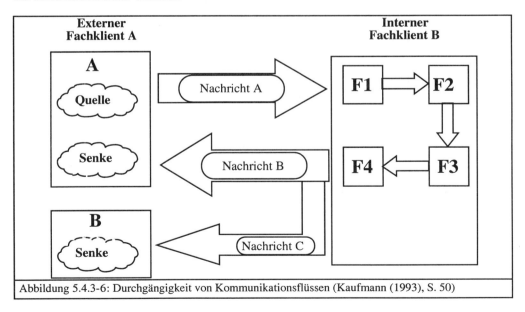

Abbildung 5.4.3-6: Durchgängigkeit von Kommunikationsflüssen (Kaufmann (1993), S. 50)

5.5 Technische Dimension

Die technische Dimension ist Aufgabe der IS- Organisation; neben der klassischen DV-Abteilung gehören dazu die Stellen, die für das betriebliche Telephon- und Datenübertragungsnetz verantwortlich sind. Entwickelt wird ein IS - Technikplan, der die technischen Architekturentscheidungen hinsichtlich

- *Verteilungsgrad* der IS - Komponenten und deren Vernetzung ,

- *Integrationsgrad* der betriebswirtschaftlichen, technischen und Büro -Systeme,

- *Standardisierungsgrad* der Hard- und Software - Komponenten

festlegt und für den nächsten Budgetierungszeitraum Beschaffungen beantragt.

Ziel	Horizont	Frequenz	Adressat	Beteiligte
• IS- Technikplan	• 1 - 4 Jahre	• jährlich	• Geschäftslei-tung	• DV - Abteilung • Telefontechnik

Abbildung 5.4.3-7: Merkmale der technischen Dimension

In der technischen Dimension fokussieren sich die Entwurfsentscheidungen auf die Technikklienten und Technikkanäle. *Technikklienten (technical clients)* kennzeichnen die relevanten Anwendungssysteme und die Nutzerterminals inner- und außerhalb des Unternehmens, die sich als Instanzen durch konkrete technische Merkmale oder als Typen durch bestimmte Leistungs- und Nutzungsparameter (z. B. durch Applikations - Middleware wie CORBA, DCOM) beschreiben lassen (*abstrakte Technikklienten*). Technikklienten lassen sich durch Schichten von Hardware (Prozessor, Speicher, Bus etc.) sowie Betriebs- und Anwendungssoftware weiter spezifizieren.

Technikkanäle (technical channels) kennzeichnen die Systeme für die Computer - Computer - oder die Mensch - Computer - Kommunikation inner- und außerhalb des Unternehmens, die sich wiederum als Instanzen oder als Typen durch Merkmale beschreiben lassen (*abstrakte Technikkanäle*). Auch Technikkanäle lassen sich durch Schichten weiter beschreiben; nutzbar ist z. B. das ISO - OSI - 7 Schichtenmodell.

5.5.1 Datensicht

5.5.1.1 Aufgaben

Daten sind in Unternehmen u. a. aus handels- und steuerrechtlichen Gründen und wegen der langen Entwicklungs- und Produktionszeiten in der Regel für mehrere Jahrzehnte zu speichern. In diesen langen Zeiträumen wechseln die geschäftlichen und organisatorischen Strukturen (z. B. durch Akquisitionen) sowie die technischen Systeme oft grundlegend und elektronische Speichermedien erleiden erhebliche Qualitätseinbußen.

Vor dem Hintergrund dieser oft vernachlässigten Randbedingungen ist das Datenhaltungssystem als Technikklient auszuwählen, zu implementieren und in die DV -Produktion aufzunehmen. Dazu ist zum einen die erforderliche Hard- und Software zu installieren, zum anderen sind organisatorische und technische Regelungen zu treffen, um diese auf Dauer einsatzbereit zu halten.

5.5.1.2 Entwurfsschritte

1. Schritt: Technikklienten identifizieren, Datenstrukturen optimieren
Daten werden durch die Technikklienten inner- oder außerhalb des Unternehmen produziert und über Transaktionen in die Datenhaltungssysteme (ebenfalls Technikklienten) eingespeist oder dort nachgefragt. Die *Produktionsklienten* haben aus Sicht des externen Schemas der Datenbanken Leistungs- und Nutzungsparameter, die sich aus der

- zeitlichen Struktur (Frequenz, akzeptierte Antwortzeiten),
- qualitativen Struktur (Art, Datenobjekte, Datenschutzerfordernisse, Systemeigenschaften),
- quantitativen Struktur (Datenmengen, räumliche Entfernungen)

der durchgeführten Transaktionen ergeben.

Beispiel: Will der Badmöbelhersteller sowohl den Mitarbeitern des Vertriebs über Terminals, den Außendienstmitarbeitern über stationäre und mobile PC als auch den Kunden aus Großhandel und Industrie den Zugriff auf Lagerbestände und Fertigungspläne ermöglichen, so ist vor dem Hintergrund der Transaktionen und der verwendeten Technik zu entscheiden, ob das System auf der Basis von Datenbank -, Groupware -, WWWEB - Clients oder in einer Mischung realisiert werden soll.

Technikobjekte (technical objects) bezeichnen die Daten, die in Prozessen der Klienten verarbeitet, transportiert oder gespeichert werden. Aus Anwendungssicht ist dabei zwischen gebundenen und neutralen Objekten zu unterscheiden. *Anwendungsgebunden* sind Präsentations-, Nutz- und Steuerdaten, die sich aus der Fachebene ergeben (Hansen (1992), S. 108).

Anwendungsneutral sind Adressen und Mikrobefehle bzw. -programme, die aus der Verteilung und den Eigenschaften der technischen Komponenten resultieren und durch deren Basissoftware benötigt werden.

Beispiel: *Da das HTTP - Protokoll für WWWEB - HTML - Seiten zustandslos ist, müssen für Datenbankzugriffe an der Schnittstelle Objekte zur Transaktionssteuerung programmiert werden. Dies kann über CGI (Common Gateway Interface) geschehen, mit dem selbst erstellte ausführbare Programmobjekte („CGI-BIN") auf dem WWEB-Server gestartet werden, die dann z. B. die für den Zugriff auf den Datenbankserver erforderlichen SQL-Statements enthalten. Jeder Start eines Programmobjekts stellt eine abgeschlossene Programmausführung dar; eine Interaktionssteuerung erfolgt nicht. Alternativ können aktive Serverkonzepte genutzt werden, bei denen der Server eine Ablaufumgebung für aktive Objekte in HTML Seiten samt Transaktionssteuerung (z. B. request / response / session objects) bereitstellt (Produktbeispiel INTERNET Information Server / Active X (Microsoft)). Dritte Möglichkeit sind mobile Programmobjekte (z. B. Java applets), die von den WWEB-Clients über eine Datenbankschnittstelle (z. B. Java Data Base Connectivity) an den WWEB und DBMS-Server geleitet werden.*

	Common Gateway Interface	**Aktive Server**	**Mobiler Programmcode**
Kommunikation	• Client: HTML /HTTP	• Client: HTML /HTTP	• Client: HTML /HTTP
Funktion	• Server: CGI-BIN, z. B. C- Objekte	• Client: Skripte • Server: Objekte , z. B. ActiveXControls	• Client: JAVA - Applets
Datenhaltung	• Server: RBMS /SQL	• Server: RBMS /SQL	• Server: RBMS /SQL

Abbildung 5.5.1-1: Möglichkeiten der Datenbankanbindung aus dem INTERNET

Die logische Struktur der Datenbanken ist so zu optimieren, dass die technische (z. B benötigter Speicherplatz, Rechenzeit) oder organisatorische (z. B. Kommunikationskosten bei Verteilung, Störungssicherheit) Leistung des Systems optimiert wird. Das *formalorientierte Vorgehen* setzt an den logischen Datenstrukturen und verwendet mathematische Operationen; verbreitet ist die Normalformenlehre nach Codd (Fischer (1992), S. 232). Beim *materiell-orientierten Vorgehen* werden die logischen Strukturen und das organisatorische und technische Klientenverhalten daraufhin analysiert, welche Datenobjekte inhaltlich zusammenhängen und wie häufig bestimmte Zugriffe realisiert werden.

	Ziele	**Vorgehen**
formal-orientiert	• Redundanzminimierung • Vermeidung von Zugriffs-anomalien	• Logisch-mathematische Operationen • z. B. Normalformenlehre nach Codd
materiell-orientiert	• schnelle Zugriffszeiten • geringer Änderungsaufwand • Speicherplatz - Investitionen • geringer Entwicklungsaufwand	• Analyse der Kommunikationsfrequenzen von Produktionsklienten • Nutzung der physikalisch-technischen Eigenschaften der Speicherklienten

Abbildung 5.5.1-2: Alternative Vorgehensweisen der Datenstrukturoptimierung

Beispiel: *Bei einem WWWEB - basierten Zugriff auf die Datenbank ist das logische Datenmodell abhängig von*

- *den Eigenschaften der Nutzertransaktionen (Vertrieb, Außendienst, Händler),*

- *den Eigenschaften der WWWEB - DBMS - Schnittstelle,*

- *den Eigenschaften des gewählten DBMS,*

- *den Eigenschaften des DB-Rechners und dessen Betriebssystem.*

Die Datenhaltungssysteme als *Speicherklienten* können zentral oder auf mehrere DV - Komponenten verteilt und logisch einheitlich oder autonom realisiert werden (Fischer (1992), S.273). Um den *Verteilungsgrad* hinsichtlich Struktur und Verhalten zu optimieren, ist das Verhältnis von Klienten zu Datenelementen zu untersuchen (Spitta (1997):

- Datenelemente über Geschäftsobjekte und -klienten sind in einer Organisation nach einheitlichen Regeln zu pflegen und werden daher i. d. R. zentral gehalten und von dort den dezentralen Klienten verfügbar gemacht,

- Datenelemente für Prozesse werden i. d. R. von den agierenden Klienten dezentral produziert und sollten in deren Technikklienten auch dezentral gehalten werden, um deren Autonomie zu sichern sowie Kommunikationskosten zu sparen, um so mehr als diese Prozessdaten von nicht aktiv beteiligten Klienten nur selten benötigt werden.

Im Hinblick auf den *Integrationsgrad* ist zu überlegen, wie eng die Speicherklienten zu koppeln sind, um die erforderliche Integrität und Redundanzfreiheit der Daten zu sichern. Bei *replizierten Datenbanken* werden in periodischen Abständen Kopien zwischen den verteilten Speicherklienten ausgetauscht, bei *synchronen Datenbanken* sind diese bei jeder Transaktion miteinander gekoppelt (Fischer (1992), Ferstl / Sinz (1993), S. 350).

Beispiel: *Es wurde entschieden, die Stammdaten zentral zu halten und die Kunden- und Artikelgrunddaten monatlich mit dem Außendienst zu replizieren. Im Gegenzug soll dieser die Ausstellungsgrunddaten des Vertriebs aktualisieren. Die Kundenauftragsprozeßdaten werden im Vertrieb, die Fertigungsauftragsdaten in der Fertigung dezentral gehalten und täglich miteinander abgeglichen. Auftrags- und Lagerbestandsdaten werden synchron zentral für den Zugriff aller Klienten gespeichert; dazugehörige Logistikfeindaten jedoch dezentral (z. B. auf den Lagerrechnern).*

2. Schritt: Datenbankmanagementsystem auswählen

Datenbankmanagementsysteme (DBMS) sind heute eine der Hauptwerkzeuge für die Entwicklung und die Produktion von Informationssystemen. Sie werden in großer Zahl angeboten und unterscheiden sich im logischen Datenmodell und in technischen Eigenschaften (z. B. unterstützte Hard- und Systemsoftware). Grundsätzlich lassen sich DBMS technisch realisieren

- auf Hardware - / Systemsoftwareschicht (Datenbankrechner)
- auf Systemsoftwareschicht (z. B. als Bestandteil des Betriebssystems),
- als zusätzliche Softwareschicht zwischen System- und Anwendungssoftware.

Zur Zeit ist der letzte Weg üblich, da er hardware- und betriebssystemoffene DBMS ermöglicht.

Ein DBMS lässt sich in Form eines Schichtenmodells darstellen: Zur *physikalischen Schicht* gehören adressierbare Speichermedien und eine physikalische Datenbeschreibungssprache (Physical Data Description Language), mit deren Hilfe die Speicherungs-, Adressierungs- und Suchtechniken und die physischen Datenstrukturen spezifiziert werden. Zur *logischen Schicht* gehören Datenbanksprachen, mit deren Hilfe Anwender ihre Sichten die Daten beschreiben. Danach leitet das DBMS die Anwendersichten aus den physikalischen Sätzen ab. Mittels der Schema - Beschreibungssprache (DDL - Data Definition Language) wird das logische Modell und dessen Zusammenhänge mit der physikalischen Speicherung spezifiziert.

Der Anwender definiert seine externe Sicht mit der Subschema-Beschreibungssprache (DML - Data Manipulation Language. Zur *externen Schicht* gehören Programmier- und Datenhandling - Komponenten, die es ermöglichen, in Programmiersprachen über die DML die Datenbank anzusprechen. Mit Datenabfrage - Komponenten können Nutzer ohne vorgeschaltete Programme auf die Datenbank zugreifen. Kommunikationskomponenten (DCL - Data Communication Language) regeln den Datenaustausch zwischen den Technikklienten (mit deren Abfragen, Programmen, Datenbankausschnitten) und dem Datenbestand. Die DCL soll die Spezifika der Technikkanäle (z. B. deren Protokolle) überdecken und einen unabhängigen Betrieb von (frontend-) Auswertungsprozessen und (backend-) Datenverwaltungsprozessen sicherstellen.

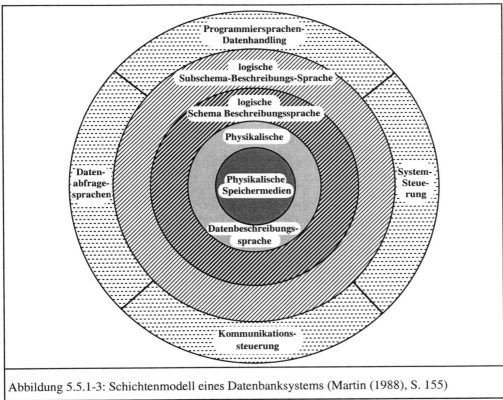

Abbildung 5.5.1-3: Schichtenmodell eines Datenbanksystems (Martin (1988), S. 155)

Oft wird die Datenhaltung auf mehrere Technikklienten verteilt, um durch deren Zusammenwirken eine bessere Betriebssicherheit, eine gleichmäßigere Betriebslast (= besseres Antwortzeitverhalten) und eine geringere Belastung der Technikkanäle (geringere Kommunikationsmengen) zu erreichen. Ein höherer Verteilungsgrad ist tendenziell mit einem geringeren Integrationsgrad des Datenbestandes verbunden. Über eine Kopplung der Transaktionen oder den periodischen Abgleich des verteilten Datenbestandes (Replikation) ist dessen logische Integrität unabhängig von der Verteilung zu sichern.

Auf dem DBMS setzen Anwendungen auf, die mit Hilfe von Programmiersprachen oder speziellen Werkzeugen entwickelt werden können.

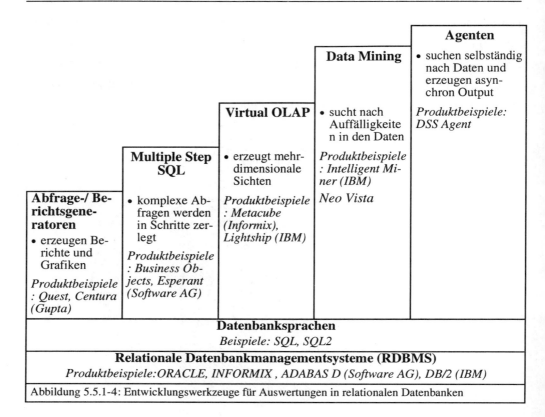

			Data Mining	**Agenten**
		Virtual OLAP		• suchen selbständig nach Daten und erzeugen asynchron Output
	Multiple Step SQL	• erzeugt mehrdimensionale Sichten	• sucht nach Auffälligkeiten in den Daten	*Produktbeispiele: DSS Agent*
Abfrage-/ Berichtsgeneratoren	• komplexe Abfragen werden in Schritte zerlegt	*Produktbeispiele : Metacube (Informix), Lightship (IBM)*	*Produktbeispiele : Intelligent Miner (IBM)*	
• erzeugen Berichte und Grafiken	*Produktbeispiele : Business Objects, Esperant (Software AG)*		*Neo Vista*	
Produktbeispiele : Quest, Centura (Gupta)				

Datenbanksprachen
Beispiele: SQL, SQL2

Relationale Datenbankmanagementsysteme (RDBMS)
Produktbeispiele:ORACLE, INFORMIX , ADABAS D (Software AG), DB/2 (IBM)

Abbildung 5.5.1-4: Entwicklungswerkzeuge für Auswertungen in relationalen Datenbanken

3. Schritt: Datenbank implementieren

Anschließend ist das Datenbankschema mit dem DBMS und den Entwicklungswerkzeugen in technisch handhabbare und effiziente Datenbestände sowie von Nutzern
benötigte Abfragesichten umzusetzen. Technisch handhabbar bedeutet, das Datenschema
so zu gestalten, dass dieses vom verfügbaren DBMS realisierbar ist. Effizient heißt, dass
das System für sämtliche Nutzer ein gutes Laufzeitverhalten hat und die Speicherplatzan-
forderungen gering sind. Bei verteilten Datenbanken kommt hinzu, dass die Transport-
volumina in den Technikkanälen möglichst gering sein sollten.

Um eine Datenbank zu implementieren, sind zunächst die Daten aus den Vorsystemen zu
extrahieren, zur Datenbank zu transportieren, entsprechend deren Anforderungen syntaktisch und semantisch zu transformieren und schließlich zu laden. Diese *Inflow - Technikprozesse* werden teilweise durch spezielle Technikklienten (Datenbank - Vorrechner)
übernommen, um den produktiven Datenbank - Klienten zu entlasten.

Für die dauerhafte Produktion der Datenbank sind deren Daten ökonomisch effizient auf
die Speichermedien und organisatorisch effizient auf die verteilten Datenbank - Kompo-

nenten zu dislozieren sowie ggf. auch zu löschen (*Downflow - Prozesse*). Häufig werden aus einer oder mehreren Datenbanken Ausschnitte ausgewählt, um sie für bestimmte Zwecke zu aggregieren oder zu konsolidieren. Auch diese *Upflow - Prozesse* sind in einem Produktivsystem zu automatisieren.

Die Datenbanknutzung (*Outflow - Prozesse)* in Zielsystemen (die mit Vorsystemen identisch sein können) wird durch Technikklienten vorbereitet, die Daten für die Nutzer unsichtbar (transparent) in der Datenbank verteilen und die Datenintegrität sichern.

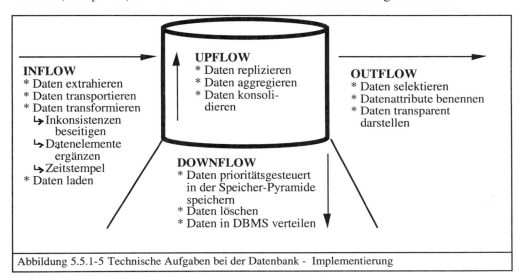

Abbildung 5.5.1-5 Technische Aufgaben bei der Datenbank - Implementierung

5.5.2 Funktionssicht

5.5.2.1 Aufgaben

Es sind die Technikprozesse und die dazu erforderlichen Informationssysteme (=Technikklienten) im Unternehmen zu definieren. *Technikprozesse (technical processes)* bezeichnen die Aktionen eines und Interaktionen zwischen Technikklienten, um eine Aufgabe zu lösen. *Anwendungsgebundene Technikprozesse* ergeben sich aus den Fachprozessen und beschreiben die Operationen, um eine fachliche Aufgabe zu lösen. *Anwendungsneutrale Technikprozesse* resultieren aus den technischen Komponenten und dienen dazu, deren Aktionen und Interaktionen zu organisieren und auf Dauer zu sichern.

Die Prozesse werden aus Kapazitäts- und Budgetgründen oft in mehreren Schritten und über längere Zeiträume realisiert. Genutzt werden dabei eigenerstellte oder fremd bezogene, individuelle oder normierte Komponenten. Deshalb ist es wichtig, dass das technische Funktionsmodell personenunabhängig nachvollziehbar dokumentiert wird.

5.5.2.2 Entwurfsschritte

1. Schritt: Strukturierungsgrad der Fachprozesse und Systemkonzept bestimmen

Bevor die technische Lösung eines Fachprozesses festgelegt werden kann, ist dessen Strukturierungs- und Definitionsgrad zu überprüfen. Der *Strukturierungsgrad* beschreibt, inwieweit die Operatoren sich in DV - Algorithmen für die Technikklienten programmieren lassen. Der *Definitionsgrad* gibt an, inwieweit der Ausgangszustand durch Ausprägungen spezifizierter Attribute definiert ist.

Beispiel: Soll der Umsatz mit einem Großhändler ermittelt werden, muss zunächst geklärt werden, ob der Kunde als Kontierungsobjekt definiert ist. Großhändler verfügen häufig über viele Dutzend Filialen, die unterschiedlich firmieren. Dann ist zu klären, wie der Umsatz mit all den Erlösschmälerungen, die sich teils auf den einzelnen Auftrag, teils aber auch auf die Geschäftsbeziehung beziehen, zu ermitteln ist.

Bei gut - strukturierten Problemen sind die Operatoren zur Aufgabenlösung bekannt und der Zielzustand ist wohl - definiert. Für *Aufgaben* mit wohl definiertem Ausgangszustand (= Operand) und gut strukturierten Operatoren ist ein System exakt spezifizierbar (*specifiable system*).

Ein *Problem* liegt vor, wenn entweder die Aufgabe nicht wohl definiert ist oder die Operatoren nicht gut spezifiziert sind. Hilfsweise lässt sich dann ein mathematisches Modell des Problems bilden, mit dem sich die Wirkungen alternativer Lösungen analysieren (z. B. Simulation) oder das sich durch mathematische Verfahren lösen lässt. Analysiert wird nur das Modell; inwieweit dessen Verhalten für das zugrundeliegende Problem repräsentativ ist, muss der Nutzer entscheiden (*problem solution systems*). Ist ein mathematisches Modell nicht konstruierbar, so kann versucht werden, das Problem mit Systemen der Künstlichen Intelligenz zu lösen.

Beispiel: Der Badmöbelproduzent kennt zwar seit langem seine Umsatzdaten strukturiert nach Artikeln und Großhändlern, kann diese aber bisher kaum

- *deren Ausstellungen und den Aktivitäten des Außendienstes,*
- *dem Installateur, Bauherr, Bauvorhabenstyp (Neubau, Renovierung etc.),*
- *den Komplementärprodukten (Keramik, Armaturen etc.) und deren Marktinformationen (Farbe, Stilmerkmale)*

zuordnen und sucht dafür ein DV - System.

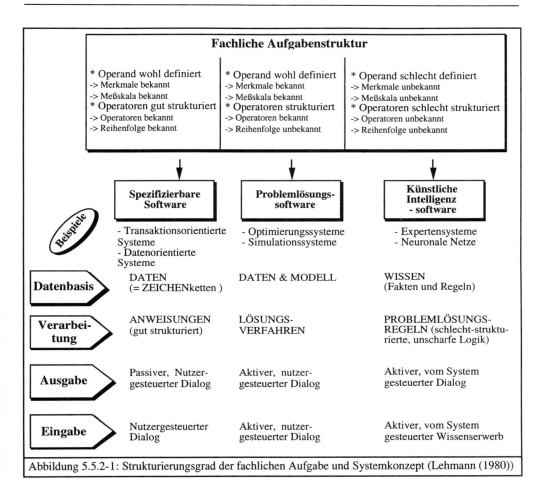

Abbildung 5.5.2-1: Strukturierungsgrad der fachlichen Aufgabe und Systemkonzept (Lehmann (1980))

Spezifizierbare Software

Transaktionsorientierte Systeme (Online Transaction Processing OLTP) bedienen viele aktive Terminals gleichzeitig aus einem Programmsystem heraus (Teilhaberbetrieb). Deren Hauptaufgabe ist die Steuerung und Sicherung der Transaktionen der Teilhaber (clients) auf die Daten- und Funktionsbasis (server). Genutzt werden dazu Transaktionsmonitore (vgl. Abschnitt 2), die das Betriebssystem und das DBMS ergänzen. Da das gleiche Programm von mehreren Teilhabern gleichzeitig, aber mit unterschiedlichen Einstiegstransaktionen aktiviert werden kann, muss der Programmcode ablaufinvariant (reentrant) gestaltet sein. Für jede Aktivierung wird ein eigener Datenbereich geführt, der unabhängig vom Funktionsbereich (Programmanweisungen) ist (Wedekind (1993), S. 121).

Beispiele	**Kennzeichen**
Buchungssysteme	• Datenfernverbindungen • sehr große Anzahl z.T. ungeübter Teilnehmern
Buchhaltungssysteme	• große Anzahl geübter Teilnehmer • hohe Integritäts- und Datensicherheitsanforderungen
Abbildung 5.5.2-2 : Beispiele für Transaktionssysteme	

Datenorientierte Systeme sollen Daten aus definierten Quellen selektieren, nach sachlichen und zeitlichen Merkmalen verdichten und dem Adressaten nach vorformulierten oder ad hoc Abfragen berichten. Beispiele sind *Data Warehouses*, die aufgabenunabhängig oder aufgabenbezogen (data marts) Daten speichern und auswerten.

Merkmal	**Transaktionsorientierte Systeme**	**Datenorientierte Systeme**
Datenmenge	mittel	sehr groß
Betrachtungsebene	detailliert	aggregiert
Zeithorizont	aktuell	historisch, aktuell und zukünftig
Datenstruktur	Prozess- oder funktionsorientiert	Objekt- und beziehungsorientiert
Transaktionsstruktur	Strukturiert	Ad hoc und vordefiniert
Datenmanipulation	aktualisierend	analysierend
Entwicklungswerkzeuge	Programmiersysteme Transaktionsmonitore	Datenbankmanagementsysteme Endnutzerwerkzeuge
Abbildung 5.5.2-3: Transaktions- und datenorientierte Systeme (Muksch/ Holthuis/ Reiser (1996), S.422)		

Beispiel: Die im Badmöbelproduzenten gewünschten Auswertungen kann ein klassisches Buchhaltungs - Transaktionssystem nur aufwendig (z. B. über Doppelkontierungen) realisieren. In datenorientierten Systemen (z. B. einem Data Warehouse) lassen sich Vertriebsdaten aus internen (z. B. Kunden-, Außendienst) und externen Quellen (z. B. Marktforschungsinstitute) sammeln. Allerdings setzt deren Auswertung viel Erfahrung und Zeit bei den Mitarbeitern voraus.

Problemlösungssysteme

Lösungssysteme verwenden Verfahren des Operations Research und der Statistik. Viele Verfahren sind heute in Standardsoftware verfügbar, in denen großes mathematisches und DV-technisches Wissen steckt. Anwendungsspezifisch ist jedoch ein mathematische Modells zu formulieren und dieses mit Daten aus den betrieblichen Systemen zu versorgen. Modellgeneratoren erlauben den Zugriff auf Datenbanken.

Beispiel: Um aus großen Datenbeständen nützliche Informationen herauszufiltern, werden Verfahren des Data Mining propagiert, die auf der Basis eines Modells und einer Präferenzfunktion mit einem Lösungsverfahren nach Mustern suchen. Genutzt werden u. a. statistische (multivariate) Analyseverfahren, Entscheidungsbaum- oder nichtlineare Optimierungsverfahren (Fayyad /Piatetsky / Smyth (1996)). Beim Badmöbelproduzenten kann untersucht werden, ob es mit diesen Verfahren gelingt, signifikante Zusammenhänge zwischen den Datenobjekten zu finden.

Simulationssysteme werden genutzt, um die dynamischen Abläufe (Ereignisse und Zustände) eines Problems in einem mathematischen Modell zu formulieren und dessen Wirkungszusammenhänge im Zeitablauf (z. B. mit Hilfe statistischer Kenngrößen) zu analysieren. Für Simulationssysteme existieren *Simulatoren*, die die Programmierung, Analyse und Animation der Ergebnisse erleichtern.

	Lösungssysteme	**Simulationssysteme**
Zeitstruktur	mehrperiodig (komparativ - statisch)	mehrperiodig - dynamisch
Modellstruktur	Zielfunktion & Nebenbedingungen in Gleichungssystem	Ereignis- und Zustandsmodell
Ergebnis	Optimal- oder Näherungslösung des formalen Modells gemessen an der Zielfunktion	Beschreibung der Ereignis- und Zustandsfolgen mit Hilfe statistischer Kennzahlen
Entwicklungswerkzeuge	Modellgeneratoren	Simulatoren
Abbildung 5.5.2-4: Optimierungs- und Simulationssysteme im Vergleich		

Systeme der künstlichen Intelligenz

Ziel der *Artificial Intelligence* (*Künstliche Intelligenz* = KI) ist es, mit DV -Systemen die qualitative Leistungsfähigkeit des Menschen beim Lösen von Problemen zu erreichen. (Bechtoldsheim (1993))

Bei *Expertensystemen* wird "Wissen" menschlicher Experten eingespeist; *Artificial Intelligence Systeme* versuchen, eine eigenständige "maschinelle Intelligenz" zu definieren. *Neuronale Netze* versuchen die Struktur des menschlichen Gehirns in vernetzten Strukturen nachzubilden.

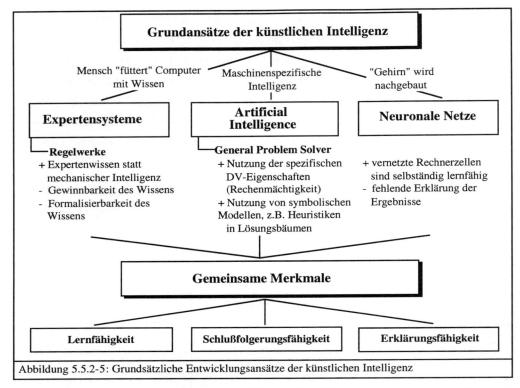

Abbildung 5.5.2-5: Grundsätzliche Entwicklungsansätze der künstlichen Intelligenz

Wissensbasierte oder *Expertsysteme* (XPS) sollen Wissen erwerben, darstellen und auswerten. Wissen beschreibt anwendungsspezifische Fakten, Erfahrungswerte und Regeln, die Experten bei der Lösung von Problemen helfen und sie gegenüber Laien auszeichnen. Ein Expertensystem besteht aus:

(1) einer Schnittstelle für den Dialog mit Nutzern, den Wissenserwerb von Experten und der Datenversorgung aus anderen DV-Systemen,

(2) einer Wissensbasis für die Regeln sowie einer Datenbasis für die Fakten des Problem,

(3) einer Problembasis, in der Erfahrungen aus gelösten Problemen abgelegt sind,

(4) einem Regel-Interpreter, der Wissen, Daten und Erfahrungen zu einer Problemlösung kombiniert und diese dem Nutzer erläutert.

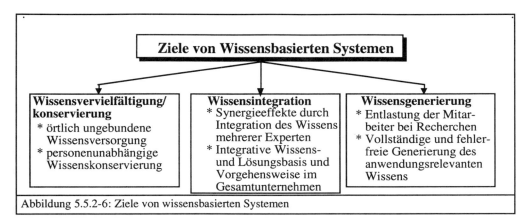

Ziele von Wissensbasierten Systemen

Wissensvervielfältigung/ konservierung
* örtlich ungebundene Wissensversorgung
* personenunabhängige Wissenskonservierung

Wissensintegration
* Synergieeffekte durch Integration des Wissens mehrerer Experten
* Integrative Wissens- und Lösungsbasis und Vorgehensweise im Gesamtunternehmen

Wissensgenerierung
* Entlastung der Mitar- beiter bei Recherchen
* Vollständige und fehler- freie Generierung des anwendungsrelevanten Wissens

Abbildung 5.5.2-6: Ziele von wissensbasierten Systemen

XPS erzeugen nicht nur eine Lösung (Lösungskomponente), sondern sie erklären auch deren Zustandekommen (Erklärungskomponente). Wünschenswert ist eine Lernkompo- nente, um die Wissensbasis automatisch zu erweitern (Gabriel (1992), S. 29).

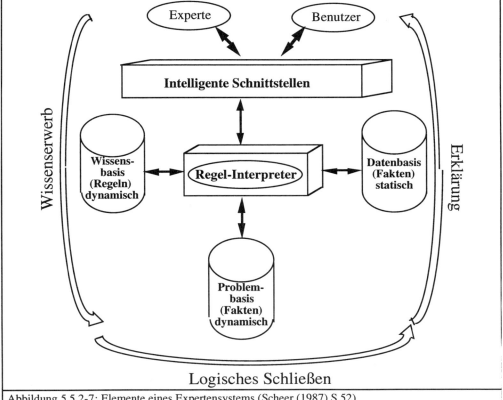

Abbildung 5.5.2-7: Elemente eines Expertensystems (Scheer (1987) S.52)

Expertensysteme werden propagiert für Probleme, die sich abgrenzen und durch Regeln ausreichend strukturieren lassen, für die aber Lösungsverfahren nicht existieren. Läßt sich das Wissen durch Interviews o. ä. gewinnen und in Fakten und Regeln formalisieren, kann man dies häufig DV-technisch so weit abbilden, dass weniger erfahrene Anwender im interaktiven Dialog unterstützt werden. Erfolgreiche XPS existieren für mittelgroße semi-strukturierte Probleme.

Typ des Systems	Aufgabe	Beispiele
Diagnosesysteme	Klassifizieren Fälle und ordnen aufgrund der daraus gesammelten Erfahrungen neue Fälle ein	• *Störungsanalyse in der Maschinenintandhaltung*
Expertisesysteme	Formulieren aufgrund von Diagnosedaten Situationsberichte	• *Kreditwürdigkeitsprüfung aufgrund von Bilanzanalysen*
Beratungssysteme	Leiten Handlungsempfehlung aus einer Situationsanalyse ab	• *Geldanlage- oder Steuerberatung*
Konfigurations-systeme	Stellen aufgrund von Selektionsvorgängen komplexe Systeme zusammen	• *Konfigurierung von DV-Systemen*
Zugangssysteme	Erleichtern Laien den Zugang zu komplexen Anwendungssystemen	• *Bestellsysteme in einem Autohaus*

Abbildung 5.5.2-8: Typen von Expertensystemen (Mertens/ Borkowski/ Geis (1990))

Viele Expertensysteme existieren als Prototypen, deren praktischer Einsatz durch die Fülle des notwendigen Wissens, die Größe der resultierenden Regelwerke und die Leistungsfähigkeit verfügbarer Werkzeuge verhindert wird.

	Vorteile	Nachteile	
Anwendungs-bereich	• XPS verbreitern Anwendungsfeld betrieblicher DV	• Zur Zeit auf semi-strukturierte Probleme beschränkt	Problem-strukturierung
Akzeptanz	• XPS erläutern den Lösungsweg	• kleinere bis mittlere Probleme möglich	Problemgröße
Entwicklungs-instrumente	• Prototypen mit marktgängigen Instrumenten einfach zu entwickeln	• zur Zeit häufig isolierte Systeme • kaum Schnittstellen zu Datenbanken	fehlende Integration

Abbildung 5.5.2-9: Vor-/ Nachteile von Expertensystemen

Neuronale Netze versuchen die physiologische Struktur des Gehirns nachzubilden, um dessen Lernfähigkeit zu studieren und in DV-Systemen zu nutzen. Dazu werden Rechnernetze, massiv parallele Rechner oder spezielle Prozessorchips verwendet, um das Zusammenwirken stark vernetzter Nervenzellen (Neuronen) abzubilden. Gibt man eine genügend komplexe neuronale Netzstruktur vor, um eine Aufgabe zu lösen, so kann man die künstlichen Neuronen des Netzes dafür trainieren. Dazu wird das Netz mit verschiedenen Aufgabenmustern "gefüttert", die Aufgabentypen zugeordnet werden. Wurde das Netz mit ausreichend Beispielen versorgt, kann es für neue Fälle eine Prognose machen. Für das Training des Systemes werden zwei Konzepte verwendet:

- Beim *unsupervised training* werden die Eingangsdaten vom Netz auf Regularitäten bzw. Abhängigkeiten untersucht und in Mustererkennungsalgorithmen abgebildet,

- Beim *supervised learning* werden die Inputwerte extern mit gewünschten Outputwerten verknüpft. Das neuronale Netz wird darauf trainiert, neue Daten entsprechend der vorgegebenen Muster auszuwerten.

Die Neuronen werden funktionalen Gruppen oder Schichten (Layers) zugeordnet. Ein einfaches neuronales Netz besteht aus einer Input-, einer Output- und einer versteckten Schicht (hidden layer). Komplexere Netze verfügen über mehrere versteckte Schichten, wobei es günstig ist, einer Aufgabe jeweils eine versteckte Schicht zuzuordnen. Die Anzahl der Neuronen in der Input-Schicht hängt von der Zahl der betrachteten Einflussfaktoren ab, d. h. bei 20 Einflussfaktoren sollte die Input-Schicht 20 Neuronen besitzen, meistens wird die versteckte Schicht symetrisch dazu gestaltet. Die Eingangsinformationen aus der Input - Schicht werden den Neuronen des hidden layer gewichtet zugeleitet; allgemeine Regeln für deren Zahl existieren nicht. Die Neuronenzahl im Output-Layer resultiert aus den gewünschten Ausgaben, d. h. wird bei einer Klassifikationsaufgabe nur ein Merkmal ausgegeben, so enthält die Output-Schicht nur ein Element.

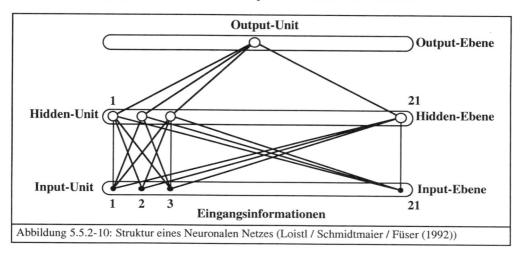

Abbildung 5.5.2-10: Struktur eines Neuronalen Netzes (Loistl / Schmidtmaier / Füser (1992))

Das Netz wird über Gewichten der Beziehungen zwischen verbundenen Neuronen trainiert. Beim Error - Backpropagation Lernalgorithmus werden Fehler bei der Erkennung von Objekten auf die verantwortlichen Neuronenverbindungen zurückgeführt. Ein Trainer modifiziert die Gewichte der Neuronen so, dass bei einer bestimmten Trainingssituation sich das gewünschte Resultat ergibt. Nach Abschluss des Trainings ist das erlernte Wissen in den Gewichten der Neuronen gespeichert (Loistl / Schmidtmeier / Füser (1993), S.188).

Die Güte eines Neuronalen Netzes hängt ab von der Anzahl der Schichten, von deren Knotenzahl (Neuronen) und von den Lernmechanismen. Für die Strukturierung neuronalen Netzes sind kombinatorische Algorithmen einsetzbar. Erfolgreiche Erfahrungen liegen für genetische Suchalgorithmen vor. Diese erzeugen zufällig Lösungen, wählen die besten mit Hilfe einer Fitness-Funktion aus und modifizieren dann diese Lösungen mit den genetischen Operatoren "Kreuzung, Mutation und Inversion."

Anwendungsgebiete	Erfahrungen
Wertpapierkursprognose	• 75 % Trefferquote beim Handel mit Staatsanteilen (Daiichi Kangyo Bank)
Optische Zeichenerkennung	
Portfolioberatung	• 80 % Trefferquote bei Aktien (Daiwa Securities)
Handschrifterkennung	
Qualitätskontrolle	• 100 % Trefferquote bei Stahlproduktion (Nippon Steels)

Abbildung 5.5.2-11: Anwendungserfahrungen mit Neuronalen Netzen (Steiner / Wittkemper (1993))

2. Schritt: Technische Aufbaustruktur und Ablaufstruktur festlegen

Technikprozesse können feiner unterschieden werden in (Weber (1997)):

- *Dialogprozesse* zur Präsentation und zur Eingabe von Daten ,

- *Vorgangsprozesse* für die logisch-zeitliche Prozesssteuerung und die Kommunikation,

- *Fachprozesse* für die fachlichen Regeln und Berechnungsroutinen,

- *Zugriffsprozesse* für *Datenobjekte*.

Hinsichtlich des *Verteilungsgrades* können die Teilprozesse in Programmsystemen zentralisiert, mit Hilfe von Technikkanälen vernetzt oder (logisch integriert) verteilt realisiert werden. Die Verteilung kann statisch oder dynamisch in Abhängigkeit von Betriebszuständen (z. B. mit JAVA Applikationen) erfolgen

Bei einer *Insel-Struktur* werden alle Prozesse zentralisiert, bei einer *Kern - Struktur* werden Datenzugriffs-, Vorgangs- und Fachprozesse zentralisiert, während die Dialogprozesse verteilt werden. Bei einer *Client - Server - Struktur* können alle Prozesse ganz oder teilweise verteilt realisiert werden. Bei einer *Workflow - Struktur* wird die Fach- von der Vorgangslogik getrennt; diese wird in einer "Workflow Engine" zusammengefasst, die die Vorgänge koordiniert und dokumentiert. Auf dezentralen Arbeitsplätzen werden Komponenten für Fachprozesse bereitgestellt, um die Objekte zu bearbeiten.

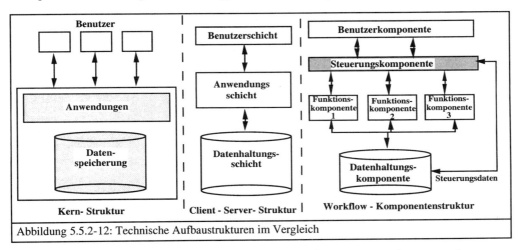

Abbildung 5.5.2-12: Technische Aufbaustrukturen im Vergleich

Im Hinblick auf den *Standardisierungsgrad* können Komponenten für anwendungsneutrale Prozesse vom Markt bezogen und in diese *componentware* dann anwendungsbezogene Komponenten hineinentwickelt werden.

	COMPONENTWARE		FRAMEWORK
	Klassenbibliothe-ken	**Objekte**	
Standardisierung	des Programmcodes meist für Präsentations- und Zugriffsprozesse	des Systemdesigns und des Codes auch für Fach- und Technikprozesse	des Systemdesign und des Programmcodes
Aufbaustruktur	muss separat entwickelt werden	muss separat entwickelt werden	durch Framework
Ablaufsteuerung	muss separat entwickelt werden	kooperativ durch Aktionen der Objekte	durch Framework
Produktbeispiele	Visual Basic (Microsoft) Delphi (Borland)	JAVA Applets / Applikation	Community (SNI) San Francisco (IBM)

Abbildung 5.5.2-13: Charakteristia von Componentware und Frameworks

Hinsichtlich des *Integrationsgrades* können Systeme unterschieden werden, die ihre konsistente Struktur und ihr Verhalten durch ein „monolithisches System aus einem Guß" eines Herstellers (traditionelle Standardsoftware) sichern. Alternativ werden Entwicklungsrahmen (*framework*) angeboten, die die semantische und syntaktische Integrität sichern sollen, solange sich die Entwickler anwendungsbezogener Komponenten an diesen Rahmen halten. Bestimmte, meist nur syntaktische Integritätsregeln lassen sich auch durch eine entsprechende Betriebsumgebung (z. B. mit Middleware) einhalten.

Beispiel: Für das Data Warehouse des Badmöbelproduzenten bietet sich eine Kern - oder eine Client - Server - Struktur an. Da der Sachverstand der Nutzer bei der Interpretation der vielschichtigen und großen Datenbestände notwendig ist, sollen die Nutzer dezentral auf ihren Workstations Ausschnitte des Datenbestandes halten und diese mit Endnutzerwerkzeugen (z. B. Tabellenkalkulationsprogramme) auswerten.

Die *technische Ablaufstruktur* legt fest, zu welchen Zeiten welche Prozesse welche Technikklienten belegen. Sie hängt damit ab von

- der Anzahl und räumlichen Verteilung der produzierenden und nutzenden Klienten,
- den Potential- und Kapazitätsanforderungen der Prozesse und deren zeitlichen Anfall (z. B. Ein- / Mehprogrammbetrieb),
- von den verfügbaren Ressourcen der produzierenden Klienten,
- der quantitativen und qualitativen Struktur der Technikobjekte.

Bei der Stapelverarbeitung (batch processing) werden Aufträge vom DV-System unabhängig von anderen Aufgabenträgern zeitlich eingelastet; bei der interaktiven Verarbeitung (interactive processing) werden Aufträge im Zusammenwirken von nutzenden Aufgabenträgern und System zeitlich durchgeführt.

Beispiel: Erreicht das Datawarehouse des Badmöbelproduzenten eine Größe von mehreren Dutzend Gigabyte, bietet es sich an, rechenzeitintensive Auswertungen oder Replikationen nachts oder am Wochenende im Batch laufen zu lassen, um in der üblichen Arbeitszeit den Nutzern einen komfortablen interaktiven Zugriff auf die Daten zu ermöglichen.

3. Schritt: Werkzeuge auswählen

Entscheidend für die technische Realisierung sind neben der fachlichen Aufgaben- und der technischen Aufbaustruktur die technische Leistungsfähigkeit der auf dem Markt verfügbaren Technologie und deren Kosten sowie die Fähigkeiten und Fertigkeiten des Personals.

Aufgaben-struktur	Transaktionssysteme	Problemlösungs-systeme	KI - Systeme
Aufbaustruktur	• Kern • Client - Server	• Kern • Client - Server	• Insel • Client - Server
Werkzeuge • **Basis-Hard-ware**	• Mainframe • Midrange • Workstations	• Parallelrechner • Mainframe • Workstations	• Workstations
• **Basis-Software**	• Betriebssysteme • Transaktionsmonitore	• Betriebssysteme	• Betriebssysteme
• **Entwicklungs-werkzeuge**	• Programmiersysteme • Datenbanksysteme	• Programmiersysteme • Endnutzerwerkzeuge • Optimierungssyste-me, Simulatoren	• Programmiersysteme • XPS - Shells
Betriebsart	• Stapelbetrieb • Interaktiver Betrieb	• Stapelbetrieb • Interaktiver Betrieb	• Interaktiver Betrieb

Abbildung 5.5.2-14: Werkzeuge für die Realisierung von Informationssystemtypen

Wie Funktionen technisch realisiert werden, hängt neben der verfügbaren Technologie von den *personellen Kapazitäten* in der Nutzungszeit des Systems ab. Grob lassen sich heute drei Realisierungsarten beobachten:

• Eine zunehmende Zahl von Unternehmen verzichtet auf die Eigenentwicklung von Software und bedient sich des Angebots von Standardsoftware. Die DV-Organisation wird zur reinen Fertigungseinheit, die auf fremd beschafften Betriebsmitteln nach einer optimalen DV-Fertigung strebt.

• Eine abnehmende Zahl befasst sich nach wie vor mit der Entwicklung und Konfiguration von DV-Systemen und nutzt dazu sowohl Standardkomponenten, Fremdentwickler als auch die zunehmend komfortableren Entwicklungsinstrumente. Diese Unternehmen halten das erforderliche Personal vor und setzen je nach dessen Herkunft entweder auf Mainframe oder auf Client - Server - Architekturen.

Entwicklungs- strategie	DV-Produktion		DV-Fertigung
	Mainframe- orientiert	Client-Server- orientiert	Standardsoftware
Personalcharak- teristika	• Systemanalytiker, Programmierer und Operatoren	• Hoher Anteil aka- demisch ausgebil- deter Infomatiker	• Akademisch ausge- bildete Betriebswirte
DV- in % vom Ge- samtpersonal	3 - 5 %	> 5% , z.T. dezentral als Nutzerbetreuer	< 3 %
Präferierte Hard- ware - Architektur	Mainframe - Archi- tektur	Client - Server - Ar- chitektur	durch Standardsoftware bestimmt
Präferierte Software - Architektur	Optimierter Mix aus Standardsoftware - Komponenten und Eigenentwicklung	Optimierter Mix aus Standardsoftware - Komponenten und Eigenentwicklung	Standardsoftware eines Herstellers *z. B.* SAP, BAAN
Präferierte Pro- grammiersysteme	COBOL , PL/1	C++, Rapid Deve- lopment Tools	Instrumente des Soft- ware - Herstellers, *z. B.* SAP ABAP/4
Präferierte Daten- haltungsinstrumente	Dateistrukturen, hierarchische Daten- banken IMS/ DB 1	Relationale Daten- banken	durch Standardsoftware bestimmt

Abbildung 5.5.2-15: Personelle Einflussfaktoren auf die Aufbaustruktur

Bei der auf dem Markt *verfügbaren Technologie* sind zu betrachten

- Basis- Hardware (z. B. Rechner, Peripheriegeräte, Kommunikationsnetze),

- Basis - Software (z. B. Betriebssysteme),

- Entwicklungswerkzeuge (z. B. Programmiersprachen, Datenbank-, Endnutzersysteme).

Die *klassischen Entwicklungswerkzeuge* sind prozedurorientierte Programmiersprachen, in denen im einzelnen die Schritte zu beschreiben sind, WIE ein Problem durch Prozeduren im Rechner zu lösen ist. Für kommerzielle Anwendungen werden fast nur noch (problemorientierte) Sprachen der 3. und 4. Generation verwendet. Diese unterscheiden sich unter anderem in folgenden Merkmalen:

- Eignung für bestimmte formale oder inhaltliche Aufgabentypen (z. B. mathematische Berechnungen, Ein-/ Ausgabeoperationen),

- Verbindung mit Programm-Strukturierungstechniken,

- Effizienz (Laufzeitverhalten, Speicherausnutzung) der erstellten Programme

- die Verfügbarkeit von Personal und Standardkomponenten.

Verbreitet sind die Programmiersprachen ADA (vom US-Verteidigungsministerium unterstützt) und COBOL. Diese Sprache aus den fünfziger Jahren wurde mehrfach als überholt totgesagt, dann erneut modernisiert und ist noch immer stark vertreten.

Zwar wurde der Komfort von Sprachen der 3. Generation erhöht (z. B. TURBO-PASCAL). Doch sind diese konzeptionell her nicht angelegt

- integrierte Datenbestände (Datenbankkonzept),
- interaktive Realtime - Konzepte mit Kommunikations- und Reportgeneratoren,
- häufige Umstellungen der Hardware und die Anpassung und Wartung der Software zu unterstützen.

In 4.GL (= 4.Generation Language) werden diese Punkte und der Programmierkomfort verbessert, indem

- diese mit vorgelagerten Strukturierungstechniken verknüpft werden,
- in Makro-Strukturen häufige Befehlskombinationen zusammengefasst werden,
- an Datenbankstrukturen angeknüpft wird,
- umfassende Entwicklungs- und Testhilfen angeboten werden.

Bei 4.GL tritt die Programmierung von Algorithmen in den Hintergrund und wird durch ein Applikationsdesign abgelöst. Es werden Masken und Fenster (mit Buttons, Listboxes) entworfen, über die die Programmlogik gesteuert wird. Einige 4.GL sind an Datenbanksystemen orientiert, andere eigenständig. Ein Standard hat sich bisher nicht herausgebildet, so dass Anwender an Hersteller und an spezielle Hardware gebunden sind.

	Eigenständige	Datenbankorientierte	Eigenschaften
Entwickler-orientierte	• SAS • CSP (IBM)	• NATURAL (Software AG) • PROGRESS • INGRES 4GL	• Compiler und separate Ablaufsteuerung • Unterstützung von Entwicklerteams (z. B. Data Dictionaries)
Endnutzer-orientierte (Rapid Application Development RAD)	• Visual Basic (Microsoft) • Delphi (Borland) • Powerbuilder (Powersoft)	• Centura • Visual Foxpro (Microsoft) • Access (Microsoft)	• meist Interpreter-Übersetzung, daher hoher Ressourcenverbrauch • Werkzeuge für grafische Oberflächen • Kontrollobjekte • Objektbibliotheken

Abbildung 5.5.2-16: Beispiele für Programmiersprachen der 4.Generation

In *objektorientierten Sprachen* werden Objekte verwendet, die Daten und Operationen darauf (Methoden) enthalten. Objekte sind gekapselt (encapsulation), d. h. Daten und Operationen sind nicht direkt, sondern nur über öffentliche Operationen zugänglich. Über diese definierten Schnittstellen tauschen Objekte miteinander Nachrichten aus und stoßen Operationen an. Die gleiche Nachricht kann an unterschiedliche Objekte gesendet werden, (d. h. ein Auswahlparameter definiert das Zielobjekt) und eine Nachricht kann dort die gleiche Operation auslösen (Polymorphismus). Der Programmierer löst mit einer Nachricht (z. B. print) bei den Zielobjekten identische Operationen aus. Objekte lassen sich zu Klassen (Objekttypen) mit gemeinsamen Eigenschaften zusammenfassen. Klassen stehen in vernetzter oder hierarchischer Beziehung zueinander und können strukturelle oder verhaltensmäßige Eigenschaften vererben (inheritance). Wird von einer Ober- aus eine Unterklasse definiert, so besitzen deren Objekte neben den Daten und Methoden der Oberklasse zusätzliche, für die Unterklasse definierte Eigenschaften.

	Rein objekt-orientiert	**Modifiziert prozedural**
Entwickler-orientiert	SMALLTALK, Objective C, Eiffel	C++, Object Pascal
Endnutzer-orientiert	Visual Works (CA) Enfin	Powerbuilder
Abbildung 5.5.2-17: Typen objektorientierter Programmiersprachen		

Man spricht von "programming by difference", d. h. Teile des Programmcodes lassen sich wiederverwenden (Neunast/ Helden (1990), S. 257). Dies setzt allerdings voraus, dass Objekte mit dem Ziel der Mehrfachverwendung entwickelt und in Bibliotheken gut dokumentiert werden, um sie rasch wiederzufinden (Heß/ Scheer (1992), S. 191).

Bisherige Programmiersprachen erzeugen einen stationären Code, der auf einem Zielrechner ausgeführt wird, Daten werden ggf. von und Ergebnisse zu anderen Rechnern transportiert. *Mobilitätsorientierte Programmiersprachen* erzeugen einen mobilen Code, der sich als Ganzes oder in miteinander kommunizierenden Teilen zwischen den Rechnern in einem Netz verteilen lässt. Dort wird der Code geladen und ausgeführt. Da durch die Kommunikation Sicherheitsprobleme entstehen, werden entsprechende Mechanismen bereitgestellt. Bekanntestes Produkt ist zur Zeit JAVA. Java arbeitet mit

- Applets; Programmobjekten, die über eine Referenz angesprochen, über das Netz geladen (z. B. in eine WWWEB -Seite) und ausgeführt werden können,

- Beans; über das Netz kommunizierende Objekte.

Elemente	sind	ermöglichen
Objekte	• fassen Daten und Operationen auf diese Daten zusammen • Programmteile, die einen bestimmten Zustand haben und definierte Aktionen ausführen	• das Verbergen der internen Struktur (Kapselung) und deren Unabhängigkeit von Programmstruktur • den Zugriff nur über definierte Schnittstellen
Klassen (Objekttypen)	Zusammenfassung von Objekten mit gleichen strukturellen oder verhaltensmäßigen Eigenschaften	• die abstrakte Definition von Objektstrukturen aus Daten und Operationen • Objekte hierarchisch abzustufen durch Ableitung von Klassen aus Oberklassen
Klassenhierarchien	d.h. eine Klasse kann Unterklasse einer Oberklasse sein	• strukturelle und verhaltensmäßige Eigenschaften zu vererben • vereinfachte Softwareentwicklung mit wiederverwendbaren Objekten
Nachrichten (messages)	stoßen die Operationen eines auszuwählenden Objektes an	• Objekte mit Hilfe von Auswahlparametern anzusprechen • ähnliche Reaktionen bei unterschiedlichen Objekten (Polymorphismus) auzulösen • ein Programm durch neue Objekte und Nachrichten zur Laufzeit zu modifizieren

Abbildung 5.5.2-18: Elemente objektorientierter Programmiersprachen

Java 2.0 soll in der Lage sein, die Objekte dynamisch per Compiler in den Maschinencode jeder Rechnerplattform zu übersetzen. Dieser Maschinencode soll dann lokal ablauffähig sein, d.h. ohne dass über das Netz auf weitere Objekte zugegriffen werden muss. Neben JAVA existieren eine Reihe weiterer Produkte, die als mobilitätsorientierte Sprachen bezeichnet werden können, z. B. die mit Software - Agenten arbeitende Sprache TELESCRIPT (Generals Magic).

Anwendungsfelder	*Beispiele*
Interaktive Erweiterungen von WWWEB-Seiten	• *Interaktive Präsentationen und Auswertungsprogramme* • *Interaktiv agierende, flexible Datenbankabfragen*
Distribution von Objekten über das Netz	• *Softwareobjekte, die auf heterogenen Rechnern ablauffähig sind, werden bedarfsorientiert distribuiert,* • *Anwender bezahlt nur die Objekte, die er für seine aktuelle Aufgabe nutzt*

Abbildung 5.5.2-19: Vorteile von mobilitätsorientierten Programmiersprachen

Während Programmiersysteme professionelle Entwickler und Entwicklungsumgebungen voraussetzen, sollen mit *Endnutzerwerkzeugen* Aufgabenträger selbst Funktionskomponenten für ihren Verantwortungsbereich entwickeln.

Tabellenkalkulationsprogramme stellen Arbeitsblätter bereit, in die der Nutzer Daten, Formeln und logische Anweisungen eintragen kann, mit denen eine Vielzahl von Operationen und Verknüpfungen von Zeilen, Spalten und Tabellen möglich sind. Zusätzlich können Anweisungen in endnutzerorientierten 4.GL programmiert werden.

Planungssprachen gleichen in ihrer Funktionalität Tabellenkalkulationssystemen, unterstützen jedoch besser eine Client - (Daten-)Serverstruktur. Wie diese verfügen sie über viele Methoden und grafische Möglichkeiten, trennen jedoch eindeutig zwischen Datenversorgung, Modell und dessen Prozeduren sowie dem Output und dessen grafischer Aufbereitung. Das Modell wird in Tabellen oder linearen Gleichungssystemen mit eingebundenen Methoden aufgestellt; die Ausgabe gleicht anders als bei Tabellenkalkulationen nicht dem Bildschirm, sondern kann durch Reportgeneratoren definiert werden.

Hypertext- und Hypermedia-Systeme verknüpfen Informationsobjekte (Knoten aus Texten, Grafiken sowie aus Bild und Ton) über Verweise (Links) zu meist nichtlinearen Informationsstrukturen (Bogaschewsky (1992), S. 127). Die Systeme bestehen aus Editoren sowie aus Komponenten, um Objekte zu verknüpfen. Fortgeschrittene Systeme können Knoten benutzerspezifisch strukturieren und zu Klassen zusammenfassen. Verknüpfungen zu Knoten werden durch Textmarkierungen, Buttons oder Icons dargestellt. Durch solche „Links" werden Referenzen von einem „Link-Bereich" zu einem anderen hergestellt. Links können hierarchisch typisiert werden, gerichtet oder ungerichtet sein und benannt werden. Einige Systeme erlauben es, dass durch „Links" Prozeduren angesprochen werden, die Referenzknoten verändern. Hypermedia-Systeme werden zur Dokumentation und Präsentation (z. B. für Produktkataloge), zur Strukturierung und zum Wiederauffinden von Informationen (z. B. im Berichtswesen) verwendet.

	Beschreibung	*Software-Beispiele*
Literatursysteme	Verknüpfung von Literaturstellen	*Xanadu (SUN, APPLE)*
Problemexplorations-systeme	Effiziente und effektive Organisations-, Darstellungs- und Filterungsmöglichkeiten	*gIBIS (SUN)*
Autorensysteme	unterstützen die Erstellung schriftlicher Arbeiten	*SEPIA*
Präsentationssysteme	erlauben interaktiv die Präsentation von Knoteninhalten	
Generelle Systeme	erlauben das Sammeln und Strukturieren von Informationen in bestimmten Strukturen (z. B. Karteikarten)	*GUIDE; HYPERCARD* *NOTECARD*

Abbildung 5.5.2-20: Typen von Hypermedia-Systemen (Bogaschewsky (1992))

5.5.3 Kommunikationssicht

5.5.3.1 Aufgaben

Technikkanäle (technical channels) kennzeichnen die relevanten technischen Systeme für die Kommunikation zwischen Computern, Menschen, sowei zwischen Menschen und Computer inner- und außerhalb des Unternehmens. Damit gehören neben den DV - Netzen und Diensten auch Einrichtungen der klassischen Bürokommunikation, also Telefon, Telefax und Fernschreiber dazu. Unter dem Schlagwort „Multimedia" verzahnen sich alle Technikkanäle, die Töne, Bilder und Filme, Grafiken und Zeichen zwischen Menschen und / oder Computern austauschen können.

5.5.3.2 Entwurfsschritte

1. Schritt: Netze und Dienste festlegen
Innerbetriebliche Netze als Technikkanäle sind ein Übertragungssystem aus

- der Übertragungstechnik: Physische Medien (z. B. Kabel, Funk) samt deren Kopplungseinheiten (z. B. Switches),
- der logischen Netzwerktopologie (z. B. Bus beim Ethernet) und der zugehörigen Steuerung (z. B. Wettkampfverfahren CSMA / CD bei Ethernet).

Ursprünglich existierten drei Typen innerbetrieblicher Netze: Arbeitsplatzrechnernetze für PC oder Workstations, Terminalnetze für Endgeräte einer Mainframe-Architektur und Telefonnetze.

Terminalnetze bauen auf proprietären Netzarchitekturen (z. B. SNA) auf, in denen (ursprünglich passive) Arbeitsstationen durch eine Hierarchie von Kommunikationsrechnern koordiniert werden. *Rechnernetze* verwenden auf der Basis standardisierter Übertragungssysteme (z. B. Ethernet, Token) proprietäre (z. B. NETBIOS (IBM)) oder offene Netzwerk-Protokolle (z. B. TCP/IP). Sie werden durch Netzwerkserver koordiniert. *Nutzernetze* werden über schnelle *Backbone - Netze* (> 100 Mbit/s z. B. FDDI, ATM, Fast Ethernet) untereinander verbunden. *Innerbetriebliche Telefonnetze* werden heute meist als ISDN - Nebenstellenanlage ausgeführt, die über einen ISDN - Primärmultiplexanschluss mit dem Fernnetz verbunden ist. Sie lassen sich für die Sprach-, Text- (Telefax) und Datenübertragung nutzen.

	Terminalnetze	**Workstation - Netze**		**Telefonnetze**
Aufbaustruktur	Hierarchie (Mainframe)	Client-Server		Baum
Übertragungs- medium	Kupferkabel	Glas - / Kupferkabel		Kupferkabel
Netzverkehr	vorhersagbar: Trans- aktionen und Ant- worten	kaum vorhersagbar: Nachrichten bis Da- teitransfer		vorhersagbar: Ge- spräche und
Sitzungsdauer	vorhersagbar	kaum vorhersagbar		kaum vorhersehbar
Systemverwaltung	Rechenzentrum	verteilte Systemmana- ger		zentrales Manage- ment
Netztopologie / - steuerung (Schicht 1 / 2)	homogen, proprietär	Genormt (CSMA / CD, Token)		genormt (ISDN)
Externer Netz- übergang	ja, über Rechenzen- trum und Hersteller	nein	ja, zum INTER- NET	ja, über Telefon / ISDN
Netzwerk- protokolle (Schicht 3/ 4)	homogen, proprietär (z. B. IBM SNA, DEC DNA	heterogen, proprietär	homogen (TCP / IP), offen	homogen
Übertragungsrate	< 100 Mbit /s	< 100 Mbit / s		64 kbit / s
Endgeräte	homogen	heterogen		homogen
Abbildung 5.5.3-1: Typen innerbetrieblicher Netze (Hegering(1993))				

Um innerbetrieblich das richtige Übertragungssystem zu wählen sind zu beurteilen

- die erforderliche technische Leistungsfähigkeit (Übertragungsgeschwindigkeit, Teil- nehmerzahl, Übertragungsentfernung),

- die wirtschaftlichen Investitions- und Betriebskosten (einschließlich der Netzwerk- betreuung)

Beispiel: Der Badmöbelproduzent nutzt zur Zeit eine IBM AS/400 mit 45 Terminals / PC , die über SNA über eine öffentliche Straße hinweg verbunden sind. Die z. T. noch vorhandenen Terminals werden durch PC abgelöst; die Kupferverkabe- lung (twisted pair) wird weitergenutzt, um Baukosten zu sparen, und um Seg- mente im Bürobereich ergänzt. Das Netz wird auf Ethernet und TCP / IP umge- stellt, durch Switches segmentiert und dadurch in der Übertragungsleistung ge- steigert. Neben der AS / 400 werden zwei PC - Netzwerkserver mit WINDOWS NT integriert, das jetzt 80 Klienten miteinander verbindet. Die Außendienstmit- arbeiter übertragen Daten per ISDN über die Nebenstellenanlage per TCP / IP an die AS / 400; die auf dieses Protokoll umgerüstet wird.

Zwischenbetrieblich werden *Fernnetze (WAN = Wide Area Network)* genutzt. Diese dienen der externen Kommunikation einer Organisation oder der Kopplung von deren internen Netzen über Grundstücksgrenzen hinweg. Zu unterscheiden sind Spezialnetze für die Datenübertragung (z. B. DATEX-L, DATEX-P der TELEKOM in D) und Universalnetze, mit denen auch Sprache, Texte, Bilder übertragen werden können (z. B. ISDN); die Grenzen verschwimmen zunehmend. Die flächendeckend verfügbaren Fernnetze haben eine Übertragungsrate von kbit/s, nur in Ballungsräumen sind Netze mit Mbit/s - Übertragungsraten verfügbar (z. B. DATEX -M). Europaweit hat sich ISDN als Standardnetz etabliert, das zwei Kanäle a 64 kbit/s (plus einen Steuerkanal von 16 kbit/s) bietet.

Beispiel: *Um am EDIFACT - Datenaustausch der Sanitärbranche teilzuhaben, ist der Badmöbelproduzent über ISDN an den Dienst Telebox400 (TELEKOM) angeschlossen. Zur Zeit stellt er dort nur Produktstammdaten ein und nimmt nicht am Bewegungsdatenaustausch teil, da ihm die Prüfprozeduren fehlen. Über ISDN ist das Unternehmen auch an den T-Online - Dienst angeschlossen, der als INTERNET - Provider einen Zugang zu dessen Diensten (z. B. E- Mail SMTP, World Wide Web: HTTP) bietet. Allerdings ist dieser Zugang bisher aus Sicherheitsgründen vom innerbetrieblichen Rechnernetz separiert und beschränkt sich auf wenige Mitarbeiter im Vertrieb und Einkauf.*

Funktionen	**Netz**	**Dienst**	
	Carrier	**Mailing**	**Clearing**
	Übertragung Datensicherung	Puffer Speicher Verteiler	Prüfung Konsolidierung Archivierung
Universaldienste	Telefon ISDN	INTERNET	
Datendienste	DATEX - L DATEX - P DATEX - M	Telebox 400 T-Online	

Abbildung 5.5.3-2: Funktionen von WAN und VAN

Man spricht von einem Kommunikationsdienst oder *VAN* (Value-Added Network), wenn WAN neben der Übertragung weitere Dienste (Mailing, Clearing) an bieten. Dazu, kann gehören, Nachrichten zu speichern, an Benutzergruppen zu verteilen, inhaltlich zu prüfen und zu archivieren. Ein VAN kann z. B. Sammelrechnungen für Finanzämter erstellen, Daten abhängig von Bedingungen versenden etc. (Clearing).

Das INTERNET entwickelt sich zum "Netz der Netze". Aufbauend auf einer öffentlichen, ursprünglich militärischen und wissenschaftlichen Netzinfrastruktur, die bisher äußerst kostengünstig angeboten wird, wird es von Millionen von Nutzern im akademischen, zunehmend auch privatwirtschaftlichen Bereich genutzt. Ende 1996 waren 13 Mio. Rechner und 476.000 Server dem INTERNET angeschlossen, andere Netze werden von den Nutzern aufgrund der Preisgünstigkeit und des Komforts des INTERNETs kaum mehr akzeptiert.

Die Standards des INTERNET vereinigen zunehmend unternehmensinterne (INTRANET) und unternehmensübergreifende Kommunikationssysteme (EXTRANET). Aufgrund des riesigen, durch Standards geprägten "offenen" Marktes entstehen in einer sehr hohen Dynamik mächtigere und komfortablere Anwendungen, die preisgünstig (oft kostenlos als "shareware") über das Netz vertrieben werden. Allerdings belastet der INTERNET -Boom dessen Netzinfrastruktur zur Zeit so, dass der Komfort durch die Antwort- und Übertragungszeiten beeinträchtigt wird.

	Vorteile	**Nachteile**	
Weltweite Standards	• für Übertragung und Adressierung (TCP / IP) • für E-Mail (SMTP) • für Filetransfer (FTP) • für Hypertext (HTTP)	• Netz durch Hypermedia und Zuwächse überlastet • Netzverkehr wird kaum optimiert • Netzbelastung durch Altbestände	**Mangelnde Performance**
Phantastisches Konzept	• Weltweite Integration multimedialer Informationsdienste	• Hacker-Netz • Protokollauslegung	**Mangelnde Sicherheit**
Phantastische Zuwachsraten	• Preiswerter Zugang für private und geschäftliche Nutzer • preiswerte Software	• Nutzer - Directories nicht übergreifend • Inhalts - Directories unzuverlässig	**Fehlende Verzeichnisse**

Abbildung 5.5.3-3: Vor - und Nachteile des INTERNETS

2. Schritt: Kommunikationssysteme wählen

Innerbetriebliche Kommunikationssysteme sollen es Gruppen von Aufgabenträgern ermöglichen, effizient an gemeinsamen Aufgaben zu arbeiten und dabei deren Kommunikationsprozesse unterstützen. *Electronic Mail - Systeme* ermöglichen den Nachrichten- und Dateienaustausch zwischen Aufgabenträgern; proprietäre werden zunehmend durch INTERNET - basierte Produkte abgelöst. In *Groupware - Systemen* können Teilnehmer gemeinsam Daten und Funktionen definieren und nutzen. Proprietäre Produkte (z. B.

Lotus NOTES) beziehen immer mehr die INTERNET - Standards mit ein, rein INTERNET - orientierte Produkte drängen in den Markt (z. B. Netscape Coordinator). Auch bei *elektronischen Konferenzen* setzen sich INTERNET - basierte Produkte immer mehr durch.

Aufgaben	ermöglicht	Proprietäre Produkte	INTERNET Produkte
Electronic Mail	Datenaustausch zwischen zu adressierenden Teilnehmern	*CC-Mail (Lotus), MS-Mail (Microsoft)*	*Navigator (Netscape), Explorer (Microsoft)*
Informationskooperation (Groupware)	gemeinsame Sichten auf Daten und Funktionen von Teilnehmern	*Notes (Lotus), Exchange (Microsoft), Groupwise (Novell)*	*Domino (Lotus), Coordinator (Netscape)*
Electronic Conference	gemeinsame (elektronische) Sitzung von Teilnehmern	*Vision Quest (Collaborative), Group Systems (Ventana /IBM)*	
Workflow Systeme	Verteilung von Dokumenten entsprechend Aufbau- und Ablauforganisation	*WorkFlo (Filenet); Work Party (SNI); Flowmark (IBM)*	
Abbildung 5.5.3-4: Aufgaben von innerbetrieblichen Kommunikationssystemen			

Mit *Workflow - Systemen* lassen sich Bearbeitungsobjekte (z. B. Dokumente) mit Hilfe von Vorgängen den Aufgabenträgern zuordnen. Die Produkte betonen entweder die Vorgänge oder die Objekte und realisieren den Workflow entweder über eine Datenbank oder über eine Nachrichtensteuerung (Message - Handling - System).

Workflow-Systeme sind relativ schwierig zu realisieren, da aufbauorganisatorisches (z. B. über Kompetenzen, Kapazitäten von Aufgabenträgern) und ablauforganisatorisches Wissen (z. B. Vorgangsketten) zu erheben und in Software in Form von Regeln (z. B. für den Kapazitätsausgleich, die Aktivitätenzuordnung) zu implementieren ist.

Zwischenbetriebliche Kommunikationssysteme sind unternehmens- oder nutzerorientiert aufgebaut. *Nutzerorientierte Systeme* verbinden die Aufgabenträger von zwei oder mehr Unternehmen und nutzen ähnliche Techniken wie innerbetriebliche Systeme (z. B. E - Mail). Mit Groupware- oder Workflow-Produkten können unternehmensübergreifend Organisationseinheiten für definierte Aufgaben (z. B. ein Bauvorhaben oder ein Entwicklungsprojekt) kooperieren. Wird eine IS-Infrastruktur aufgebaut, die es den Organisationseinheiten erlaubt, ihre Arbeit gegenüber den beteiligten Unternehmen autonom zu koordinieren, zu dokumentieren und abzurechnen, entstehen "virtuelle Unternehmen", die selbständig im Rahmen ihrer Aufgabe technisch und wirtschaftlich handeln.

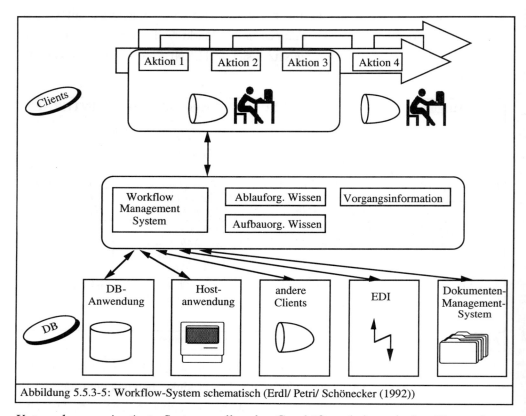

Abbildung 5.5.3-5: Workflow-System schematisch (Erdl/ Petri/ Schönecker (1992))

Unternehmensorientierte Systeme sollen den Geschäftsverkehr zwischen Unternehmen durch elektronische Nachrichten (z. B. EDIFACT) integrieren und rationalisieren. Dazu werden Nachrichtenstrukturen vereinbart und eine gemeinsame Infrastruktur aus Datenbeständen und Kommunikationsnetzen aufgebaut (vgl. Abschnitt 3. 3). Empfangene Nachrichten werden oft durch die "flexible Schnittstelle Sachbearbeiter" formal und inhaltlich überprüft sowie vervollständigt werden („EDIFAX"). Anzustreben ist., diese Plausibilitätsprüfungen zu automatisieren (gekoppelten EDI- Systeme); dazu sind umfangreiche Prozeduren zu implementieren. Solche gekoppelten Systeme sind daher technisch viel aufwendiger als nutzerorientierte Übertragungssysteme. Basis der Kopplung sind standardisierte Nachrichtenaustauschformate, die syntaktisch die Nachrichtenstrukturen und semantisch deren Interpretation festlegen.

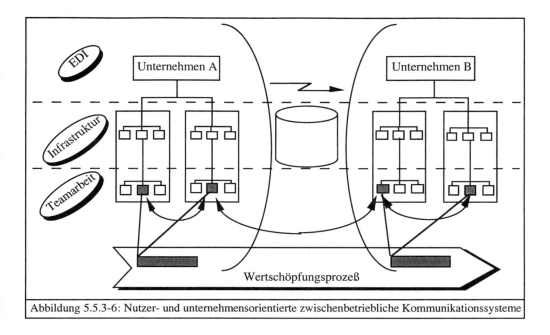

Abbildung 5.5.3-6: Nutzer- und unternehmensorientierte zwischenbetriebliche Kommunikationssysteme

5.6 Zusammenfassung

In Unternehmen existiert heute eine große Vielfalt von Informationssystemen, die sich

- in geschäftlicher Relevanz,

- in organisatorischen und fachlichen Aufgaben,

- in der verwendeten Hard- und Softwaretechnologie,

- in ihrer Herkunft (Marktbezug, Eigenentwicklung) unterscheiden.

Diese Informationssystem - Landschaft verändert sich dauernd dadurch, dass Unternehmensteile verkauft oder angekauft werden, Aufgaben organisatorisch oder fachlich anders gelöst, die Hardware oder die Softwareentwicklungswerkzeuge technisch erneuert werden etc.. Um in dieser Vielfalt und Dynamik den Überblick zu behalten und die resultierende Informationssystem - Architektur zielgerichtet weiter zu entwickeln, helfen Modelle, die wie ein Bau- oder Schaltplan in den Ingenieurwissenschaften nach eindeutigen Regeln (Begriffe, Elemente) aufgebaut sind und ein System auf unterschiedlichen Differenzierungsebenen beschreiben.

Mit den HARVEY Architekturregeln wird versucht, einen Rahmen für die Gestaltung von betriebswirtschaftlichen Informationssystemen zu schaffen, der zum einen didaktisch die zu beachtenden Dimensionen und Sichten strukturiert darstelle, zum anderen Hilfen in konkreten Entwicklungs- und Einführungsprozessen geben will. Anliegen war es,

- durch differenzierte Begriffe und Elemente Erkenntnisse der Organisationslehre, der Wirtschaftsinformatik und der Informatik zu integrieren,

- eine Brücke zwischen strategisch - geschäftlichen, organisatorisch - betriebswirtschaftlichen und DV - technischen Aspekten der Informationssystemgestaltung zu schlagen,

- offen zu bleiben für unterschiedliche Software - Ansätze (z. B. funktions-, daten- oder objektorientiert) und die korrespondierenden Entwicklungswerkzeuge (wie relationale Datenbanksysteme, Workflowmanagementsysteme), um jeweils das angesichts der Aufgaben und Ressourcen zweckmässigste Instrumentarium auswählen zu können.

- neben inhaltlichen Dimensionen auch ein in der Praxis erprobtes Vorgehensmodell (AMOR) anzubieten.

Ziel war es nicht, eine neue grafische Beschreibungssprache für die Modellierung von betriebswirtschaftlichen Informationssystemen zu konzipieren. Hier bieten alte Instrumente wie SADT (Structured Analysis and Design Technique), RSL (Requirement Statement Language) oder die neueren Ansätze von Scheer (Architektur Integrierter Informationssysteme - ARIS), Ferstl / Sinz (Semantisches Objektmodell - SOM) oder auch von Booch / Rumbaugh / Jacobsen (Unified Modeling Language - UML) einen weit höheren Entwicklungsstand. Viele der grafischen Elemente von HARVEY basieren daher auf diesen Instrumenten. Wenn man mit diesen allerdings Aufgaben der Unternehmenspraxis lösen will, merkt man schnell, dass es an präzisen Begriffen und Anleitungen fehlt, die eine unternehmensweit einheitliche Modellierung erst erlauben. Aus den Erfahrungen dieser Projekte wird HARVEY kontinuierlich weiter entwickelt.

Literaturverzeichnis

Ambichl, E./ Heinrich, L.J.: Leistungsbewertung dialogorientierter Datenbanksysteme in Client/ Server-Architekturen, in: Informationsmanagement (1992), Heft 3, S. 24-31

Andexer, H.: AD/Cycle - Das IBM-Softwareentwicklungskonzept ... und wie geht es weiter, in: Wirtschaftsinformatik 33. Jg (1991), Heft 1, S. 26-32

Back-Hock, A.: EIS-Systeme, in : Scheer, A.W. (Hrsg.): Rechnungswesen und EDV - 10. Saarbrücker Arbeitstagung, Heidelberg 1989, S. 215 - 232

Back-Hock, A.: Executive Informations Systeme (EIS), in : Kostenrechnungspraxis, o. Jg, (1991), Heft 1, S. 48-50

Back-Hock, A. / Borkowski / Büttner; Vorarbeiten für die Datenmodellierung am Beispiel zweier Industrieunternehmen und elektronischer Begriffskatalog, in: Wirtschaftsinformatik 36 (1994), 5, S. 409 - 421

Balzert, H.: Die Entwicklung von Software-Systemen, Mannheim - Wien- Zürich 1988

Balzert, H.: CASE - Systeme und Werkzeuge, Mannheim - Wien - Zürich 1989

Bailey, M.N. / Gordon, R.J: The Productivity Slowdown - Measurement Issues and the Explosion of Computer Powers, in: Brookings Papers on Economic Activities 2. Jg (1988), S. 347 - 422

Bauer, M.: Dem Kostendruck entfliehen - Analyse des Phänomens Downsizing, in: Computerwoche Extra, Ausgabe Nr. 6 (1992), 11. Dez.

Bechtolsheim, Matthias von: Agentensysteme - Verteiltes Problemlösen mit Expertensystemen: Braunschweig / Wiesbaden 1993

Becker, J.: CIM-Integrationsmodell, Berlin et. al. 1991

Becker, J.: Computer Integrated Manufacturing aus Sicht der Betriebswirtschaftslehre und der Wirtschaftsinformatik, in: Zeitschrift für Betriebswirtschaftslehre, 62. Jg (1992), Heft 12, S. 1381-1407

Becker, J. / Schütte, R. : Handelsinformationssysteme, Landsberg / Lech 1996

Benjamin, R.I. / Blunt, J.: Critical IT Issues - The next Ten Years, in: Informations Management (1993), Heft 1, S. 74-84

Benjamin, R.I. / de Long, D. W. u. a.: Electronic Data Interchange: How Much Competitive Advantage?, in: Long Range Planning, 23. Jg, (1990), Heft 1, S. 29-40

Biethahn, J.: Ganzheitliches oder integriertes Informationsmanagement, Vortrag auf dem IBM-Hochschulkongreß, Dresden Oktober 1992

Biethahn, J. / Hoppe,K.: ABASS - Ein wissensbasiertes System für die Vermögensberatung in Kreditinstituten in: Bodendorf, F. (Hrsg.) Informationsverarbeitung im Dienstleistungsbereich, Tagungsband Wissenschaftliche Kommission Wirtschaftsinformatik Herbst 1993, Nürnberg

Biethahn, J. / Muksch, H. / Ruf, W.: Ganzheitliches Informationsmanagement Band I: Grundlagen, 3. Aufl., München - Wien 1994

Bodendorf, F.: Benutzermodelle - ein konzeptioneller Überblick, in: Wirtschaftsinformatik 34.Jg (1992), Heft 2, S. 233 - 245

Boehm, B.W.: Software Engineering, in: IEEE Transaction on Computing Vol. (1976), 12, S. 1226 - 1241

Boehm, B.W.: A Spiral Model of Software Development and Enhancement, in: IEEE Computer, Vol. 21 (1988), S. 61 - 72

Bogaschewsky, R: Hypertext-/Hypermedia-Systeme - Ein Überblick, in: Informatik-Spektrum 15. Jg (1992), S. 127-143

Boll, M.: Prozeßorientierte Implementation des SAP Softwarepaketes, in: Wirtschaftsinformatik 35. Jg (1993), Heft 5, S. 418-423

Bonin, H.E.G.: Kooperation und Kollaboration mit Hilfe von Editoren, in: Wirtschaftsinformatik 34. Jg (1992), Heft 6, S. 590 - 598

Booch, G.: Object-Oriented Design with Applications, Redwood City, California 1991

Bröhl, A.: Standardisierung der Software-Entwicklung für Informationssysteme im Bereich der Bundeswehr, in: Gesellschaft für Informatik - Mitteilung der Fachgruppe "Software-Engineering", Bd. 12 (1992), H. 2, S. 53-58

Bubenko, J.A.: The Temporal Dimension in Information Modeling, in: Nijssen, G.M. (ed.); Architecture on Models in Database Systems, Amsterdam 1977, S. 93-117.

Bürkle, U. / Gryczan, G. / Züllighoven, H.: Erfahrungen mit der objektorientierten Vorgehensweise bei einem Bankprojekt, in: Informatik Spektrum, 1992, S. 273-281

Bullinger, H.J. / Fähnrich, K.P: Betriebliche Informationssysteme - Grundlagen und Werkzeuge der methodischen Softwareentwicklung, Berlin etc. 1997

Bullinger, H.J./ Fähnrich, K.P. / Otterbein, T.: Mit SW-Architekturen aus der Softwarekrise, in: Computerwoche Extra (1992), 1, S. 12-14

Bundesminister des Inneren: Planung und Durchführung von IT-Vorhaben: Vorgehensmodell, Bonn 1992

Chamoni, P. / Wartmann, R.: Software zur betriebswirtschaftlichen Modellbildung, in: Steffen, R. / Wartmann, R. (Hrsg.): Kosten und Erlöse - Orientierungsgrößen der Unternehmungspolitik, 198?, S. 349 -372

Chen, P.: The Entity-Relationship-Model, in: Toward a Unified View of Data, ACM Transactions on Database Systems, Vol. 1 (1976), Heft 1, S. 9-36

Coad, P. / Yourdon, E.: Object - Oriented Analysis, 2. Aufl., Prentice Hall, New Jersey 1991a

Coad, P. / Yourdon, E.: Object - Oriented Design, 2. Aufl., Prentice Hall, New Jersey 1991b

Coca Cola Retailing Research Group (Hrsg.): Kooperation zwischen Industrie und Handel im Supply Chain Management, 1994

De Marco, T.: Structured Analysis and System Specification, New York 1978

Denert, E.: Dokumentenorientierte Software-Entwicklung, in: Informatik-Spektrum, 16. Jg (1993), S. 159-164

Desel, J. / Oberweis, A.: Petrie - Netze in der Angewandten Informatik - Einführung, Grundlagen und Perspektiven, in: Wirtschaftsinformatik 38 (1996), Heft 4, S. 359 - 366

Desel, J. / Kindler, E. / Oberweis, A. (Hrsg): Algorithmen und Werkzeuge für Petrinetze, Forschungsbericht der Fachgruppe 0.0.1. der Gesellschaft für Informatik, Karlsruhe 1996

Diebold GmbH: Methodik Geschäftsprozeßoptimierung (GPO) - Überblick über Konzept, Anwendungsmöglichkeiten und Nutzen für den Klienten, Eschborn 1993

Doch, J.: Zwischenbetrieblich integrierte Informationssysteme - Merkmale, Einsatzbereich und Nutzeffekte, in: HMD 28 (1992), Heft 165, S. 3-17

Dürr, W. / Kleibohm, K.: Operations Research - Lineare Modelle und ihre Anwendungen, 2. Aufl., München, Wien 1988

Eicker, St. /Schnieder, Th.: Reengineering, in: Institut für Wirtschaftsinformatik der Universität Münster, Arbeitsbericht 13 (1992)

Eicker, St. / Jung, R. / Kurbel, K.: Anwendungssystem-Integration und Verteilungsarchitektur aus der Sicht des Reengineerings, in: Informatik, Forschung und Entwicklung (1993), Heft 8, S. 70-78

Endres, A. / Uhl, J.: Objektorientierte Software-Entwicklung, in: Informatik-Spektrum, 15. Jg (1992), S. 25 -263

Esswein, W.: Das Rollenmodell der Organisation: Die Berücksichtigung aufbauorganisatorischer Regelungen in Unternehmensmodellen, in: Wirtschaftsinformatik 35 (1993), Heft 6, S. 551 - 561

Faisst, W.: Virtuelles Unternehmen, in: Mertens, P. u. a. (Hrsg.): Lexikon der Wirtschaftsinformatik, 3. Aufl., Berlin - Heidelberg - New York 1997, S. 430-431

Fayyad, U. / Piatetsky - Shapiro, G. / Smyth, P.: The KDD Process for Extracting Useful Knowledge from Volumes of Data, in: Communications of the ACM 39 (1996), 11, S. 27 - 34

Ferstl, O.K. / Sinz, E.J.: Ein Vorgehensmodell zur Objektmodellierung betrieblicher Informationssysteme im semantischen Objektmodell SOM, in: Wirtschaftsinformatik, 33. Jg (1991), Heft 6, S. 477-491

Ferstl, O.K. / Sinz, E.J.: Grundlagen der Wirtschaftsinformatik - Band 1, 1. Aufl., München 1992 und 3. Aufl., München 1997

Ferstl, O.K. / Sinz, E.J.: Geschäftsprozeßmodellierung, in: Wirtschaftsinformatik 35 (1993), Heft 6, S. 589-592

Ferstl, O.K. / Sinz, E.J.: Der Modellierungsansatz des Semantischen Objektmodells, Bamberger Beiträge zur Wirtschaftsinformatik Nr. 18, Bamberg 1993

Ferstl, O.K. / Sinz, E.J.: Objektmodellierung betrieblicher Informationssysteme im Semantischen Objektmodell (SOM), in: Wirtschaftsinformatik, 32. Jg (1990), Heft 6, S. 566-581

Finke, W.: Groupwaresysteme - Basiskonzepte und Beispiele für den Einsatz im Unternehmen, in: Informations Management, 7. Jg (1992), Heft 1, S. 24-30

Fischer, J.: Qualitative Ziele in der Unternehmensplanung, Berlin 1989

Fischer, J.: Datenmanagement - Datenbanken und Betriebliche Datenmodellierung, München 1992

Fischer, J.: Unternehmensübergreifende Datenmodellierung - der nächste folgerichtige Schritt der zwischenbetrieblichen Datenverarbeitung, in: Wirtschaftsinformatik 35. Jg (1993), Heft 3, S. 241 -254

Fischer, J.: Aktive Datenbanksysteme, in: Wirtschaftsinformatik 38. Jg (1996), Heft 4, S. 435 - 438

Fischer, J.: Kosten- und Leistungsrechnung - Band 2: Plankostenrechnung, 8. Aufl., München 1998

Fischer, J. / Herold, W. / Dangelmaier, W. / Nastansky, L. / Wolff, R: Bausteine der Wirtschaftsinformatik - Grundlagen, Anwendung, PC-Praxis, 2. Aufl., Hamburg 1995

Fischer, J. / Stüring, S.: Fertigungssteuerung bei einer Unikatfertigung - DV - unterstützte dezentralisierte Steuerungsverantwortung versus Standard - PPS, in: Fischer, J. et al (Hrsg): Dezentrale controlling - gestützte (Auftrags-) Steuerungskonzepte für mittelständische Unternehmen, Düsseldorf 1997, S. 119 - 130

Food Marketing Institute (eds.): Effizient Consumer Response - Enhancing Consumer Value in the Grocery Industry, Washington 1993

Frackmann, E.: The Revieval of Management Information Systems in Industry, in: Zeitschrift für Planung, 1. Jg, (1990), Heft 4, S. 283 - 302

Gabriel, R.: Wissensbasierte Systeme in der betrieblichen Praxis, London etc. 1992

Gabriel, R. / Frick, D.: Expertensysteme zur Lösung betriebswirtschaftlicher Problemstellungen, in: Zeitschrift für betriebswirtschaftliche Forschung, 43. Jg (1991), Heft 6, S. 544-565

Ghezzi, C. / Jazayeri, M.: Konzepte der Programmiersprachen, München, Wien 1989

Grauer, M. / Merten, U.: Multimedia - Entwurf, Entwicklung und Einsatz in betrieblichen Informationssystemen, Berlin - Heidelberg - New York 1977

Griese, J.: EDI - Schlagwort oder strategische Logistikausrichtung für die 90er Jahre, in: Logistik Spektrum, 2. Jg (1990), Heft 6, S. 112-113

Grochla, E.: Unternehmungsorganisation - Neue Ansätze und Konzeptionen, Reinbek bei Hamburg 1972

Grochla, E. / Meller, F.: Datenverarbeitüng in der Unternehmung, Reinbek bei Hamburg, 1974

Grosse-Oetringhaus, W.: Fertigungstypologie unter dem Gesichtspunkt der Fertigungsablaufplanung, Berlin 1974

Gruhn, V. / Kampmann, M.: Modellierung unternehmensübergreifender Geschäftsprozesse mit FUNSOFT - Netzen, in: Wirtschaftsinformatik 38 (1996), Heft 4, S. 383 - 390

Gryczan, G. / Züllighoven, H.: Objektorientierte Systementwicklung, in: Informatik-Spektrum, 15. Jg (1992), Heft , S. 264 - 272

Gutenberg, E.: Grundlagen der Betriebswirtschaftslehre, 1. Band: Die Produktion, 23. Aufl., Berlin - Heidelberg - New York 1979

Haberstock, L.: Kostenrechnung I/II, 8. Aufl., Hamburg 1987

Hagedorn, J. / Bissantz, N. / Marschall, E. / Mertens, P.: Ein Versuch zum Induktiven Lernen im Bereich der Betriebsergebnisrechnung, in: Controlling (1994), Heft 2, S. 100 - 108

Hammer, M. / Champy, J.: Reengineering the Corporation - A Manifesto for Business Revolution, New York 1993

Hansmann, K. W.: Industrielles Management, 5. Aufl., München - Wien 1987

Hansen, H. R.: Wirtschaftsinformatik I, 6. Aufl., Stuttgart 1992

Hasenkamp, U. / Syring, M.: Konzepte und Einsatzmöglichkeiten von Workflow-Management-Systemen, in: Kurbel, K. (Hrsg.); Wirtschaftsinformatik 93, Berlin etc. 1993, S. 405-422

Haun, P.: Datenbanken, Methodenbanken und Planungssprachen als Hilfsmittel für das interne Rechnungswesen, in: Kostenrechnungspraxis, o. Jg, (1988), Sonderheft 1, S. 83-88

Haun, P. / Zeuch, K.: Alternativenrechnungen mit Planungssprachen und Tabellenkalkulationssystemen, in: Handbuch der Modernen Datenverarbeitung HMD, o. Jg,(1987), Heft 138, S. 52-64

Hax, A.C. / Majluf, N.S.: Strategic Management - An integrative perspective, Englewood Cliffs 1985

Hegering, H.G.: Netzmanagement - die vordringlichste Aufgabe heißt Integration, in: Computerwoche Focus (1993), Heft 4, S. 32-35

Heinen, E.: Industriebetriebslehre als Entscheidungslehre, in: Heinen, E. (Hrsg.): Industriebetriebslehre - Entscheidungen im Industriebetrieb, 8. Aufl., Wiesbaden 1990, S. 5 - 75

Heinen, E. / Dietl, B.: Informationswirtschaft, in: Heinen, E. (Hrsg.): Industriebetriebslehre - Entscheidungen im Industriebetrieb, 8. Aufl., Wiesbaden 1990, S. 893 - 1074

Heinrich, L. J.: Informationsmanagement, 4. Aufl., München - Wien 1992

Heinrich, L. J.: Systemplanung, Band 1, 6. Aufl., München - Wien 1994

Heinrich, L. J. / Burgholzer, P.: Informationsmanagement - Planung, Überwachung und Steuerung der Informations - Infrastruktur, 3. Aufl., München - Wien 1990

Held, G.: Informations- und Funktionsmodellierung mit GRAPES, Berlin, München 1991

Henderson-Sellers, B.: A Book of Object-Oriented Knowledge, Englewood Cliffs 1992

Herbst, H. / Knolmayer, G.: Petrinets as derived process representations in the BROCOM approach, in: Wirtschaftsinformatik, 38. Jg (1996), Heft 4, S. 391 - 398

Herbst, H. / Knolmayer, G.: Ansätze zur Klassifikation von Geschäftsregeln, in: Wirtschaftsinformatik, 37. Jg (1995), Heft 2, S. 149 - 150

Herold, W.: Informationssysteme in der Entwicklung, in: Fischer, J. / Herold, W. / Dangelmaier, W. / Nastansky, L./ Wolff, R.: Bausteine der Wirtschaftsinformatik, Hamburg 1995, S. 29-57

Hess, Th. / Brecht, L.: State of the Art des Business Process Redesign - Darstellung und Vergleich bestehender Methoden, 2. Aufl., Wiesbaden 1996

Heß, H. / Scheer, A.W.: Retrieval wiederverwendbarer Softwarebausteine, in: Wirtschaftsinformatik, 34. Jg (1992), Heft 2, S. 190 - 200

Hesse, W. / Barkow, G. / von Braun, H. / Kittlaus, H. / Scheschonk, G.: Terminologie der Softwaretechnik - Ein Begriffsystem für die Analyse und Modellierung von Anwendungssystemen - Teil 1, in: Informatik - Spektrum, 17. Jg (1994), Heft 1, S. 329-47, Teil 2 in Heft 2, S. 96-105

Hildebrand, K.: Software Tools - Automatisierung im Software Engineering, Berlin et al 1990

Hildebrand, K.: Informationsmanagement - Wettbewerbsorientierte Informationsverarbeitung, München - Wien 1995

Hirschleber, M.: Reengineering-Systeme als integraler Bestandteil von CASE, in: Handbuch der Modernen Datenverarbeitung HMD, o. Jg, (1990), Heft 156, S. 3-15

Hoffmann, F.: Aufgabe, in: Handwörterbuch der Organisation, 1980, Sp. 200-207

Hofmann, J.: Analyse des Anwendungsbereiches von Problemlösungsmethoden, Diss. Technische Universität Berlin 1984

Houy, C. / Scheer,A.W. / Zimmermann,V.: Anwendungsbereiche von Client/Server-Modellen, in: Informationsmanagement (1992), Heft 3, S. 14-22

Huber, H.: Management-Informationssysteme - Marktanalysen / Produktranglisten, Frankfurt/M. 1989

Huckert, K.: Entwurf und Realisierung von PC-gestützten Decision Support Systemen, in: Angewandte Informatik, o. Jg, (1988), Heft 10, S. 425-434

Jacob, H. (Hrsg.): Industriebetriebslehre in programmierter Form, Band 2: Planung und Planungsrechnungen, Wiesbaden 1972

Jacobson, I.: Object-Oriented Software-Engineering, Reading 1992

Jäger, E. / Pietsch, M. / Mertens, P.: Die Auswahl zwischen alternativen Implementierungen von Geschäftsprozessen in einem Standardsoftwarepaket am Beispiel eines Kfz-Zulieferers, in: Wirtschaftsinformatik, 35. Jg (1993), Heft 5, S. 424-433

Jahnke, B.: Entscheidungsunterstützung der oberen Führungsebene: Führungsinformationssysteme in: Schriften zur Unternehmensführung, Bd. 49 (1993), S. 123 - 148

Janko,W.H. / Taudes, A.: Veränderung der Hard- und Softwaretechnologie und ihre Auswirkung auf die Informationsverarbeitungsmärkte, in: Wirtschaftsinformatik, 34. Jg (1992), Heft 5, S. 481 - 493

Jost, W.: Werkzeugunterstützung in der DV-Beratung, in: Informations Management (1993), Heft 1, S.10-19

Kabierschke,T.: Schlüsseltechnologien in den nächsten 20 Jahren - eine Herausforderung für die Unternehmensführung, in: Blick durch die Wirtschaft 8. Januar 1988, S. 7

Kagermann, H.: Perspektiven der Weiterentwicklung integrierter Standardsoftware für die Kostenrechnung und das gesamte innerbetriebliche Rechnungswesen, in: Kostenrechnungspraxis, o. Jg, (1988), Sonderheft 1, S. 19-30

Kagermann, H.: Verteilung integrierter Anwendungen, in: Wirtschaftsinformatik, 35. Jg (1993), Heft 5, S. 455-464

Kaluza, B. / Klenter, G.: Zeit als strategischer Erfolgsfaktor von Industrieunternehmen, Teil I: Zeitstrategien, Diskussionsbeiträge des Fachbereiches Wirtschaftswissenschaften der Universität GH Duisburg Nr. 173, September 1992

Kaufmann, F.: Erstellen von Organisations- und DV-Lösungen - Entwurf und Spezifikation betrieblicher Objektsysteme mit der grafischen Entwurfssprache GRAPES, Berlin-München, 1993

Keller, G. / Hechler, H.J.: Konzeption eines integrierten Informationsmodells für die Kostenrechnung des SAP-Systems, in: Scheer, A.W.(Hrsg.): Rechnungswesen und EDV - 12. Saarbrücker Arbeitstagung, Heidelberg 1991, S. 67-106

Keller, G. / Meinhardt, S.: SAP R/3-Analyser - Optimierung von Geschäftsprozessen auf Basis des R/3 - Referenzmodells, Walldorf 1994

Kern, W. / Schröder, H.H.: Forschung und Entwicklung in der Unternehmung, Reinbek bei Hamburg 1977

Kieback, A. / Lichter,H. / Schneider-Hufschmidt, M. / Züllighoven, H.: Prototyping in industriellen Software-Projekten, in: Informatik-Spektrum, 15. Jg, (1992), Heft 1, S. 65-77

Kilger, W. / Vikas, K.: Flexible Plankostenrechnung und Deckungsbeitragsrechnung, 10. Aufl., Wiesbaden 1993

Kirsch, W. / Klein, H.K.: Management-Informationssysteme I - Wege zur Rationalisierung der Führung, Stuttgart, u.a., 1977

Klaus, G. / Buhr, M. (Hrsg.): Philosophisches Wörterbuch, Leipzig 1974

Klein, H. K.: Heuristische Entscheidungsmodelle - Neue Techniken des Programmierens und Entscheidens für das Management, Wiesbaden 1971

Kneuper, R. / Sollmann, F.: Normen zum Qualitätsmanagement bei der Software - Entwicklung, in: Informatik - Spektrum, Bd. 18 (1995), Heft 6, S. 314 - 323

Knolmayer, G.: Im Neuland - Mainframe Alternativen: Eine Zwischenbilanz, in: Business Computing (1993), Heft 6, S. 28-31

Knolmayer, G. / Herbst, H.: Business Rules, in: Wirtschaftsinformatik, 35. Jg (1993), Heft 4, S. 386-390

Köpper, F.: Eine Art Generalbebauungsplan sorgt für Übersicht im Handel, in: Computerwoche (1992), Heft 41, S. 33-34

Kolb, A.: Ein pragmatischer Ansatz zum Requirements Engineering, in: Informatik-Spektrum (1992), 15, S. 315-322

Kolland, M. / Mehner, T. / Kuhn, K.J.; Software-Plattformen - Mehr als ein Schlagwort, in: Wirtschaftsinformatik 35 (1993), Heft 1, S.23-31

Kosiol, E.: Aufgabenanalyse und -synthese, in: Handwörterbuch der Organisation, 1. Aufl., Stuttgart 1969, S. 207-224

Kosiol, E.: Aufgabenträger, in: Handwörterbuch der Organisation, 1. Aufl., Stuttgart 1969, S. 232-236

Kosiol, E.: Die Unternehmung als wirtschaftliches Aktionszentrum - Einführung in die Betriebswirtschaftslehre, Reinbek bei Hamburg 1969

Kosiol, E.: Organisation der Unternehmung, 2. Aufl., Wiesbaden 1976

Kraemer, W.: Effiziente Navigation in umfangreichen Controlling-Datenbeständen, in: Scheer, A.W. (Hrsg.): Rechnungswesen und EDV; 14. Saarbrücker Arbeitstagung Heidelberg 1993, S. 315-329

Krcmar, H.: Bedeutung und Ziele von Informationssystem-Architekturen, in: Wirtschaftsinformatik, 32. Jg (1990), Heft 5, S. 395-402

Krcmar, H.: Informationsmanagement, Berlin - Heidelberg 1997

Kreikebaum, H.: Strategische Unternehmensplanung, 5. Aufl., Stuttgart etc. 1993

Kroeber - Reil, W.: Konsumentenverhalten, 2. Aufl., München 1980

Kurbel, K. / Rautenstrauch, C. / Opitz, B. / Scheuch, R.: From "Make or Buy" to "Make and Buy": Tailoring Information Systems through Integration Engineering, in: Khosrowpour, M. (ed). Managing Social and Economic Change with Information Technology, Proc. Inform. Ress. Man. Ass. San Antonio, Texas 1994, S. 548 - 557

Langner, P. / Schneider, C. / Wehler, J. Prozeßmodellierung mit ereignisgesteuerten Prozeßketten (EPKs) und Petri - Netzten, in: Wirtschaftsinformatik, 39. Jg (1997), Heft 5, S. 479 - 489

Leger, L.: Land in Sicht - Zukunftsmedium Optischer Speicher, in: Business Computing (1993), Heft 2, S. 30

Lehmann, M. M.: Programs, life cycles and laws of software evolution, in: Proceedings of the IEEE Vol. 68 (1980), 9, S. 1069 - 1076

Ligner, P.: Leitbildorientierte Organisations- und Personalentwicklung bei der Einführung dezentraler controllinggestützter Steuerungskonzepte, in: Fischer, J. et al.; Dezentrale controllinggestützte (Auftrags-)Steuerungskonzepte für mittelständische Unternehmen, VDI Fortschrittsberichte, Düsseldorf 1997

Lindau, C.: Erfolgsfaktoren für die Einführung eines Führungsinformationssystems, in: Office Management, 39. Jg (1991), Heft 3, S. 22-26

Lindgreen, P.: Entity sets and their Description, in: Davis, C.J. / Jagodia, S. / Ng. P.A. / Yeh, R.T. (eds.), Entity-Relationship Approach to Software Engineering, Amsterdam 1983, S. 91-110

Loistl, O. / Schmidtmaier, S. / Füser, K.: Anlegerklassifizierung mit Hilfe eines neuronalen Netzes, Anmerkung zu den theoretischen Hintergründen, in: Sparkasse, 110. Jg (1993), Heft 4, S. 183-189

Ludewig, J.: Sprachen für die Programmierung, Mannheim 1985

Ludewig, J.: Sprachen für das Software-Engineering, in: Informatik-Spektrum, 16. Jg (1993), Heft 5, S. 286-294

Maaß, S.: Software-Ergonomie - Benutzer- und aufgabenorientierte Systemgestaltung, in: Informatik - Spektrum, 16. Jg (1993), S. 199-205

Mack, B. / Weinhardt, C.: MASIF - ein Multi-Agenten-System in der Finanzberatung, in: Informationsmanagement (1993), Heft 3, S. 50-56

Marcotty, M. / Ledgard, H.: The World of Programming Languages, Berlin, Heidelberg, New York 1988

Marent, C.: Branchenspezifische Referenzmodelle für betriebswirtschaftliche IV - Anwendungsbereiche, in: Wirtschaftsinformatik, 37. Jg (1995), Heft 3, S. 303 - 313

Martin, J.: Einführung in die Datenbanktechnik, München - Wien 1988

Martin, J.: Information Engineering, I: Introduction; II: Planning an Analysis; III: Design and Construction, Englewood Cliffs 1989/90

Matzke, H.: Entscheidungsunterstützende Systeme in der Hewlett Packard GmbH, in: Wirtschaftsinformatik, 32. Jg, (1990), Heft 6, S. 538-542

Mayr, H.C. / Dittrich, K.R. / Lockemann, P.C.: Datenbankentwurf, in: Lockemann, P.C. / Schmidt, J.W. (Hrsg.), Datenbank-Handbuch, Berlin-Heidelberg-New York 1987, S. 482-557

Mertens, P. Integrierte Informationsverarbeitung 1 - Administrations- und Dispostitionssysteme in der Industrie, 8. Aufl., Wiesbaden 1991

Mertens, P.: Neuere Entwicklungen des Mensch-Computer-Dialoges in Berichts- und Beratungssystemen, in: Zeitschrift für Betriebswirtschaft, 64. Jg (1994), Heft 1, S. 35-56

Mertens, P. / Borkowski,V. / Geis,W.: Betriebliche Expertensystem-Anwendungen, 2.Aufl., Berlin et al 1990

Mertens, P. / Griese, J.: Integrierte Informationsverarbeitung 2 - Informations-, Planungs- und Kontrollsysteme in der Industrie, 6. Aufl., Wiesbaden 1991

Mertens, P. / Holzner, J.: Gegenüberstellung von Integrationsansätzen der Wirtschaftsinformatik, in: Wirtschaftsinformatik, 33. Jg (1991), Heft 2, S. 5-25

Mintzberg, H.: Planning on the left side an managing on the right, in: Harvard Business Review, 54. Jg (1976), Heft 4, S. 49-58

Mörk, R.: Ein praxisorientiertes Vorgehensmodell zur Einführung von zwischenbetrieblicher Integration, in: HMD 29 (1992), Heft 165, S. 47-67

Müller - Merbach, M.: Vier Arten von Systemansätzen, dargestellt in Lehrgesprächen, in: Zeitschrift für Betriebswirtschaftslehre, 62. Jg (1992), Heft 8, S. 853 - 876

Muksch, H. / Holthuis, J. / Reiser, M.: Das Data Warehouse - Konzept - ein Überblick, in: Wirtschaftsinformatik, 38. Jg (1996), Heft 4, S. 421 - 433

Neunast, K.W. / Helden, J.V.: Objektorientierte Programmentwicklung mit C++ und OOPS, in: Informationstechnik 32.Jg (1990), Heft 4, S. 255 - 265

Nordsieck, F.: Funktion, in: Handwörterbuch der Organisation, 1. Aufl., Stuttgart 1969, S. 602 - 616

Österle, H.: Business Engineering - Prozeß- und Systementwicklung, Band 1: Entwurfstechniken, 2. Aufl., Berlin u.a. 1995

Österle, H. / Gutzwiller, Th.: Konzepte angewandter Analyse- und Design - Methoden, Band 1: Ein Referenz - Metamodell und das System - Design, Hallbergmoos 1992

Österle, H. / Sanche, J.: Systementwicklung mit Applikations - Plattformen - Erfahrungen bei der Lufthansa und der Schweizerischen Kreditanstalt, in: Wirtschaftsinformatik, 36 Jg (1994), Heft 2, S. 145-154

Oestereich; B.: Objektorientierte Softwareentwicklung mit der Unified Modeling Language, 3. Aufl., München - Wien 1997

Olbrich, R.: Stand und Entwicklungsperspektiven integrierter Warenwirtschaftssysteme, Arbeitspapier Lehrstuhl für Betriebswirtschaftslehre: Distribution und Handel Universität Münster 1992

Oppelt,U.: EDI-Implementierungen in der Praxis - Voraussetzungen, Vorgehensweise, Wirtschaftlichkeit, in: Reichwald, R. (Hrsg.) : Marktnahe Produktion, Wiesbaden 1992, S. 68-81

Ortmann, G: Unternehmensstrategien und Informationstechnik, in: Zeitschrift für betriebswirtschaftliche Forschung, 43. Jg (1991), Heft 11, S. 997-1001

Ortner, E.: Semantische Datenmodellierung - Datenbankentwurf auf der Ebene der Nutzer, in: Informatik - Spektrum, 8. Jg (1985), S. 20 - 28

Ortner, E.: Defizite in der Applikationssoftware-Forschung und Entwicklung, in: Informatik - Spektrum, 18. Jg (1995), S. 281 - 285

Ortner, E.: Methodenneutraler Fachentwurf - Zu den Grundlagen einer anwendungsorientierten Informatik, Stuttgart - Leipzig 1997

Ortner, E.: Ein Multipfad - Vorgehensmodell für die Entwicklung von Informationssystemen - dargestellt am Beispiel von Workflow - Management - Anwendungen, in: Wirtschaftsinformatik, 40. Jg (1998), Heft 4, S. 329 - 357

Ortner, E. / Rössner, J. / Söllner, B.: Entwicklung und Verwaltung standardisierbarer Datenelemente, in: Informatik - Spektrum, 13. Jg (1990), S. 17 - 30

Ortner, E. / Söllner, B.: Semantische Datenmodellierung nach der Objekttypenmethode, in: Informatik - Spektrum, 12. Jg (1989), S. 82 - 92

Pahl, J. / Beitz, W.: Konstruktionslehre- Methoden und Anwendung, 3. Aufl., Berlin etc. 1993

Petrovic, O.: Der Einfluß von Multimedia auf die Wahl der Kommunikationsart im Unternehmen, Vortrag Wissenschaftliche Kommission Wirtschaftsinformatik, Berlin März 1994

Picot, A.: Organisationsstrukturen der Wirtschaft und ihre Anforderungen an die Informations- und Kommunikationstechnik, in: Scheer, A.W. (Hrsg): Handbuch des Informationsmanagements - Aufgaben, Konzepte, Praxislösungen, Wiesbaden 1993, S. 49 - 68

Picot, A. / Maier, M.: Analyse- und Gestaltungskonzepte für das Outsourcing der betrieblichen Informationsverarbeitung, in Scheer, A.W. (Hrsg.): Rechnungswesen und EDV - 14. Saarbrücker Arbeitstagung, Heidelberg 1993, S. 39-71

Picot, A. / Maier, M.: Ansätze der Informationsmodellierung und ihre betriebswirtschaftliche Bedeutung, in: Zeitschrift für betriebswirtschaftliche Forschung 46-39 (1994), Heft 2, S.107-126

Plögert, K.: Die SW-Entwicklung verlangt ein standardisiertes Vorgehen, in: Computerwoche (1993), Heft 8, S. 13-16

Pohle, K.: Kritische Analyse des Management-Informationssystems aus der Sicht des Vorstandes, in: Küpper, H.U. / Mellwig, W. / Moxter, A. / Ordelheide, D. (Hrsg): Unternehmensführung und Controlling, Wiesbaden 1990, S. 1-17

Porter, M.E.: Competitive Strategy, New York 1980

Porter, M.E.: Competitive Advantage, New York 1989

Porter, M.E.; Millar, V. E.: How Information Gives You Competitive Advantage, in: Harvard Business Review, 63. Jg (1985), July/August, S. 149-160

Rezagholi, M.: Management der Wiederverwendung in der Softwareentwicklung, in: Wirtschaftsinformatik, 37. Jg (1995), Heft 3, S. 221 - 230

Rhefus, H.: Top Down und/oder Bottom Up - Kritische Erfolgsfaktoren auf dem Weg zu einer Unternehmens-Datenarchitektur, in: Information Management, 7. Jg (1992), Heft 3, S. 32-37

Rieger, B.: Vom DSS zum ESS, in: Handbuch der Modernen Datenverarbeitung HMD, o. Jg, (1987), Heft 138, S. 28-38.

Rieger, B.: Vergleich ausgewählter EIS-Generatoren, in: Wirtschaftsinformatik, 32.Jg, (1990), Heft 6, S. 503-518

Rinnert, U.: Sprachen der 4. Generation, in: Computer Magazin, o. Jg, (1990), Heft 1/2, S. 51-61

Rockart, J.F.: Chief Executive Define Their Own Data Needs, in: Harvard Business Review 57 (1979), 2, S. 81-92

Rockart, J.F.: The Lines takes the Leadership - IS Management in a Wired Society, in: Sloan Management Review, 29. Jg, (1988), Summer, S. 57 - 64

Roithmayr, F. / Walpoth, G.: Ein Prototyp zur Informationsbedarfermittlung auf strategischer Managementebene, in: HDM 170/1993, S. 93-110

Rombach, H.D.: Software-Qualität und Qualitätssicherung; in: Informatik-Spektrum, 16. Jg (1993), Heft 5, S. 267-272

Rumbaugh, J. / Blaha, M. / Premerlani, W. / Eddy, F. / Lorenson, W.: Object Oriented Modelling and Design, Englewood Cliffs 1991

Rüttler, M.: Information als strategischer Erfolgsfaktor - Konzepte und Leitlinien für eine informationsorientierte Unternehmensführung, Berlin 1991

Rzevski, G.: Prototyps versus Pilot Systems: Strategies for Evolutionary Information System Development, in: Budde, R. et al (eds): Approaches to Prototyping, Berlin 1984, S. 341 - 356

Schäfer, E.: Der Industriebetrieb, 2. Aufl., Wiesbaden 1978

Scheckenbach, R.: Semantische Geschäftsprozeßintegration, Wiesbaden 1997

Scheer, A.W.; Betriebsübergreifende Vorgangsketten durch Vernetzung der Informationsverarbeitung, in: Information Management, 2. Jg (1987), Heft 3, 56-63

Scheer, A.-W.: Unternehmensdatenmodell (UDM) als Grundlage integrierter Informationssysteme, in: Zeitschrift für Betriebswirtschaft, 58. Jg, (1988), Heft 10, S. 1091-1114

Scheer, A.-W.: CIM (Computer Integrated Manufacturing) - Der computergesteuerte Industriebetrieb, 4. Aufl., Berlin, Heidelberg, New York 1990 c

Scheer, A.-W.: EDV-orientierte Betriebswirtschaftslehre, 4.Aufl., Berlin, Heidelberg, New York 1990

Scheer, A.-W.: Architektur integrierter Informationssysteme - Grundlagen der Unternehmensmodellierung; Berlin - Heidelberg-New York 1991

Scheer, A.-W.: ARIS - Toolset: Die Geburt eines Softwarepakets, Arbeitsbericht 111 des Instituts für Wirtschaftsinformatik, Univ. Saarbrücken 1994

Scheer, A.-W.: Wirtschaftsinformatik - Informationssysteme im Industriebetrieb, 4. Aufl., Berlin, Heidelberg, New York 1994

Scheer, A.-W: ARIS - Band 1: Vom Geschäfsprozeß zum Anwendungssystem, Band 2: - Modellierungsmethoden, Metamodelle, Anwendungen, 3. Aufl., Berlin - Heidelberg - New York 1998

Scheer, A.W. / Nüttgens, M. / Zimmermann, V.: Objektorientierte Ereignisgesteuerte Prozeßkette (oEPK) - Mehtode und Anwendung. Veröffentlichungen des Instituts für Wirtschaftsinformatik (IWi), Universität des Saarlandes, Saarbrücken 1997

Schimank, C.: Standardsoftware für Ihre Budgetierung - Ein kritischer Marktüberblick, in: Controlling, 1. Jg, (1989), Heft 1, S. 52-61

Schlicksupp, H.: Kreative Ideenfindung in der Unternehmung - Methoden und Modelle, Berlin - New York 1977

Schmid, B.: Elektronische Märkte, in: Wirtschaftsinformatik, 35. Jg (1993), Heft 5, S. 465 - 480

Schmidt, G.: Informationsmanagement - Modelle, Methoden, Techniken, Berlin et al 1996

Schneider, D.: Investition, Finanzierung und Besteuerung, 6. Aufl., 1990

Schneider, S. / Schwab, S. / Renninger, W.: Wesen, Vergleich und Stand von Software zur Produktion von Systemen der computergestützten Unternehmensplanung, Arbeitspapier der Universität Erlangen-Nürnberg 1987

Schulte, C.: Logistik - Wege zur Optimierung des Material- und Informationsflusses, München 1991

Schumann, M.: Abschätzung von Nutzeffekten zwischenbetrieblicher Informationsverarbeitung, in: Wirtschaftsinformatik 32 (1990), Heft 4, S. 307-319

Schumann, M.: Betriebliche Nutzeffekte und Strategiebeiträge der großintegrierten Informationsverarbeitung, Berlin etc. 1992

Schumann, M. / Schüle, H. / Schumann, U.: Entwicklung von Anwendungssystemen - Grundzüge eines werkzeuggestützten Vorgehens, Berlin et. al. 1994

Schulz, A.: CAS(E)-Systeme, ein Statusbericht, in: Angewandte Informatik, 28. Jg, (1988), Heft 12, S. 524-532

Schwarze, J.: Systementwicklung - Grundzüge der wirtschaftlichen Planung, Entwicklung und Einführung von Informationssystemen, Herne / Berlin 1995

Seibt, D.: Anwendungssystem, in: Mertens, P. u. a. (Hrsg.): Lexikon der Wirtschaftsinformatik, 3. Aufl., Berlin - Heidelberg - New York 1997a, S. 38 - 39

Seibt, D.; Informationsmanagement, in: Mertens, P. u. a. (Hrsg.): Lexikon der Wirtschaftsinformatik, 3. Aufl., Berlin - Heidelberg - New York 1997b, S. 204 - 206

Seibt, D.; Vorgehensmodell, in: Mertens, P. u. a. (Hrsg.): Lexikon der Wirtschaftsinformatik, 3. Aufl., Berlin - Heidelberg - New York 1997c, S. 431 - 434

Siemens-Nixdorf AG: GRAPES - Referenzmanual, Ausgabe Juli 1990

Sinz, E.J.: Objektorientierte Analyse (ooA), in: Wirtschaftsinformatik, 33. Jg, (1991), Heft 10, S. 455 -457

Sneed, H.M.: Eine Abmagerungskur für die DV - aber wie?, in: Computerwoche extra (1993), Heft 1, S. 8 -10/35

Sowa, J.F. / Zachman, J.A.: Extending and Formalizing the Framework for Information System Architecture, in: IBM Systems Journal, Vol. 31 (1992), No. 3, S. 590 - 616

Spitta, T.: Software Engineering und Prototyping, Berlin-Heidelberg-New York 1989

Spitta, T.: "CASE" findet im Kopf statt, in: Informatique (1996), Heft 3, S. 17-25

Spitta, T.: Über die Verteilung von Daten in einer verteilten Organisation - Konzept und Nutzung eines Hard- / Softwaresystems, in: Informationssystem - Architekturen, Wirtschaftsinformatik - Rundbrief des GI - Fachausschusses 5.2., 4. Jg (1997), Heft 1

Stahlknecht, P. / Hasenkamp, U.: Einführung in die Wirtschaftsinformatik, 8. Aufl., Berlin et al. 1997

Stahlknecht, P. / Drasdo, A.: Methoden und Werkzeuge der Programmsanierung, in: Wirtschaftsinformatik, 37. Jg (1995), Heft 2, S. 160 - 174

Stahlknecht, P. / Appelfeller, W.: Objektorientiertes Design (ooD), in: Wirtschaftsinformatik, 34. Jg (1992), Heft 2, 249-252

Stecher, P.: Building business and application systems with the Retail Application Architecture, in: IBM Systems Journal, Vol. 32 (1993), No. 2, S. 278 - 306

Stein, W.: Objektorientierte Analysemethoden - ein Vergleich; in: Informatik-Spektrum, 16. Jg (1993), Heft 6, S. 317-332

Steinbauer, D.: Restrukturierung von Anwendungen auf veränderte Technologie, AIT 1990

Steiner, M. / Wittkemper, H.J.: Neuronale Netze- Ein Hilfsmittel für betriebswirtschaftliche Probleme, in: Die Betriebswirtschaft, 53. Jg (1993), Heft 4, S. 447-463

Strassmann, Paul A.; The Business Value of Computers, New Cannan (Connect.) 1988

Streitz, N.: Psychologische Aspekte der Mensch-Computer-Interaktion, Arbeitspapiere der GMD 344, Darmstadt 1988

Szyperski, N. / Klein, St.: Informationslogistik und virtuelle Organisationen - Die Wechselwirkung von Informationslogistik und Netzwerkmodellen der Unternehmung, in: Die Betriebswirtschaft 53. Jg (1993), Heft 2, S. 187 - 208

Thome, R.: Programmiersprachen, in: Thome, R. (Hrsg.), Wirtschaftliche Informationsverarbeitung, München 1990, S. G 1.1

Traunmüller, R.: Rechnergestützte Teamarbeit im Kommunalbereich: Stand, Perspektiven und Szenarien des CSCW, in: Wirtschaftsinformatik 34. Jg (1992), Heft 6, S. 584-589

Tschira, K.E.: Die Rolle der Zeit in betriebswirtschaftlichen Anwendungen - gezeigt aus Sicht der Praxis an Implementierungsbeispielen im SAP - System R/3, Vortrag 1. ZOBIS - Workshop, Düsseldorf 8. Dezember 1995

Vetter, M.: Aufbau betrieblicher Informationssysteme mittels konzeptioneller Datenmodellierung, 4. Aufl., Stuttgart 1987

Vetter, M.: Strategie der Anwendungssoftware - Entwicklung - Planung, Prinzipien, Konzepte, Stuttgart 1988

Wagner, H.-P.: Planungssprachen im Vergleich - Ein Beispiel aus der Budgetierung, in: Computer Magazin, o. Jg, (1987), Heft 9, S. 55-60

Wagner, H.P.: Die Integration von Basissystemen und Führungsinstrumenten als Erfolgsfaktor für das Controlling, in: Scheer, A.-W. (Hrsg.), Rechnungswesen und EDV, 11. Saarbrücker Arbeitstagung, Heidelberg 1990, S. 211 - 234

Wagner, H.-P.: Planungssprachen auf dem PC, in: Office Management, 38.Jg, (1990b), Heft 1/2, S. 40-45

Wahren, H.K.E.: Gruppen- und Teamarbeit im Unternehmen, Wiesbaden 1994

Warnecke, H.-J.: Die Fraktale Fabrik - Revolution der Unternehmenskultur, Berlin - Heidelberg - New York 1992

Weber, K.: Verteilungsformen von Objekten im World Wide Web, in: Informationssystem - Architekturen, Wirtschaftsinformatik - Rundbrief des GI - Fachausschusses 5.2., 4. Jg (1997), Heft 1, September 1997

Wedekind, H.: Buchbesprechung zu: Scheer, A.W.: Wirtschaftsinformatik - Referenzmodelle für industrielle Geschäftsprozesse, 4. Aufl., in: Wirtschaftsinformatik, 37. Jg (1995), Heft 5, S. 524 - 525

Wedekind, H.: Systemanalyse - Die Entwicklung von Anwendungssystemen für Datenverarbeitungsanlagen, 2. Aufl., München - Wien 1976

Wedekind, H.: Grundbegriffe verteilter Systeme aus der Sicht der Anwendung, in: Informationstechnik, 30. Jg, (1988), Heft 4, S. 263-271

Wedekind, H.: Kaufmännische Datenbanken, Mannheim 1993

Wedekind, H. / Ortner, E.: Systematisches Konstruieren von Datenbankanwendungen, München - Wien 1980

Wittmann, W.: Unternehmung und unvollkommene Information, Köln - Opladen 1959

Wolff, S. : Application Objekts als fachliche Bausteine verteilter Systeme, in: Informationssystem - Architekturen, Wirtschaftsinformatik - Rundbrief des GI - Fachausschusses 5.2., 4. Jg (1997), Heft 1, September 1997

Wohland, G.: Jenseits von Taylor - EDV für flexible Organisationen, Vortrag Wirtschaftsinformatik 97, Berlin 27. Februar 1997

Wohland, G.: Jenseits von „R/3" - EDV-Strategie für globale Märkte, Arbeitspapier Januar 1998

Zachman, J.A.: A Framework for Information Systems Architecture, in: IBM Systems Journal, Vol. 26, (1987), Heft 3, S. 276-292

Zehnder, C. A.: Informationssysteme und Datenbanken, 5. Aufl., Stuttgart 1989

Zilahi - Szabo, M. (Hrsg): Kleines Lexikon der Wirtschaftsinformatik, München - Wien 1995

Zwicker, E.: Entscheidungsunterstützungssysteme - ein neues Konzept der computergestützten Unternehmensplanung?, in: Heinrich, L. / Lüder, K. (Hrsg.): Angewandte Betriebswirtschaftslehre und Unternehmensführung, Festschrift für H. Blohm, Herne-Berlin 1985, S. 85-104

Stichwortverzeichnis

—A—

Ablauforganisation 48
Abrechnungssysteme 97; 148
Absatzdisposition 173
Abstraktion 204
Abteilungsrechner 192
ADA 353
Adaption 219
Administrationssystem 95
Administrationssysteme 99; 107
Agentensystem 191
Aggregation 107
Aggregations
  -entscheidung 107
  -strukturen 107
Aggregationsentscheidung 108
Aktionsbeziehungen 243
Aktivitätenmodell 232
Allokationsunabhängigkeit 190
Altsystem 181; 182; 185
AMOR 245
Analyse
  -ketten 102
  -phase 221
Anforderungsspezifikation 183
Anlagenbuchhaltung 97
Anwendungs
  -architektur 180
  -system 8
Application server 192
Arbeitsplatzrechner 192
Architektur 240
  strukturorientierte 78
ARIS 223; 226; 227; 364
ATM 357
Auswahlmethoden 109
Auswertungsrechnungen 151
Automatisierungspotentiale 165

—B—

Basissoftware 182
Bedarfsprognose 173
Benutzerschnittstelle 105
Beschaffungs
  -logistik 136
  -systeme 141
Betriebs
  -datenerfassung 95
  -vergleich 102
Bewertungskonzepte 109
Buchhaltung 148; 151
Buchungssysteme 97
Büro-Informationssysteme 15
Business
  - to business 152
  - to consumer 152
business objects 249

business processes 252
Business System Planning 251; 257

—C—

CASE 235
  integrated 235
  lower 235
  -Tool 225; 238
  upper 235
  -Werkzeug 236
Clearingfunktionen 176
Client-Server 30; 182; 191; 192
COBOL 353
Componentware 349
Computer Integrated Manufacturing 17
Controlling - Regelkreise 131
CORBA 332
Critical Success Factor Methode 111; 255

—D—

Data
  -Dictionary 164; 237
  -Mining 103
  -Repository 91
  -server 192
  -warehouse 16; 96
Data Communication Language 337
Data Definition Language 336
Data Manipulation Language 336
Daten
  -integration 90; 91; 161; 272
    logische 91
    physische 91
    semantische 91
  -modell 91; 232
  -modellierung 183
  -neutralität 272
  -sicht 61
  -strukturen
    interne 178
  -übertragung 161
  -unabhängigkeit 272
  -Zweig 168
Datenbank
  -Komponente 104
  -Rechner 96
DCOM 332
Debitorenbuchhaltung 97
Decision Support Systems (DSS) 102
Definitionsphase 230
Dekompositions
  -prinzip 205
  -unabhängigkeit 190
Demonstrationsprototypen 213
Dezentralisierung
  persönliche 193
  sachliche 193
Disaggregation 107

Dispositions
-aufgaben 173
-systeme 95; 98
Down Costing 180

—E—

EDI 153; 164; 167; 328
-Integration 154
-Nachrichten 176
-Nachrichtenaustausch 165
-Nachrichtenstrukturen 176
-Strukturen 178
-System 176; 177
-Technik 176
EDIFACT 159; 170; 171; 194; 329; 362
-Nachrichtentypen 171
Effektivität 89
Efficient Consumer Response 155
Effizienz 89
Einführungsphase 222
Einkreissystem 98
Electronic
- Commerce 152; 157
- Data Interchange 159
- Data Interchange 153
- Mail 15; 19
Electronic Mail 328
Engineering 180
Enterprise Ressource Planing 16
Entwicklungs
-entscheidungen 165
horizontale 122
unternehmensinterne 176
unternehmensübergreifende 170
vertikale 107
Entwicklungsaufwand 200
Entwurfs
-modell 225
-phase 209; 231
Entwurfselement 240
Entwurfsschritte 249
Ereignissteuerung 90
Executive Information Systems 101
Expertensysteme 106; 344
Expertisesysteme 102

—F—

F&E - Systeme
betriebswirtschaftliche 144
technische 143
Fachkonzept 182
Fast Ethernet 357
FDDI 357
Feedbackward - Regelkreise 119
Feedforward - Regelkreise 119
Fertigungs
-leitstand 188
-logistik 136
-rahmenplanung 173
-system 139
Finanzierungssysteme 146
Fließbandarchitektur 235
Formal
-aufgabe 14
-ziel 11
Forschungs- und Entwicklungssysteme 143
Framework 41; 350

Freiheitsgrad 201
Funktions
-integration 161
-sicht 61
-strukturen
interne 178
-übertragung 161
-zweig 168

—G—

Geldobjekt 240
General Ledger 98; 151
Gesamtmodelle 208
Geschäfts
-kanal 248
-klient 248
-objekt 248
-prozess 63; 187; 248
-prozesse
Koordination von 155
-regeln 226
-verkehr-Informationen 162
Geschäftsobjekt
-konfiguration 260
Geschäftsobjekte 249
Global sourcing 141
Groupware 19; 192; 203
-system 106; 159
Güterobjekt 240

—H—

HARVEY 239; 245; 364
Hauptbuchhaltung 98
heuristische Verfahren 110
Homogenisierung 195
technische 197
homomorph 123
Horizont 116
Hypermedia-Systeme 356

—I—

Implementierungsphase 210; 231
Informationen
qualitative 114
Informationsarchitektur
unternehmensübergreifende 4
Informationsbedarf 110
Informationsfluss 9
Informationskooperation
unternehmensübergreifende 161
Informationsobjekt 240
Informationssysteme 10; 86; 88; 89; 90; 93; 94; 95; 109;
110; 115; 118; 126; 128; 129; 131; 133; 143; 159; 173;
180
betriebliche 131
betriebswirtschaftliche 15; 116; 135
Integration der 168
integrierte 120; 125; 159; 189
operative 116; 118
technische 15
unternehmensübergreifende 160; 173
zwischenbetriebliche 159
Informationstechnologie 22
Informationsverarbeitungskapazität 104
Infrastruktur 164
unternehmensübergreifende 164; 165

Initialisierungsentscheidungen 165
Inkonsistenz 185
Instrumente
    absatzpolitische 174
Integration 86; 87; 88; 89; 92; 107; 113; 115; 129; 131;
    152; 162; 166; 168; 185; 189; 230
    betriebsinterne 93
    betriebsübergreifende 93
    fachliche 90
    funktionale 191
    geschäftliche 90
    horizontale 88; 120; 130
    multinationale 93
    organisatorische 90
    technologische 90
    unternehmensinterne 93
    unternehmensübergreifende 157; 165; 167; 178
    vertikale 88; 94
    zeitliche 88; 115; 118
    zwischenbetriebliche 153; 168
Integrations
    -dimensionen 89
    -felder 162
    -grad 161; 178; 185
    -organisation 164
    -prinzipien 90
    -technologien 159
    -ziele 153
Integrität 87
Interaktion 240
Inter-Enterprise Systems 159
INTERNET 41; 360
Investitions
    -controlling 145
    -systeme 145
Investitionstheorie 184
ISDN 357
ISO - OSI - 7 Schichtenmodell 332
ISO / OSI-Kommunikationsschichtenmodell 194
isomorph 123

—J—

Java 329; 355
    Virtual Machine 197
job enlargement 193
job enrichment 193
Just in time 141

—K—

Kapazitätsanforderungen 145
Kapazitätsplanung 144
Kernsystem 191
Klienten 240
Kommunikation
    halbstrukturierte 163
    integrierte 176
    Intensität der 159
    strukturierte 163
    unstrukturierte 163
    zwischenbetriebliche 164
Kommunikations
    -beziehungen 164
    -kanal 87
    -komponenten 176
    -kosten 178
    -numerierung 172
    -nummern 172

    -schnittstellen 164
    -sicht 61
    -steuerung 178
Konfigurations
    -aufgaben 112
    -management 211
Konfigurationsmanagement 217
Konsolidierung 108
Konstruktionsphase 222
Kontroll
    -informationen 115
    -komponente 102
    -prozess 102
Konvertersystem 177
Koordination 87; 165
Koordinations
    -aufgaben 112; 173
    -formen 174
    -prozeduren 173
Kopplung 87; 116; 119; 176
    automatische 177
    zeitliche 119
Kopplungskomponenten 177
Kostenstellen 127
Kostenträger 127
Kreditorenbuchhaltung 97
Künstliche Intelligenz 343

—L—

Lagerbestand
    virtueller 156
Leistungs
    -abrechnung 148
    -durchführung 134
    -durchführungsprozess 131
    -gestaltung 143
    -gestaltungsprozesse 131
    -prozess 110
Leistungs- und Kostenrechnungssysteme 149
Lieferdisposition 173
Lineare Programmierung 203
Logistiksysteme 136
Lohn- und Gehaltsbuchhaltung 97

—M—

Mailbox-Kommunikation 176
Mainframe 25
Management
    -ebenen 110
    -Informationssysteme 16; 99
Management-Informationssysteme 100
Markt
    -forschung 164
    -Informationen 162
Materialbuchhaltung 97
Medienbrüche 153
Mengen
    -gerüst 125
    -systeme 95; 97
Meßkonzepte 109
Metaplanungs-Komponente 104
Methode 203; 219
Methoden-Komponente 105
Middleware 33; 332
Midrange 28
Modell
    -Komponente 105

mathematisches 110
-Partialmodell 105
-Totalmodell 105
Modularisierung 182; 183
ablaufbezogen 182
nach logischen Funktionen 182
nach Objekten 183

—N—

Nachrichten
-austausch 170
-austauschformat 170
-typen 171
Nachrichtenaustauschformat 171; 178
Nebenbuchhaltung 98; 148
Netzplantechnik 144
Neuronale Netze 346
Normen 194

—O—

ODA 329
Online Transaction Processing 25
Operations Research 99
Operatoren 127; 128
Optimierungs
-modell 105
Optimierungsalgorithmen 110
Optimierungsmodell
mathematisches 105
Organisations
-kompetenz 167
Organisationsplattform 247
Organisationssicht 228; 229
Outsourcing 198

—P—

Personal
-disposition 143
-systeme 142
Pflichtenheft 209
Phasen
-Modelle 208; 211
-schemata 221
Physical Data Description Language 336
Pilot
-einführung 219
-projekten 168
Planbilanzen 149
Planungs
-informationen 115
-logik 104
-phase 208; 230
-prozesse 104
-system 96
-systeme 104
Planungssysteme
dritter Generation 105
erster Generation 105
flexible 106
Schwachpunkte 106
traditionelle 106
zweiter Generation 105
Plattform 197
Plausibilitätsprüfungen 178
Point of Sale 155
Point to Point - Kommunikation 175

Portierung 183
Presentation clients 192
Prinzip der Lokalität 207
Produktions
-disposition 164
-planungssystem 16; 188; 197
Prognose
-methoden 109
-zeiten 118
Projekt
-auswahlplanung 66
-controlling 144
-durchführungsplanung 66
-kostensystem 144
-management 66; 217; 222
Projekte
unternehmensübergreifende 165
Prototyping 213; 215; 222; 247
Prozess
-begleitung 124
-disposition 124
-dokumentation 124
-fertigung 139
-integration 90; 92
Pull-Steuerung 174
Push-Steuerung 174

—Q—

Qualitätsmanagement 68
Qualitätssicherung 217

—R—

Recherche
-funktionalität 102
-systeme 103
Rechnungswesen
externes 149
internes 148
Re-Design 183
Redundanz 86; 185
Re-Engineering 180; 184
Referenzmodelle 131
Rekursionsprinzip 204
Renovation 181
Repository 235; 237
Restrukturierung 183
Reverse-Engineering 181

—S—

Sachaufgabe 14
Sachziel 11
SADT 232; 364
Sales Front Automation 135
SAP 194; 222
Satellitensystem 191
Schichten-Architektur 235
Schnittstelle 182; 201
Selektionsentscheidung 113
Semantisches Objektmodell 84
Simulations
-studien 104
-verfahren 110
Simultaneous engineering 141
SNA 357
Software
Engineering 203

Entwicklung 217; 235
Entwurf 203
Lebenszyklus 235
SOM 364
Spiralmodell 213
Stammdaten 173
  -organisation 173
  strukturierte 173
Standardisierung 194; 204
Standardisierungsgrad 194
Standardsoftware 7; 25
STEP 164; 329
Steuerungs
  -komponente 105
  -logik 174
Steuerungssicht 228; 229
Struktur
  -änderung 115
  organisatorische 112
  räumliche 112
  sachliche 112
  -sicht 190
  zeitliche 112
Strukturbeziehungen 242
Strukturierungsentscheidung 110
Supply Chain Management 173; 174
Supply Chain Planning 164
System
  -funktionalität 206
  gekoppeltes 159; 191
  integriertes 186
  operatives 117
  -pyramide 114
  -schicht 107
  strategisches 116
  taktisches 117
  -unabhängigkeit 190
  vernetztes 190
  verteiltes 190
  zentralisiertes 190
Systemtypen
  horizontale 131

—T—

Tabellenkalkulation 203
TCP/IP 357
Team to team 152
Teamarbeit
  unternehmensübergreifende 165
Teamorganisation
  unternehmensübergreifend 164
Technik-Zweig 168
Technologie-Informationen 162
Teilhaberbetrieb 341
Teilmodelle 208
  evolutionäre 212
  sequentielle 208
TELESCRIPT 355
Testphase 231
Toleranzschwellenwerten 114
Tools 203
Transaktionsmonitor 26; 35; 182; 341
Transformationskomponenten 177
Transparenz 190

—Ü—

Übergang

evolutionärer 219
paralleler 219
revolutionärer 219
Übermittlungsverfahren 175; 176
Übertragungssysteme
  elektronische 159

—U—

UML 364
Umsystem
  ökonomisches 116
  soziopolitsches 116
  technologisches 116
Unternehmen
  marktbeherrschende 167
  virtuelle 164; 165
Unternehmensrechner 192

—V—

Value Chain Analysis 259
Value-Added Network 175; 359
Verfahren 203
Vergleichsmethoden 109
Verhaltenssicht 190
Versanddispositionssystem 99
Verteilungs
  -grad 190; 192
  -tiefe 192
Vertriebslogistik 136
V-Modell 217
Vorgangskette 129
Vorgehensmodell 208

—W—

Werkzeuge 203
Wertgerüst 125; 148
Wertschöpfungskette 134; 153; 185
Wertsysteme 95; 97
Wettbewerbsvorteile 167
Wide Area Network 174
Workflow 164
  -Computing 19
  -Management System 19
  -steuerung 40
  -Systeme 159
Workflow Computing 328
Workflow-System 361
Workgroup Computing 19

—Z—

Zeit
  -bezug 116; 118
  Gegenwartszeit 118
  -granularität 119
  -maßstab 116
  Planungszeit 118
  -steuerung 90
  Vergangenheitszeit 118
Zielvorgaben 102
Zustand
  zeitlicher 115
Zweikreissystem 98